QUAND LES RÉPONSES SONT INSAISISSABLES, IL FAUT APPRENDRE À VIVRE AVEC LES QUESTIONS.

ROBERT LITTELL
LÉGENDES

PHOTOGRAPHIE DE PLATEAU DE *L'ÉPOUVANTAIL*, DE JERRY SCHATZBERG, EN 1973.

LUDOVIC GIRARD

AL PACINO

LE GRAND JEU

PHOTOGRAPHIE DE PLATEAU DE *SERPICO*, DE SIDNEY LUMET, EN 1974.

SOMMAIRE

PHOTOGRAPHIE DE PLATEAU DE *SCARFACE*, DE BRIAN DE PALMA, EN 1983.

PARTIE 1

PREMIERS PAS

1940-1970

SONNY

Comme tout un chacun, l'histoire d'Al Pacino commence par celle de sa famille. Au début du XXe siècle, des centaines de milliers d'immigrants d'origine italienne traversèrent l'Atlantique, fuyant la pauvreté de leur terre natale, pour rejoindre « l'Amérique » et sa promesse d'une vie meilleure. Parmi les enfants de ces primo-arrivants, Rose Gerardi et Salvatore Pacino voient le jour à New York, respectivement en 1918 et 1922. Issus tous deux d'un milieu très modeste, ils se rencontrent au milieu des années 1930 et se marient en 1939 – Salvatore n'est âgé que de 17 ans. Un an après, Rose donne naissance à un petit garçon, Alfredo James Pacino, le 25 avril 1940 dans une clinique d'East Harlem, à Manhattan.

La toute jeune famille ne reste pas unie très longtemps ; le couple divorce alors qu'Alfredo est dans sa deuxième année. Juste après la séparation, Rose s'installe avec son fils chez ses parents, Kate et James Gerardi, dans leur petit appartement du South Bronx. Sur le palier, chaque logement étant occupé par une famille de nationalité différente, le petit Alfredo côtoie aussitôt des langues, des cuisines, des cultures très diverses. De fait, l'immeuble où il grandit est une parfaite illustration du melting-pot américain. Parfois, son grand-père James l'emmène sur le toit et lui raconte son arrivée mouvementée aux États-Unis, comme immigrant illégal. Il lui transmet également des anecdotes sur sa première vie en Sicile, dans le village de Corleone – un nom que son petit-fils contribuera à rendre mondialement célèbre… Lors de ces moments privilégiés, alors qu'Alfredo pouvait voir au loin les gratte-ciel de Manhattan, les sons multiples provenant des différents étages remontaient jusqu'à lui, formant un mélange unique et tourbillonnant de morceaux de jazz ou d'opéra diffusés à la radio et de discussions ou d'éclats de voix en polonais, espagnol, allemand, yiddish, irlandais... Les images, impressions et sensations absorbées dans son enfance resteront gravées à jamais chez l'homme qu'il deviendra et lui fourniront même un socle solide, celui de « ses plus belles années »[1]. Parmi ses tout premiers souvenirs, il garde précieusement celui où sa mère le posait sur la table de la cuisine et commençait à lui raconter une histoire. Quand le suspense était à son comble, Alfredo ouvrait grand la bouche d'étonnement et Rose en profitait pour y introduire une grande cuillère de son repas. Ainsi dès son plus jeune âge, il aura été littéralement nourri par des histoires[2].

Pendant cette période clé de la petite enfance où se forge une personnalité, Rose et les grands-parents tenteront de pallier l'absence du père, en donnant à Alfredo tout l'amour et toute l'attention dont il a besoin. C'est dans cette ambiance familiale un peu surprotégée que le petit garçon fait ses premiers pas... Dès l'âge de 3 ans, Rose l'emmène régulièrement au cinéma, ce qui déclenche chez lui un goût précoce pour la comédie. *« Rentré à la maison, je m'amusais à imiter tous les personnages du film. Je répétais tout seul des scènes entières, très souvent. Parfois, mon père venait me chercher pour aller en visite dans sa famille et je leur donnais le spectacle. Ils riaient beaucoup. Dans cette maison, tout le monde parlait peu parce que ma tante était sourde. C'est comme cela que j'ai appris à exprimer beaucoup de choses par les gestes, les mimiques, et que j'y suis sensible. »*[3] Alfredo se lance avec enthousiasme dans des imitations de James Cagney, vu dans le film *Yankee Doodle Dandy*, ou encore de Ray Milland dans *The Lost Weekend*, cherchant de façon frénétique une bouteille d'alcool dans son appartement. Ainsi, jouer la comédie, faire des numéros devant toute la famille, devient pour lui un acte naturel de communication.

Le South Bronx est un quartier populaire difficile, en proie à de violents règlements de comptes entre bandes rivales. Pour protéger Alfredo des « dangers » de la rue, sa mère et ses grands-parents lui interdisent fermement de sortir seul. Se créer un univers personnel fort devient alors une nécessité pour l'enfant. Plutôt que de jouer avec des copains de son âge, il passe son temps à « répéter » les scènes du dernier film vu. *« En jouant, on trouve une sorte d'apaisement, vous pouvez oublier la solitude. C'était important pour moi. »* Pendant ses premières années, Alfredo découvre, de manière instinctive, que « faire l'acteur » est en fait son principal moyen d'exister, par rapport aux autres et pour lui-même. Bien avant tous ses futurs spectacles, amateurs ou professionnels, le petit appartement du South Bronx reste son premier théâtre et sa famille son premier public.

À partir de 6 ans, les choses changent. Le fait d'aller à l'école le met de manière assez brutale en contact avec le monde extérieur. Incapable de s'intégrer dans les bandes d'enfants du quartier, il est souvent maltraité, voire battu par les gamins du coin. Comme Alfredo n'a aucune envie de se défendre avec les poings, il utilise ses talents d'acteur pour décourager les plus bagarreurs. La phrase *« Je viens du Texas, et j'ai dix chiens à la maison ! »* compte parmi ses fariboles les plus courues du moment... Sur la 174e Rue, il se fait régulièrement passer pour un garçon aveugle, provoquant l'hilarité parmi les autres enfants. Progressivement, il parvient à se faire accepter et se voit donner le surnom de « Sonny ».

À l'école, c'est une tout autre chanson, le jeune garçon montre beaucoup de difficultés à s'adapter à la rigueur du travail scolaire. Malgré tous les efforts de Rose, il refuse de faire ses devoirs ; ses résultats sont en toute logique catastrophiques. Seule sa professeure d'art dramatique, Blanche Rothstein, est frappée par le talent de son élève. Dans une lettre enthousiaste adressée à Rose, elle écrit qu'il possède *« le grand feu des acteurs siciliens »*... Les spectacles de fin d'année, à l'école, sont pour lui une excellente occasion de s'exprimer pleinement, devant un public un peu plus large que sa famille. *« Enfant, j'ai commencé par des lectures de la Bible en classe. Comme le dit James Earl Jones, quand on écoute la Bible, on se rend compte de son pouvoir et de sa poésie. Puis j'ai découvert Shakespeare à travers les films de Laurence Olivier et le Jules César de Marlon Brando, et l'adolescent que j'étais a été frappé par la puissance du langage et la vision d'ensemble que proposait Shakespeare. Il me semblait qu'il arrivait par des moyens subtils, quoique simples, à nous faire prendre conscience que toutes ces idées et ces sentiments profonds existaient en chacun de nous. »*[4] Parmi les acteurs de l'époque, Marlon Brando est celui qui lui fait la plus forte impression. Il est également marqué par James Dean, qu'il découvre dans *Rebel Without a Cause* (*La Fureur de vivre*).

Au début des années 1950, Sonny se lie d'amitié avec Cliffy, une petite tête brûlée qui compte parmi ses exploits le fait d'avoir pris les commandes d'un bus rempli de passagers pendant la pause de son chauffeur. Précoce dans sa sexualité, lecteur de Dostoïevski, il ne tarde pas à devenir un véritable héros aux yeux de Sonny. Brucie, autre fréquentation de cette période, lui fait découvrir la télévision. Mais quand ses amis proches s'essaieront aux drogues dures, Sonny ne les suivra pas. En fait, il s'est déjà tourné vers d'autres tentations, le tabac – il fume des cigarettes dès l'âge de 9 ans – et le vin, dont il a découvert les vertus à l'occasion de repas familiaux. Son goût pour l'alcool déborde rapidement du cadre familial et, à 13 ans, Sonny peut se targuer d'un certain nombre de cuites sévères. En classe, les résultats sont toujours aussi désastreux. Par contre, il se dépense sans compter pour jouer dans des spectacles amateurs, comme *La Mouette*, de Tchekhov, pièce jouée dans la salle d'un vieux cinéma. Même si le nombre de spectateurs est aussi élevé que le nombre d'apprentis comédiens sur le plateau, cette expérience forte confirme son désir de devenir acteur.

L'ambition et la détermination de Sonny inquiètent sa mère. Comment lui, petit Italo-Américain, issu d'un milieu très modeste, pourrait-il réussir dans le monde incertain du spectacle ? Rose ne fait toutefois pas obstacle à ce que son fils s'inscrive à la Manhattan School of Performing Arts. De toute façon, c'est le seul lycée qui l'accepte, vu la faiblesse de son niveau général. Les deux années passées dans cet établissement lui laissent un goût amer d'échec. *« J'ai tout raté. Je ne pouvais pas croire que le cours d'espagnol était donné en espagnol. J'ai dit au prof :* "Vous rigolez ?" *»*[5] Quant aux cours de théâtre obligatoires, il s'y ennuie prodigieusement. Le système développé par Stanislavski, les principes dits de la « Méthode », tout cela finit même par le rebuter. *« Qu'est-ce que je connais de Stanislavski ? Il est russe. Je viens du Bronx ! »*[6] Surtout, Sonny ne retrouve plus la joie simple qui était la sienne quand il imitait les vedettes des années 1940 ou lorsqu'il jouait des scènes pour faire marrer ses potes. En fait, il est en décalage complet avec l'enseignement proposé. À la Manhattan School, il ne s'agit plus d'attirer l'attention sur soi mais bien d'apprendre à construire un personnage dans une œuvre dramatique. Cette nouvelle dimension du jeu d'acteur, Sonny n'est tout simplement pas prêt à s'y ouvrir.

À l'âge de 16 ans, il est contraint d'interrompre sa scolarité à la Manhattan School pour des raisons familiales. La maladie nerveuse de sa mère s'aggrave de façon inquiétante et ne lui permet plus de travailler. L'argent vient à manquer dans la famille, et Sonny doit faire face à de nouvelles responsabilités. Leur apparition met un terme à ses années d'insouciance. Encore adolescent, Pacino entre sans transition dans la vie active, enchaînant les petits boulots. Il est tour à tour coursier, cireur de chaussures, surveillant dans un supermarché, déménageur, ou encore vendeur de journaux. Son job le plus stable est celui de garçon de bureau dans la revue intellectuelle *Commentary*, poste qu'il occupe pendant deux ans. Au cours de cette période, Pacino est contraint de mettre ses ambitions d'acteur en veilleuse, tout en nourrissant l'espoir secret d'économiser un peu d'argent pour se payer des cours de théâtre.

Bien que frustrante à première vue – surtout pour un jeune homme qui a des rêves plein la tête –, cette nouvelle situation ne présente pas que des désavantages. Le fait de gagner sa vie lui permet déjà de devenir indépendant. À 17 ans, Pacino quitte le domicile familial pour emménager dans un autre quartier du Bronx. Autre point positif : cette plongée dans la vie réelle l'oblige à évoluer dans un monde d'adultes, à rencontrer des personnes de tous horizons et à s'adapter à de multiples situations. Très tôt donc, Pacino se forge en accéléré un « vécu » considérable, il apprend aussi à faire confiance à son instinct. Son sens du moment présent, son jeu intuitif, parfois animal, tout ce qui fera merveille plus tard à l'écran, provient pour une bonne part de l'expérience acquise lors de ces années difficiles, apparemment perdues.

ÉPREUVES ET RENCONTRES

À la fin des années 1950, Pacino tente l'audition du prestigieux Actors Studio. Il passe le premier tour de sélection mais n'est pas retenu au final. Nullement découragé, l'acteur en herbe cherche un autre lieu qui lui permettra de progresser. Pacino sait qu'il est doué, qu'il a des facilités, mais il sait aussi qu'il lui faut se perfectionner. Il s'inscrit à l'Herbert Berghof Studio, dans la classe de Charles Laughton – homonyme du célèbre acteur britannique. Ce jeune professeur d'art dramatique de 29 ans a préféré renoncer à sa carrière d'acteur pour se consacrer à l'enseignement et à sa famille. Pour Pacino, c'est une rencontre déterminante.
Laughton remarque immédiatement l'immense potentiel du jeune acteur et l'encourage fortement à persévérer. Plus qu'un professeur attentif, il devient rapidement un ami très proche, presque un grand frère, sur lequel Pacino pourra toujours compter dans les moments difficiles. La femme de Laughton, l'actrice Penelope « Penny » Allen, se lie également d'amitié avec le jeune homme. Alors que tant d'incertitudes pèsent sur son avenir, le fait d'être accepté dans ce qui ressemble à une nouvelle famille a un effet très bénéfique sur lui. Laughton le rassure, l'oriente dans son travail d'acteur et joue également un rôle prépondérant dans sa formation intellectuelle. Sur les conseils de son mentor, Pacino se

plonge dans la littérature et dévore les classiques européens – Dostoïevski, Tolstoï, Balzac. Après être passé à côté de sa scolarité, il comprend intimement la nécessité de se cultiver et s'attache à rattraper le temps perdu. Le contexte de l'époque favorise également le désir d'ouverture dont fait preuve Pacino. Au début des années 1960, il habite Greenwhich Village, un quartier alors en pleine ébullition artistique, où il rencontre des poètes, des écrivains et d'autres acteurs plein d'espoir... Même si, à 20 ans, la possibilité de s'exprimer sur scène dans un cadre professionnel ne lui a pas encore été offerte, cette période « bohème » est une étape très importante dans sa construction personnelle.

En 1962, la vie d'Al Pacino bascule quand il apprend le décès de sa mère, Rose. Pour le jeune homme âgé de 22 ans, le choc est d'autant plus brutal qu'il n'y était absolument pas préparé. « *Elle était une femme sensible et très nerveuse... Je pense que c'est là d'où viennent certaines de mes émotions.* » Rose n'a pas réussi à surmonter la dépression chronique dans laquelle elle se débattait depuis des années. Un an plus tard, James Gerardi disparaît à son tour des suites d'un cancer. Le grand-père de Pacino était un pilier, à la fois protecteur et bienveillant ; tous deux avaient construit au fil des années une relation très forte. « *Pour moi, les perdre a été bouleversant... Un désastre qui m'a terrassé... C'était dur pour moi... Et ma mère me manque... C'étaient les personnes les plus proches de moi, et je ne fonctionnais pas très bien. Plus tard, j'ai fait une thérapie mais ce sont mes amis du théâtre qui m'ont sauvé.* »[7] En plus de la peine immense qui est la sienne, Pacino va développer par la suite un fort sentiment de culpabilité. Le reproche principal qu'il s'adresse est de ne pas avoir été suffisamment présent auprès de sa mère, trop absorbé qu'il était à faire son chemin en tant qu'acteur. Longtemps Pacino devra vivre avec ce nœud douloureux ancré en lui. Pour l'heure, d'autres difficultés se présentent à lui, notamment l'échéance du service militaire qui se profile à grands pas. N'étant plus considéré par l'armée comme soutien de famille, il doit en effet servir sous les drapeaux, dans un contexte peu favorable, puisqu'en 1962 les États-Unis sont au bord d'intervenir au Vietnam. Lors des tests d'aptitude, Pacino parvient à se faire exempter pour raisons médicales. Le soulagement est réel mais de courte durée. Bien que soutenu à bout de bras par Charles Laughton, Pacino vit au jour le jour dans un état de grande vulnérabilité. Il est alors sujet à de fréquentes et violentes crises d'angoisse.
En pleine tempête intérieure, le jeune homme garde le cap en s'accrochant à son rêve : devenir acteur. Seulement, sa passion n'est pas en mesure pour l'instant de lui assurer des revenus suffisants. Quand il se retrouve complètement à sec, Laughton lui prête de l'argent ou l'aiguille sur des jobs temporaires, comme des travaux de déménagement. Il est assez difficile d'imaginer l'acteur en déménageur ; son petit mètre soixante-huit ne le destinait pas à soulever des pianos, pourtant il le fait, au tarif de deux dollars cinquante de l'heure. Plus en accord avec son futur métier, il travaille comme ouvreur au Cinéma V dans le quartier de l'East Side ou encore dans la prestigieuse salle de concert Carnegie Hall. Mais à force de placer les spectateurs sur les mauvais sièges, il finit par se faire renvoyer. Dès qu'il en a l'occasion, Pacino se présente à des auditions. « *Parfois, le seul moyen que vous avez d'avoir un public est de passer une audition. Je ne m'attendais jamais à avoir le rôle, bien sûr. Je ne pense pas que les acteurs doivent s'attendre à avoir un rôle, car la déception est trop grande. Vous devez penser les choses en termes d'opportunité. Une audition est une opportunité d'avoir un public.* »[8]

En sus des auditions, Pacino commence à se produire dans des petites salles, comme le Café La Mama, pour jouer des sketchs, des numéros comiques ou des spectacles pour enfants. À ses débuts, Pacino s'imagine plutôt comme un acteur comique, un emploi qu'il n'occupera pourtant que rarement par la suite. À cette époque, il partage une chambre avec son ami Martin Sheen, un jeune acteur qui jouera plus tard dans *Apocalypse Now,* de Francis Ford Coppola. Pour l'heure, les deux jeunes gens participent au Living Theater, pas comme acteurs mais en tant que machinistes. Cette expérience est très importante au plan artistique pour Pacino, qui se retrouve aux premières loges d'un travail théâtral tout à fait révolutionnaire à l'époque.
Le Living Theater a été fondé par Judith Malina et Julian Beck au début des années 1950, tous deux très inspirés par les principes du « théâtre de la cruauté » d'Antonin Artaud. Plus qu'une compagnie classique, le Living Theater est une véritable communauté théâtrale, offrant à ses membres un mode de vie complet ; une trentaine d'hommes et de femmes travaillent et vivent ensemble, en partageant tout. Groupe de recherche théâtrale, le Living Theater connaît son heure de gloire pendant les années 1960 et son rayonnement l'amène à se produire dans le monde entier. Le public parisien découvre l'incroyable énergie de la troupe le 29 juin 1961, dans la salle du Vieux Colombier. Ses spectacles, des pièces classiques ou contemporaines, apparaissent comme des bouffées d'oxygène par rapport au théâtre commercial du circuit de Broadway. « *Le travail de Julian Beck et Judith Malina était profondément novateur et très impressionnant,* se souvient Pacino. *On sentait la salle vibrer, il s'y passait des choses incroyables. Les spectateurs se mêlaient aux acteurs, on frisait l'émeute, mais Beck et Malina réussissaient à canaliser, à dompter cette formidable énergie collective. J'ignore comment ils s'y prenaient, mais ce souvenir m'a poursuivi pendant des années.* »[9]

Après la riche expérience du Living Theater, Martin Sheen, qui vient de décrocher un rôle dans une production importante, *The Wicked Crooks,* propose à son ami colocataire d'être sa doublure pendant quelques semaines. Ensuite, faute de mieux, Pacino est à nouveau contraint de chercher un petit boulot sans rapport direct avec le théâtre. Pendant onze mois, il travaille comme *superintendent*, gardien d'immeuble. En plus de la paie, cela lui permet d'avoir un logement gratuit. Une aubaine pour lui qui n'a pas toujours l'occasion de manger à sa faim. Sur la porte de son appartement, Pacino colle une de ses photos – à l'origine destinée à des directeurs de casting – pour se signaler à l'attention des locataires, de préférence des jeunes femmes. « *J'avais marqué "Super" dessous. C'est probablement la seule chose que j'aie jamais faite avec une photo de moi.* » S'occuper d'un immeuble procure en effet quelques avantages, comme celui de repérer les charmantes locataires. « *Quand je voyais une jolie fille, j'allais au sous-sol et je faisais sauter les fusibles de son appartement, pour qu'elle vienne me trouver.* »[10] Mais Pacino n'est pas un électricien très doué et, un jour, lorsqu'on frappe à sa porte, il se trouve nez à nez avec un homme plutôt costaud. « *J'avais fait sauter le mauvais fusible !* »
En 1963, Pacino fait ses débuts Off-Broadway au Café Cino, dans la pièce *Hello Out There!,* de William Saroyan. C'est la première fois qu'il joue devant des spectateurs qui ont payé leur place. Le propriétaire du lieu, Joe Cino, a pris le spectacle après une lecture de la pièce organisée par Charles Laughton. À raison de trois représentations par soir, Pacino comprend concrètement ce qu'est l'endurance théâtrale ! Puis, en 1965, il joue dans une pièce

de Strindberg, *Creditors* (*Créanciers*). Entouré par des acteurs de formation classique, légèrement complexé par son accent de la rue, Pacino a peur de ne pas être à la hauteur du rôle. Charles Laughton, toujours très attentif envers son protégé, l'aide à faire un travail précis sur le texte et lui donne quelques conseils judicieux pour son personnage. Sur scène, c'est le déclic. « *Je viens du South Bronx, vous savez, et je ne connaissais pas grand-chose au monde de Strindberg. Je sentis le merveilleux sens de dire : je peux parler, je peux m'exprimer, j'ai quelque chose à dire. Je savais que je ne ferais rien d'autre. Et peu importe que je devienne célèbre ou que j'ai un petit boulot. Cela suffit à me nourrir.* » Pacino prend alors conscience du fait qu'il est un artiste et que rien ne compte à part assouvir son immense besoin d'expression. « ... *J'avais l'impression de parler pour la première fois de ma vie. J'avais une voix. Rien n'est comparable à cela, rien. Et à vous dire vrai, j'ai rarement ressenti cela par la suite...* »[11]

Au milieu des années 1960, le jeune acteur teste les espaces ouverts, en jouant des monologues dans la rue, notamment des monologues tirés de *The Iceman Cometh*, d'Eugene O'Neill, un texte qu'il affectionne tout particulièrement. « *On montait des pièces de Strindberg, Ibsen, Tchekhov et des pièces d'auteurs contemporains... Et lorsque j'y repense aujourd'hui, je me dis que c'est certainement la période la plus excitante, la plus inventive que j'ai vécue... Jouer dans la rue et faire après la quête avec un chapeau, voilà comment on vivait ! Cela avait quelque chose de tonique... Pour la plupart d'entre nous, c'était aussi un excellent terreau. Une terre riche d'expériences...* »[12] De cette époque, Pacino retire un intérêt artistique évident. Sa vie au quotidien n'en reste pas moins compliquée ; l'argent est toujours aussi rare et le logement incertain. C'est la « galère », avec son cortège classique d'insécurité matérielle et de sacrifices. Si sa patience est mise à rude épreuve, sa détermination, elle, reste intacte.

CONFIANCE EN SOI

L'année 1966 marque un nouveau départ pour lui. Sur scène, tout d'abord, le jeune acteur se produit dans la pièce *Why Is a Crooked Letter*, de Fred Vassi. La profession le remarque et il obtient une nomination comme meilleur acteur aux Obie Awards (récompenses accordées aux pièces Off-Broadway). Celui qui l'emporte cette année-là est un jeune acteur, également brun et de petite taille. Il s'agit de Dustin Hoffman, qui vient de triompher sur scène dans *Johnny Handsome*. Le succès au cinéma pour ce dernier n'est d'ailleurs pas très loin, puisque l'année suivante sort le film qui va le révéler aux yeux du grand public, *The Graduate* (*Le Lauréat*), dirigé par Mike Nichols.

Pacino n'en est pas encore là, mais il franchit une étape très importante en étant admis au sein de l'Actors Studio. Dans les années 1960, le prestige de cette institution est immense et la sélection, logiquement, y est féroce : plusieurs centaines de candidats pour quelques places seulement. Les deux précédentes tentatives de Pacino s'étaient soldées par des échecs, difficiles à digérer. « *Cela signifiait tellement pour moi que je mentais. Je prétendais que j'en faisais partie. Je le voulais tellement.* »[13] La troisième est donc la bonne et Pacino n'aura plus besoin de mentir pour sauver la face. Le voilà désormais

membre à vie de l'Actors Studio, comme le règlement le stipule, au même titre que les figures marquantes de sa jeunesse, James Dean, Marlon Brando. Cette même année 1966, Robert De Nero – qui plus tard changera son nom en « De Niro » – et Dustin Hoffman, décidément inévitable, y sont également admis. L'Actors Studio ouvre ainsi ses portes à une nouvelle génération d'acteurs, au physique très éloigné des standards hollywoodiens. Le fait d'être grand, blond, avec des yeux bleus, n'est plus la première des conditions pour devenir acteur. En tout cas, le trio Pacino-De Niro-Hoffman va s'imposer sur d'autres critères : le talent et le travail sur le personnage.
L'admission de Pacino à l'Actors Studio aurait dû le rassurer et l'encourager dans la voie qu'il s'était choisie. C'est pourtant le contraire qui se produit. Pendant plusieurs mois, il a du mal à trouver ses marques. Ce nouveau milieu et l'ambiance de grande concentration pendant le travail l'impressionnent beaucoup. Il ne parvient pas non plus à s'adapter aux règles en vigueur. L'Actors Studio n'est pas un cours d'art dramatique comme les autres. Il n'y a pas d'obligation de présence et les membres sont entièrement responsables de leur travail, du choix des scènes, de leur fréquence de passage. Autrement dit, ils n'ont pas de comptes à rendre, si ce n'est à eux-mêmes et libre à eux de ne rien faire s'ils le souhaitent. L'enseignement convient donc parfaitement aux acteurs expérimentés ou à ceux qui sont familiarisés avec une discipline de travail. Mais Pacino, timide et peu sûr de lui, n'ose pas s'investir. En fait, il ne se sent pas légitime en tant qu'acteur. Et être membre de l'Actors Studio, aussi prestigieux cela soit-il, ne suffit pas à le rassurer sur ce point. Il faut dire que ses problèmes matériels ne l'aident pas à y voir clair. Au cours de cette période hésitante, Pacino vit de plus en plus mal son écartèlement entre sa passion et la nécessité de continuer vaille que vaille à trouver des petits boulots pour réunir quelques dollars. Un jour, alors qu'il est en train de distribuer des tracts dans la rue, une violente crise d'angoisse le submerge. « *Ça a duré à peu près une minute. Je suis allé voir la personne et j'ai dit :* "Écoutez, je ne peux pas faire ça plus longtemps, c'est terminé, j'ai fini." *Je suis rentré chez moi, j'ai appelé un ami et lui ai dit :* "Terminé. Je ne peux pas faire ça. Soit je joue soit je meurs." *À partir de ce moment, j'ai travaillé.* »[14] Pacino se décide alors à « passer sur le gril » devant Lee Strasberg, le directeur artistique de l'Actors Studio. Cet homme de 65 ans, le père de la Méthode, est aussi célèbre que redouté pour ses analyses de scène d'une extrême justesse, souvent déstabilisantes. Trop timide pour demander à d'autres acteurs qu'il ne connaît pas de travailler avec lui, Pacino choisit de passer deux monologues, tirés de *The Iceman Cometh* (O'Neill) et de *Hamlet* (Shakespeare). Lee Strasberg est immédiatement intrigué par l'intensité singulière que dégage ce jeune homme talentueux.

Il n'interprète finalement que peu de rôles directement sur le plateau de l'Actors Studio, à la différence de Robert De Niro, qui, en boulimique de scènes qu'il est, en présente le plus possible. « *La plupart du temps, j'étais derrière,* confie Pacino, *et parfois, je ne comprenais pas ce qui se disait. Quelquefois, Lee partait dans un monologue sur la vie. Ce qu'il disait ne me servait pas vraiment de leçon, mais plutôt de stimulant. Ça m'aidait à me sentir bien dans ma peau d'acteur. Je ne peux pas vraiment définir ce que c'était... C'était l'atmosphère qui régnait. Et en plus, on ne payait rien. Ça, c'était vraiment la cerise sur le gâteau.* » Strasberg et Pacino développent progressivement une amitié empreinte d'estime et d'affection. Ils se voient régulièrement et tiennent de longues conversations en marge du Studio, au restaurant ou dans l'appartement de Strasberg, au Dakota Building[15], à New York.

Pacino tire un grand bénéfice de ces échanges directs et informels, même si certains propos de Strasberg restent désespérément obscurs. « *Vous devez écouter Lee. C'est difficile d'écouter. Je saisis seulement une partie de ce qu'il dit... On parle pendant des heures. Je ne le comprends pas toujours totalement.* » Au cours d'un travail sur un monologue que Penny Allen – la femme de Charles Laughton – passait devant Strasberg, Pacino devait faire le mort, en restant immobile sur le sol, sans un mot, sans un geste. « *C'était strictement sa scène... Plus tard, Lee me dit :* "Tu sais, tu aurais pu l'aider." *Je ne comprenais pas ce qu'il pouvait bien vouloir dire, mais vous savez quoi ? Il avait raison. Je sentais quelque part qu'il avait raison et je ne sais toujours pas ce qu'il voulait dire.* »[16]

Au cours de ces années de formation, l'influence de Strasberg joue donc un rôle déterminant dans le développement de Pacino. Pour certains acteurs, l'apprentissage de la Méthode – qui entretient des rapports étroits avec le processus psychanalytique – peut se révéler contre-productif, voire franchement négatif. D'aucuns ont pu en sortir « brisés » après avoir tenté de l'expérimenter. Mais dans le cas de Pacino, cet enseignement lui permet d'acquérir la rigueur et la discipline nécessaires à la plénitude de son jeu, ainsi qu'une capacité de concentration accrue pour devenir, comme il le dira plus tard, « *un athlète de l'émotion* ». Sa relation privilégiée avec Strasberg est également bénéfique sur un autre plan, plus personnel. La jeunesse de Pacino est jalonnée d'épreuves familiales : l'absence de son père, le décès de sa mère, puis celui de son grand-père. Au regard de ce contexte, la présence de Strasberg constitue un soutien moral essentiel. Le directeur du Studio l'encourage, lui donne confiance, et à cette époque, c'est précisément ce dont Pacino a le plus besoin.

L'aide de Strasberg n'est pas seulement d'ordre spirituel ou affectif, elle est aussi matérielle. Grâce à son appui, Pacino bénéficie d'un financement de la fondation James-Dean, sous la forme d'une bourse de 50 dollars par mois. Il reste que ce coup de pouce ne règle pas pour autant ses problèmes d'argent, tant s'en faut. En fait, Pacino n'aura jamais été aussi démuni qu'en cette année 1966. Trois repas par jour sont alors un luxe rare, et heureusement que son fidèle ami Charles Laughton a toujours un couvert de mis pour lui. C'est également chez ce dernier que Pacino trouve refuge et élit provisoirement domicile, après avoir quitté son modeste appartement dont il ne pouvait plus régler le loyer. Dans ce contexte précaire, une opportunité intéressante se présente à lui. La Compagnie de théâtre de Boston, qui jouit à cette époque d'une excellente réputation pour son travail novateur, recherche de jeunes acteurs pour sa nouvelle production, *Le Cercle de craie caucasien* (Brecht). Penny Allen joue dans cette compagnie et c'est elle qui a mis Pacino au courant de l'audition. Le jeune acteur emprunte 15 dollars pour le ticket de car et se rend à Boston, avec ses quelques affaires emballées dans un papier journal. Là-bas, il dort à même le sol chez un ami et mange pour tout repas un plat de riz. Le lendemain, Pacino fait une lecture de la pièce de Brecht devant le directeur de la compagnie, David Wheeler, qui passablement impressionné, lui propose un petit rôle. Le salaire est de 50 dollars par semaine, ce qui représente une somme énorme pour le jeune acteur, et surtout la garantie de sortir du marasme pendant plusieurs mois. Mais Pacino décline poliment la proposition, prétextant qu'un autre projet l'attend à New York. « *Je ne voulais pas lui dire :* "Je ne joue pas de petits rôles." *Qui êtes-vous pour dire ça ? (...) Je ne pouvais pas me trouver là et regarder les autres jouer. Je n'ai jamais pu. Qu'y avait-il à apprendre pour moi ?* »[17] Cette anecdote montre que déjà, ce qui détermine Pacino dans ses choix, c'est d'abord le rôle, et non l'argent qu'il peut en tirer. Une ligne que l'acteur suivra pendant la majeure partie de sa carrière.

En décembre 1966, Pacino monte sur scène dans un spectacle Off-Broadway, *The Peace Creeps,* de John Wolfson. James Earl Jones, grand acteur et fin lecteur de Shakespeare, est présent dans la distribution. On le reverra trente ans plus tard au côté d'Al Pacino dans *Looking for Richard.* Au début de l'année 1967, Pacino est à nouveau contacté par David Wheeler, qui cette fois lui propose des rôles principaux. Dans la petite salle du Charles Playhouse de Boston, il joue *Awake and Sing!,* de Clifford Odets, et ensuite *America Hurrah,* de Jean-Claude van Itallie. Pacino ne partage pas toujours les vues de son metteur en scène, Michael Murray, mais qu'importe, il défend de belles pièces et franchit au passage une nouvelle étape en devenant acteur professionnel. Ses cachets – 125 dollars par semaine –, sans être mirobolants, lui permettent de vivre correctement. En tout cas, la période des petits boulots semble désormais bel et bien révolue. Côté cœur, Pacino ne reste pas longtemps insensible au charme de la ravissante Jill Clayburgh, sa partenaire de jeu dans la pièce *America Hurrah.* Assez rapidement, les deux tourtereaux décident de vivre ensemble à New York. Coïncidence, Jill Clayburgh a joué avec Robert De Niro dans le premier film d'un jeune réalisateur, Brian De Palma. Tourné en 1964, *The Wedding Party* sera distribué en 1969 dans quelques salles seulement.

Si la première moitié des années 1960 a réservé bien des difficultés à Pacino, le début de la seconde semble lui sourire davantage. Désormais professionnel, engagé dans une relation amoureuse qui le stabilise, Pacino peut envisager l'avenir – et c'est nouveau – de façon plus sereine.

FOCUS

L'ACTORS STUDIO

Dans la littérature consacrée au cinéma, on lit souvent que tel acteur est passé par l'Actors Studio, ou encore que tel autre est un acteur de la Méthode. On parle même de style Actors Studio… Pour comprendre ce qu'est cette institution, il faut remonter à ses origines, c'est-à-dire à la création du Group Theater, fondé au début des années 1930 par Lee Strasberg, Harold Clurman et Cheryl Crawford. Cette compagnie théâtrale menait de front la production de spectacles et des ateliers de recherche, en s'appuyant sur les travaux de Constantin Stanislavski, le directeur du théâtre d'Art de Moscou. Au risque de simplifier, on peut dire que la « méthode Stanislavski » repose sur la pratique d'une série d'étapes, comme la relaxation, la concentration, le travail physique, visant à développer l'imagination de l'acteur. L'objectif final de cet enseignement est de l'amener à interpréter son rôle sur scène de façon libre et vivante. Au sein du Group Theater, de jeunes acteurs

expérimentent ces nouvelles techniques, comme Elia Kazan et Sidney Lumet, qui deviendront plus tard réalisateurs de films, ou encore John Garfield. Peu avant la Seconde Guerre mondiale, de fortes tensions apparaissent entre les différents membres du Group Theater, entraînant sa dissolution.
Officiellement créé en 1947 par Elia Kazan, Robert Lewis et Cheryl Crawford, l'Actors Studio poursuit, dans une certaine mesure, le travail expérimental entrepris à l'époque du Group Theater. Lee Strasberg y entre comme professeur en 1949 et en devient, deux ans plus tard, le directeur artistique principal. L'Actors Studio est un lieu où les acteurs sélectionnés, professionnels ou débutants, célèbres ou inconnus, se retrouvent sur un pied d'égalité pour se perfectionner en toute liberté, sans aucune pression commerciale. Dans son enseignement de la Méthode, Strasberg prolonge certains aspects des leçons de Stanislavski, comme, par exemple, l'utilisation de la mémoire affective. Pour se mettre dans un état précis, l'acteur doit se concentrer non pas sur l'émotion elle-même, mais sur les objets sensoriels liés à cette émotion : une odeur, une sensation, une musique, une vision, etc. Avec de l'entraînement, ce processus peut déclencher l'émotion recherchée. Dans ses ouvrages et dans ses cours, Strasberg insiste sur le fait que la Méthode est avant tout un outil permettant à l'acteur de faire fructifier son talent, et qu'en aucun cas elle ne saurait se substituer au talent lui-même. Autrement dit, ce n'est pas tant la Méthode qui est importante, mais plutôt ce que l'on en fait. Toutefois, des voix s'élèvent pour critiquer cette approche. Deux pédagogues prestigieux, Stella Adler et Sanford Meisner, estiment que l'enseignement de Lee Strasberg produit des acteurs autocentrés, introvertis et dépendants des préceptes de la Méthode. Selon eux, l'utilisation en particulier de la mémoire affective s'avère malsaine voire dangereuse au plan psychique, car elle réactive les traumas intimes des acteurs. Sur des personnes fragiles, les conséquences peuvent se révéler désastreuses. À cet égard, l'impact de la Méthode sur Marilyn Monroe continue de poser question.
Au-delà de ces controverses, il reste que l'industrie cinématographique a largement puisé dans le vivier de l'Actors Studio : Marlon Brando, James Dean, Eva Marie Saint, Paul Newman, Montgomery Clift, Ben Gazzara, Steve McQueen, Robert De Niro, Dustin Hoffman, Harvey Keitel… et bien sûr Al Pacino. Fortement influencé par Lee Strasberg au début de sa carrière, Pacino, avec le recul, porte un regard plus nuancé sur le sujet. *« Je suis souvent considéré comme un acteur de la Méthode et peut-être que je le suis réellement, mais personnellement, je n'ai pas ce sentiment. Sans doute suis-je influencé par elle, mais je prends aussi mes distances avec elle. Je pense en fait que chaque acteur doit, selon l'expression de Brecht,* "trouver les mots de sa pièce"*. Vous devez trouver ce qui vous permet d'être vous, d'être vrai, d'être vivant – que ce soit grâce à la Méthode ou non… »*[18]

LE DÉCLIC

Au début de l'année 1968, Pacino remonte sur les planches à New York, dans *The Indian Wants the Bronx* (*L'Indien cherche le Bronx*), une pièce en un acte d'un jeune auteur alors inconnu, Israel Horovitz. Le spectacle avait déjà été joué en 1966 sur une courte période, dans le Connecticut, lors d'un festival. Pour sa reprise à New York, il est programmé avec une autre pièce courte, *It's Called the Sugar Plum* (*Sucre d'Orge*), toujours du même auteur et avec Jill Clayburgh dans la distribution.

The Indian Wants the Bronx dépeint un univers sombre, violent et cruel. Deux jeunes paumés rencontrent un étranger, l'Indien, qui cherche son chemin pour aller dans le Bronx. Pour tromper l'ennui, ils jouent au chat et à la souris avec lui, le martyrisent, et finalement le tuent, telle est l'intrigue... Pacino joue le rôle de Murph, personnage ultra-violent qui finira par « planter » son couteau dans l'Indien. Il a pour partenaire principal John Cazale, également d'origine italienne. Pour les deux acteurs, c'est le point de départ d'une forte amitié et d'une collaboration artistique de grande valeur. À son contact, Pacino découvre une approche singulière du travail de l'acteur. Pendant les répétitions, Cazale démarre en effet par de petites improvisations, toutes simples, dont le but est de trouver une connexion « ici et maintenant » avec son partenaire. Comme deux danseurs qui avancent sans connaître le prochain le pas, ils évoluent au gré de « ce qui se passe » entre eux, moment après moment, et quand ils parviennent à créer un lien suffisamment fort, ils glissent subrepticement dans la scène, avec les répliques de leurs personnages. Pacino est également frappé par la façon dont Cazale aborde le texte et son personnage. En fait, il se pose de nombreuses questions sur le rôle sans pour autant chercher à y répondre immédiatement. Si des réponses arrivent, elles surgiront de façon naturelle, sans rien forcer. Cette approche ouverte, fondée sur la curiosité, Pacino s'en servira tout au long de son parcours.[19]

De manière complètement inattendue, tant pour les acteurs que pour l'auteur, *The Indian Wants the Bronx,* avec 204 représentations, est un des grands succès Off-Broadway de la saison. Les critiques sont excellentes pour la pièce et plus particulièrement pour l'interprétation de Pacino. *Variety,* par exemple, importante revue américaine du monde du spectacle, souligne les qualités de son naturel en scène. Bien accueilli par la critique, *The Indian Wants the Bronx* est également récompensé par la profession. Israel Horovitz reçoit l'Obie du meilleur auteur dramatique, John Cazale celui du meilleur second rôle et Pacino, à la différence de 1966, remporte l'Obie du meilleur acteur.

Sur le plan personnel, cette expérience fait office de déclic pour Pacino. Pour la première fois, l'occasion lui est donnée de jouer un personnage sur une longue durée, presque un an, et d'en explorer toutes les facettes. Petit à petit, l'acteur ressent les connexions intimes avec le personnage qu'il interprète et cela lui donne des ailes. À travers Murph, il peut déployer tout son potentiel de jeu – intensité, présence, puissance – à un niveau qu'il n'avait jamais atteint. Ses instincts de gamin du Bronx, son côté *streetwise*, s'expriment pleinement sur scène et s'intègrent parfaitement dans le sens de la pièce.

Dans un cercle restreint, on commence à parler de ce jeune acteur, énergique et puissant. Faye Dunaway, après avoir assisté à une représentation, conseille à son agent d'aller voir Pacino. Formé à l'université, Martin Bregman a d'abord travaillé dans les affaires avant d'entrer dans le show-business en tant qu'agent artistique. Doté d'une forte personnalité, il a la réputation d'être un fonceur. Le soir où il se rend au théâtre, Bregman voit en Pacino un talent évident et plein de promesses qu'il n'a aucune envie de laisser filer. Après le baisser de rideau, il le rencontre dans les coulisses et lui propose de devenir le représentant de ses intérêts. Sans savoir exactement où tout cela va le mener, l'acteur accepte. Des rapports de confiance absolus s'installent rapidement entre les deux hommes. Bregman a un respect sans limite pour le talent de son nouveau poulain et il croit terriblement en lui. Pacino, en retour, lui donne carte blanche pour s'occuper de sa carrière.

The Indian Wants the Bronx a donc apporté beaucoup d'éléments positifs à Pacino : les critiques s'intéressent à lui, un agent le prend sous son aile et, de plus, il joue tous les soirs ! Autre bonne surprise : la pièce part en Italie pour être jouée au festival de théâtre de Spolète, ce qui lui donne l'occasion de fouler la terre de ses ancêtres pour la première fois. Un retour aux origines on ne peut plus salutaire au moment où tant de changements se profilent.

En 1969, Pacino fait ses débuts à Broadway dans la pièce de Don Petersen, *Does a Tiger Wear a Necktie?* La pièce n'a pas traversé l'Atlantique, mais on pourrait traduire le titre littéralement par : « Un tigre peut-il porter une laisse ? » Le spectacle, programmé au Belasco Theatre, doit s'arrêter au bout de trente-neuf représentations. Le succès public de *The Indian Wants the Bronx* n'est donc pas reconduit, mais Pacino, dans le rôle d'un junkie ultra-violent en cure de désintoxication, est à nouveau remarqué par la critique et certains, comme Clive Barnes du *New York Times,* commencent à le comparer à Dustin Hoffman. Sa composition est saluée par un Tony Award (une récompense théâtrale décernée par l'American Theatre Wing), celui du meilleur second rôle.

Pour ses débuts à l'écran, Pacino apparaît dans une scène du film *Me, Natalie,* réalisé par Fred Coe et sorti en salles en 1969. Le thème central traite de l'émancipation d'une jeune femme complexée, interprétée par une vedette de l'époque, Patty Duke. En treizième position au générique, Pacino joue le rôle de Tony, un junkie gigolo. *Me, Natalie* n'a pas fait date dans l'histoire du cinéma, et son seul intérêt rétrospectif est celui de voir Pacino évoluer pour la première fois à l'écran. Dans sa courte scène de danse avec Patty Duke – tournée en une journée –, il montre déjà une forte présence et un charisme étonnant. C'est le maximum qu'il puisse faire avec un rôle aussi bref. Cette courte expérience lui permet cependant de tester son jeu par rapport à la caméra et aussi de gagner un cachet confortable. Beaucoup de jeunes acteurs tournent des films alimentaires ou des « soap-opéras » à la télévision. Pacino lui-même a fait une apparition dans la série télévisée *NYPD* (New York Police Department), en 1968 ; l'expérience ne sera pas renouvelée. Le point de vue de Pacino sur son métier est le suivant : faire le minimum de concessions et ne s'engager que dans des projets auxquels il croit totalement, du moins artistiquement. Pour l'instant, c'est le théâtre qui lui en donne l'occasion.
Alors que Pacino est sur une courbe ascendante, la seule ombre au tableau est son goût immodéré pour l'alcool. Au fil des années, son penchant pour la bouteille s'est nettement accentué. Il lui arrive de rester immobilisé plusieurs jours à la suite de monumentales « gueules de bois ». Si Pacino se refuse à travailler sous l'effet de l'alcool, il se rattrape allègrement après les représentations dans ses bars favoris. « *Les acteurs doivent jouer avec des émotions que la plupart des gens gardent enterrées. Ils doivent garder ces émotions vivantes et continuer à prendre des risques. Et je pense que ce qui arrive parfois, c'est que les acteurs ont du succès et qu'ils deviennent fatigués de faire ça. Parce que c'est fatigant et cela crée des problèmes, des névroses. J'ai besoin de ce verre après le spectacle. J'en ai vraiment*

besoin. Qu'est-ce que Laurence Olivier disait ? Que ce qu'il aimait le plus au théâtre, c'était le verre après la représentation ? »[20] Pacino relie cette habitude à son travail. Peut-être faut-il y trouver également d'autres raisons, plus personnelles. L'immense chagrin survenu après les décès de sa mère et de son grand-père est toujours là, des années après. Quand il est trop fort, trop insupportable, l'alcool permet de l'anesthésier, au moins provisoirement.

TRANSITIONS

En novembre 1969, Pacino joue dans *The Local Stigmatic,* à l'Actors' Playhouse de New York. À travers les personnages de deux punks nihilistes qui maltraitent un acteur connu, l'auteur de la pièce, Heathcote Williams, aborde le thème du rapport à la célébrité et à l'identité. Au lendemain de la première, la critique descend le spectacle en flammes. Pacino lui-même en est pour ses frais. Sa composition est jugée trop proche de son personnage de Murph dans *The Indian Wants the Bronx*. Cependant, l'acteur Jon Voight, qui vient de triompher au côté de Dustin Hoffman dans le film *Midnight Cowboy* (*Macadam Cowboy*), est l'un des rares spectateurs à avoir apprécié le spectacle. Il se propose de financer lui-même les représentations suivantes. Sans son intervention généreuse, l'aventure du Local *Stigmatic* aurait probablement dû s'arrêter le soir de la première. Déserté par le public, le spectacle n'est joué que huit fois. Cet échec affecte d'autant plus Pacino qu'il s'est totalement enflammé pour cette pièce.
Après la reconnaissance acquise dans *The Indian Wants the Bronx* et *Does a Tiger Wear a Necktie?,* Pacino semble désormais marquer le pas. La proposition suivante, un rôle dans *Camino Real,* de Tennessee Williams, lui donne l'opportunité d'inverser la tendance. Dans cette pièce à l'atmosphère mystérieuse, que Pacino aime beaucoup, des personnages de différentes nationalités et de différentes époques se retrouvent au purgatoire, avant d'être envoyés au paradis ou en enfer. Parmi eux se trouvent quelques personnages illustres, tels que Casanova ou Lord Byron. Pacino joue le rôle de Kilroy, un marin boxeur brutal et mal embouché. Mais le manque de temps et le petit nombre de répétitions inquiètent fortement l'acteur. La première se profile à grand pas et son travail sur le personnage est une véritable course contre la montre. Tennessee Williams n'a pas assisté aux répétitions, car il était au même moment en cure de désintoxication. Il s'est toutefois rendu à la générale, provoquant un trac considérable parmi les acteurs et les techniciens. À l'issue de la représentation donnée pour l'auteur, les acteurs se réunissent sur le plateau, attendant avec inquiétude l'avis de leur seul et prestigieux spectateur. Tennessee Williams monte alors sur scène, se tait pendant un long moment, laissant présager le pire, puis lance à la cantonade un simple « *Goodnight babies* » (« Bonsoir, les enfants »), avant de quitter la salle du Lincoln Center...

Jean-Pierre Aumont, présent dans la distribution, gardera un vif souvenir de l'étrange et énigmatique apparition d'un des plus grands dramaturges américains. Acteur français qui mène une carrière remarquée aux États-Unis – ce qui est assez rare –, Jean-Pierre Aumont joue dans *Camino Real* le rôle de Casanova et partage une scène avec Pacino. Les deux acteurs s'entendent bien et dînent souvent ensemble après les représentations. Mais sur scène, il en va tout autrement. Dans son livre, *Le Soleil et les Ombres,* Jean-Pierre

Aumont raconte comment Pacino, par ses improvisations constantes en plein spectacle, le mettait en péril devant des salles combles. Chaque soir, il suppliait son jeune partenaire de respecter le texte de l'auteur. « Écoute-moi, Al. Je sais que tu joues un rôle fort différent du mien. Tu es en blue-jean, quand je suis en costume du XVIIIe siècle. Je comprends que tu te sentes porté à improviser des jurons et autres borborygmes. Que tu ajoutes dix fois le mot « con » dans ton texte, ça m'est égal. Je n'ai rien contre le mot « con », mais au moins, donne-moi la dernière phrase de ta réplique... » Pacino, très compréhensif, donne entièrement raison à Jean-Pierre Aumont. Mais le lendemain, au lieu de dire « *Chaque homme est désespérément seul...* », Pacino lui envoie une phrase de son cru : « *La solitude, j'en ai rien à branler, Casano de mes deux* »[21]... Difficile alors, pour Jean-Pierre Aumont, d'enchaîner avec sa propre réplique : « *Pas s'il ignore la méfiance* »...

Le public vient en nombre au Lincoln Center pour applaudir cette nouvelle production de *Camino Real*. Les critiques, en revanche, n'apprécient guère la mise en scène de Milton Katselas. Elles lui reprochent d'avoir détourné le drame de Tennessee Williams en une comédie légère. Concernant la prestation de Pacino, elles sont dans l'ensemble positives, même si certaines pointent le manque de variété de son jeu. Clive Barnes, du *New York Times,* le trouve pour sa part étonnamment absent dans le deuxième acte. *Camino Real* reste donc, pour Pacino, une expérience frustrante sur le plan du travail, malgré l'inventivité de ses improvisations, et mitigée quant à son accueil critique. Fragilisé par ces déceptions, Pacino ressent la nécessité de faire le point. Il retourne alors dans la compagnie de David Wheeler, à Boston, non pas pour jouer mais pour mettre en scène une pièce d'Israel Horovitz, *Rats* (*Rats*), un violent pamphlet sur le racisme. De l'aveu même de son auteur, *Rats* est une pièce difficile à regarder pour les spectateurs. Plus tard, Horovitz en assurera lui-même la mise en scène en France, où ses pièces ont souvent été montées. En 1969, un jeune acteur joue à Paris au Poche-Montparnasse, dans *Clair-obscur*. Son nom ? Gérard Depardieu...

En 1970, Pacino se trouve dans une passe difficile. De manière volontaire, il refuse de travailler pendant plusieurs mois et boit beaucoup. Il n'est pas rare qu'il reste des heures durant dans sa baignoire, avec une bouteille à portée de la main. Cet état d'inactivité voulu, peu conforme à sa nature, ne l'aide pas à trouver des réponses à ses nombreuses questions. Il est en fait au cœur d'une transition difficile à effectuer, sur tous les plans. Professionnellement, le théâtre semble le bouder et le cinéma, au contraire, lui ouvrir les bras, en particulier grâce aux connexions établies par Martin Bregman. Passer des planches à la pellicule n'a rien de mauvais en soi, mais c'est un support que Pacino connaît mal. Sur le plan personnel, c'est pareil : sa relation avec Jill Clayburgh est solide, mais les traumatismes auxquels il a dû faire face – l'absence de son père, la disparition de sa mère – n'ont pas été véritablement surmontés.

Une série de facteurs vont pourtant concorder à propulser Pacino parmi les plus grandes stars du cinéma. Il y a tout d'abord sa maturité en tant qu'acteur. Pacino a peut-être mangé de la vache enragée pendant les années 1960, mais son travail commence à porter ses fruits. Sur ce point, il est très bien entouré : Charles Laughton, Lee Strasberg et Martin Bregman sont présents à ses côtés pour l'aider, le conseiller ou l'aiguiller. L'arrivée de Pacino dans le monde du cinéma correspond, d'autre part, à l'émergence d'une nouvelle génération de cinéastes, d'ailleurs souvent des Italo-Américains, comme lui. Enfin, le concept de « star » a changé, la thématique de l'Amérique aussi : le public a envie de voir des acteurs plus proches de lui, plus réels, et qui n'ont pas obligatoirement un physique de mannequin. Il est difficile de dire dans quelle mesure une star est le produit de son époque ou au contraire s'il concourt à la créer. En tout cas, il est certain qu'il y a toujours une rencontre entre une star et son temps. Les années 1960 sont terminées et emportent avec elles l'enthousiasme d'une jeunesse insouciante. La fête est finie et l'Amérique du début des années 1970 semble désenchantée. Empêtrée dans un conflit au Vietnam qui n'en finit pas, ébranlée par le scandale du Watergate, choquée par l'horreur des crimes de Charles Manson, l'Amérique doute et vacille, aux prises avec de violentes contradictions. Une nouvelle époque s'annonce, complexe et imprévisible. Pacino s'apprête à fusionner avec elle et à en exprimer l'intense fragilité. ✣

PARTIE 2

L'ÂGE D'OR

1971-1975

BOBBY, PREMIER GRAND RÔLE

Depuis son succès au théâtre dans *The Indian Wants the Bronx,* Pacino reçoit plusieurs propositions pour jouer au cinéma. Scrupuleux dans ses choix, il refuse les différents rôles qui s'offrent à lui. Seul le film de Mike Nichols, *Catch 22,* retient son attention mais l'affaire n'est pas conclue car la Paramount, le studio producteur, exige de l'acteur qu'il signe un contrat d'exclusivité. Voulant rester libre de ses choix dans le futur, Pacino en refuse le principe.

C'est finalement Martin Bregman qui va donner à son protégé l'occasion de s'exprimer dans de bonnes conditions pour son premier grand rôle à l'écran. Parmi ses différents clients, Bregman s'occupe de la carrière d'un jeune cinéaste, Jerry Schatzberg, à l'origine photographe de mode. Après un premier film remarqué, *Puzzle of a Downfall Child* (*Portrait d'une enfant déchue,* 1970), avec Faye Dunaway dans le rôle-titre, Schatzberg se voit proposer la réalisation de *The Panic in Needle Park* (*Panique à Needle Park*). Son titre annonce le sujet du film ; Needle Park – littéralement « le parc de l'aiguille » – est l'endroit tristement célèbre de New York, situé à l'angle de la 72e Rue et de Broadway, où les toxicomanes se procurent leurs doses. Et *panic* est le terme pour désigner la flambée des prix de la précieuse poudre, consécutive à une pénurie. L'immense majorité des héroïnomanes n'arrivant plus à payer leurs doses, ils connaissent pendant cette période l'enfer des crises de manque. Le scénario, basé sur une histoire réelle publiée dans un article de *Life Magazine,* raconte la déchéance d'un couple pris dans la spirale de la drogue. Helen, une jeune provinciale, et Bobby, un consommateur occasionnel, tombent dans une dépendance totale à l'héroïne. Leur histoire d'amour devient sans espoir, marquée par de multiples mensonges et par la violence. Helen en vient à se prostituer et dénonce Bobby à la police, qui l'arrête lors d'un braquage. À la toute fin du film, elle le rejoint quand il sort de prison, mais il ne s'agit pas d'un happy end, bien au contraire : la mort semble être leur seule issue.

PHOTOGRAPHIE DE PLATEAU DE *SERPICO*, DE SIDNEY LUMET, EN 1973.
© PICTURELUX / THE HOLLYWOOD ARCHIVE / ALAMY BANQUE D'IMAGES

Sur scène, Pacino a déjà joué des personnages déboussolés, violents, et même des drogués comme dans *Does a Tiger Wear a Necktie?*. Aussi, avec Bobby, n'est-il pas en terrain inconnu. À La différence qu'il s'agit cette fois de construire un personnage pour le cinéma, un support qu'il lui reste entièrement à découvrir. *Panique à Needle Park* a pourtant failli ne jamais voir le jour, car Jerry Schatzberg a été tenté d'abandonner le projet, jugeant le sujet trop proche du lieu commun. « *Il y a eu huit films sur la drogue produits l'an dernier* [en 1970] *aux États-Unis, et je me disais :* "À quoi bon un de plus ?" *Mais quand j'ai appris qu'Al Pacino, un jeune comédien de théâtre très exigeant et qui avait toujours refusé les scénarios qu'on lui présentait, s'intéressait au rôle, j'ai reconsidéré ma position.* »[1] C'est au théâtre, dans *The Indian Wants the Bronx*, que Schatzberg a découvert Pacino, lequel l'a alors fortement impressionné. Son enthousiasme pour le scénario décide donc le cinéaste à reprendre les rênes du projet. Pour le rôle d'Helen, il choisit Kitty Winn, une jeune actrice qui a fait des débuts remarqués sur la scène de San Francisco. Avant le tournage, Schatzberg et ses deux acteurs principaux passent des journées entières à Needle Park, où ils observent et rencontrent des toxicomanes. C'est une bonne façon de s'imprégner du climat du film, mais cela ne va pas sans risques : le « milieu » les soupçonne en effet d'être des indicateurs de police. Pour recueillir des informations utiles à son personnage, Pacino se rend également dans des centres de désintoxication, sans aller jusqu'à imiter sa partenaire, qui avoua à la sortie du film s'être injecté une faible dose d'héroïne pour en tester les effets. Pacino les connaît en fait de très près pour les avoir vus sur certains de ses amis, notamment sur un jeune acteur qui, au début des années 1960, est mort d'une overdose quasiment dans ses bras. La scène, qui s'est déroulée en pleine rue, l'a alors laissé en état de choc.

Le tournage démarre après une semaine de répétitions intensives avec les acteurs. Quasiment tous les plans du film sont réalisés dans le quartier de Needle Park, les extérieurs bien sûr, mais aussi les scènes d'intérieur, filmées dans un hôtel avoisinant. Les vrais toxicomanes présents sur le lieu de tournage, qui reste avant tout « leur » lieu, n'hésitent pas à donner des conseils techniques au réalisateur et aux acteurs. Leur présence n'est toutefois pas toujours facile à gérer. Alors que Pacino se prépare pour une scène, un dealer commence à le provoquer et la bagarre est évitée de justesse...

En dépit d'imprévus, le tournage est bouclé en quarante-trois jours, ce qui pour un long-métrage est un rythme très soutenu. Seules les scènes dénudées posent des problèmes à Pacino. « *J'étais en train de faire une scène de douche dans une prison avec huit types. La scripte est assise là, et je dis :* "Est-ce qu'elle va rester pendant qu'on enlève nos pantalons ?" » De même, les scènes intimes avec Kitty Winn provoquent chez lui une certaine gêne. Bien qu'opposé dans le principe aux scènes d'amour physique au cinéma, qu'il trouve généralement très ennuyeuses, celles de Panique à Needle Park lui paraissent cependant justifiées, dans le sens où elles suggèrent la sexualité plus qu'elles ne la montrent. « *J'ai rarement vu une scène dans un film où l'acte sert vraiment l'histoire. Je ne sais pas si je le ferai un jour. J'ai dit une fois que je ferais une scène de nu si tout le monde sur le plateau, et dans le public, était nu. Alors peut-être que je pourrais comprendre,* déclare-t-il, remarquant au passage que *dans les pièces de Shakespeare, personne ne se déshabille ni même ne s'embrasse. Roméo et Juliette, ne s'embrassent pas.* »[2] Pacino considère en fait que l'émotion n'a pas besoin de la nudité corporelle, en tout cas au théâtre ou au cinéma. Son point de vue sur le sujet ne variera pas d'un iota tout au long de sa carrière.

Le soir de la première de *Panique à Needle Park,* Pacino boit plus qu'à l'accoutumée, pour mieux supporter le fait de se voir sur grand écran – c'est également une première. Il n'a pourtant pas beaucoup de raisons de s'inquiéter, car il montre à l'image un charisme exceptionnel et une présence de tous les instants. Dans la scène où il menace Helen à travers la porte de la salle de bains, une fois qu'elle lui a avoué s'être prostituée, Pacino explose totalement et délivre pour la première fois ce que les Américains appelleront par la suite le « *Pacino's blast* », littéralement « la déflagration Pacino ». Dans ces moments intenses, surtout quand il joue des personnages à tendance psychotique, l'acteur exprime alors une violence énorme qui cloue son partenaire à l'écran et provoque par ricochet une réaction physique chez le spectateur, proche de l'effet de souffle. *Panique à Needle Park* révèle donc chez Pacino un jeu puissant et plein d'énergie, ainsi qu'un naturel exceptionnel devant la caméra. En dévoilant d'autres facettes de son personnage, plus douces, plus fragiles, il offre en outre un large spectre d'émotions, ce qui est un atout considérable pour son jeu. À cet égard, Bobby annonce de façon prometteuse le profil de ses futurs personnages, alliant une grande force à une grande vulnérabilité.

Son premier grand rôle lui apporte également une réponse importante : lui, à l'origine acteur de théâtre, est parfaitement capable d'ajuster son jeu au cinéma, ce qui n'est pas le cas de tous les comédiens venant des planches. Le film est généralement bien accueilli par la critique, et les acteurs ne sont pas en reste. Au sujet de Pacino, le *New York Times* souligne l'exceptionnelle réussite de ses débuts à l'écran[3]. On le compare souvent à Dustin Hoffman, ou plutôt à l'interprétation de ce dernier dans *Macadam Cowboy*. Entre les deux acteurs, c'est le début d'un chassé-croisé, voire d'une rivalité, qui va durer toute la décennie. Certaines critiques ont pu reprocher à Jerry Schatzberg d'avoir utilisé trop systématiquement les techniques du documentaire, (photographie très réaliste, absence de musique), mais ne nous y trompons pas, *Panique à Needle Park* est avant tout une fiction, une histoire d'amour brisée par la drogue. Le film se démarque totalement des autres productions de l'époque, en évitant toute moralisation sur le sujet. Schatzberg se contente de « montrer » sans juger ses personnages et leurs actes. Le film, présenté au Festival de Cannes en 1971, est favorablement accueilli par la critique internationale. Kitty Winn obtient le prix d'interprétation féminine. En France, Jerry Schatzberg trouve d'ardents défenseurs à la revue *Positif,* qui voit en lui l'un des représentants du renouveau du cinéma américain.

Malheureusement, ce succès d'estime ne se transforme pas en succès public. La vie des toxicomanes au quotidien y est montrée dans sa terrible réalité et rien n'est épargné au spectateur, pas même les injections que se font les personnages. Ce film sombre et sans espoir n'avait déjà pas grande chance d'attirer les foules ; sa sortie en plein été 1971 aux États-Unis n'a évidemment rien arrangé. Même si, pour son premier film, peu de spectateurs ont vu Pacino, il reste que l'acteur est entré par la bonne porte dans le monde du cinéma. Il a participé à une production, certes à petit budget, mais ambitieuse au plan artistique et conduite par un réalisateur à l'écoute. « *Chaque acteur a besoin de quelque chose de différent. Sur* Panique à Needle Park, *Al Pacino avait besoin de beaucoup d'amour et d'attention* »[4], précise le cinéaste. Tout au long de sa carrière, Pacino gardera un souvenir attendri de son premier film. « *Schatzberg, c'est un merveilleux réalisateur et un homme que j'admire beaucoup. Pour moi,* Panique à Needle Park *est un classique, une peinture puissante et critique d'un monde fermé.* »[5] Et Bobby, son premier grand rôle, restera pour l'acteur comme le portrait assez fidèle du jeune homme qu'il était en 1970.

C'EST QUI CE TYPE ? IL JOUE MICHAEL ?

Peu avant la sortie de *The Godfather* (*Le Parrain*), Pacino rendit visite à son ami Jon Voight en salle de montage, où les dernières finitions sont en train d'être apportées au film *Deliverance* (*Délivrance*), de John Boorman. Ce dernier, qui assista à leur étonnante conversation, rapporte les propos suivants de Pacino au sujet du *Parrain* : « *Mon jeu n'a jamais été aussi mauvais. J'espère seulement que le film va disparaître des écrans et qu'il ne sera pas vu par trop de monde. C'est ma seule chance.* » John Boorman ajoute : « *Ils ont soupiré ensemble. Après s'être exposés, ils espéraient à présent un miracle d'anonymat.* »[6] Pacino ne pouvait se tromper davantage, tant sur son jeu que sur l'accueil du film. Dès le premier jour de sa sortie à New York, le 15 mars 1972, *Le Parrain* est un triomphe au box-office. À la fin de l'année, les recettes mondiales sont estimées à 150 millions de dollars et trente mois après sa sortie, il compte près de 132 millions de spectateurs. Lors de la cérémonie des Oscars 1972, *Le Parrain* totalise dix nominations et en remporte trois dans les catégories suivantes : « Meilleur film », « Meilleur acteur » et « Meilleur scénario ». Quant à Pacino, quasiment du jour au lendemain, il passe sans transition du circuit de l'Off-Broadway au rang de vedette internationale. Succès critique et public, *Le Parrain* apparaît donc comme une réussite totale. Sa genèse, pourtant, a été tout sauf une partie de plaisir, elle constitue même une parfaite illustration du fameux adage Hollywoodien : « Les tournages malheureux font les meilleurs films. » Les énormes difficultés rencontrées aux différents stades de la production ont en effet mis à l'épreuve les nerfs des différents participants et en particulier ceux de Pacino, qui a bien failli ne jamais se trouver au générique...

En 1967, le studio Paramount, à l'affût de bons sujets, acquiert – sur la base d'un synopsis et de deux chapitres – les droits d'adaptation cinématographique de *The Godfather,* le roman que Mario Puzo est en train d'écrire[7]. Son sujet ? L'ascension et le déclin d'une des cinq grandes familles de la mafia aux États-Unis, les Corleone, régnant sur les secteurs du jeu et de la prostitution. La publication du livre, en 1969, rencontre un succès considérable et la Paramount, souhaitant bénéficier de l'effet best-seller, lance la production du film dans la foulée. Robert Evans, vice-président de la Paramount chargé de la production, et Al Ruddy, jeune producteur fougueux, s'occupent alors activement de la préparation ; deux hommes qui joueront un rôle clé dans les coulisses du *Parrain*. En 1970, différents réalisateurs sont contactés, notamment Arthur Penn et Costa-Gavras, mais tous déclinent la proposition. Le choix se porte finalement sur Francis Ford Coppola.

Ce jeune cinéaste talentueux a débuté sous l'aile protectrice de Roger Corman dans des films à petit budget, avant de réaliser, dans la seconde moitié des années 1960, plusieurs films confidentiels : *You're a Big Boy Now,* la comédie musicale *Finian's Rainbow* (*La Vallée du bonheur*), et le superbe *The Rain People* (*Les Gens de la pluie*). En 1969, Coppola fonde sa propre société de production, American Zoetrope, pour permettre à ses amis et à lui-même de tourner des films en toute liberté, loin des contraintes des grands studios.

Mais après l'échec de *THX 1138*, de George Lucas, les difficultés financières s'accumulent et Zoetrope se trouve au bord du précipice, avec 600 000 dollars de dettes. Bien que réticent à l'idée de travailler dans le système de production traditionnelle, Coppola considère le projet du *Parrain* comme sa seule chance de sauver Zoetrope, et donc de rendre viable son rêve de cinéma. Il en accepte finalement la réalisation, avec un salaire de 125 000 dollars et 6 % des recettes. Du point de vue de la Paramount, l'engagement de Coppola est une excellente opération ; le cinéaste est peu cher, comparativement à d'autres réalisateurs plus expérimentés, sa connaissance intime du monde italo-américain est un atout évident, et, le cas échéant, ses origines italiennes permettront de « calmer » les inquiétudes de sa communauté concernant le sujet principal du film : la mafia.

Quand Coppola s'attelle à l'écriture du scénario, à l'automne 1970, Mario Puzo a déjà fait la majeure partie du travail d'adaptation et posé la structure de base, mais il peine sur les finitions. Étant avant tout auteur de romans, il avoue lui-même ne pas connaître grand-chose à la forme cinématographique. C'est précisément sur ce point que l'apport de Coppola se révèle décisif. « *Quand les gens vont voir un film, 80 % de l'effet qu'il a sur eux a été conçu et calculé par l'auteur du scénario* », estime le cinéaste, qui à cette époque est d'ailleurs davantage réputé pour ses qualités de scénariste. À son actif figurent *Paris brûle-t-il ?*, de René Clément, *Reflections in a Golden Eye* (*Reflets dans un œil d'or*), de John Huston, et *Patton*, qui lui vaudra, en 1971, l'Oscar du « Meilleur scénario ». Pendant plusieurs mois, Puzo et Coppola travaillent ensemble sur le script, sans toutefois se voir beaucoup. Le jeune réalisateur souhaite en effet que chacun écrive de son côté. Quand l'un a terminé une partie, il l'envoie à l'autre pour qu'il fasse ses corrections, et vice-versa. Coppola s'aperçoit vite qu'une synthèse trop fidèle du roman nuirait à l'efficacité du film. Aussi choisit-il de centrer le récit autour du thème de la transmission du pouvoir entre le père et le fils. Tel un jongleur avec ses balles, Coppola enlève certaines scènes du roman, en ajoute de nouvelles, affine sans cesse la structure du scénario, pour lui donner force et fluidité. Et surtout, il garde le maximum d'éléments du roman qui caractérisent l'ambiance mafieuse, avec son « code de l'honneur » spécifique, ses rites, ses réunions de famille gigantesques, et bien sûr, ses meurtres...

Selon Mario Puzo, la Paramount a engagé Coppola « *parce qu'il était un gamin de trente ans venant de signer deux échecs commerciaux et qu'ainsi, il pourrait être plus facilement contrôlé* »[8]. Si tel était le cas, les têtes pensantes du Studio vont rapidement déchanter. Coppola déclenche le premier conflit sérieux quand il propose Marlon Brando pour le rôle de Don Vito Corleone, une idée que les producteurs jugent insensée, car l'acteur aligne les échecs commerciaux depuis dix ans et, de plus, à quarante-sept ans, il n'a pas l'âge du rôle. Nullement découragé, le cinéaste réalise un essai vidéo avec Brando, sous la forme d'une improvisation où ce dernier se met du papier dans la bouche, un peu de cirage polonais dans les cheveux et modifie sa voix. Le résultat est saisissant. À la vision de la cassette, les producteurs – notamment Al Ruddy, Robert Evans, et le patron de la Paramount, Stanley Jaffe – sont sidérés par la prestation d'un Brando méconnaissable. Ses prétentions financières modérées – 50 000 dollars et un pourcentage sur les recettes – achèvent de les convaincre. Pour les autres rôles importants, James Caan et Robert Duvall passent leurs essais avec succès, respectivement dans les rôles de Sonny Corleone et du *consigliere* Tom Hagen. Coppola les connaît bien pour les avoir déjà dirigés dans son film précédent, *Les Gens de la pluie*. John Cazale, qui a joué au théâtre au côté de Pacino dans *The Indian Wants the Bronx,* est engagé pour le petit rôle de Fredo Corleone. Reste à pourvoir le rôle du troisième fils : Michael.

Pour ce personnage très important – Don Corleone le désigne comme son successeur à la tête des intérêts de la famille –, la Paramount pense initialement à Warren Beatty, Ryan O'Neal ou même Robert Redford. Bien qu'étonnantes à première vue, ces propositions du studio ne sont pas totalement fantasques, car beaucoup d'Italiens, il est vrai, ont les cheveux blonds. Mais pour Coppola, ces acteurs ne correspondent pas vraiment à l'image type que l'on peut se faire d'un Sicilien. Depuis qu'il a lu le roman de Puzo, le cinéaste n'a en fait qu'une seule idée en tête, Al Pacino, avec lequel il a très envie de travailler depuis qu'il l'a découvert au théâtre dans *Does a Tiger Wear a Necktie?*. À la lecture du scénario, l'acteur est plutôt attiré par le personnage éruptif de Sonny Corleone. À son grand étonnement, Coppola lui propose le rôle énigmatique de Michael.

Mario Puzo visionne une bobine de *Panique à Needle Park,* qui, en ce début d'année 1971, n'est pas encore sorti en salles, et adresse une lettre enthousiaste à Coppola. « *Par-dessus tout, Pacino doit être dans le film* », lui écrit-il. Une séance d'essais est alors organisée – comme c'est la règle pour tous les rôles, des plus petits aux plus grands – à l'attention des dirigeants de la Paramount. La scène choisie correspond, dans le film terminé, à la première apparition de Michael, lors de la fête donnée en l'honneur du mariage de sa sœur, Connie. Dans cette séquence, il raconte à Kay, sa petite amie, quelques anecdotes sur la famille Corleone, dont d'ailleurs il n'hésite pas à se démarquer : « *C'est ma famille, Kay, ce n'est pas moi.* » Ce qui aurait pu être une formalité va en fait se révéler une épreuve pénible pour toutes les parties concernées, au premier chef pour Pacino. Avant même de passer les essais, l'acteur n'est guère enthousiaste sur le sujet. L'exercice en lui-même lui paraît vain. Peut-être faut-il y voir un certain orgueil de sa part, toujours est-il que devoir convaincre à tout prix en moins de deux minutes, qui plus est sans un travail préalable sur le personnage, n'a pour lui aucun sens. Dans le cas présent, il ne comprend d'ailleurs pas très bien pourquoi il doit faire ses preuves, dès lors que son réalisateur a toute confiance en lui. Enfin, le choix de la scène est discutable. Il s'agit en effet d'une scène d'exposition, sans grande force dramatique, ne lui laissant que peu d'espace pour montrer son potentiel. Aussi se présente-t-il le jour du test dans des dispositions peu favorables, trop préoccupé par des questions qui n'ont rien à voir avec son personnage et finalement peu sûr de lui-même. Le résultat des premières prises est catastrophique. Le soutien de Diane Keaton, qui lui donne la réplique, ainsi que les répétitions intensives menées par Coppola n'apportent aucune amélioration. Il s'avère que Pacino connaît mal son texte, alors il improvise, mais dans un sens qui ne correspond pas du tout au personnage. Désespéré par ce qu'il considère comme du gâchis, le cinéaste en vient à traiter Pacino de « *self-destructive bastard* » – « *salopard autodestructeur* ». Mario Puzo, présent lors des essais, est alors un auteur au bord de la crise de nerfs. Il ira même jusqu'à demander à Coppola la lettre de recommandation qu'il lui avait adressée au sujet de Pacino. Robert Evans prend à part le cinéaste, qui continue à défendre son acteur contre vents et marées, et lui glisse à l'oreille : « *Francis, je dois dire que t'es seul là-dedans.* »[9] Pour ajouter à la confusion, James Caan, initialement prévu dans le personnage de Sonny, passe également les tests pour le rôle de Michael. Et Mario Puzo le trouve dix fois meilleur que Pacino...

Les dirigeants de la Paramount le trouvent trop petit, trop nerveux et aussi – ce qui est plus curieux – trop « italien », mais devant l'insistance de Coppola, ils le convoquent pour une deuxième série d'essais. Pacino, lui, ne comprend pas pourquoi on lui demande de revenir, alors qu'à l'évidence le Studio ne veut pas de lui. Les jours suivants, Coppola passe de multiples coups de fil à l'acteur pour le rassurer. Fatigué par ces longues conversations, ce dernier cherche alors à se désengager : « *Écoute Francis, ils ne veulent pas de moi, ce n'est pas grave, tu trouveras un bon acteur pour ton film et ça ne me pose aucun problème.* » Nullement découragé, Coppola revient à la charge auprès de Pacino, qui finit par se rendre aux essais, complètement déboussolé. Le résultat est une fois de plus désastreux, caractérisé par des oublis de texte et des improvisations hasardeuses. Les doutes de Pacino pendant cette période sont également dus à la possibilité qui lui est offerte de jouer immédiatement dans le film *The Gang that Couldn't Shoot Straight,* produit par la Métro Goldwin Meyer (MGM). Certains lui conseillent d'abandonner *Le Parrain* et de saisir cette opportunité, d'autres, au contraire, comme Martin Bregman, le poussent à s'accrocher au rôle de Michael. Que faire ?

De son côté, Coppola demande aux décideurs de la Paramount de visionner un extrait de *Panique à Needle Park,* pas encore sorti en salles, afin qu'ils constatent le talent de son protégé. Mais ces derniers découvrent un Pacino en junkie, à mille lieues de l'élégant Michael Corleone, calme et sûr de lui, tel qu'il est défini par l'auteur. Dans l'incertitude, une nouvelle séance d'essais est organisée, la troisième. Entre-temps, Pacino a changé son fusil d'épaule. Il voit maintenant tout le parti qu'il peut tirer du personnage, ce qu'il peut exprimer à travers lui et il a très envie de le jouer. Cette fois, il se prépare beaucoup mieux et, surtout, il apprend sa scène. Les producteurs, bien que n'étant toujours pas convaincus à l'issue des essais, acceptent cependant de l'engager. Pacino signe enfin son contrat le 4 mars, soit quinze jours seulement avant le début du tournage. Les raisons de ce revirement sont avant tout d'ordre économique. Trouver un autre acteur entraînerait de nouveaux délais de production et provoquerait à coup sûr une rupture irréversible avec Coppola, une extrémité que la Paramount se refuse à envisager. Le studio craint en effet de laisser passer l'engouement que le roman de Puzo a suscité, avec dix millions d'exemplaires vendus, et, dans ce contexte, il est hors de question de repousser le tournage, qui au demeurant a déjà pris un sérieux retard.
Pendant le marathon des tests filmés, Pacino a pu compter sur deux soutiens de taille : celui de Coppola, indéfectible on l'a vu, et aussi celui de Marlon Brando, favorable à un Michael sombre et tout en retenue. Au total, les essais ont été un formidable gaspillage de temps et d'argent, un coût chiffré à 175 000 $, pour finalement revenir à la distribution originale imaginée par Coppola... Outre les acteurs déjà mentionnés, la sœur de Coppola, Talia Shire, est retenue dans le rôle de Connie, la fille de Vito Corleone, et Diane Keaton est confirmée dans celui de Kay Adams, la petite amie de Michael.

Mais les épreuves ne sont pas terminées pour Pacino, qui se retrouve embarqué bien malgré lui dans un véritable imbroglio juridique. Deux semaines avant le début du tournage, La MGM assigne en justice la Paramount, pour la contraindre à libérer immédiatement l'acteur de ses obligations. Selon la MGM, Pacino s'est engagé à jouer dans *The Gang that Couldn't Shoot Straight,* dont le tournage doit démarrer courant avril, soit exactement en même temps que celui du *Parrain*... Pacino, lui, ne comprend rien à l'affaire car il n'a jamais signé de contrat. En fait, son agent avait entrepris en solitaire des démarches auprès de la MGM, sans le tenir informé. Le problème est que, juridiquement, la MGM est dans son bon droit, avec une conséquence implacable pour Pacino : il doit renoncer à jouer dans le film de Coppola... Le responsable de la Paramount, Robert Evans, pourtant le plus farouche opposant à sa présence dans le casting du *Parrain*, passe nombre de coups de téléphone délicats pour débrouiller la situation. Une réunion est organisée en urgence au siège de la MGM, à Los Angeles. L'acteur doit s'y rendre en personne, par le premier vol. Seul problème, Pacino, à l'époque, a une peur panique de l'avion. Pour calmer son appréhension, il absorbe un mélange détonnant d'alcool et de médicaments ; il arrive évidemment dans un état second à la fameuse réunion. Fort heureusement, son manager, Martin Bregman, l'accompagne et mène les discussions. Un accord à l'amiable se dessine : Pacino va dédommager la MGM en lui versant un une partie de son salaire du *Parrain*, et il s'engage en outre à faire, dans les années à venir, un film produit par la MGM. Pour finaliser l'accord, le studio reste inflexible sur un point essentiel : la Paramount doit leur fournir immédiatement un remplaçant du même âge, italo-américain, et de talent équivalent... En accord avec Robert Evans, Coppola décide alors de libérer le jeune acteur qu'il a engagé dans le petit rôle de Paulie Gatto, un garde du corps de Vito Corleone. Son nom ? Robert De Niro. La MGM accepte la proposition, ce qui permet aux deux studios de finaliser le deal. Sans cet accord in extremis, Pacino n'aurait jamais figuré au générique du *Parrain*. Entre les deux acteurs, qui se connaissent et s'apprécient à la ville, c'est le début d'un chassé-croisé cinématographique courant sur des décennies.

Dans le courant du mois de mars, Coppola commence à répéter avec ses interprètes principaux, qu'il fait travailler sur le texte, mais aussi autour des scènes, lors d'improvisations. L'objectif du cinéaste est de créer des liens entre les acteurs, des repères auxquels ils pourront faire appel – consciemment ou inconsciemment – au moment du tournage pour donner le maximum de vérité à leur jeu. Coppola, qui a déjà dirigé plusieurs mises en scène de théâtre, connaît bien les acteurs et, surtout, il sait leur parler et installer des rapports de confiance immédiats. « *Pour les aider à se concentrer, je leur suggère des idées, des émotions, voire des "trucs" auxquels ils auraient peut-être honte de recourir par eux-mêmes. Je ne laisse jamais un acteur s'isoler.* »[10] *Le Parrain* est avant tout une histoire de famille et peut-être encore davantage que pour d'autres sujets, le film nécessite une équipe d'acteurs soudée. Coppola encourage tout ce qui peut aller dans ce sens. Peu avant le tournage, il réunit l'ensemble de la distribution dans un restaurant italien de East Harlem, Patsy's. « *C'était la première fois qu'ils se rencontraient tous ensemble,* se souvient le cinéaste, *et je les ai fait improviser pendant deux ou trois heures, autour d'un repas, comme s'ils étaient une famille. C'était très, très valable.* »[11] Le déroulement de la soirée annonce la couleur pour les mois à venir : Brando préside la tablée, Caan et Duvall plaisantent volontiers, Pacino, lui, reste en retrait.

Après cet agréable bol d'air avec ses acteurs, Coppola se replonge dans les affres de la préparation du film, qui fait l'objet de multiples pressions avant même d'être commencé. Financières d'abord : le budget, d'un montant initial modique de deux millions de dollars, doit être réévalué à la hausse. De temps ensuite : le studio impose un tournage en cinquante-trois jours et non en quatre-vingts comme Coppola le souhaitait – la durée réelle sera toutefois proche de ce dernier chiffre, vu la complexité et la longueur du film. Enfin, la ligue italo-américaine, craignant que *Le Parrain* ne donne une image détestable de leur communauté, mène une campagne active pour avoir un droit de regard sur le film et en appelle même au gouvernement. Le producteur Al Ruddy calme le jeu en accordant quelques garanties. Les termes « mafia » et « cosa nostra » sont supprimés du scénario et les recettes de la première du film seront versées à la ligue italo-américaine.

C'est dans ce contexte tendu que débute le tournage, le 23 mars 1971. La scène à mettre en boîte est celle où Kay et Michael sortent du grand magasin new-yorkais Best & Co., avec leurs achats de Noël sous le bras. Plus tard dans la nuit, Coppola filme le moment où Michael apprend dans le journal que son père vient d'être assassiné. Pacino ouvre donc le bal, et ressent immédiatement la pression considérable qui s'exerce sur lui. La position de Coppola n'est pas plus enviable. Considéré comme un réalisateur inexpérimenté, il n'apparaît pas vraiment très crédible auprès de certains de ses techniciens – du moins au départ – pour diriger une équipe gigantesque et respecter un plan de travail très strict. Il évolue en outre sous la surveillance de sbires du studio et dans un fort climat de suspicion après les multiples conflits qui l'ont récemment opposé à la Paramount. Enfin, sur le plan technique, le fait de tourner en extérieurs à New York – un choix qui s'explique par souci de réalisme – amène son lot de complications, en particulier une inévitable confusion en dépit des dispositifs de sécurité prévus. Des centaines de passants se pressent pour regarder la mise en place des plans, pendant que des journalistes de télévision et de presse écrite commentent l'événement.

Lors de la projection des rushs de cette première journée, les responsables de la Paramount sont catastrophés par la prestation de Pacino, qui se trouve selon eux à des années-lumière du personnage qu'ils avaient imaginé, c'est-à-dire un Michael Corleone fort et imposant dès le début du film. Mais son interprète, lui, sait très bien où il va. Il propose en fait une approche radicalement différente, teintée de fragilité, du moins en ce qui concerne les premières séquences où il apparaît. Après avoir bataillé pour obtenir le rôle, Pacino doit maintenant lutter pour le jouer à sa façon. Notons également que le staff de la Paramount répète l'erreur qui avait été commise au moment des essais. Dans la scène en question – une simple conversation complice avec Kay –, Michael n'a aucune raison de se montrer spécialement autoritaire. Le jouer comme tel aurait même été en contradiction totale avec la scène. « *J'avais un plan pour le rôle, une lente, subtile transition. Et nous ne tournions pas dans l'ordre chronologique, je devais donc savoir où j'en étais à chaque étape du chemin. J'étais debout très tôt le matin en train de penser à ce que j'allais faire le jour même, et puis le soir, ils regardaient les rushs et disaient :* "Hey, qu'est-ce qu'il fait ? Il n'y a rien qui passe !", *mais je pensais l'interprétation dans sa globalité, je savais que j'allais quelque part. C'était tendu pendant un moment.* » Très tendu même, au point que Pacino a l'impression qu'il risque d'être « viré » du jour au lendemain. Pendant les prises, il se sent observé, jugé. Parfois, il entend des ricanements venant de certains membres de l'équipe, alors même qu'il est en train de jouer. « *Je ne me suis jamais senti désiré. J'ai toujours senti que je devais convaincre ces gens* [les responsables de la Paramount]. *Et je ne suis pas une personne qui veut convaincre les gens à tout prix, je ne l'ai jamais été.*

Ça n'a jamais marché pour moi. Alors j'allais là-bas chaque jour, et je les sentais tous en train de penser : "C'est qui ce type ? Il joue Michael ?" »[12] L'ambiance sur le plateau est exécrable, véhiculant les rumeurs les plus folles. La décision de se séparer d'un acteur principal en plein tournage est tout à fait exceptionnelle, tant les conséquences sont lourdes à tous les niveaux. En l'occurrence, Coppola sent que son acteur est pile dans la ligne de mire de la Paramount, alors il regarde le plan de travail de la production et décide d'avancer de quelques jours le tournage d'une scène dans laquelle, il en est certain, Pacino pourra donner sa pleine mesure, mettant ainsi un point au final aux doutes à son égard.

Il s'agit de la scène – tournée le 31 mars – où Michael doit tuer dans le restaurant du Bronx, La Luna, le capitaine McCluskey (Sterling Hayden) et Sollozzo (Al Lettieri), le traître qui a organisé l'assassinat de son père. Pacino va chercher un revolver préalablement déposé dans les toilettes du restaurant, revient s'asseoir, attend quelques secondes le moment propice, puis se lève brusquement et tire à bout portant sur les deux hommes. L'engagement émotionnel de Pacino est tel qu'au bout de la deuxième prise, il demande à arrêter. « *Ça m'a rendu fou* »[13], confiera-t-il plus tard. Coppola n'aura pas besoin d'une troisième prise. Il a tout ce qu'il faut pour ce moment fort du film : un mélange détonant de violence et de fragilité. Lors de la projection des rushs de la journée, les responsables de la Paramount sont bluffés et il n'est dès lors plus question de se séparer de Pacino. Le plan de Coppola a donc parfaitement fonctionné. Comme un étrange écho à la scène en question, où Michael est mis à l'épreuve, l'acteur a dû s'imposer face aux décideurs du studio qui le déconsidéraient. Sur les deux tableaux, son talent a fait tourner – sans jeu de mots – les choses en sa faveur. Avec le recul, Pacino considère que l'ensemble de sa carrière tient finalement à cette scène du meurtre de Sollozzo et McCluskey, et à la décision de Coppola de l'avoir avancée. L'acteur ne manquera d'ailleurs pas une occasion de remercier le cinéaste, pour son soutien indéfectible et déterminé au cours de ces semaines agitées.

Pour conclure cette journée épique du 31 mars, il reste un plan à faire, celui où Michael sort rapidement du restaurant et s'engouffre dans une voiture qui l'attend juste en face. En sautant dans le véhicule, Pacino tombe et se blesse. Une entorse sévère l'oblige à circuler en chaise roulante les jours suivants. Aussi tourne-t-il des scènes qui ne requièrent pas de mobilité, comme celle – assis dans un fauteuil – où il annonce à Sonny et Tom Hagen sa décision de liquider Sollozzo et McCluskey.

La séquence de l'hôpital est filmée à la mi-avril – dans l'ordre du scénario, elle précède la scène du meurtre précédemment évoquée. En se rendant au chevet de son père gravement blessé, Michael s'aperçoit qu'il est seul et sans aucune protection face à l'arrivée imminente des tueurs envoyés par Sollozzo. Le jeune homme le change de chambre, puis se poste devant l'entrée de l'hôpital, dans l'espoir de voir du renfort arriver. Cette scène marque l'arrivée sur le tournage de Brando, qui en l'occurrence passe une grande partie de la journée allongé sur un lit d'hôpital, non sans avoir été au préalable longuement maquillé par l'orfèvre Dick Smith. Le processus de transformation en Don Corleone utilise des techniques complexes et nécessite beaucoup de temps – deux heures par jour –, mais le résultat est saisissant de réalisme. Brando, ainsi vieilli de plus de vingt ans, est méconnaissable. De nombreux membres de l'équipe du *Parrain* craignaient que l'acteur fétiche de Kazan, traînant derrière lui une réputation difficile, ne se révèle impossible à diriger. Son implication pendant le tournage va prouver tout le contraire. Souvent enjoué en même temps que professionnel, Brando se montre également très disponible à l'égard des autres acteurs. Durant le tournage des scènes de l'hôpital, par exemple, alors même que les plans le concernant sont terminés, il reste en place pour donner une écoute sur les contrechamps de Pacino. Enfin, son soutien à Coppola est indéfectible. Le cinéaste en a d'ailleurs bien besoin, car la Paramount, peu satisfaite de certaines scènes, songe sérieusement à le remplacer. Le nom d'Elia Kazan commence à circuler dans les couloirs. La position de Brando est alors déterminante : si Coppola est renvoyé, il quitte le film sur-le-champ. La menace fait taire les rumeurs et la Paramount, craignant que l'acteur ne la mette à exécution, abandonne l'idée d'un changement de réalisateur. Plus tard, Coppola avouera que ses courtes nuits pendant le tournage du *Parrain* étaient peuplées de cauchemars. Dans l'un d'eux, justement, Elia Kazan arrive sur le plateau et prend avec un grand naturel la direction de l'équipe...

Après la séquence de l'hôpital, Pacino enchaîne différentes scènes qui établissent Michael comme le nouveau chef du clan Corleone. Puis, à la fin mai, il enfile son costume militaire et tourne dans la grande scène d'ouverture du *Parrain,* la fête en l'honneur du mariage de Connie. Pacino marche alors avec des élévateurs dans ses chaussures, censés le grandir de quelques centimètres pour l'amener à hauteur de Diane Keaton. Coppola abandonne toutefois cet artifice, considérant que cela donne à son acteur une démarche à la Donald Duck. Il portera des élévateurs dans une seule autre scène, lors de l'explication avec Kay qui clôture le film. La séquence du mariage est bouclée en trois jours seulement, ce qui constitue en soi un tour de force. Au grand dam de Gordon Willis, le directeur de la photographie, la scène entre Kay et Michael – que Pacino connaît bien pour l'avoir passée des dizaines de fois lors des essais – doit être tournée de nuit pour tenir le planning. Grâce à une installation ingénieuse, il parvient cependant à éviter de faux raccords lumière avec les plans réalisés en pleine journée. Brando, Duvall et Caan s'affirment comme des blagueurs invétérés, avec un goût prononcé pour l'humour potache. Entre deux prises, ils n'hésitent pas à baisser leurs pantalons devant toute l'équipe, à la grande joie des quatre cents figurants présents. Pacino n'est pas dénué d'humour, mais sa nature timide l'incline à se faire moins remarquer. Son attitude discrète, pour ne pas dire secrète, n'est en outre pas sans rapport avec sa recherche du personnage. « *Marlon, Bobby Duvall, Jimmy Caan, ils s'entendaient vraiment bien ensemble, et ils étaient drôles, alors il y avait des choses marrantes qui se passaient sur le plateau, et ça calmait les tensions. Mais je restais un peu en dehors parce que je sentais que Michael était une personne réservée. Et j'ai tout le temps gardé ça avec moi. Michael était toujours un peu en dehors. Il était le plus jeune, alors il devait vraiment observer, regarder, et parce qu'il a appris beaucoup de choses grâce à l'observation, il est au final prêt à prendre les choses en main.* »[14] Cette remarque de l'acteur souligne un trait essentiel de sa méthode de travail : rester le personnage tant en dehors des prises que pendant. Cela n'a rien de nouveau, ni d'exceptionnel, si ce n'est que Pacino va au bout de cette logique, la poussant même à l'extrême. « *On m'a dit que j'étais quelqu'un d'autre pendant les périodes où je travaille. Mais lorsque vous jouez dans un film, vous êtes présent depuis le matin jusqu'à la tombée de la nuit. Parfois, vous êtes sur le tournage dès 7 heures du matin et on ne peut pas filmer avant 4 heures de l'après-midi. À ce moment-là, si votre rôle ne fait pas vraiment partie de vous-même, il est vraiment difficile de vous remettre dans sa peau au bon moment. Il ne faut pas quitter son personnage de toute la journée. L'acteur est un instrument qui doit toujours être prêt à jouer, à tout moment.* »[15]

Au début de mois de juin, alors que le contrat de Brando arrive à terme, deux scènes très importantes le concernant n'ont toujours pas été tournées : la passation des pouvoirs entre le père et le fils, et la mort de Don Vito Corleone. Coppola n'a jamais été très satisfait de l'écriture de la scène entre Brando et Pacino, la jugeant trop explicative, aussi contacte-t-il son ami scénariste Robert Towne, un *script doctor* réputé d'Hollywood, pour qu'il corrige le tir. Ce dernier arrive la veille du tournage, le 2 juin, pour rencontrer les deux acteurs et recueillir leurs impressions, avant de travailler jusque tard dans la nuit à la réécriture de la scène. Le lendemain, Brando et Pacino apprennent leur texte tout frais, paisiblement installés dans le jardin, et se préparent à jouer ce qui deviendra l'un des plus beaux moments du film. La dernière journée de tournage de Brando, le 4 juin, est consacrée à la mort de Vito Corleone. Coppola abandonne ce que le scénario prévoyait et se contente de filmer une improvisation de l'acteur avec son jeune partenaire de trois ans (Anthony, le petit-fils de Vito). Brando se met des pelures d'orange dans la bouche pour l'effrayer, puis le poursuit dans le jardin avant de s'effondrer au milieu des plants de tomate. Coppola considère cette scène étonnante, dans laquelle le personnage apparaît à la fois touchant et monstrueux, comme la meilleure du film.

Dans le courant du mois de juin 1971 sont également tournées la scène du baptême, ainsi qu'une autre scène entre Kay et Michael à l'hôtel St. Regis. Le 2 juillet, l'équipe s'installe devant le restaurant Jack Dempsey, qui est le point de rendez-vous où Sollozzo et McCluskey passent prendre Michael. Cette courte scène doit en fait raccorder avec les plans tournés à la fin mars, où l'on voit Michael dans la voiture des deux traîtres. En cette chaude nuit d'été, Pacino porte donc le manteau d'hiver qu'il avait trois mois auparavant, au grand étonnement des centaines de New-Yorkais présents ce soir-là.

À la mi-juillet, changement d'ambiance complet, Coppola part avec une équipe réduite en Sicile, dans la région de Taormine, non loin de l'Etna, pour tourner le dernier gros morceau du film : la retraite forcée de Michael après le meurtre de Sollozzo et McCluskey. Le tournage du *Parrain* s'achève donc assez logiquement sur la terre ancestrale des personnages, où deux semaines durant, les scènes s'enchaînent dans une ambiance décontractée, loin de la pression suffocante imposée par le studio. Pacino en profite pour apprendre quelques rudiments d'italien. Bien que d'origine sicilienne, sa langue maternelle est l'américain. La partition de l'acteur n'est toutefois pas tout à fait terminée. Il lui reste une ultime scène à tourner, en septembre : la réconciliation entre Kay et Michael, que l'on peut voir dans le film juste après la séquence sicilienne. Cet ajout est filmé sur la côte ouest, dans la petite ville de Ross (Californie). Pacino profite de son court séjour – décidément placée sous le signe de la réconciliation – pour rendre visite à son père, Salvatore, résidant en Californie, qu'il n'a pas vu depuis des années. La rencontre est importante. Elle permet à Pacino de mettre un visage sur la présence qui lui a tant manqué. Il en découvre également de nouveaux, en faisant connaissance avec ses trois demi-sœurs.

Coppola commence à travailler sur le montage du *Parrain* début août. Cette étape est toujours décisive lors de la fabrication d'un film. Il peut en sortir totalement raté ou au contraire bonifié, et ce, quelle que soit la qualité des prises résultant du tournage. Le matériel du *Parrain,* en l'occurrence, se révèle d'une excellente facture. Coppola sait toutefois qu'avec quatre-vingt-dix heures de rushs – ce qui est énorme – le montage s'annonce long, complexe, et il ne peut qu'être soulagé quand la Paramount décide sagement de repousser la sortie du film, initialement prévue au moment des fêtes de Noël de 1971. L'histoire de la postproduction du *Parrain* supposerait un livre entier à elle seule, tant les péripéties et les multiples retournements qui l'ont jalonnée ont été nombreux. Deux versions du film sont réalisées. La première, d'une durée de 2 h 55 min, a tout d'abord été refusée par le studio, la considérant trop longue par rapport aux standards d'exploitation. Une version plus courte a donc été montée – 2 h 20 min –, mais ce qui a été gagné en durée a été perdu en qualité. Ainsi amputé, *Le Parrain* se trouvait vidé de sa force et de son ampleur. Heureusement, Robert Evans parvient à convaincre le président de la Paramount de sortir la version souhaitée par Coppola. Plusieurs scènes de valeur ont cependant dû être écartées du montage définitif. La plupart seront réintégrées lors de la diffusion télévisée de *The Godfather Epic,* en 1977.

Au visionnage du *Parrain*, on comprend mieux pourquoi Michael Corleone a causé tant de fil à retordre à son interprète. Il se trouve tout d'abord que c'est le seul personnage qui a une évolution marquée. Tom Hagen conseille calmement, Sonny ne peut rien faire sans s'énerver, Fredo, lui, est incapable d'agir car trop fragile. Une fois leurs bases fixées, ils connaissent peu de variations. À l'inverse, il est assez difficile de qualifier Michael Corleone ou de le situer précisément. C'est d'ailleurs ce que Pacino a voulu rendre dans son interprétation : faire de Michael une énigme, quelqu'un qu'il est difficile d'identifier et dont les motivations profondes demeurent mystérieuses. Pourquoi accepte-t-il de succéder à son père alors qu'il se destinait à une autre vie, dans la légalité ? Quelles sont les forces qui le poussent à agir contre sa volonté première ? La nature complexe et insondable du personnage s'inscrit en fait au cœur du propos du film. Au-delà du contexte de la mafia, Coppola a voulu faire avec *Le Parrain* un film centré sur le pouvoir, sur ses racines et sa perpétuation. « *Francis voit Michael comme un prince. Il y a le roi, qui est le don, et il y a ses fils et son royaume. La vie du don est menacée, il sait qu'il va mourir. Quel fils va le défendre ? Il en perd un, Sonny, et Fredo ne convient pas. Et puis il y a le troisième qui vient à son aide et qui reprend le royaume, même s'il ne l'avait jamais souhaité...* »[16]

Au début du film, Michael « *doit démarrer ambivalent, peu sûr de lui-même et de sa place. Il est pris entre l'ancien monde de sa famille et le rêve américain de l'après-guerre* »[17], précise son interprète. Tout d'abord extérieur à sa famille, il va progressivement se faire aspirer par elle. Le tournant du personnage a lieu pendant la séquence de l'hôpital, au cours de laquelle il se révèle capable de gérer une situation de crise. Les autres toutefois ne le considèrent pas encore à la hauteur. Après la tentative d'assassinat sur Don Corleone, alors que la famille s'interroge sur l'attitude à adopter, Sonny le remet gentiment à sa place – « *Mike, reste en dehors de ça, s'il te plaît* » – ou le cantonne dans un rôle de secrétaire – « *Si tu restais devant le téléphone, ça m'aiderait bien...* » Un nouveau cap est franchi quand Michael tue Sollozzo et McCluskey. Cet acte sanglant, qui le rend crédible auprès de ses proches, scelle son appartenance au clan. Recherché par la police, il est contraint de s'enfuir en Sicile, la terre de ses origines, la terre où le pouvoir des Corleone prend sa source. À son retour aux États-Unis, une nouvelle étape est logiquement franchie. Michael prend la suite de son père et « règle les dettes de la famille » en ordonnant la liquidation de tous ceux qui, de près ou de loin, ont pu porter atteinte aux intérêts des Corleone. Il devient alors plus directif, plus précis, plus puissant. Sur le plan du jeu, pour Pacino, cela se traduit par une grande économie de gestes et de mots, et surtout par la puissance de son regard. Ses yeux immenses sont souvent le meilleur indicateur de son jeu, et dans les scènes de violence ou émotionnellement fortes, on peut observer que son regard devient complètement dilaté. Toute son énergie semble alors se concentrer dans cette seule partie de son visage. À la fin du film, l'autorité de Michael est manifeste. Elle explose dans la dernière scène, où il refuse de s'expliquer sur ses affaires et s'en sort en faisant un mensonge éhonté à Kay. Michael a donc pris le pouvoir, mais – d'une étrange façon – par un processus qui s'est déroulé presque à l'insu des spectateurs.

Tout au long du tournage, lequel l'a monopolisé sept mois durant – certes avec des interruptions – Pacino a dû naviguer sur une ligne ténue, pour rendre de façon effective la progression de son personnage, ou plutôt sa montée en puissance, sans qu'elle soit trop visible ou trop évidente. Si l'on considère la complexité du personnage et le fait que son calendrier de tournage n'a rien eu à voir avec la chronologie des scènes du film, l'interprétation de Pacino est remarquable. Certes, il a eu la chance d'avoir été guidé au cours de cette expérience par un metteur en scène au talent immense. Il n'en reste pas moins que l'essence de son jeu, caractérisé par une présence de haute intensité et une grande qualité d'écoute du partenaire, scelle son appartenance au monde sélectif des grands acteurs de cinéma.

À la sortie du film, Coppola est salué pour sa maîtrise technique, son sens du récit et du spectacle. Les décors de Dean Tavoularis, la photographie de Gordon Willis et la musique – inoubliable – de Nino Rota, reçoivent également de bonnes critiques. Mais c'est évidemment l'excellence du jeu des acteurs qui attire d'abord l'attention. Brando fait l'unanimité pour sa fantastique composition, tandis que Pacino est considéré comme la révélation du film. Déjà remarqué par la presse dans des rôles de drogués ou de marginaux, *Le Parrain* le sort de ce type d'emplois en le montrant sous un jour plus avantageux. La revue *Variety* souligne « *l'interprétation exceptionnelle* » de l'acteur, qui « *fait ici une impression fracassante* »[18]. Les décideurs de la Paramount, qui ont tout fait pour l'écarter de la distribution, font alors profil bas. Robert Evans reconnaîtra des années plus tard dans son autobiographie être passé complètement à côté du phénomène Pacino. À la sortie du film, seul Mario Puzo déclare qu'il a eu tort de vouloir l'écarter du rôle de Michael. « *Pacino fut tout ce que j'avais voulu qu'il soit à l'écran. Je n'en revenais pas. Son interprétation était à mes yeux un chef-d'œuvre.* »[19]

La critique est en revanche plus perplexe au sujet de la morale du film. Au moment de sa sortie, Coppola se voit en effet reproché de glorifier la mafia, en brouillant les cartes sur la représentation des truands. Les héros sont en effet des mafieux et, à part Kay, la femme de Michael, aucun autre personnage n'offre de contrepoint moral solide. Le seul policier présent, le capitaine McCluskey, notoirement corrompu, n'échappe pas à la règle. Ces critiques portant sur le sens moral du film sont en fait le pendant de ses qualités. Les gangsters sont ici vus de l'intérieur, dans leur intimité. On peut les voir jouer avec leurs enfants et la minute suivante commettre un crime odieux. *Le Parrain* présente donc un univers à la fois attachant et repoussant, dans lequel Coppola se contente de montrer ses personnages, certes au sein d'une forme romanesque, mais sans les juger. En plus du brio de la mise en scène et de l'interprétation, cette approche assez nouvelle a pu contribuer au succès du film. *Le Parrain* va laisser une empreinte durable et, cinquante ans après sa sortie, il compte encore des admirateurs dans le monde entier. Aux États-Unis, son impact est tel que certains dialogues, comme le célèbre « *I made him an offer he couldn't refuse* » (« *Je lui ai fait une offre qu'il n'a pas pu refuser* »), sont entrés dans le langage courant.

À l'époque, la réussite commerciale et artistique du *Parrain,* qui au départ se présentait comme une aventure bien improbable, se révèle un vrai « bingo » pour tous ses participants. Le Paramount, en encaissant 84 % des recettes, réalise d'énormes profits, et après les erreurs commises dans les années 1960, peut appréhender la décennie 1970 en toute tranquillité. Coppola accède au club très fermé des réalisateurs à succès et peut poursuivre le rêve de Zoetrope. Brando est remis en selle pour la suite de sa carrière et récolte un Oscar en prime. Quant à son salaire, il est difficile d'en donner une idée. Le chiffre de 1,5 million de dollars est le plus souvent cité, son contrat lui garantissant en effet 1 % des recettes. Selon Robert Evans, Brando n'aurait gagné « *que 150 000 $* », suite au rachat de son pourcentage par la Paramount pour un montant de 100 000 $, et ce, avant la sortie du film. Une chose est certaine, Pacino a touché pour son rôle principal la somme dérisoire de 35 000 $, auxquels il faut soustraire les 15 000 dollars qu'il a dû régler à la MGM. Mais le plus important n'est pas là. À 32 ans, il se retrouve propulsé dans le monde des stars et les portes s'ouvrent toutes grandes devant lui. Aucun de ses films futurs n'égalera le succès du *Parrain* et, quels que soient les rôles qu'il tiendra par la suite, Michael Corleone restera « l'image référence » de l'acteur dans l'esprit du public.

RENCONTRE AU SOMMET

Alors qu'il était enfant, Pacino allait au cinéma voir Marlon Brando, et voilà maintenant qu'il joue avec lui dans *Le Parrain.* Il y a de quoi être intimidé, et c'est d'ailleurs sa réaction première quand il rencontre Brando. Pendant le tournage, les deux hommes communiquent peu, mais Pacino ressent fortement le soutien discret de son aîné. Un regard, quelques mots d'encouragement, bref, des petits signes d'autant plus précieux qu'il évolue dans un climat particulièrement pesant. « *Quand je l'ai rencontré sur* Le Parrain, *c'était un garçon très perturbé* », se souvient Brando au sujet de son jeune partenaire. Tous deux ont vécu cette expérience de manière totalement différente. Brando – il est probablement l'un des seuls – semble s'être bien amusé : « *Il y avait toujours des mafiosi pour venir nous voir, et le tournage fut l'occasion de quelques bonnes blagues* », comme lors de la scène où Don Corleone est ramené chez lui sur une civière après son séjour à l'hôpital. Avant de tourner le plan, Brando dissimule sous ses couvertures des gueuses en plomb, qui servent normalement à lester les décors. Le poids total de la civière, Brando inclus, passe à 250 kg. « *Ils soufflaient comme des bœufs en s'efforçant en vain de me hisser en haut des marches... Je les ai laissés peiner cinq ou six prises avant de soulever les draps pour leur montrer les gueuses.* »

En dehors des bonnes parties de rigolade, Brando s'implique totalement dans son rôle, sous l'œil admiratif de Pacino. « *Tout ce qu'il fait semble tellement facile. Sa démarche lente est absolument parfaite et il est incroyablement inventif. Je n'en revenais pas de la manière dont il se vieillissait – en mettant son ventre en avant et en accentuant ses bajoues. Brando fait ces petites choses avec une grande concentration. Et que dire de la manière dont il meurt dans le film, avec cette pelure d'orange dans la bouche ! C'était sa propre idée !* »[20] Marlon Brando mettait également des bouchons dans ses oreilles pour donner l'impression que Don Corleone était un peu sourd et ses chaussures, alourdies par des poids spéciaux, ralentissaient son pas.

Par ailleurs, *Le Parrain* lui donne l'occasion d'approfondir certaines techniques de jeu, comme le fait d'oublier son texte. Il ne s'agit pas d'une paresse de sa part, mais bien d'une méthode de travail : « *J'avais des aide-mémoire un peu partout : je me servais de mes manches de chemise ou d'une pastèque, ou bien je les fixais au décor par un point de colle... J'ai découvert aussi que le fait de ne pas apprendre mon texte ajoutait au naturel et au réalisme de la scène.* »[21]

Brando, pourtant avare de compliments, considère Pacino comme un merveilleux acteur, l'un des meilleurs au monde. Dans leur scène en commun, celle de la passation de pouvoir entre Don Corleone et son fils Michael, il est difficile de ne pas établir de parallèle avec ses interprètes. Au début des années 1970, Brando amorce sa fin de carrière, alors que Pacino, à l'aube de la sienne, semble reprendre le flambeau. À la sortie du film, leur relation est temporairement ternie par la publication des propos suivants : « *Les gens viennent voir Marlon Brando, mais ils repartent en parlant de Pacino.* » Attribués à son jeune partenaire, Brando en a pris ombrage. Pacino, dont l'admiration pour son aîné n'a pas de limite, ne les a en fait jamais tenus, c'est son manager, Martin Bregman, qui en est l'auteur.

Pacino est nommé pour l'Oscar du meilleur second rôle – alors que son temps de présence à l'écran, le plus important, aurait dû lui valoir une nomination dans la catégorie du meilleur acteur – sans l'obtenir. Brando, lui, remporte l'Oscar du meilleur acteur, mais le refuse, en signe de protestation contre la politique des États-Unis à l'égard des Indiens d'Amérique. Lors de la cérémonie, il fait sensation en se faisant remplacer par une jeune indienne, Sacheen Littlefeather, qui lit un texte écrit par Brando devant une audience médusée.

À de multiples reprises, Pacino rendra hommage à Brando, qui a tant marqué le cinéma de l'après-guerre : « *Brando est un géant à tous les niveaux. Quand il joue, c'est comme s'il débarquait d'une autre planète. Une planète où l'on produit de grands acteurs. La perception du jeu dans ce pays – je pense qu'il l'a influencée pour une bonne partie.* »[22]

RETOUR AUX SOURCES

Pacino ne mesure pas vraiment sa récente célébrité, car au moment de la sortie du *Parrain*, il joue au théâtre, à Boston, dans une pièce contemporaine de David Rabe, *The Basic Training of Pavlo Hummel*[23]. Le contraste est saisissant : alors que les spectateurs se bousculent pour le voir au cinéma, Pacino joue devant une centaine de spectateurs – parfois moins – pour la somme modique de 200 dollars par semaine. Évidemment, sa motivation n'est pas d'ordre financier. Après deux années passées à travailler sur des films, il meurt tout simplement d'envie de remonter sur scène. Certains acteurs, dès qu'ils gagnent en célébrité, quittent définitivement le théâtre au profit du cinéma. Pour Pacino, c'est impensable. Le théâtre est l'endroit d'où il vient, son point d'ancrage. Selon lui, le cœur du métier d'acteur, sa véritable expression, se trouve sur scène. Après les relatives déceptions de ses pièces précédentes, Pacino, dans le rôle du soldat Pavlo Hummel, effectue un retour salutaire et réussi sur les planches. La pièce de David Rabe raconte sur un mode tragicomique la formation d'un jeune conscrit dans l'armée pendant la guerre du Vietnam. « *Ce que j'ai beaucoup adoré en jouant Hummel, c'était que ce gamin, bien qu'incapable de faire quoi que ce soit, portait en lui un immense espoir.* »[24] Pacino travaille dans un cadre qu'il connaît bien, la compagnie théâtrale de David Wheeler, à Boston. Loin de l'agitation de Broadway, il peut évoluer en toute liberté, sans trop de pression, et retrouver toutes ses sensations d'acteur. « *C'est la meilleure chose qui me soit arrivée depuis des années.* » Aller le voir sur scène semble cependant très compliqué, si l'on s'en tient aux difficultés que Chris Chase, journaliste au *New York Times*, a rencontrées. Obtenir l'adresse du théâtre relève de l'exploit, et quand par miracle on parvient à contacter le réceptionniste, il ne sait pas si le spectacle est joué ou non le dimanche soir... « *Si vous voulez voir cette pièce, vous ne pouvez pas... C'est la Compagnie de théâtre de Boston...* », admet Pacino. Ce brin d'humour ne saurait pourtant masquer une envie bien réelle chez l'acteur, celle de travailler dans un certain anonymat, là où il peut accomplir quelque chose d'essentiel pour lui-même. Dans une petite salle de Boston, en train de jouer Pavlo Hummel, « *je fais ce que j'aime vraiment faire, c'est-à-dire être acteur* »[25].

Depuis la sortie du *Parrain*, sa soudaine célébrité rend ce désir de plus en plus difficile à réaliser. Bien sûr, il est fier de cette réussite et de la reconnaissance publique, mais il veut aussi se tenir à distance de son propre succès. Peu d'interviews, pas d'apparitions à la télévision. Le contact avec ses admirateurs est plutôt ténu. Pourquoi tant de discrétion ? Sur ce point, Pacino avance une raison objective : trop bien connaître la vie personnelle d'un acteur peut rompre chez le public l'illusion du personnage interprété à l'écran. D'autre part, son caractère ne l'incline pas à alimenter une image publique. Pacino est une personne réservée, et beaucoup de témoignages le décrivent même comme quelqu'un de timide. Mais, surtout, il voit au début de sa carrière la célébrité et son cortège d'excès comme un danger pour sa propre personnalité, une spirale où il est facile de se perdre dans une image de soi, dans un symbole, c'est-à-dire au final dans une illusion. Le succès est gérable tant qu'il n'est pas trop envahissant ; préserver sa sphère privée tient alors de la nécessité. Les rapports qu'il entretient avec son propre succès révèlent en fait une contradiction évidente, presque une lutte, entre son besoin d'anonymat et son envergure de star.

Pour bien gérer sa nouvelle vie au quotidien, Lee Strasberg donne à son protégé le conseil suivant : « *Tu dois simplement t'ajuster.* » La première fois que le succès a pointé le bout de son nez, c'était en 1968, au théâtre. Les repères du « gamin du Bronx » – comme Pacino se définit lui-même –, qui a si longtemps vécu coupé du monde extérieur, s'en sont trouvés bouleversés. Jill Clayburgh et Charles Laughton l'avaient alors bien aidé à négocier ce virage difficile.

En 1972, Pacino doit « s'ajuster » à nouveau et faire face à un succès d'une tout autre ampleur, celui du *Parrain*. Après une représentation de Pavlo Hummel, une jeune femme entre dans les coulisses et lui demande l'autorisation de l'embrasser. Pacino se laisse faire sans broncher. Très entouré par les femmes depuis son adolescence, il devient de plus en plus sollicité.

Pacino sait qu'il ne peut se centrer qu'autour d'une seule valeur : son travail d'acteur, le seul indicateur vraiment fiable. « *Nous sommes dans une société dominée par le succès et je voulais avoir du succès. Mais le travail lui-même m'a libéré de l'idée du succès... Même avant que je devienne célèbre, ça m'a libéré et c'était merveilleux. Et c'est alors que j'ai commencé à avoir du succès.* »[26] Pour autant, Pacino vit la célébrité au quotidien de façon contrastée. Un jour, il a l'impression d'être la personne la plus malheureuse sur terre, le lendemain, il mesure sa chance et ressent un immense bonheur.

À l'âge de 32 ans, Pacino évoque avec enthousiasme son désir d'avoir des enfants. « *J'ai toujours su que je voudrais des enfants, mais là, j'y pense beaucoup. Je songe même à l'adoption. J'en aurai dix, et j'en ferai tous des acteurs.* »[27] En tout cas, il n'aura pas d'enfants avec Jill Clayburgh. Ils se séparent après cinq ans de vie commune. Très réservé comme à son habitude, Pacino n'en donne pas les raisons. Le démarrage de leurs deux carrières a sans doute contribué à les éloigner l'un de l'autre. Jill Clayburgh ne va pas rester seule très longtemps ; elle tombe dans les bras de David Rabe, l'auteur de la pièce *The Basic Training of Pavlo Hummel*. Pacino prend très mal la nouvelle et refusera de le voir pendant des années. Jill Clayburgh poursuit quant à elle une carrière remarquée, et obtiendra en 1978 une nomination à l'Oscar de la meilleure actrice pour son rôle dans le bien nommé *An Unmarried Woman* (*Une femme libre*), réalisé par Paul Mazursky. Après leur rupture, Pacino et Clayburgh continueront à se voir en toute amitié, évoquant avec tendresse le bon vieux temps, notamment l'époque où ils partageaient un modeste appartement infesté de souris, dans la 14e Rue. Alors qu'elle tentait de les tuer, lui – beaucoup plus pacifique – les attrapait dans du papier journal avant de les libérer dans les poubelles de l'immeuble. Pacino, tel qu'il est décrit par Clayburgh, ne ferait donc pas de mal à une mouche, un trait de caractère qu'il a en commun avec son prochain personnage au cinéma, Lion.

L'ÉPOUVANTAIL

Le scénariste Garry Michael White s'est largement inspiré de sa propre expérience pour écrire *Scarecrow* (*L'Épouvantail*), une belle histoire d'amitié entre deux personnes en marge de la société, qui chacune à leur manière tentent de se remettre sur les rails. Lion, abréviation de Lionel, a quitté sa femme il y a cinq ans, alors qu'elle était enceinte de lui. Il veut maintenant se rendre à Détroit pour recoller les morceaux avec elle. Tout au long de son périple, il se balade toujours avec une lampe sous le bras : le cadeau qu'il espère offrir à l'enfant qu'il n'a jamais connu. Quant à Max, sa seule ambition – longuement mûrie lors d'un séjour en prison – est de monter une affaire de lavage de voitures à Pittsburgh. Personnage aussi minable qu'endurci, il semble n'avoir qu'une devise : « J'ai confiance en personne et je n'aime personne ». Signe particulier : même quand il fait très chaud, Max est toujours couvert de la tête aux pieds. Ces deux vagabonds se croisent au bord d'une route de Californie et décident de faire un bout de chemin ensemble. Après toutes sortes de rencontres et de mésaventures, dont un bref séjour en prison, ils arrivent enfin à Detroit...

Lion parle au téléphone avec sa femme, laquelle refuse de le voir et lui annonce de surcroît la mort de leur enfant – il s'agit en fait d'un mensonge puisque, pendant le coup de fil, l'enfant est en train de jouer derrière elle. La nouvelle provoque chez lui une crise de catatonie, qui le plonge dans une profonde dépression. Max sacrifie ses économies et son rêve pour payer un traitement approprié à son ami...
Après *Panique à Needle Park,* Schatzberg s'intéresse à nouveau aux perdants de l'Amérique, aux exclus de la prospérité. Mais à la différence de son film précédent, les personnages de *L'Épouvantail* sont porteurs d'espoir. Ils tentent d'échapper à la solitude et à la dureté de la société, non pas en trouvant refuge dans la drogue, mais en donnant du prix à des valeurs telles que l'amour et l'amitié. Selon Schatzberg, *L'Épouvantail* est une love story entre deux hommes sans aucune implication homosexuelle. Son titre fait directement référence à la façon dont Lion envisage la vie. Selon lui, les épouvantails n'effraient pas les corbeaux mais les font rire, ce qui leur enlève toute envie de faire des misères au fermier. Transposée chez les humains, la philosophie de Lion suggère qu'il vaut mieux amuser les gens plutôt que de leur faire peur. « *Les gens ne peuvent pas vous en vouloir, Max, quand on les fait marrer.* »

Le film est produit par la Warner Bros et le cinéaste dispose cette fois-ci d'un budget bien plus important. Pour les rôles-titres, Jack Lemmon et Bill Cosby avaient d'abord été envisagés, mais c'est finalement, au grand soulagement de Schatzberg, Pacino et Gene Hackman, deux valeurs montantes du cinéma américain, qui sont retenus. Hackman a reçu deux années auparavant l'Oscar du meilleur acteur pour son interprétation dans l'excellent *French Connection,* réalisé par William Friedkin.

Avant de partir en tournage, Schatzberg apporte quelques modifications au scénario pour que l'humour de Lion ressemble à celui de Pacino dans la vie. Selon l'acteur, le personnage est très proche de Pavlo Hummel, qu'il vient de jouer sur scène à Boston : un innocent, rigolo et naïf, qui après de sévères déconvenues se trouve broyé par la dureté de la vie. Pacino et Schatzberg se posent toutefois beaucoup de questions sur la façon de l'interpréter. Dans le scénario, c'est surtout Max qui est le moteur dramatique, c'est lui qui prend les décisions, du moins dans la première heure du film, et Lion le suit dans tout ce qu'il fait, comme un petit chien perdu. Ce n'est vraiment qu'à partir de la séquence de la prison, où Lion manque de se faire violer par un détenu, que le personnage prend vraiment son envol et son autonomie. « *Le choix de Pacino quant à la façon d'interpréter son rôle était assez courageux*, assure le cinéaste, *car il jouait en retrait de Hackman. On avait pensé tous deux un moment que son personnage pourrait être agité, pourrait parler sans cesse de sa femme, de ses problèmes, pourrait exprimer sa culpabilité plutôt que de la cacher, cela aurait été une approche différente, peut-être aussi bonne, mais d'une dimension tout autre. Pour des raisons émotionnelles, m'a-t-il dit, il ne pouvait le jouer ainsi et il a préféré rester à l'arrière-plan. Et il est superbe dans le rôle.* » Lion se définit d'abord par son besoin d'amour et de reconnaissance, des autres en général et de Max en particulier. Il est pauvre, peu éduqué, influençable, drôle et pas vraiment responsable. Après Michael Corleone, Pacino pouvait difficilement choisir un personnage aussi différent.

Le tournage de *L'Épouvantail* n'a également rien à voir avec celui du *Parrain*, puisqu'il se déroule dans la continuité du scénario. Cette façon agréable de travailler permet tant au réalisateur qu'aux acteurs de suivre la progression des personnages au jour le jour. Le film démarre en Californie, près de Bakersfield. Les scènes qui font intervenir la sœur de Max sont tournées à Reno, dans le Nevada. Après une blessure à la jambe, Pacino doit passer quelques jours à l'hôpital, entraînant un arrêt de tournage. Puis, les séquences de prison sont réalisées à Canyon City, le strip-tease d'Hackman – à mourir de rire – à Denver, et la toute fin à Détroit. Pour les scènes de bar, nombreuses, Schatzberg fait systématiquement appel à la figuration locale. Cela s'inscrit pleinement dans sa démarche artistique, privilégiant l'ancrage du film dans le réel.

Le script réserve quelques scènes de pure comédie, un registre que Pacino affectionne tout particulièrement, laissant découvrir une facette de son talent que l'on n'a pas encore vue et que l'on ne verra d'ailleurs pas beaucoup dans le futur. La première séquence montre la rencontre entre Max et Lion, séparés par une route peu fréquentée, en train de faire de l'autostop au beau milieu de la campagne californienne. Pour attirer l'attention de Max, Lion fait des sauts de singe, lance des injures salées aux conducteurs, qui évidemment ne s'arrêtent pas. Et comme ce n'est pas suffisant, il se met à mimer un appel téléphonique imaginaire, les pouces dans les deux oreilles. Max ne peut empêcher un premier sourire. Ce moment précis est le résultat d'une improvisation de Pacino, conservée dans le montage définitif du film. Schatzberg lui-même n'hésite pas à surprendre ses acteurs. Il fait ainsi partir un camion qui n'était pas prévu dans le plan. Parfaitement en réponse, Hackman et Pacino courent aussitôt vers le camion, baluchons au vent.

Au cours du tournage, Schazberg est aux premières loges pour voir ses deux acteurs au travail, deux approches très différentes. « *Je ne connais pas les détails de leur préparation, mais quand Hackman met son costume, il devient le personnage. Lorsqu'il l'enlève, il redevient Hackman. Pacino est le personnage vingt-quatre heures sur vingt-quatre, Hackman est tout de suite le personnage. Il faut plus de temps à Pacino. Il pense sans arrêt au développement de son personnage. C'est peut-être aussi que le personnage de Hackman est donné comme tel tout de suite, alors que celui de Pacino a des problèmes différents où la durée entre en jeu.* »[28] Le cinéaste remarque également que « *Pacino vit son rôle de l'intérieur, en étant très influencé par sa vie, son expérience personnelle,* et qu'il faut *façonner le personnage de Pacino en étroite collaboration avec lui* »[29]. Différents dans le travail, les deux acteurs le sont également dans la vie. Amis pendant les prises, comme leurs rôles l'exigent, ils cessent de l'être aussitôt la caméra coupée. Il s'avère en fait que Hackman et Pacino ne s'apprécient guère, voire pas du tout, ce qui donne lieu à des situations tendues et à de fréquents accrochages durant le tournage.

Parmi les scènes fortes du film, celle où Lion refuse les avances d'un prisonnier, joué par Richard Lynch, est d'une grande violence. Fidèle à ses principes, Lion tente de l'amuser mais sa philosophie est hélas inopérante : le détenu furieux va le cogner jusqu'au sang. La scène où Lion appelle depuis une cabine téléphonique sa femme Annie, interprétée par l'excellente Penny Allen, compte parmi les plus beaux moments du film. Annie refuse de revoir Lion et lui annonce donc la mort de leur enfant. Coincé dans sa cabine téléphonique, totalement démuni, Pacino se révèle tout simplement poignant. Les plans suivants, où l'on voit Lion terrassé par une puissante dépression, sont également bouleversants.

L'Épouvantail sort aux États-Unis le 11 avril 1973 dans une relative indifférence. Les critiques américains reconnaissent la qualité des acteurs, tout en soulignant que la relation entre Hackman et Pacino manque de proximité. Pris isolément, Hackman et Pacino sont absolument parfaits, mais leur interaction, c'est-à-dire leur amitié, n'existe en effet que par intermittence. Sans doute faut-il y voir le résultat de leur mauvaise entente pendant le tournage. Pour ce qui est du film, les critiques sont dans l'ensemble défavorables et considèrent *L'Épouvantail* comme un remake poussif de *Macadam Cowboy*, la référence absolue dans le style « losers de l'Amérique ». Ce rapprochement défavorable irrite fortement Schatzberg et probablement aussi Pacino, à nouveau comparé à Hoffman. Si les deux films ont des points communs – les thèmes abordés, le milieu social des protagonistes –, les réalisateurs traitent cependant leur sujet de manière radicalement différente. Schatzberg revisite un des piliers du mythe américain, la quête des grands espaces, l'errance, un thème qui trouve des correspondances avec la littérature de l'époque, comme le roman culte de Jack Kerouac, *Sur la route*. Son objectif est avant tout de saisir la vérité des personnages, quitte à s'écarter d'une narration classique. *L'Épouvantail* contient de longues séquences au rythme assez lent, par exemple celle où Max et Lion prennent leur petit-déjeuner au début du film – sept minutes quasiment en plan séquence. Mais ni le parti pris audacieux de Schatzberg ni les subtilités du jeu des acteurs ne rencontrent les faveurs du grand public. Le film rapporte 4 millions de dollars aux États-Unis, un chiffre très moyen. En revanche, *L'Épouvantail* va connaître un rayonnement bien plus important à l'étranger, en obtenant la Palme d'or à Cannes en 1973, à égalité avec *The Hireling* (*La Méprise*), d'Alan Bridges. En France, le film est applaudi par la critique et son succès, avec 229 000 spectateurs, est plus qu'honorable.

Certaines scènes de *L'Épouvantail* ont été exclues du montage définitif. Au cours du film, on apprend que Lion s'occupe d'organiser un spectacle avec d'autres détenus. La représentation a bien été tournée – sur des photos d'exploitation, on voit même Pacino en train de danser sur une scène, près d'un orchestre –, mais Schatzberg décida finalement de ne pas garder la séquence pour des raisons tenant à l'équilibre général du film. Pacino n'apprécie pas du tout et refusera de lui adresser la parole pendant deux ans. Un long silence qui ne les empêchera pas de retrouver, par la suite, d'excellents rapports.

À la fin de l'année 1972, une fois le tournage terminé, Pacino retourne au théâtre, toujours à Boston, dans *Richard III*. Familiarisé dès l'enfance à l'univers de Shakespeare, il a travaillé dans ses cours d'art dramatique et à l'Actors Studio des scènes de *Roméo et Juliette, Hamlet, Richard III*. Mais c'est la première fois qu'il joue Shakespeare en public. La pièce raconte l'ascension et le déclin du roi Richard, qui dans la langue de l'auteur apparaît comme une métaphore du mal suprême. Fourbe, violent, séducteur, le monstre à mille facettes use de tous les moyens pour arriver à son but ultime : l'exercice absolu du pouvoir, ce qui va d'ailleurs l'entraîner vers sa propre fin. Pacino est fasciné par ce personnage et surtout par sa dimension d'acteur. Pendant toute la pièce, Richard joue sans cesse la comédie à son entourage pour mieux le tromper. La complexité de la pièce, la densité du personnage, supposent un énorme travail, passionnant et difficile. Et totalement investi dans ce qu'il fait, Pacino en oublie parfois d'être diplomate. « *Le metteur en scène est venu vers moi et m'a dit :* "Tu sais, Richard est ça et Richard est ci et Richard fait ça et Richard fait...". *J'ai dit :* "Attends une minute. J'ai la réponse. Joue Richard. Et voilà. Tu sais tant de choses sur Richard, peut-être que tu devrais le jouer. Il n'y a pas de Richard. Je suis Richard". »

Pacino a du mal à trouver ses marques dans la scène où la duchesse d'York, la mère de Richard, et la reine Élisabeth lui reprochent ses crimes et l'insultent, le traitant notamment de crapaud. Il s'agit précisément de la scène IV du quatrième acte. « *Charlie Laughton a beaucoup aimé le travail, mais il a relevé cette scène-là et il m'a dit :* "Al – *il me connaît si bien* – Al, si tu écoutes ce qu'elles te disent, quelque chose va se passer." *Il savait que je n'écoutais pas. Je ne voulais pas entendre ces insultes qui m'étaient destinées, tout spécialement venant de ma mère et des femmes. Et je comprenais ce qu'il disait. Un soir, je suis arrivé à cette scène, et j'ai juste écouté. Je les écoutais et mon visage changeait... Mon visage se convulsait et se modifiait complètement, le côté droit de mon visage, juste en écoutant, avec la foi d'écouter. Vous devez avoir la foi d'écouter.* »[30] Outre le commentaire instructif sur son jeu, on peut noter que le moment de la pièce évoqué par l'acteur renvoie en creux à sa relation avec sa mère, qui reste une zone sensible.

Après une série de représentations dans la salle du Loeb Center, la pièce est jouée en janvier 1973 dans une église de Boston, les acteurs évoluant dans des costumes contemporains. Ce concept original reçoit un accueil critique mitigé. Pacino, lui, est heureux de l'expérience, il sait aussi qu'il peut aller plus loin dans son interprétation. La tentative de Boston marque en fait le point de départ d'une longue quête autour de cette pièce de Shakespeare, qui le conduira à réaliser, vingt ans plus tard, le très personnel *Looking for Richard.*

SERPICO

À sa sortie de l'école de police, au début des années 1960, le jeune officier Frank Serpico découvre avec stupéfaction que bon nombre de ses collègues arrondissent leurs fins de mois grâce à un système de racket bien organisé. Ulcéré par ces pratiques, il en informe ses supérieurs, mais aucune suite n'est donnée. Les années suivantes, Serpico évolue dans une position délicate, entre d'une part l'immobilisme de sa hiérarchie qu'il continue d'informer, et d'autre part la méfiance des autres policiers à son égard. Déterminé à aller jusqu'au bout, il fait des révélations fracassantes au *New York Times,* en 1970. Le scandale est tel qu'il entraîne la création de la célèbre commission Knapp, chargée d'enquêter sur la corruption dans la police de New York. La situation personnelle de Serpico devient dès lors intenable. Détesté par ses collègues qui le considèrent comme un traître, il lui est impossible d'effectuer son travail dans des conditions normales. Muté dans la brigade des stupéfiants, Serpico est grièvement blessé au cours d'une opération, dans des circonstances restées troubles, ce qui l'oblige à passer le restant de ses jours avec une balle dans la tête, logée seulement quelques centimètres sous son cerveau. Épuisé nerveusement, craignant pour sa sécurité au quotidien, Serpico quitte la police. Puis, il collabore avec Peter Maas à l'écriture d'un livre retraçant son histoire. Coïncidence : Serpico donne sa démission le 15 juin 1972 et, trois jours plus tard, le *Washington Post* révèle le scandale du Watergate, qui provoquera deux ans plus tard la chute du Président Nixon. Bien que n'ayant aucun lien direct, ces deux affaires, l'une au sommet de l'État, l'autre à sa base, traduisent la crise des valeurs que traversent les États-Unis au début des années 1970.

Martin Bregman, qui s'est récemment lancé dans la production de films, voit immédiatement tout le potentiel que représente le combat de Frank Serpico. Pour l'aider à monter le projet, il recourt aux services de Dino de Laurentiis, un producteur doté d'une forte personnalité, qui est à l'origine de quelques-uns des chefs-d'œuvre du cinéma italien. Ses talents de négociateur font merveille et permettent à Bregman de signer un accord avantageux avec la Paramount.

Pour le rôle de Frank Serpico, d'origine italienne, Bregman ne voit évidemment qu'un seul acteur : Al Pacino. Un rendez-vous décisif est arrangé avec le « vrai » policier. Le moment est important, privilégié, car il s'agit de l'instant précis où l'acteur rencontre son rôle. L'énergie que dégage Serpico, sa personnalité, font immédiatement forte impression sur Pacino. « *J'ai décidé que je voulais faire le film le jour où j'ai rencontré Frank Serpico. À ce moment-là, il n'y avait pas de scénario et pas de réalisateur non plus – Sidney Lumet est arrivé plus tard –, mais quand j'ai regardé dans les yeux de ce type, j'ai su que je voulais le faire.* »[31] John G. Avildsen – qui réalisera trois ans plus tard *Rocky*, avec Sylvester Stallone – est engagé pour diriger le film, mais Bregman, à la suite de conflits ouverts avec lui, décide de s'en séparer rapidement. Il fait alors appel à Sidney Lumet.

Le cinéaste n'a pas connu de gros succès depuis plus de dix ans, mais il jouit d'une excellente réputation comme metteur en scène, en étant à la fois très précis sur le plan technique et attentif à ses acteurs. Parmi ses films marquants figurent sa première réalisation, en 1957, *12 Angry Men* (*12 hommes en colère*), avec Henry Fonda, et trois ans plus tard, *The Fugitive Kind* (*L'Homme à la peau de serpent*), d'après Tennessee Williams, avec Marlon Brando et Anna Magnani. Sidney Lumet a débuté au théâtre sur les planches du Yiddish Theatre et il passe pour être un très bon directeur d'acteurs. « *Du bon boulot au cinéma suppose un don de soi, des risques personnels, qui montrent comment vous vous situez par rapport à quelque chose. Un acteur est infiniment plus exposé que n'importe qui d'autre, et il est en terrain découvert en pleine créativité. Les acteurs sont l'infanterie, ceux qui sont en première ligne.* »[32] Une conception du métier qui ne peut que séduire son interprète principal.

Le nouveau réalisateur de *Serpico* n'a cependant pas beaucoup de temps pour la préparation du film. Il est en effet hors de question de retarder le tournage, car Pacino doit impérativement partir dès septembre 1973 pour commencer *Le Parrain II*. Bregman n'est pas inquiet, Lumet est un fonceur qui fait le travail dans les temps. En plus, il connaît New York comme sa poche, ce qui est un atout non négligeable pour un film comprenant de nombreuses scènes en extérieurs, précisément cent sept, dans différents quartiers.

Pour sa préparation, Pacino passe beaucoup de temps avec Frank Serpico et apprend à le connaître. « *Je lui ai parlé, je suis sorti avec lui, j'ai vécu avec lui. C'est un grand avantage pour un acteur. Avec moi, les choses s'imprègnent de manière subliminale et restent. Cela a rendu la personnalisation plus forte. J'avais une source où je pouvais puiser. Au théâtre, parfois, votre source est le texte et ça peut être une base formidable. Mais au cinéma, le matériau n'est pas toujours aussi puissant. [...] Frank Serpico était une source.* »[33] La musique en est une autre, et c'est ainsi que Pacino, pendant le tournage, écoute des disques de Leonard Cohen. L'ambiance que crée le chanteur canadien convient en effet particulièrement bien, selon l'acteur, au personnage de Serpico. Il prolongera d'ailleurs cette idée de préparation musicale dans ses films suivants.

Tourné durant l'été 1973, Serpico est bouclé en une vitesse record, cinquante et un jours. Selon le producteur exécutif, Roger Rothstein, « *il y avait certains jours où nous faisions 34, 35 plans par jour, et je voudrais juste vous dire : 35 plans en une journée de neuf heures, c'est tout simplement fantastique !* »[34] Cette rapidité d'exécution est d'ailleurs étonnante au vu des difficultés contenues dans le scénario. L'action du film couvre une période qui va de 1960 au début des années 1970, et les décors et accessoires doivent refléter cette évolution. Le découpage du tournage doit également prendre en compte les changements d'apparence de Serpico. Bien rasé en sortant de l'école de police, il se laisse pousser la moustache, et porte à la fin une barbe bien fournie. Serpico doit donc être filmé dans l'ordre inverse du scénario.

Le film est évidemment centré sur la personnalité originale de Frank Serpico, que ses collègues surnomment le « flic hippie », en raison de son apparence peu commune pour un représentant de l'ordre : barbe épaisse et vêtements larges à la mode flower power. Serpico appartient en fait à une nouvelle génération de policiers, qui ne souhaitent plus porter l'uniforme pour mieux s'intégrer dans le paysage de la rue et être ainsi non identifiables comme flics. La pratique du métier telle qu'il la voit peut également se retourner contre lui ; alors qu'il est en train d'effectuer une arrestation, une patrouille de policiers le prend pour un gangster et lui tire dessus. Tel un caméléon, Serpico n'hésite pas à changer d'aspect pour certaines affaires. On le voit ainsi déguisé en rabbin dans une courte scène. Autre trait caractéristique, Serpico montre tout au long du film une sensibilité artistique assez développée. Grand amateur d'opéra, il chante dans sa voiture des airs de Puccini et, suivant l'idée de sa petite amie Leslie (Cornelia Sharpe), il s'inscrit à des cours de danse. Pour ses collègues étroits d'esprit, un tel profil en fait « évidemment » un homosexuel ; ils ne se gênent d'ailleurs pas pour lui faire remarquer, avec toute la lourdeur qui va avec. Enfin, l'amour de Serpico pour les animaux est une autre énigme insoluble pour les flics du district. Un type qui se promène avec une souris dans sa poche ne peut être qu'un parfait cinglé. Serpico possède en outre un chien – énorme – et un perroquet. Sortie en France à la fin 1973, la chanson « Qui c'est celui-là ? », de Pierre Vassiliu, offre le meilleur résumé des réactions primaires que ce flic singulier encaisse.

L'interprétation de Pacino montre progressivement comment Serpico, obsédé par sa croisade contre la corruption et ne vivant que pour son travail, fait le vide autour de lui. Il se brouille avec son seul ami, Bob Blair (Tony Roberts), et son comportement irascible rend impossible toute relation amoureuse. Leslie le quitte, car elle cherche un compagnon plus stable, et sa compagne suivante, Laurie (Barbara Eda-Young), vit dans une tension permanente. À un moment où il est particulièrement à bout, il lui hurle dessus parce que l'appartement n'est pas rangé... L'amour ne pardonne pas tout et Laurie finit aussi par le quitter. Le film se termine sur un plan éloquent : Serpico seul avec son chien.

Une anecdote restée célèbre montre à quel point l'investissement extrême de Pacino dans son personnage peut entraîner dans la vie de tous les jours une confusion de personnalité temporaire. « *C'était une chaude journée d'été et j'étais à l'arrière d'un taxi. Et il y avait ce camion en train de lâcher toute cette fumée dans mon visage. J'ai gueulé :* "Pourquoi est-ce que vous envoyez cette saloperie dans la rue ?" *Il a dit :* "Vous êtes qui pour me dire ça ?". *J'ai hurlé :* "Je suis flic et vous êtes en état d'arrestation, mettez-vous sur le côté !" *J'ai sorti mon insigne de Serpico. Pendant un moment, on était en plein fantasme. Je lui ai dit que je le mettrais en état d'arrestation, et puis j'ai réalisé ce que j'étais en train de faire...* »[35]

Serpico donne à Pacino de multiples occasions « d'exploser » dans des colères noires – les fameux *Pacino's blasts*. La scène la plus marquante est celle où il doit enregistrer le témoignage d'un truand qu'il vient d'arrêter, répondant au doux nom de Corsaro. Serpico est stupéfait quand il entre dans son bureau et qu'il le voit en train de plaisanter avec les autres policiers. Il l'est encore plus quand ces derniers lui demandent de réserver un traitement de faveur à Corsaro. Serpico fouille alors dans des papiers et apprend que le truand a déjà purgé une peine de quinze ans pour avoir tué un policier. Furieux, il agrippe Corsaro au collet et l'envoie sans ménagement dans une cellule grillagée. De retour dans le bureau, il commence à casser des chaises, sous l'œil inquiet de ses collègues. L'efficacité de la séquence et le danger qu'elle génère tiennent au caractère imprévisible des réactions de Pacino ; c'est d'ailleurs une constante de son jeu, mais dans les moments forts, l'émotion produite s'en trouve décuplée, captant toute l'attention du spectateur. On a l'impression qu'à tout instant, il peut perdre le contrôle et fracasser une chaise sur la tête d'un de ses collègues. En dehors du rôle-titre, *Serpico* bénéficie d'une excellente distribution avec des seconds rôles bien choisis, tels Jack Kehoe et Norman Ornellas, qui ont déjà joué au théâtre avec Pacino, et qui incarnent ici des policiers peu scrupuleux. Seule ombre au tableau, le petit rôle de la mère de Serpico apparaît décalé.

Le film, à sa sortie aux États-Unis, le 5 décembre 1973, reçoit de bonnes critiques. Les honneurs vont à Sidney Lumet pour sa mise en scène efficace et à Al Pacino pour son interprétation, qualifiée de « splendide » pour *Variety*, ou encore « d'exceptionnelle », dixit le *New York Times*. En revanche, la musique signée Míkis Theodorákis fait l'unanimité contre elle, les critiques la trouvant inutile et pénible à écouter. Avec près de 15 millions de dollars de recettes, Serpico constitue un solide succès en salles, qui va inspirer quelques années plus tard une série télévisée du même nom, mais sans son acteur iconique dans le rôle.

Avec *Serpico*, une nouvelle étape est franchie. C'est en effet le premier film où il se retrouve seul en tête d'affiche, dans la position de la locomotive qui doit décrocher la timbale au box-office. En termes de carrière, *Serpico* confirme le décollage de Pacino depuis la sortie du *Parrain* ; il obtient sa première nomination aux Oscars dans la catégorie du « Meilleur acteur ». En cette année 1973, c'est Jack Lemmon qui l'emporte. En guise de consolation, il reçoit une autre récompense très prisée, le Golden Globe du « Meilleur acteur ». Au-delà des prix remportés ou non, l'expérience de *Serpico* s'est révélée riche d'enseignements. « *Pour la première fois, je me suis intéressé à un film en tant que média. J'étais davantage à l'intérieur des choses. J'ai appris comment vous coupez une scène, ce que vous pouvez faire quand vous écrivez une scène, ce que ça veut dire que de travailler ensemble avec des personnes comme Sidney Lumet, Martin Bregman et Dede Allen* [la monteuse de Serpico]... *Vous n'avez pas l'impression d'aller devant la caméra juste pour dire votre texte avec plus ou moins de sincérité et de naturel. Vous travaillez avec la totalité.* »[36]

Travailler dans ces conditions suppose évidemment une relation de totale confiance avec toutes les parties prenantes, à commencer par le réalisateur, et sur ce point, Pacino et Lumet se sont particulièrement bien entendus. « *Il y a seulement une poignée d'acteurs qui sont littéralement incapables de faire quelque chose de faux, et Al en fait partie,* déclare Lumet. *Il ne dit jamais :* "Je ne peux pas faire ce que tu demandes parce que ça ne me semble pas juste." *Il rentre simplement dans un personnage et n'en sort plus. Je pourrais travailler avec Al à jamais.* »[37] Lumet a su créer les conditions pour que Pacino se sente parfaitement libre et, en retour, son interprète s'intègre parfaitement dans le style du film, urbain, nerveux, réaliste. Mais plus encore que cela, il lui apporte un souffle particulier, son souffle. Après Michael Corleone, Serpico enrichit l'iconographie mythique de l'acteur. Avec sa barbe épaisse, son regard profond et ses lunettes relevées sur les cheveux, le portrait utilisé pour l'affiche du film restera gravé dans l'imaginaire collectif du public.

Après la sortie de *Serpico,* Pacino caresse un rêve, celui de retrouver les planches pour jouer *Hamlet,* de Shakespeare. Le fait de se mesurer à de grands rôles du répertoire offre la possibilité à tout acteur d'en apprendre davantage sur lui-même. C'est l'une des raisons, en plus du désir de partager des œuvres immenses avec le public, qui pousse Pacino à se passionner pour les pièces de Shakespeare. Pour l'heure, il doit renoncer temporairement à son appétit de théâtre, car *The Godfather Part II* (*Le Parrain II*) commence à toquer à la porte.

LE PARRAIN II

Après le triomphe international du *Parrain,* il était logique qu'une suite soit envisagée. Deux ans plus tard, le contexte est évidemment différent. Fort de son succès, Coppola bénéficie d'une marge de manœuvre beaucoup plus importante pour mener le projet à sa guise. Réalisateur, coscénariste, il est également producteur du film. En cumulant ces trois fonctions, Coppola dispose d'un contrôle artistique total, avec l'objectif de frapper encore plus fort que la première fois. « *Les suites sont souvent de pâles imitations de l'original. Généralement faites par des gens différents, dans le but de ramasser plus d'argent. J'ai pensé que ce serait passionnant si je pouvais faire l'inverse : réaliser un film plus ambitieux, plus beau... Plus abouti que le premier.* »[38] L'idée de Coppola est de montrer la famille Corleone à travers deux époques différentes : l'ascension de Vito Corleone au début du siècle, à New York, et la gestion de l'empire familial à la fin des années 1950 par son fils Michael. Bien que cette structure laisse a priori peu de place à Marlon Brando, trop âgé pour interpréter Vito, Coppola est toutefois prêt à aménager le scénario pour qu'il puisse participer au film. Les cachets astronomiques réclamés par l'acteur rendent toutefois cette solution impossible. Brando n'apparaîtra pas dans *Le Parrain II* ; seule une scène suggère sa présence à la toute fin du film. Se pose alors la question du choix de l'acteur capable de reprendre le flambeau pour le rôle du jeune Vito, une décision bien délicate car toute la crédibilité du film en dépend. Coppola mise finalement sur un acteur encore peu connu du grand public, Robert De Niro, qui s'est notamment illustré dans *Bang the Drum Slowly,* où il tient le rôle d'un joueur de baseball. Ce film, resté inédit en France, est d'ailleurs l'un des préférés de Pacino. Coppola avait déjà remarqué les qualités exceptionnelles de l'acteur lors de son essai pour le rôle de Sonny, au moment du *Parrain.* Mais c'est en regardant un montage provisoire de *Mean Streets* (1973), réalisé par son ami Martin Scorsese, que Coppola arrête son choix. Très impressionné par son jeu, il l'estime en outre capable d'être crédible physiquement et de succéder au mythique Brando. Une « succession » d'un type un peu particulier, puisque pour De Niro il s'agit plutôt de proposer un prolongement « à l'envers » en partant du personnage âgé défini par Brando. Notons au passage que l'Actors Studio semble être le passage obligé pour devenir Parrain, puisque les trois Don Corleone (Brando, Pacino, De Niro) en sont issus.

À la sortie du *Parrain,* en 1972, Pacino n'était guère enthousiaste à l'idée de participer à un deuxième volet consacré à la saga Corleone. Bien sûr, sa participation pourrait lui rapporter une somme d'argent importante, il en est parfaitement conscient, mais la seule motivation financière n'est pas suffisante pour le convaincre de reprendre du service dans la peau de Michael Corleone. Lors d'une réunion avec l'acteur, les décideurs de la Paramount vont même jusqu'à lui présenter une valise contenant un million de dollars cash. Peut-être pensaient-ils « lui faire une offre qu'il ne pouvait pas refuser » ; toujours est-il que Pacino décline la proposition. C'est en fait après une rencontre avec un Coppola à l'enthousiasme communicatif qu'il change d'avis. Le cinéaste lui a parlé du film, de ses potentialités, de ses idées pour le rôle de Michael, et Pacino s'est trouvé subjugué par la puissance visionnaire du cinéaste au point de ressentir des frissons partout dans le corps – ce qui est généralement bon signe. Côté financier, les négociations avec la Paramount lui garantissent un salaire de 600 000 $, avec en prime un pourcentage de 10 % sur les recettes. Au regard des 35 000 dollars du premier *Parrain,* le contraste est saisissant, et cette fois il n'a plus à passer des tests devant des producteurs soupçonneux.

La distribution des rôles est évidemment entièrement nouvelle pour la première époque traitée dans *Le Parrain II,* la jeunesse de Vito. Dans la seconde, celle de Michael, on retrouve les membres de la famille Corleone qui ont pu sortir vivant du film précédent, c'est-à-dire Tom Hagen, le *consigliere* (Robert Duvall), Kay Adams, la femme de Michael (Diane Keaton), Fredo (John Cazale), Connie (Talia Shire), Mamma Corleone (Morgana King). Figurent aussi quelques nouveaux visages, dont l'inénarrable Frank Pentangeli, joué par Michael V. Gazzo, plus connu comme auteur dramatique que comme acteur, ainsi que le sénateur véreux Pat Geary, alias G. D. Spradlin, qui a vraiment fait de la politique avant de se lancer comme acteur. Autre second rôle peu présent dans la durée, mais très important au plan dramatique : le gangster Hyman Roth, un mafieux établi à Miami. Coppola avait d'abord pensé à Elia Kazan, mais Pacino verrait bien Lee Strasberg en personne pour l'interpréter, son professeur qui lui a tant appris. « *J'ai toujours reconnu l'acteur chez Lee. Et quand j'ai une idée, je fonce.* » Lors d'une soirée chez Strasberg, Pacino – toujours très timide quand il se trouve dans une assemblée nombreuse – tente de se faire le plus discret possible, en portant chapeau et lunettes noires. « *Dans mon déguisement brillant, j'avais l'impression de ressembler à un messager.* » Pacino prend Strasberg à part un court moment et lui remet une enveloppe volumineuse contenant un exemplaire du scénario.

« Il y a vraiment un rôle formidable pour vous, et si vous l'aimez, alors on en parlera. »[39] Pas de pression donc, juste une proposition. Strasberg lui répond qu'il est très occupé, mais c'est promis, il réfléchira. Le directeur artistique de l'Actors Studio, âgé de 73 ans, n'a jamais joué devant la caméra et sa dernière expérience sur scène remonte aux années 1930. Le risque est donc double, pour le film et aussi pour Strasberg lui-même, le père de la Méthode, qui se retrouverait dans la même position que ses élèves prestigieux, c'est-à-dire « en première ligne », pour reprendre l'expression de Sidney Lumet. Les défenseurs de l'Actors Studio attendraient de lui qu'il se révèle – au minimum – à la hauteur de son enseignement, et ses détracteurs qu'il fasse un faux pas. Souvent sollicité, Strasberg a jusqu'à présent systématiquement décliné toute proposition. Fera-t-il de même pour celle-ci ? Le souhait de Pacino paraît certes séduisant, mais difficile à concrétiser. Et même si Strasberg se déclare intéressé par le rôle, la décision finale appartient à Coppola, qui ignore encore tout de la démarche de son acteur principal.

Suivant le fameux adage « On ne change pas une équipe qui gagne », le staff technique du *Parrain II* reste quasiment inchangé. On retrouve, aux postes principaux, Gordon Willis en tant que directeur de la photographie et Dean Tavoularis aux décors. Coppola dispose d'un budget deux fois supérieur à celui du film précédent, ce qui range *Le Parrain II* dans la catégorie des grosses productions. En dehors des scènes d'intérieurs prévues dans les studios de la Paramount, à Hollywood, les extérieurs seront tournés à Las Vegas, au lac Tahoe, dans le Nevada, à New York, à Miami, à Saint-Domingue, en Sicile et à Trieste.

Le coup d'envoi du tournage est fixé le 23 septembre 1973, aux abords du lac Tahoe, précisément dans le domaine nommé Fleur de Lac, construit en 1934 par le millionnaire Henry Kaiser, et qui va servir de résidence à Michael Corleone. Coppola y installe son quartier général pour les prochains mois, ainsi que sa famille – sa femme Eleanor et ses trois enfants. Mais Pacino, déçu par la lecture du scénario, demande un retravail sur le script. Coppola partage en partie les objections de son acteur et retarde le début du tournage pour réécrire à toute allure les scènes de Michael. Et si certains passages ne fonctionnent toujours pas, Coppola fera comme d'habitude : il se fiera à son intuition de dernière minute et à l'improvisation, une méthode de travail certes périlleuse, mais que le cinéaste gère avec brio et dont il tire le plus souvent des résultats supérieurs à ce qui pouvait être attendu. Le scénario du *Parrain II* construit une narration inhabituelle et complexe. Plutôt que de traiter les deux époques en deux blocs bien distincts, Coppola choisit de les croiser et de développer les deux récits en miroir. Comme si ces deux périodes – l'ascension de Vito Corleone d'une part, et le désespoir grandissant de son fils Michael, cinquante ans plus tard – se répondaient l'une l'autre. Paradoxe découlant de la structure du scénario : Robert de Niro - miracle du cinéma - devient le père d'Al Pacino. La construction du film est telle que les deux acteurs n'ont aucune scène en commun. Au début du siècle, Vito Andolini, alors enfant, s'enfuit de Sicile vers les États-Unis, après le meurtre de ses parents ordonné par un don local. À son arrivée à New York dans le centre de transit d'Ellis Island, un officier des douanes confond son nom de famille avec le village où il est né et lui attribue par erreur le nom de Corleone. Quelques années plus tard, Vito, jeune père de famille, travaille chez un épicier dans le quartier de Little Italy, à New York. Mais il doit céder son emploi quand Don Fanucci, le « protecteur » du secteur, veut placer son neveu. Vito s'associe alors avec d'autres petits gangsters, commet quelques vols, et voulant prendre de l'ampleur, il liquide lui-même l'ignoble Don Fanucci. Vito devient le nouveau protecteur du quartier, en plus juste. Lors d'un séjour en Sicile, il assassine le responsable de la mort de ses parents.

La période Michael Corleone s'ouvre en 1958. Une immense fête est donnée au lac Tahoe pour la première communion de son fils, Anthony. Michael profite de cette réunion pour rencontrer les membres des autres familles, ainsi que des relations utiles à ses activités illicites, comme le sénateur Pat Geary. Coup de théâtre, on tente de l'assassiner dans sa chambre à coucher, et sa femme Kay manque de trouver la mort. Michael n'a alors de cesse de démasquer les traîtres, à commencer par Hyman Roth, avec lequel il devait monter une affaire de grande envergure à Cuba. Les intérêts de la famille passent avant tout et même parfois avant ses propres membres. C'est ainsi que Michael ordonne la mort de son frère, Fredo, pour complicité avec Roth. Pentangeli, un autre traître, se suicide, et Roth est liquidé. Kay ne supporte plus cette vie de terreur et finit par quitter son mari. À la fin du film, Michael se retrouve à la tête d'un immense empire, mais il est complètement seul... Le scénario est distribué aux techniciens et aux acteurs quelques heures seulement avant le premier jour du tournage, le 1er octobre 1973.

À l'initiative de Coppola, des bungalows ont été construits aux abords du lac Tahoe pour héberger l'équipe du film pendant six semaines. Les chutes de température, inhabituelles pour la saison, donnent le ton pour la suite du tournage : durant des mois, la météo va s'acharner à freiner la progression du *Parrain II*. Pendant la scène d'ouverture – la fête organisée pour la communion d'Anthony – censée se dérouler en plein été, acteurs et figurants frigorifiés quittent leurs tenues estivales dès la fin des prises pour enfiler de chauds manteaux. Le tournage progresse très lentement et peu à peu des tensions se font jour. L'isolement du lac Tahoe, loin de toute agglomération urbaine, empêche les différents participants de sortir de l'ambiance chargée du film. Pire, ils ont l'impression d'être retenus prisonniers, et certains accusent Coppola d'avoir manigancé cette réclusion forcée dans le but de contraindre l'équipe à baigner dans le climat du film. La scène du film où Michael, après que l'on a tenté de l'assassiner, interdit aux membres de la famille de sortir de la propriété, semble être un écho assez fidèle des conditions de tournage et du comportement autoritaire du cinéaste.

Pacino, lui, se plaint du manque de disponibilité de son réalisateur. « *Je vais voir Francis, j'ai un problème dont je voudrais lui parler,* confie-t-il à un reporter de passage. *Et qu'est-ce qu'il fait ? Il me raconte ses problèmes. Qu'est-ce que j'en ai à faire, d'entendre ses problèmes ? Il est le metteur en scène !* »[40] Pacino pourra en revanche trouver du réconfort auprès de Diane Keaton. Leur liaison durera le temps du tournage.

Pour ce qui est de l'interprétation de Michael Corleone, l'angle d'attaque choisi est totalement différent de celui du *Parrain*. Dans le premier volet, Pacino construisait un personnage évolutif. Dans *Le Parrain II,* Michael est au contraire le même homme sur toute la durée. Son humeur est égale, presque monocorde. L'excitation – modérée, mais visible – qui était la sienne dans la dernière scène du *Parrain* avec Kay s'est totalement estompée quand on le retrouve au début du *Parrain II*. Après cinq années passées à la tête de la famille, le pouvoir l'a usé et semble l'avoir plongé dans une lassitude extrême. Déjà réservé, Michael est devenu sombre, impénétrable. Au cours du film, le dilemme entre son sens du devoir et ses aspirations profondes – n'oublions pas que Michael souhaitait au départ une autre vie, loin de la mafia – est de plus en plus envahissant. Il en vient à se séparer des personnes qu'il aime le plus au monde, au point de terminer dans une solitude totale. Le choix de Coppola est de montrer la fin de la dynastie Corleone par l'autodestruction de son chef. « *Je ne souhaitais pas qu'un autre gang ou un procureur général détruisent Michael ou la famille Corleone... Je voulais qu'il soit détruit par les forces à l'intérieur de lui-même, les forces mêmes qui l'ont créé.* »[41]

Dans l'esprit de Coppola, Michael est une représentation du mal dont l'expression ne se trouve pas dans une énergie démultipliée ou dans la violence directe, mais au contraire dans quelque chose de sourd et d'insaisissable. Dans la plupart des scènes du *Parrain II,* Michael doit être totalement absorbé, insondable et mystérieux. L'idée de montrer le mal sous ce visage inhabituel est pertinente, mais elle comporte certaines difficultés. Pour Pacino, cela peut se résumer en une question : comment jouer un personnage peu expressif, renfermé, parfois même absent, tout en le rendant vivant et attrayant pour le spectateur ? C'est la principale contradiction qu'il doit résoudre au cours du film, et la difficulté est d'autant plus grande qu'il ne peut pas se raccrocher à grand-chose pour interpréter un personnage à ce point abstrait. « *Bien souvent pendant* Le Parrain II, *croyez-le ou non, parce que c'était difficile d'aller à la source, c'était dur de faire rouler les choses, je me retrouvais dans ma cabine d'essayage l'oreille collée à un haut-parleur, en train d'écouter Stravinsky ou autre chose, pour avoir la musique dans la tête quand je devrais parler, pour être connecté à quelque chose.* »[42] Cette technique de concentration originale le met dans un état émotionnel particulier, crée un support de jeu sur lequel il peut s'appuyer pour donner au personnage la couleur recherchée.

L'équipe du film quitte le lac Tahoe à la mi-novembre avec soulagement et se rend brièvement à Las Vegas pour tourner des séquences qui seront finalement écartées du montage définitif. Puis elle se pose à Hollywood pendant cinq semaines, dans les studios Paramount, pour mettre en boîte la majorité des scènes d'intérieurs (l'appartement de Vito Corleone au début du siècle, la comparution de Michael devant la commission d'enquête du Sénat, etc.). Alors que le départ pour Saint-Domingue se profile, le rôle d'Hyman Roth reste toujours désespérément vacant. Dès que Pacino apprend que Strasberg est partant pour faire le film, il en soumet l'idée à son réalisateur. « *Je devais être prudent car Francis agit souvent à l'opposé de ce que je dis.* » Coppola, de son côté, a déjà fait passer des tests à d'autres acteurs. Pacino doit donc manœuvrer subtilement, ménager les susceptibilités de chacun, et surtout ne pas placer le cinéaste devant le fait accompli. C'est ainsi qu'il l'emmène à une conférence donnée à Los Angeles, à laquelle participe Strasberg. Coppola observe attentivement le directeur de l'Actors Studio, ses gestes, sa manière de parler, mais il n'est pas totalement convaincu qu'il s'agit du bon choix. En fait, il éprouve une certaine appréhension à l'idée de diriger l'expert américain de l'art dramatique. Est-ce vraiment un atout d'avoir dans la distribution un « gourou » de la dimension de Strasberg ? Va-t-il respecter ses indications ? Sa présence ne risque-t-elle pas de gêner les rapports entre Coppola et les autres acteurs ? Pacino ne se décourage pas et organise une rencontre « accidentelle » lors d'une soirée donnée fin décembre, où une bonne partie de l'équipe du *Parrain II* est présente. Coppola et Strasberg parlent de tout – surtout de musique classique – sauf du film. Quelques jours plus tard, ce dernier reçoit la proposition d'interpréter Hyman Roth, pour la somme de 10 000 $. Strasberg juge l'offre trop faible et, dans ces conditions, refuse le rôle. Une seconde proposition lui parvient rapidement, chiffrée à 58 000 $, une réévaluation probablement due à l'intervention personnelle de Pacino. Strasberg fait ses bagages et s'envole vers Saint-Domingue, dans les Caraïbes, pour retrouver l'équipe du film déjà présente sur les lieux depuis le 2 janvier 1974.

Comme la production n'a pas pu obtenir l'autorisation de tourner à Cuba, elle a donc choisi Saint-Domingue, capitale de la République dominicaine, pour filmer les séquences censées se dérouler à La Havane, en 1958, au moment de la chute du dictateur Batista et de l'arrivée au pouvoir de Fidel Castro. Michael Corleone et Hyman Roth sont supposés conclure une affaire très importante qui leur donnerait le contrôle des grands hôtels de l'île et des casinos. Pour cela, il leur faut simplement graisser la patte du dictateur. Mais Michael sent que le pouvoir risque de passer aux mains des révolutionnaires, une situation peu favorable à de futurs investissements. Et surtout, il voit clair dans le jeu de Roth ; il sait que le vieil homme projette de l'assassiner. C'est aussi pendant son séjour à La Havane qu'il apprend la trahison de son frère qu'il aime tant, Fredo. La séquence « Cuba », d'une durée de vingt-neuf minutes, constitue donc un nœud dramatique important. Michael est montré comme une personne très lucide, presque visionnaire dans sa compréhension des événements politiques. À travers les vitres de sa voiture, il comprend immédiatement la situation en voyant par hasard un attentat suicide. « *Les soldats sont payés pour se battre, pas les rebelles*, dit-il, avant de donner sa conclusion à Roth : *Ils peuvent gagner.* » Ou encore quand Batista annonce sa démission et son départ précipité le soir du réveillon devant les notables de La Havane, Michael est le premier à quitter la salle, avant même la fin de l'allocution. Lucide, il l'est aussi dans ses rapports avec Roth et Fredo. Dans des scènes souvent complexes, on voit Michael contraint d'utiliser toute son intelligence et son intuition pour se sortir du guêpier mortel dans lequel il est impliqué. La réalisation puissante de Coppola fait ressentir au spectateur l'atmosphère tout à fait particulière d'un coup d'État, c'est-à-dire un climat délétère où les réactions de la foule sont totalement imprévisibles. La réussite spécifique à cette partie résulte de la parfaite imbrication des deux niveaux narratifs, l'un concernant les événements politiques et l'autre insistant sur les relations entre les personnages. Pendant toute cette séquence, tantôt l'un, tantôt l'autre se retrouve au premier plan avant de fusionner totalement le soir de la Saint-Sylvestre. Alors que les invités du Président s'embrassent à minuit pour la nouvelle année – ils ignorent encore tout de l'avancée des rebelles –, Michael prend dans ses mains la tête de son frère : « *Je sais que c'est toi, Fredo. Tu m'as brisé le cœur. Tu m'as brisé le cœur.* » Un moment qui compte parmi les plus forts du film.

Au cours du tournage en République dominicaine, les décors naturels qu'offre la capitale ont été largement utilisés. Ainsi, la scène précédemment évoquée a été tournée dans le palais présidentiel de Saint-Domingue, l'hôtel El Embajador a quant à lui servi pour les scènes avec Hyman Roth. Conscient de la pression exercée sur Strasberg, Pacino se montre très attentif à son égard et tente de lui faciliter les choses dès qu'il en a l'occasion. Juste avant les prises le concernant, il propose d'improviser avec les acteurs présents dans le plan, pour être dans l'ambiance de la scène et trouver la réalité des rapports. En retour, Strasberg se sent également responsable de son protégé et veille à ce qu'il soit bien traité. « *Il n'avait pas encore appris à se comporter comme une star, alors je tentais de forcer certaines choses pour qu'il les obtienne.* » Un jour, juste après une prise, Strasberg remarque que Pacino grelotte de froid. « *Je lui ai dit :* "Où est ton manteau ?" "Oh, oui, *a-t-il dit,* Je vais le chercher." *Mais dix-neuf personnes étaient là en train d'attendre pour aller le lui prendre. J'ai dû lui dire :* "Attends, pourquoi vas-tu prendre ton manteau ? Tu n'as personne pour le faire à ta place ? Laisse-les aller te le chercher." *Il disait :* "Oui, c'est une bonne idée." *Alors je disais à l'un des types :* "Pourquoi vous ne lui amenez pas un manteau ?" »[43] Amis dans la vie, ennemis dans la fiction, quand ils se préparent pour une prise, les personnages reprennent le dessus. « *Je ne lui parlais plus une fois qu'il était maquillé,* se souvient Strasberg. *Il restait dans son personnage. Je pouvais m'en débarrasser une fois de temps en temps entre les prises, mais Al ne pouvait pas. Il prend ses personnages très à cœur.* »[44] Leurs rapports réels, fondés sur une grande estime réciproque, donnent une couleur spécifique à la relation qu'ils construisent à l'écran, où la rivalité des personnages n'est pas exempte d'une certaine admiration. Quelques dialogues y font directement écho, comme cette réplique de Michael lors de leur première rencontre : « *J'ai beaucoup à apprendre de vous.* » La vision de Coppola, plutôt bien placé pour les observer, apporte un éclairage intéressant au vu de l'histoire personnelle de Pacino : « *Il existait une relation chaleureuse entre eux et, bien que je ne l'appellerais pas totalement une relation père-fils, elle en possédait des éléments.* »[45]

Les pluies diluviennes qui s'abattent sur Saint-Domingue en ce début d'année 1974 compliquent considérablement le tournage et Pacino – pas toujours bien couvert malgré les recommandations de Strasberg – tombe gravement malade. Juste après la scène où Michael apprend dans une boîte de nuit la trahison de Fredo, l'acteur doit être emmené d'urgence à l'hôpital. Quand on regarde attentivement le moment en question, on peut voir que Pacino – au visage très marqué – semble complètement lézardé à l'intérieur. Son désarroi, très juste dans la scène, est extrême et certainement a-t-il été amplifié par la maladie. « *Je devenais épuisé physiquement et j'ai eu une pneumonie. C'était effrayant. C'était le résultat d'une combinaison d'épuisement nerveux et du besoin que j'avais de m'enfuir, de me retirer.* » Pacino doit rester à l'hôpital pendant plusieurs semaines pour une cure de repos intensive. Selon lui, la cause directe de sa pneumonie n'est autre que Michael Corleone. « *Je ne pouvais pas être ce type et avoir du bon temps. Je voulais m'amuser en le faisant mais je n'y arrivais pas. Je ne pouvais pas me dégager de ce truc à l'intérieur. On a travaillé vingt semaines sur ce film. Je vivais tout le temps avec ce poids, et c'était suffocant, c'était douloureux.* »[46] Au théâtre, son approche des rôles est radicalement différente, plus simple, plus saine, et surtout elle est source de joie. Cette tendance à prendre trop sur lui, dans les films en tout cas, il l'attribue à son manque d'expérience.

Pendant la période où Pacino est forcé de rester à l'hôpital, Coppola tourne scènes et plans qui ne nécessitent pas sa présence, mais un retard de trois semaines sur le calendrier prévu ne peut être évité. La séquence Cuba est finalement terminée à la fin du mois de février, et Pacino a quasiment fini son travail sur *Le Parrain II*. Le bout du tunnel est en revanche encore bien loin pour Coppola et ses techniciens, qui s'attaquent aux extérieurs de la première époque du film, la partie de Robert De Niro. Pendant plusieurs semaines, le tournage a lieu dans le quartier de Little Italy, à New York, qui retrouve temporairement son visage du début du siècle. Un Coppola exténué termine par les scènes en Sicile, fin juin 1974, avant de s'attaquer au montage, qui s'annonce déjà très complexe. *Le Parrain II* s'est révélé épuisant pour tous les participants, mais à la différence du film précédent, aucune pression de la Paramount n'est venue gêner le cinéaste dans son travail. Des centaines d'heures de rushs attendent Coppola et ses monteurs, qui mettront plusieurs mois avant de trouver la forme définitive du film. De passage dans la salle de montage, George Lucas, l'heureux réalisateur de *American Graffiti* et futur père de *Star Wars* estime, après visionnage, qu'il y a deux films en l'état, et il suggère à son ami Coppola d'en jeter un. Un conseil que ce dernier – heureusement – n'écoutera pas. Une projection désastreuse impose cependant des changements importants. Les basculements d'époques constants rendent l'ensemble nébuleux et le public s'y perd. Coppola resserre les boulons et parvient au dosage parfait, à savoir onze blocs majeurs alternant passé et présent, reliés entre eux par de subtiles transitions et de magnifiques fondus enchaînés, notamment celui où, à la fin de la séquence Cuba, le visage de Pacino disparaît progressivement à l'image alors que Robert De Niro apparaît en surimpression. Après neuf mois de tournage, plus de cinq mois de montage, un budget total dépassant les 15 millions de dollars, *Le Parrain II*, d'une durée fleuve de 3 heures 20 minutes, sort en salles le 12 décembre 1974.

Dans l'ensemble, l'accueil est moins favorable que celui du *Parrain*. Le *New York Times*, dans un papier très dur, estime que *Le Parrain II* n'arrive pas à la cheville de l'original, et décrit le film comme « *apparemment très cher mais spirituellement désespérant* ». *Le Parrain II* trouve en revanche des défenseurs soulignant la virtuosité de la narration alternée. Même s'il est loin de faire l'unanimité à sa sortie, ce deuxième volet va pourtant gagner un crédit considérable au fil des années, comme un vin qui aurait bien vieilli, au point d'être considéré comme un chef-d'œuvre par certains. En tout cas, Coppola a réussi son pari. Plus qu'une suite, *Le Parrain II* vient comme un prolongement du film précédent, et même s'il est moins divertissant, il a cependant gagné en puissance. Le thème du pouvoir et de sa transmission, déjà abordé dans l'original, y est encore approfondi, et le regard assez noir que porte le cinéaste sur l'American Dream, qui selon lui est totalement perverti, tombe à point dans le contexte politique troublé du moment. *Le Parrain II* montre en tout cas, de façon encore plus nette et sans ambages, l'association, voire la fusion, entre le monde des affaires – le terme business revenant de manière récurrente tout au long du film – et le crime organisé. *Le Parrain II* contient bon nombre de scènes exceptionnelles, qui gardent cinq décennies plus tard toute leur magie. On relèvera en particulier celles entre les deux frères, Michael et Fredo, qui doivent beaucoup à la complicité entre Al Pacino et John Cazale, magnifique de fragilité tout au long du film. « *Fredo, you're nothing to me now* » (« *Fredo, tu n'es plus rien pour moi* »), c'est ainsi que débute la tirade mythique de Michael adressée à son frère, dans le hangar à bateaux. Le réalisateur Emir Kusturica utilisera notamment ce passage dans *Arizona Dream* (1992), où le personnage joué par Vincent Gallo connaît par cœur toutes les répliques du *Parrain II*, se les repassant sans cesse au magnétoscope.

Pendant la majeure partie du film, Pacino joue sur une énergie comprimée, et son Michael apparaît le plus souvent totalement épuisé, déconnecté. La contradiction initiale – intéresser le spectateur à partir d'un personnage éteint, presque fantomatique – a été parfaitement surmontée. L'essence du jeu de Pacino, on l'a vu, repose sur l'imprévisibilité de ses réactions. Dans *Le Parrain II,* c'est au contraire son apparente absence de réaction qui le rend imprévisible. Dans les moments où Michael ne peut plus retenir les tensions accumulées, quand la pression est trop forte, Pacino voit rouge et libère des bourrasques de violence, par exemple dans les scènes avec Pentangeli après l'attentat commis contre sa famille, ou encore lors de sa dispute avec Kay, où il en viendra – impuissance totale – à la frapper. Tom Hagen essuie également les plâtres de la furie du don, à son retour de Cuba, quand Michael apprend la fausse couche de Kay – en fait un avortement –, « *Can't you give me a straight answer! Was it a boy?* » (« *Je te prie de me répondre clairement ! C'était un garçon ?* »). Dans un autre registre, le flash-back final, juste après l'assassinat de Fredo ordonné par Michael, fait partie des grandes scènes du film. En plein repas, Michael annonce – nous sommes alors en 1941 – qu'il vient de s'engager dans l'armée des États-Unis. Fredo le félicite avant de se prendre une claque de Sonny, résolument opposé à la décision de Michael. La scène est très simple, mais placée à la toute fin du film, elle prend un relief émouvant. On comprend alors le cœur de la relation entre les deux frères et la solitude finale de Michael n'en est que plus cruelle. « *Il est perdu à la fin du film. C'est un homme abattu, une personne désespérément malheureuse. C'est ce qui se passe et ce n'est pas aussi commercial que ça* »[47], estime Pacino.

De tous les personnages qu'il a interprétés, Michael Corleone version *Parrain II* a été le plus difficile, le plus complexe à construire. « *Je n'ai pas essayé d'opter pour une forme de sympathie ou de compréhension qui aurait été gratuite pour le personnage. Je ne suis pas allé sur ce terrain. Je voulais que les gens aiment Michael mais l'aiment dans le sens où je voulais qu'ils le voient, le comprennent lui et son dilemme, sans leur demander de s'identifier à lui. C'est ce que je recherchais. C'est une chose difficile à faire... Et je pense que j'y suis arrivé. Je suis très fier de ça.* »[48] Le dernier plan du *Parrain II* est un long travelling qui se termine sur le regard fascinant de Pacino, à la fois vide et hanté, un regard en dedans, fermé sur lui-même, tandis qu'il fait face à l'immense étendue du lac Tahoe.

Pour ses débuts à l'écran, Strasberg se révèle excellent, et les scènes qu'il partage avec Pacino fonctionnent à merveille. Le directeur de l'Actors Studio fait d'ailleurs l'unanimité parmi les critiques, même chez ceux qui n'ont pas aimé le film. Dans une interview accordée au *New York Times,* Strasberg donne son opinion sur le film, plutôt inhabituelle : « *Il aurait dû être plus long. Les scènes coupées n'étaient pas de mauvaises scènes. Le scénario était un scénario majeur. J'ai le sentiment que le public a été trompé par le montage. (...) Si le film avait duré quatre heures et demie, peut-être même cinq heures, il aurait été meilleur.* » Il aurait tout de même fallu prévoir un petit entracte, ajoute-t-il. Toujours dans les colonnes du *New York Times,* Strasberg remercie indirectement « Al » en précisant que, sans son intervention, il n'aurait jamais joué Hyman Roth.

L'année suivant sa sortie, *Le Parrain II* remporte un franc succès, avec 29 millions de dollars de recettes aux États-Unis, mais reste loin derrière le score étourdissant de l'original – 86 millions de dollars. En revanche, le deuxième volet fait mieux aux Oscars, en totalisant onze nominations, soit une de plus que lors de la cérémonie 1972 pour *Le Parrain.* Pacino est nommé à l'Oscar du « Meilleur acteur ». Robert De Niro, Michael Gazzo, et Lee

Strasberg – à son grand étonnement – le sont pour celui du « Meilleur acteur masculin dans un second rôle ». John Cazale, pourtant remarquable de bout en bout, n'a pas été inclus dans la course. La sœur de Coppola, Talia Shire, est également nommée à l'Oscar du « Meilleur second rôle féminin ». Au total, *Le Parrain II* va remporter six Oscars. Coppola en récolte trois, Pacino aucun, l'Oscar du « Meilleur acteur » allant à Art Carney, et c'est finalement De Niro qui l'emporte dans sa catégorie. Une récompense amplement méritée si l'on considère les multiples défis imposés par le rôle. Il lui a d'abord fallu apprendre le sicilien, une langue réputée très dure, à une vitesse record. Et surtout, il devait être crédible dans un personnage déjà modelé par un autre. À cet égard, sa prestation est remarquable, car il parvient à faire écho par une gestuelle appropriée, un timbre de voix modifié, au Vito créé par Brando dans le film précédent, tout en gardant sa propre identité d'acteur.

Comme Pacino trois ans auparavant, Robert De Niro va bénéficier de l'effet *Parrain,* un puissant catapulteur pour la suite de sa carrière. Avec une seule star avant le tournage, Pacino, *Le Parrain II* en compte une deuxième à sa sortie, De Niro. Il faudra attendre deux décennies pour les retrouver ensemble dans un autre chassé-croisé, *Heat* de Michael Mann.

UN APRÈS-MIDI DE CHIEN ET DEUX HEURES DIX DE BONHEUR !

Le 22 août 1972, la une de l'actualité aux États-Unis est monopolisée par un étonnant braquage de banque, dans une petite succursale de Brooklyn, à New York. Les gangsters sont loin d'être des professionnels et la motivation de l'un d'eux, John Wojtowicz, sort de l'ordinaire : récupérer suffisamment d'argent pour payer l'opération de changement de sexe de son compagnon. Le casse tourne rapidement au fiasco. La police, alertée, arrive immédiatement sur les lieux et encercle la succursale. Wojtowicz et ses complices gardent alors le personnel en otage et réclament une forte rançon en échange de leur liberté. Tout au long de cette chaude journée d'été se déroulent de délicates négociations au milieu d'une confusion extrême. À l'extérieur de la banque, en effet, un public important s'est rassemblé : outre les journalistes et photographes, des militants pour les droits des homosexuels viennent manifester en nombre, sans compter la foule des anonymes attirés par le spectacle, que les chaînes de télévision diffusent en direct et en continu. Cette folle journée aux allures de « happening » s'achève dans la nuit avec la libération des otages et l'arrestation de Wojtowicz. La justice le condamnera à vingt ans de prison.

Un article de *Life Magazine* paru le 22 septembre 1972 revient en détail sur l'événement ; un passage en particulier retient l'attention de Martin Bregman, celui où il est fait mention de la ressemblance physique entre John Wojtowicz et Al Pacino. Reniflant le bon sujet, le manager et producteur confie l'écriture du script à Frank Pierson, non sans lui fournir une épaisse documentation sur le braquage – articles, cassettes vidéo, interviews de proches. Le scénariste finalise une version en décembre 1973. Martin Bregman organise une réunion à Londres avec Sidney Lumet et Al Pacino, avec l'idée évidente de reconstituer le tandem de choc de *Serpico*. Le cinéaste est emballé, mais l'acteur, qui reconnaît de superbes qualités au scénario, refuse de donner son accord. Ses raisons sont multiples. Sa méthode de travail extrême implique une plongée corps et âme dans le monde du personnage. En l'occurrence celui de Sonny Wortzik – le nom du braqueur réel a été modifié –, avec son questionnement sur l'identité, amène l'acteur dans une zone intime inconnue, pouvant le fragiliser. D'autre part, le fait d'interpréter un personnage homosexuel constitue, à ce stade précis de sa carrière, une prise de risque énorme en termes d'image. Ses films précédents – *Le Parrain, Serpico* – l'établissent en effet comme un symbole de virilité aux yeux du public, et jusqu'à présent aucune « star » n'a osé jouer un homosexuel assumé dans le cinéma américain. Enfin, l'acteur supporte de plus en plus mal son éloignement forcé du théâtre – il n'est pas monté sur scène depuis bientôt deux ans – et l'idée de ne plus jouer dans des films lui trotte sérieusement dans la tête. Une attitude que l'on peut certainement mettre sur le compte du besoin qu'il a de se ressourcer, au beau milieu de la rude expérience du *Parrain II*.

Au printemps 1974, l'épuisement nerveux de Pacino achève d'inquiéter son entourage. Pas à pas, il se remet progressivement de la pneumonie contractée en République dominicaine. Heureusement, il n'a signé aucun film pour les mois à venir, sa seule obligation professionnelle est de lire les nombreux scénarios qui se sont entassés au fil des mois pendant qu'il bataillait avec Michael Corleone. Avec tact, Martin Bregman lui demande de mettre au-dessus de la pile celui de *Dog Day Afternoon* et de le relire. Avec un regard nouveau sur le script, il voit tout le potentiel du film, et surtout le rôle de Sonny Wortzik l'attire énormément. Il donne son accord, ce qui lance immédiatement la production. Pendant l'été, l'acteur n'a pas complètement récupéré et se présente dans un état de grande vulnérabilité aux répétitions, d'une durée de trois semaines. L'ambiance presque familiale du tournage a cependant de quoi lui mettre du baume au cœur. En plus de Bregman et Lumet, plusieurs de ses amis proches sont présents dans l'aventure. Son amie de longue date, Penny Allen, déjà présente dans *L'Épouvantail,* campe le rôle loufoque de Sylvia, la responsable des caissières de la banque. Charles Durning, dans le rôle du policier Moretti, et Lance Henriksen, dans celui de l'agent Murphy, ont également été proposés par Pacino. Et, bien sûr, John Cazale reprend du service dans le rôle de Sal, le complice de Sonny, profondément dérangé et dangereux. Initialement, Sidney Lumet n'était pas favorable à cette idée. Dans le script, le personnage de Sal est âgé de 18 ans – comme le complice de Wojtowicz lors du vrai braquage – et Cazale en a vingt de plus. Le cinéaste n'avait par ailleurs pas une envie folle de reformer le couple du *Parrain.* Sachant cela, Pacino lui propose d'organiser une lecture. Par respect pour son acteur principal, Lumet accepte. Le talent de Cazale balaie toutes ses réserves et, à l'issue de la lecture, il obtient le rôle. La célébrité de Pacino ne lui fait pas oublier d'où il vient. Aussi, quand il en a la possibilité, il n'hésite pas à donner un coup de pouce à ses partenaires de théâtre pour qu'ils obtiennent des rôles à ses côtés au cinéma. Selon Pacino, ces interventions ne sont en aucun cas des faveurs ou du « copinage », car les personnes qu'il met en avant sont des acteurs et actrices de grand talent. Il s'agit tout simplement de partager les fruits du succès avec ceux qui lui ont fait confiance dès le départ, ceux qui l'ont soutenu dans des moments difficiles, comme Penny Allen – la femme de Charles Laughton. C'est également à son initiative que ses mentors se retrouvent à ses côtés, dans des rôles à forte valeur symbolique. Ainsi, après Lee Strasberg dans *Le Parrain II,* Judith Malina, tient le rôle de la mère de Sonny dans *Un après-midi de chien.* Malina est la cofondatrice du Living Theatre, le lieu où Pacino s'est fait les dents au début des années 1960. En intégrant autour de lui amis et mentors, il se crée une seconde famille, artistique, essentielle à son équilibre.

À la vision des rushs de la première journée de tournage, Pacino n'est guère enthousiaste au sujet de son interprétation. La scène en question – qui doit ouvrir le film – montre Sonny qui sort de sa voiture et entre dans la banque. Pacino voit à l'écran un acteur en train de chercher son personnage, et non le Sonny qu'il souhaite rendre. Et des menus détails le chiffonnent. « *J'ai pensé, NON. Il ne devrait pas porter de lunettes. Parce qu'il veut être arrêté. Inconsciemment, il veut être arrêté.* »[49] Perfectionniste, Pacino souhaite retourner la scène entièrement, sans lunettes noires cette fois. Il est rare que ce type de demandes soient accordées, pour des raisons de production. Lumet y donne une suite favorable et en profite pour conseiller à Pacino de se raser la moustache qu'il avait laissé pousser pendant les répétitions. La scène est donc retournée, le visage de l'acteur entièrement dégagé. Sur *Un après-midi de chien,* la collaboration entre les deux hommes se déroule de façon idéale. Pacino retrouve, avec encore plus de force, ce qui l'avait séduit au moment de *Serpico*: une grande liberté. La méthode du réalisateur est d'installer les acteurs dans un climat de confiance leur permettant de donner le meilleur d'eux-mêmes. Pour les besoins de ce huis clos particulier, il arrange le plateau de telle sorte que ses interprètes croient totalement en la situation du braquage et qu'ils « oublient » la caméra. Le tournage d'*Un après-midi de chien* donne lieu à de nombreuses improvisations, qui seront précieusement conservées au montage.

À sa sortie, *Variety* décrira parfaitement le climat du film: « *Des rires avec de la substance et du cœur* ». Les rires d'abord, surtout dans la première heure. Au tout début, les braqueurs sont au nombre de trois, mais l'un d'eux, Stevie, est pris de panique et veut sortir de la banque. Sonny, tout en ayant le fusil pointé sur le personnel, lui demande de ne pas prendre la voiture.

« *Comment je vais rentrer chez moi ?*, s'interroge Stevie.

— En métro », répond Sonny, avant de lui réclamer les clés de la voiture.

Reste donc dans la banque un duo de choc pour un ratage complet, Sal et Sonny, qui déchantent rapidement quand ils découvrent la somme contenue dans les coffres, 1100 dollars en tout et pour tout; un important transfert de fonds effectué la veille explique ce montant grotesque. Un peu plus tard, après l'arrivée des policiers, Sonny sort sur le trottoir pendant que Sal tient en joue les otages à l'intérieur. À une proposition du détective Moretti, Sonny répond de manière salée: « *Un bisou ! Quand je me fais baiser, j'aime bien un gentil petit bisou* » (« *Kiss me! When I'm being fucked, I like to be kissed!* »). Plus tard dans le film, quand les médias annoncent que deux homosexuels sont dans la banque, Sal, vexé d'être considéré comme tel, demande à Sonny de préciser aux télévisions qu'il n'y en a qu'un seul. John Cazale a quelques difficultés sur ce moment précis. Alors il commence à discuter avec Sidney Lumet et à lui poser plein de questions sur les motivations de son personnage. Les palabres sur les plateaux sont souvent délicats, pouvant couper l'élan d'une équipe de tournage en pleine action. Devant l'agacement de Lumet, Pacino préfère s'éloigner, tout en observant la suite. Le réalisateur commence à s'énerver et, à bout d'arguments, il dit vertement à son acteur qu'il doit simplement dire sa réplique car l'auteur l'a écrite, point barre ! Avec son calme olympien habituel, Cazale lui répond: « *Mais pourquoi vous ne l'avez pas dit avant ?* » Alors que la fumée semble s'échapper des oreilles de Lumet, Pacino ne peut s'empêcher de pouffer de rire, le plus discrètement possible.[50]

La grande force d'*Un après-midi de chien* est de passer sans cesse du comique, voire de l'absurde, à l'émotion, sans jamais tomber dans le ridicule. Les conversations téléphoniques de Sonny avec son petit ami, Leon (Chris Sarandon), et immédiatement après avec sa femme légitime, Angie (Susan Peretz), forment le pivot du film. À ce point du récit, Sonny a obtenu des policiers qu'ils affrètent un avion pour l'Algérie et ces deux coups de fil sont en fait des adieux aux personnes qu'il a le plus aimées. « *La scène se passait la nuit,* se souvient Sidney Lumet. *Le personnage était dans la banque depuis douze heures. Il devait apparaître vidé, épuisé. Quand on est fatigué à ce point, les émotions viennent plus facilement. Et c'est ce que je voulais.* » Le réalisateur tient à filmer les deux appels téléphoniques de Sonny dans la continuité. La scène dans son intégralité dure quinze minutes et la caméra ne peut contenir que 1 000 pieds de pellicule, soit onze minutes. Lumet installe donc une seconde caméra, qui se mettra en route quand la première se trouvera en fin de bobine, aux alentours de 850 pieds. Les deux caméras sont installées côte à côte, un léger décalage de perspective qui ne sera pas visible à l'écran, car des plans de coupe de Susan Peretz et de Chris Sarandon seront intégrés dans la scène. Pour favoriser la concentration de Pacino, Sidney Lumet fait sortir les membres de l'équipe qui ne sont pas utiles à la prise, et installe des draps noirs juste derrière les caméras pour isoler l'endroit – le bureau où est assis Sonny – du reste du plateau. La conversation n'est pas simulée ; Pacino est relié aux autres acteurs, de l'autre côté de la rue, par des micros placés dans les téléphones. Déjà passablement fatigué, Pacino se prépare pour la prise, mais Lumet, dans son esprit, en prévoit une deuxième. « *L'un des meilleurs moyens d'accumuler l'émotion est d'aller le plus rapidement possible d'une prise à l'autre. L'acteur commence la seconde prise au niveau émotionnel qu'il a atteint à la fin de la première prise.* » Selon le réalisateur, une pause de deux ou trois minutes, le temps de recharger les caméras, suffirait pour que Pacino se « remette » de ses émotions. Une petite chambre noire est donc installée à proximité, pour recharger en pellicule le plus rapidement possible la première caméra dès la fin de la prise.

La scène commence. Comme prévu, la première caméra stoppe à 850 pieds et la seconde enchaîne. « *C'était merveilleux. Mais quelque chose me disait d'en refaire une.* » Lumet demande à Pacino de se remettre en place. « *Il m'a regardé comme si j'étais devenu fou,* se souvient le réalisateur. *Il avait tout donné et il était épuisé. Il dit* : "Quoi ? Tu rigoles." *J'ai dit :* "Al, il le faut, ça tourne." » La seconde caméra se met en route pendant que la première est en train d'être rechargée. Et quand la fin de bobine se profile, la première caméra, mise en position pendant le plan, prend le relais. « *À la fin de la seconde prise, Al ne savait plus où il était. Il a terminé son texte et, complètement épuisé, a regardé autour désespérément. Puis, par accident, il m'a regardé droit dans les yeux. Des larmes coulaient sur mes joues, parce qu'il m'avait tant ému. Ses yeux ont plongé dans les miens et il a éclaté en sanglots, puis s'est écroulé sur le bureau où il était assis.* » Un moment étonnant qui sera évidemment conservé au montage. « *Cette prise,* ajoute Lumet, *fait partie des meilleurs moments de jeu au cinéma que j'aie jamais vus.* »[51]

Dans le personnage de Sonny, Pacino, qui oscille entre énergie décuplée et abattement total, porte le film de bout en bout. Les rôles secondaires sont également superbement servis. John Cazale est une fois de plus extraordinaire. Avec un texte peu fourni, il amène à son personnage une folie à la fois drôle et inquiétante. Sa vulnérabilité, avant qu'il ne se fasse abattre, est à nouveau bouleversante. Dans une prestation très différente de *L'Épouvantail,* Penny Allen s'avère pleine de fantaisie dans le rôle de Sylvia, cheftaine un peu « fofolle » qui semble préférer de loin Sonny aux policiers. Souvent, le film montre des situations inversées, donc drôles. Ainsi, les relations entre otages et agresseurs sont plutôt détendues, voire amicales, alors que le climat à l'extérieur de la banque est marqué par la fébrilité et les discordes entre policiers. Judith Malina nous offre une mère survoltée, envahissante et un tantinet fofolle. Le spectateur comprend alors très bien d'où vient une partie des problèmes de Sonny. Leur entrevue dans la rue, sous le regard de la foule, des policiers et des télévisions, est à l'image du film, tragicomique. Charles Durning est parfait dans le rôle du détective Moretti, totalement dépassé par les événements.

À sa sortie, en septembre 1975, le film reçoit d'excellentes critiques. Pacino est salué pour sa prestation et le courage de son choix. Sonny Wortzik fait à l'évidence partie de ses meilleurs rôles. Aux États-Unis, l'image de Pacino hurlant sur le trottoir de la banque « Attica! Attica!» – le nom du célèbre pénitencier où une mutinerie a éclaté en 1971 – va rester gravée dans la mémoire collective. Le film marche fort et réalise un très bon score au box-office, avec 22 millions de dollars de recettes.

Un après-midi de chien terminé, revenir sur scène est enfin possible, à Boston, comme il se doit. Le choix de sa nouvelle pièce, *La Résistible Ascension d'Arturo Ui,* de Bertolt Brecht, peut sembler curieux pour celui que l'on surnomme parfois le « *Strasberg's baby* » – le bébé de Strasberg. Les conceptions de Brecht sur le théâtre sont en effet – dans le principe – à l'opposé de l'enseignement prodigué à l'Actors studio. Là où la Méthode développe la personnalisation, c'est-à-dire la nécessité de partir de soi, de sa sensibilité, de ses émotions pour construire un personnage, Brecht préconise la distanciation de l'acteur avec le personnage qu'il doit interpréter. Du point de vue de l'interprète, cela revient à dire : je ne suis pas le personnage et je ne le serai jamais, je suis donc d'autant plus libre pour le jouer. Bien loin de ces débats théoriques sur le jeu d'acteur, sa motivation concernant Arturo Ui tient tout simplement au texte, qu'il adore, et à l'envie d'explorer un univers qu'il connaît peu. Pas très à l'aise avec les catégories ou les chapelles, l'expression « acteur de la Méthode » le rend d'ailleurs perplexe. « *Je ne sais vraiment pas ce que c'est. Je me souviens avoir joué des scènes à l'Actors Studio et après, quand quelqu'un se mettait à commenter, je comptais dans ma tête pour ne rien entendre. Les bons acteurs sont faits et les grands acteurs sont nés. Vous avez quelque chose à dire ou non. Et vous essayez d'atteindre le point où vous pouvez dire quelque chose en tant qu'artiste. J'ai vu des acteurs qui ont suivi la Méthode et qui sont devenus meilleurs, j'en ai vu d'autres qui sont devenus pires. La Méthode est basée sur ce que les grands acteurs ont fait, c'est là-dessus que Stanislavski l'a fondée.* »[52]

La pièce de Brecht, à travers une histoire de gangsters, dresse un tableau au vitriol de la montée des nazis au pouvoir dans les années 1930. Pacino joue Arturo Ui, métaphore ridicule et monstrueuse d'Hitler. Penny Allen et John Cazale sont à nouveau présents à ses côtés. Après des mois de répétition, la pièce est accueillie de façon contrastée. Ross Wetzsteon, critique au *Village Voice,* estime que l'interprétation de Pacino, bien que superbe, est trop empreinte de réalisme et qu'elle ne s'intègre pas dans l'esprit de la pièce de Brecht. Arthur Friedman, du *Real Paper,* note que des représentations en matinée ont dû être annulées à la suite d'une laryngite de Pacino, liée selon le critique aux « *hurlements* » de la star pendant le spectacle. La production, qui devait être jouée à Broadway, va finalement se terminer là où elle a été créée, au Charles Playhouse de Boston. « *Faire quelque chose me fait peur. Faire un film, faire une pièce. Quand vous prenez un risque, vous êtes aussi bon que les risques que vous prenez, il y a donc le risque de tomber. Et c'est aussi un peu effrayant de plonger en vous-même et de vous engager, d'en prendre la responsabilité, de tenir les rênes et de dire :* "Je suis quelqu'un et j'ai à dire ceci, et j'ai à dire cela, et voilà." *La chose la plus excitante là-dessus – et je l'ai juste appris récemment –, c'est l'opportunité de changer, de traverser une expérience et d'en ressortir différent. J'aime travailler au théâtre le soir parce que ça remplit mes journées. Je lis davantage, je vois davantage de gens, je suis mieux. (...) Vous savez que vous avez un endroit où aller, où vous allez prendre des risques, marcher sur un fil... J'aime l'appeler comme ça. Le fil imaginaire.* »[53]

PAUSE

En 1975, Pacino est une immense star. Les six films qu'il a tournés constituent une réussite exceptionnelle, tant artistique que commerciale. Les projets se sont enchaînés et les nouvelles propositions affluent. Mais il souhaite faire une pause. Une fois de plus, l'acteur prend tout le monde à contre-pied, ses associés comme son public. Pourquoi marquer le pas quand tous les voyants sont au vert ? Si, professionnellement, le succès est au rendez-vous, sa sphère privée en revanche est en proie au chaos. Prendre un peu de recul sur ces dernières années et commencer à se débarrasser d'une série de problèmes encombrants, telle est sa priorité.

La première grosse difficulté tient paradoxalement à la première conséquence de son succès : la célébrité. Depuis la sortie du *Parrain*, il semble en fait débordé par l'engouement qu'il suscite et ne parvient pas à se faire à sa nouvelle vie. Pour lui qui a connu jusqu'ici des rapports empreints de simplicité dans sa vie quotidienne, sa soudaine célébrité vient bousculer tous ses repères traditionnels. À l'exception de ses amis proches, Pacino se sent souvent dans sa relation aux autres comme un imposteur, car il a l'impression de ne pas mériter l'intérêt dont il fait l'objet. « *Je réalisais que les gens étaient attentifs par rapport à moi. Et je n'avais rien fait pour. Je n'avais rien fait pour gagner leurs rires ou leur intérêt ou quoi que ce soit d'autre. Et quelque part c'était confortable de se retrouver dans cette situation. Je pense que c'est un piège dans lequel la célébrité peut vous faire tomber. Parce que la vie, c'est les gens, c'est être avec les gens, échanger avec les gens. Quand vous êtes célèbre, parfois, cette partie qui est en vous peut être rompue. Et je vais vous dire comment. Parce que vous n'utilisez plus la matière qui fait de vous ce que vous êtes, parce que vous n'en avez plus besoin. Et donc, j'ai pu être victime de cela dans une certaine mesure. Mais j'en suis conscient.* »[54] Ses rapports avec les femmes en sont également affectés. Pacino a toujours été très entouré, mais depuis *Le Parrain*, le phénomène s'est amplifié. Son jeu d'essence très sensuelle fait des ravages parmi les spectatrices et certaines, les plus téméraires, l'appellent au téléphone – l'obligeant ainsi à changer fréquemment de numéro – ou vont jusqu'à l'attendre le soir, devant chez lui. Même ses gestes les plus quotidiens deviennent le centre d'une attention disproportionnée. « *C'est gênant quand quelqu'un vient vers vous, prend votre verre et dit :* "Je vais garder ce verre parce que vous l'avez touché." » Autre conséquence de la célébrité, Pacino passait beaucoup de temps à observer les gens dans les lieux publics, pour sa connaissance de la nature humaine et pour son jeu, une habitude à laquelle il doit dorénavant renoncer.

Le fait d'être sans cesse sollicité convient mal à son caractère réservé. Pour lui qui aspire à une certaine tranquillité, qui en ressent l'impérieuse nécessité, les inconvénients du succès l'emportent sur les joies. Le plan où Sonny Wortzik sort de la banque en pleine nuit et se retrouve aveuglé par les projecteurs braqués est une parfaite illustration de l'état d'esprit de Pacino par rapport à l'attention démesurée dont il fait l'objet en permanence. Avec toute cette lumière sur son visage, sur ses faits et gestes, il n'arrive plus à voir ce qu'il se passe autour de lui. Une situation subie qui l'affecte profondément. L'acteur James Caan a un avis plutôt tranché sur l'attitude de son ami et ne s'embarrasse pas de précautions. « *Quand Al se cache sous son chapeau et sa moustache et dit :* "Je veux être tout seul", *c'est un tas de conneries,* tempête celui qui jouait le personnage bouillonnant de Sonny, dans *Le Parrain. Vous entrez dans ce métier pour avoir la reconnaissance, et ensuite vous la refusez ? Qui voulez-vous couillonner avec ça ?* »[55] À cette époque, tout indique que Pacino n'est pas suffisamment construit, sa quête personnelle n'est pas assez avancée, pour qu'il accepte le choc de la célébrité sans douleur. Alors, et c'est le seul moyen qu'il a trouvé jusqu'ici, enchaîner les verres lui procure une forme d'apaisement.

Depuis la sortie du *Parrain,* sa consommation d'alcool – déjà élevée – a encore monté d'un cran. Jusqu'à présent, l'acteur a fait en sorte que cela n'affecte pas ses rôles au cinéma ou au théâtre. Mais ses proches sentent que le point de non-retour n'est pas si loin et le mettent en face de la dure réalité : son habitude s'est transformée en dépendance. Pour ses amis, les raisons de son addiction sont évidentes : Pacino se réfugie dans l'alcool pour mieux fuir des questions essentielles, notamment le sentiment de culpabilité à l'égard de sa défunte mère. Dans les années 1974-1975, encouragé et soutenu par Charles Laughton, il décide de prendre le taureau par les cornes. Des visites chez le psychanalyste et quelques réunions aux Alcooliques anonymes l'aident à y voir plus clair. Une année complète lui sera nécessaire pour décrocher complètement. L'instabilité de Pacino se traduit également dans ses relations avec les femmes. Après sa rupture avec Jill Clayburgh, en 1972, il a fréquenté quelques mois la turbulente Tuesday Weld, également actrice, qui a commencé sa carrière très tôt dans des rôles d'adolescente délurée – notamment avec Elvis Presley dans *Wild in the Country* (Amour sauvage), en 1961. De même, sa liaison avec Diane Keaton n'a duré que le temps du *Parrain II.* À partir d'*Un après-midi de chien,* il se retrouve célibataire, une nouveauté pour lui.

Profitons de la pause que prend Pacino pour porter un regard sur cette période entre 1971 et 1975, l'une des plus créatives de l'acteur, dont les thèmes – *Richard III,* les deux *Parrain, The Local Stigmatic,* entre autres – seront repris et approfondis ultérieurement. Cet âge d'or de sa filmographie repose pourtant sur une production numériquement assez faible. Comparativement à d'autres acteurs, Pacino en effet tourne peu. La raison en est simple, pour lui, un film signifie six mois de travail, parfois plus, comprenant la préparation, le tournage en tant que tel, et le temps de quitter son personnage. Une approche qui ne lui permet pas de multiplier films et pièces.

Les personnages qu'il a portés à l'écran et à la scène, bien que très différents, dégagent une thématique commune, relevée par des critiques de cinéma dans les années 1970 : la perte de l'innocence. Cette notion n'est pas sans lien avec le contexte de l'époque. Comme toutes les stars, Pacino entretient des rapports secrets et subtils avec son temps. En l'occurrence, il cristallise les contradictions de l'Amérique et les aspirations du public. Ses personnages commencent tous avec une dose d'espoir et doivent, sous la pression de l'extérieur, de la société, sérieusement déchanter. Aucun des films de cette période ne se termine par un « happy end ». Le Bobby de *Panique à Needle Park* est un jeune homme attachant qui perd pied dans la drogue. Lion montre beaucoup d'appétit pour la vie, mais rattrapé par ses erreurs du passé, il sombre dans la dépression. Michael Corleone se destinait à un autre parcours, et il finit en tyran. Serpico aimerait faire bouger les choses, une attitude qu'il paie au prix fort en frôlant la mort. Enfin, Sonny a l'espoir de rendre heureux son compagnon, mais son escapade se termine en prison. Autre point commun entre ses personnages, ils ne sont jamais unidimensionnels, définis par une couleur unique. Serpico se bat pour un idéal de justice, mais son caractère le rend invivable pour les autres. À l'inverse, Michael Corleone agit comme un monstre, sans en être un totalement. Son écartèlement entre le bien et le mal le conduit dans des zones proches de la folie. Cette dualité peut se manifester au plan de l'identité sexuelle, comme dans le cas de Sonny. Il existe aussi une dualité non pas propre à chaque personnage, mais plus globale. Bobby, Lion, Sonny, sont totalement immatures, presque des enfants, ils vivent en marge de la société, alors que Serpico et Michael sont au contraire des personnes responsables.

Pour un acteur qui utilise à ce point son expérience personnelle dans son travail, on peut voir dans ses rôles de nombreuses correspondances avec sa propre vie. Comme un écho à l'instabilité sentimentale de Pacino depuis la sortie du *Parrain,* ses personnages à l'écran sont dans l'incapacité de mener une vie à deux pleine et heureuse. Serpico a deux liaisons au cours du film et finit dans la solitude. Michael Corleone, après l'assassinat de sa femme en Sicile, se remarie avec Kay Adams, qui le quitte à la fin du *Parrain II.* L'impossibilité pour Lion de recoller les morceaux avec sa femme le conduit au désespoir clinique. Sonny, lui, aura la prison comme seule compagne. Bobby termine *Panique à Needle Park* accompagné, mais entre lui et Helen se trouve la drogue, qui n'offre aucun espoir à leur histoire. Ses différents personnages reflètent également le dilemme de Pacino à l'égard de son propre succès. Michael Corleone est extrêmement discret et souhaite le moins de publicité possible autour de son nom, sauf cas de force majeure. À l'inverse, Lion, dans *L'Épouvantail,* ou Sonny, dans *Un après-midi de chien,* recherchent la reconnaissance des autres et font tout pour l'obtenir, y compris en se donnant en spectacle. À ce stade de sa carrière, c'est peut-être Serpico qui est le plus proche de Pacino sur le sujet. L'officier de police a besoin d'anonymat pour exercer son métier au quotidien et démasquer ses collègues corrompus, mais il en vient à faire des révélations fracassantes à la presse, se trouvant ainsi au centre de l'actualité.

En 1975 et 1976, l'acteur reste loin de l'agitation des plateaux de tournage et des théâtres, une longue période qu'il met donc à profit pour faire le point. Seule exception, quelques représentations gratuites de *The Local Stigmatic* sont données au Public Theater de New York. La pièce avait été jouée en 1970 sur une très courte période. Décidément inséparables, Cazale et Pacino évoluent dans une mise en scène dépouillée, « *dans des rideaux noirs, sans décor, avec juste quelques accessoires* », comme le note Colette Godard, dans le journal *Le Monde*. Dans un article enthousiaste du 1er avril 1976, intitulé « Pacino sans publicité », les deux acteurs sont qualifiés de « *prodigieux* », « *ce qui se passe entre eux dépasse le texte* », ajoute-t-elle. Bien que nommé à l'Oscar du meilleur acteur pour son interprétation dans *Un après-midi de chien,* il n'assiste pas à la cérémonie qui se déroule à Los Angeles. Pacino à une bonne raison : il joue devant quelques dizaines de spectateurs dans une pièce dont le thème principal est justement celui du rapport à la célébrité. Cette année, il passe pour le grand favori, mais Jack Nicholson, l'interprète de *One Flew Over the Cuckoo's Nest* (*Vol au-dessus d'un nid de coucou*), réalisé par Milos Forman, le lui souffle. Comme toutes les compétitions, la course aux Oscars est à double tranchant pour les participants. L'heureux élu accède à la reconnaissance suprême de la profession, tandis que les autres candidats font figure de perdants. Dans l'absolu, Pacino n'accorde que peu d'importance aux Oscars et à leur portée symbolique. Les quatre nominations qu'il a obtenues en seulement six films constituent toutefois une réussite objective. En meilleure santé, revigoré et quittant les rives de l'addiction, Pacino est prêt à partir à l'abordage de l'autre versant de la décennie. ✣

PARTIE 3

DES LENDEMAINS QUI DÉCHANTENT

1976-1989

LE CONSTAT

Avant de s'aventurer dans la jungle des Philippines pour ce qui sera l'un des tournages les plus difficiles de l'histoire du cinéma, Francis Ford Coppola transmet le scénario d'*Apocalypse Now* à Pacino, en lui laissant le soin de choisir le rôle qu'il souhaite : Kurtz ou Willard. Le cinéaste est autant étonné que déçu quand son ex-Michael Corleone lui fait savoir qu'il n'est pas intéressé. Même son de cloche chez James Caan, dont la priorité est de rester auprès de sa femme après la naissance de leur enfant. Coppola, connu pour son caractère possessif, a le sentiment d'être lâché par les acteurs qu'il a lui-même lancés avec *Le Parrain*. Selon lui, le fait de tourner loin de New York dans un environnement difficile a nettement refroidi Pacino, marqué par ses problèmes de santé pendant la rude expérience du *Parrain II*, à Saint-Domingue. Cette explication empreinte d'amertume est à relativiser. Plus simplement, Pacino a refusé le film car ni le sujet ni les personnages ne répondaient à ses aspirations du moment. Finalement, Kurtz et Willard seront joués respectivement par Marlon Brando et Martin Sheen, l'ancien colocataire de Pacino au début des années 1960. Le tournage d'*Apocalypse Now* donnera partiellement raison aux craintes que Coppola attribua à son acteur : le projet se révélera un calvaire pour les différents participants – surtout pour le cinéaste – et verra le jour au bout de quatre ans...

PHOTOGRAPHIE DE PLATEAU DE *SCARFACE*, DE BRIAN DE PALMA, EN 1983.

Au mitan des années 1970, Charlie Laughton insiste pour que Pacino lise le scénario d'un jeune cinéaste passionné de science-fiction, George Lucas. Intrigué, l'acteur commence à feuilleter le script de *Star Wars*. Quelques jours plus tard, son ami et conseiller revient le voir plein d'espoir et lui demande ce qu'il en pense, notamment du rôle de Han Solo qui lui est proposé. Pacino lui répond... Qu'il n'a rien compris... Laughton sermonne Pacino, lui explique qu'il s'agit d'un énorme projet et qu'il devrait lire avec plus d'attention. « *Puisque c'est comme ça, donne-le moi, je vais le lire moi-même* », lui dit-il d'un ton agacé. Le lendemain, il retrouve Pacino et lui dit tout de go : « *Je n'ai rien compris non plus !* »[1] L'univers de *Star Wars* avec ses Jedi, son étoile noire et divers droïdes, est totalement éloigné de l'imaginaire d'Al Pacino, préférant de loin le bitume new-yorkais aux voyages intergalactiques. Fort logiquement, il décline la proposition, et la suite de l'histoire est connue : c'est Harrison Ford qui incarnera Han Solo dans l'un des plus grands succès du cinéma américain. Pacino ne manquera pas de rappeler, sous forme de boutade, que Harrison Ford lui doit sa carrière !

S'il dit non à Coppola et à Lucas, Pacino se décide à revenir en pleine lumière dans le prochain film de Sydney Pollack, *Bobby Deerfield*. Auteur de nombreux succès, dont beaucoup doivent à sa collaboration avec Robert Redford, notamment *Jeremiah Johnson*, *All the President's Men* (*Les Hommes du Président*) ou encore *Three Days of the Condor* (*Les Trois Jours du condor*), Pollack songe d'abord à Paul Newman ou Steve McQueen dans le rôle du champion international de Formule 1, Bobby Deerfield. À mesure que le projet se précise, l'idée de Pacino fait son chemin. « *Parce qu'il est très différent de Newman*, explique le cinéaste. *Je pense que j'ai été très influencé par son jeu dans* Le Parrain. *Je l'ai donc rencontré, il a aimé le matériau et nous avons commencé à travailler. Il a mis beaucoup de temps à se décider pour savoir s'il voulait le faire. Alors, nous en avons fait une lecture, nous l'avons répété, et c'est comme ça que nous avons conclu.* »[2] Bobby Deerfield est une superstar égoïste et renfermée, qui sort progressivement de sa coquille en découvrant le grand amour. Les points communs entre le personnage et celui qui l'interprète sont évidents : tous deux sont mondialement célèbres, tous deux recherchent ce qui peut les révéler à eux-mêmes. La seule différence est que l'un est champion automobile et l'autre acteur. En jouant Deerfield, Pacino voit donc une belle occasion d'en tirer des enseignements sur lui-même. Loin de partager l'enthousiasme de son protégé, Martin Bregman lui conseille de ne pas faire le film. Pour la première fois, Pacino ne l'écoute pas.

Son cachet pour *Bobby Deerfield* s'élève à 1,5 million de dollars. Une augmentation logique après les succès du *Parrain II* et d'*Un après-midi de chien*. Le succès, dont il se plaint constamment, lui a donné la sécurité financière. C'est un changement important pour lui, qui a connu des périodes difficiles dans les années 1960, à la limite du dénuement. Même si la rupture avec ses origines modestes est totale, ses goûts restent simples. « *Ça m'a pris des années juste pour commencer à appréhender la responsabilité d'avoir de l'argent. J'en donne à droite et à gauche. Je suis seulement un pauvre gamin du South Bronx et il y a certaines choses au sujet de l'argent que je ne comprends tout simplement pas et que je ne comprendrai jamais. J'ai toujours eu l'impression d'avoir de l'argent même quand je n'en avais pas. J'ai toujours eu un dollar en poche. Je savais que je pouvais acheter une bouteille de chianti ou une clope si j'en avais envie.* »[3] Pacino n'hésite pas à venir en aide à ses amis dans la difficulté. C'est ainsi qu'à l'époque d'*Un après-midi de chien,* il paie intégralement les frais d'hospitalisation de son ami Norman Ornellas[4], partenaire à la scène et aussi dans *Serpico,* dans lequel il tenait le rôle de Rubello. Il n'y avait malheureusement rien à faire pour sauver Norman Ornellas, atteint d'un cancer en phase terminale ; le geste de Pacino permit seulement de soulager la souffrance de son ami dans les derniers instants.

« Bobby Deerfield représentait une direction différente par rapport à tout ce que j'avais pu faire auparavant. Je suis très reconnaissant à Sydney Pollack de m'avoir choisi pour le faire. »[5] Direction différente en effet, puisque Pacino aborde un nouveau genre : le mélo. Le scénario d'Alvin Sargent, adapté du roman d'Erich Maria Remarque, construit une histoire d'amour basée sur les rapports entre une femme malade, dont les jours sont comptés, et un homme égoïste et renfermé sur lui-même, qui, depuis sa rencontre avec elle, renaît progressivement. Cependant, comme l'indique Pollack, le sujet principal n'est pas la maladie, mais bien la résurrection d'un homme qui s'ouvre à la vie. *Bobby Deerfield* est le premier film que Pacino tourne entièrement en Europe, précisément en Italie, en Suisse et en France. Marthe Keller est choisie pour jouer Lillian, la compagne de Deerfield. Née en Suisse, l'actrice a commencé sa carrière en Allemagne, avant de jouer en France sous la direction notamment de Philippe de Broca (*Les Caprices de Marie,* 1969), et de Claude Lelouch (*Toute une vie,* 1973). Puis elle part aux États-Unis tourner au côté de Dustin Hoffman dans *Marathon Man,* l'un des grands succès de l'année 1976. Après *Black Sunday,* autre grosse réussite au box-office, *Bobby Deerfield* est son troisième film américain. Pacino, qui a un droit de regard sur la distribution, souhaite cependant faire connaissance avec sa future partenaire. Leur première rencontre, dans un hôtel new-yorkais, restera un grand souvenir pour Marthe Keller. Tout d'abord, l'actrice arrive en avance au rendez-vous et se promet de ne pas quitter son fauteuil pour dissimuler sa grande taille, qui, selon elle, pourrait froisser Pacino, lequel n'atteint pas le mètre soixante-dix. Tout se passe comme prévu lors de leur entrevue, jusqu'au moment où Marthe Keller est appelée au téléphone. Elle se lève et marche en pliant les genoux maladroitement. Pacino, interloqué, lui demande : *« Il y a un problème avec vos jambes ? »* Puis, la jeune femme croise par hasard Dustin Hoffman, qui demande s'il peut se joindre à eux. Après tout, c'est une bonne occasion de rencontrer enfin celui que l'on présente généralement comme son « rival ». Mais ce face-à-face improvisé plonge les deux acteurs dans un profond malaise. À l'issue de cette étrange réunion au climat électrique, Marthe Keller a l'impression d'avoir enchaîné gaffe sur gaffe. *« J'adore son travail et je pense qu'il est brillant,* précise Pacino au sujet de Dustin Hoffman, *mais quand nous nous sommes rencontrés, quelque chose de radicalement différent s'est produit. Et il est plus vieux, et plus petit ! »*[6] Né en 1937, l'interprète de *Macadam Cowboy* a en effet trois ans de plus que Pacino, et il est plus petit, mais de quelques millimètres seulement ! Souvent sollicités pour les mêmes rôles, la concurrence est forte, largement alimentée et amplifiée par la presse, notamment quand Pauline Kael, du *New Yorker,* estime qu'ils sont impossibles à distinguer.

Le rôle de Bobby Deerfield exige une excellente condition physique, mais comme Pacino n'est pas un grand sportif, un entraîneur spécialement engagé par la production, Al Silvani, est chargé de suivre les progrès quotidiens de l'acteur. Notons que ce deuxième Al est également le garde du corps et le confident de Frank Sinatra. Dès son arrivée à Paris, Pacino souffle donc comme un bœuf au cours de longs joggings matinaux dans la capitale, surveillé de près par son coach. Le plus dur est qu'il ne peut se rabattre sur la grande cuisine française, car il doit observer un régime alimentaire très strict, pour entrer dans l'espace très réduit d'un cockpit de Formule 1. Le début des répétitions avec Pollack et les autres acteurs commence aux studios de Boulogne-Billancourt. Dans la distribution figure l'actrice française Anny Duperey dans le rôle de Lydia, la petite amie de Bobby Deerfield avant qu'il ne la quitte pour Lillian (Marthe Keller), ainsi que Stephan Meldegg, acteur, metteur en scène et futur directeur du théâtre La Bruyère, à Paris, alias Karl Holtzmann, un pilote de course victime d'un grave accident. Bobby lui rend visite au début du film non par pure amitié mais pour en savoir plus sur les circonstances de l'accident. C'est lors d'un dîner avec Holtzmann que Bobby rencontre Lillian. Le champion est d'emblée séduit par cette femme pleine de vie, dont il ignore la maladie et dont la joie de vivre illumine sa morosité. Ces différentes scènes ont été tournées à Loèche-les-Bains, un village au pied des Alpes suisses. Stephan Meldegg, qui a tourné plusieurs scènes avec Pacino, estime que la principale caractéristique du jeu de l'acteur américain réside dans la puissance de sa capacité de concentration. « *Immédiatement, il est quelque part* », souligne Meldegg, qui attribue cette qualité à la fameuse Méthode. Et quand sa concentration n'est pas optimum, il n'hésite pas à couper lui-même les prises. A priori, une telle prérogative appartient au réalisateur. Venant de la part de Pacino, cela montre que, tout en étant engagé dans la scène, il est très conscient de ce qu'il fait. Il sait quand il est dedans ou non. Et quand il ne l'est pas, rien ne sert de continuer. Juste avant de tourner, Pacino aime faire des improvisations avec ses partenaires. Un jour où Meldegg entre dans la caravane de Pacino, il le surprend en train de lire des passages d'Hamlet – la pièce qu'il rêve de jouer – à son assistant personnel, aussi silencieux que respectueux. Et il se souvient, amusé, des thèmes d'improvisation plutôt basiques choisis par l'acteur américain : « *Je gagne toujours les courses, et toi tu es deuxième* », lui dit-il. Ou encore : « *Je baise ta femme mais toi, tu baises pas la mienne.* » Meldegg garde un excellent souvenir des quelques jours de tournage passés avec un Pacino sympathique et disponible. « *Mais on savait qu'il y avait des moments, sur le plateau, où on ne pouvait pas lui parler.* » Si Pacino a de bons rapports avec ses partenaires, il en va tout autrement de sa collaboration avec Sydney Pollack. De nombreux désaccords apparaissent sur le plateau, provoquant moult retards par rapport au calendrier prévu.

C'est ainsi que les détails les plus anodins donnent lieu à de véritables bras de fer. Dans une scène en Italie, Deerfield doit monter une rue à petite foulée – c'est son jogging matinal –, puis il remarque un jardinier, et se confie à lui tout de go. Mais, pour aller lui parler, Deerfield doit marcher quelques mètres – le jardinier travaillant dans une villa qui domine la rue – et Pacino n'est pas d'accord pour faire ces quelques pas. Grande discussion avec Pollack : l'acteur refuse de tourner et rentre à son hôtel. Le lendemain, même scène, même refus de sa part devant ce petit déplacement, auquel Pollack tient dur comme fer. Pacino, mécontent, retourne à l'hôtel. Le troisième jour enfin, il se plie au souhait du réalisateur. Ce retard a fait plaisir à une personne au moins, l'acteur italien prévu pour une journée et qui touche finalement trois cachets, au tarif américain... Autre élément générateur de tensions : Pollack est sans cesse sollicité par Pacino, qui veut tout savoir sur Deerfield jusque dans les moindres détails. Pour une scène dans une boîte de nuit, il lui demande si son personnage y vient pour la première fois ou s'il connaît déjà le lieu – dans le film, la scène dure moins de quatre secondes. À quand remonte le dernier grand prix qu'il a couru ? Ou encore, à quel jour de la semaine est censé se passer telle autre scène ? Autant de questions qui n'ont qu'un rapport lointain avec le texte, mais qui aident Pacino à trouver l'ambiance, l'atmosphère de la scène. L'acteur veut aussi tout connaître des relations qu'il entretient avec les autres personnages. Un tel perfectionnisme met la patience de Sydney Pollack à rude épreuve. « *Un acteur difficile. Un caractère spécial. On ne sait pas toujours comment le prendre*, estime le cinéaste. Tout en reconnaissant : *C'est une étrange psychologie qui fait de lui un des meilleurs acteurs du monde.* »[7] Stephan Meldegg, se souvient du dîner donné pour sa dernière journée sur le film, en compagnie d'un Sydney Pollack passablement fatigué par son acteur principal. Le réalisateur le remercie pour son travail et ajoute, en référence à Pacino : « *Merci pour le baby-sitting.* »

Au cours du tournage, Pacino et Marthe Keller sont tombés amoureux. Dès la fin du film, elle s'installe chez lui, à New York. Cette fois, les choses semblent assez sérieuses. Les journalistes tentent d'en savoir plus mais se heurtent à une obstruction en règle, qui vaut à Pacino d'être surnommé « Greta Garbo » dans la presse, en référence au légendaire mutisme de la diva au sujet de sa vie privée. « *Je ne veux vraiment pas en parler*, déclare Marthe Keller. *C'est tellement merveilleux que j'aurais l'impression de faire un strip-tease si j'en parlais. En Europe, nous ne parlons pas autant de nos vies privées. Al est mon meilleur ami, et nous partageons tout. Il est le plus merveilleux des acteurs. Il m'a appris à ne pas jouer. Je n'ai jamais appris autant de choses de la part de quelqu'un.* »[8]

Au printemps 1977, Pacino reprend *The Basic Training of Pavlo Hummel*, cinq années après sa création à Boston. Son interprétation lui vaut le Tony Award du « Meilleur acteur », récompense décernée pour les spectacles présentés à Broadway. L'automne est nettement plus morose, car la sortie de *Bobby Deerfield* est accueillie par une volée de plombs. La critique, dans son ensemble, estime que le film est un ratage complet. Comment Pacino a-t-il pu se fourvoyer à ce point ? Telle est la question qui revient en boucle. L'acteur y serait complaisant, trop absorbé par lui-même, rendant ainsi impossible toute adhésion à son personnage. Sydney Pollack monte au front pour défendre son interprète principal ; il espère que « *les spectateurs verront à quel point ce que fait Al est juste et difficile, car il s'agit d'une interprétation qui n'attire pas du tout l'attention sur elle-même. Al a eu le courage d'être odieux pendant la première heure du film, au point que l'on a envie de le frapper. C'est un niveau de vérité que très peu d'acteurs acceptent de donner* ». Le réalisateur voit plutôt un problème avec la fin du film. « *Al Pacino, moi-même et tout le monde étaient d'accord sur le fait qu'il fallait tourner une scène supplémentaire, mais nous ne savions pas laquelle. Nous nous sommes creusé la cervelle pendant que je montais le film et nous ne savions pas quelle était la fin.* » Sydney Pollack bricole une fin provisoire sous la forme d'un collage, où l'on voit Pacino en train de conduire dans un tunnel pendant qu'une photo du couple apparaît en surimpression. À force de la voir et de la revoir, le cinéaste s'habitue à la séquence et, ne la trouvant pas si mal, finit par la garder telle quelle.

Pour autant, cette fameuse fin ne saurait expliquer à elle seule les critiques désastreuses. Le scénario est désigné comme le grand responsable de l'échec artistique du film. Certains dialogues sont jugés choquants, notamment lorsque Lillian explique à Bobby, dans l'une de leurs premières scènes, que les volants de voiture peuvent être considérés comme une extension du pénis. Toujours dans la même scène, alors que la conversation a dérivé sur l'homosexualité, Bobby, sur le ton de la boutade, lui répond qu'il existe des usines à homosexuels aux États-Unis. Une autre scène est également très critiquée : celle où Bobby caresse la tête de Lillian, alors qu'elle est endormie, et se retrouve avec une touffe de cheveux dans la main. Bobby, qui ne fait pas le lien avec la maladie de sa compagne, tente ensuite maladroitement de les remettre à leur place. Parmi les spectateurs, certains ne peuvent s'empêcher de rire à ce moment précis. « *Je ne pense pas qu'il s'agisse d'un rire mal placé,* déclare Pollack, *bien que des gens du studio soient venus me voir et me dire :* "Eh, Sydney, je ne sais pas comment tu vois la chose mais ils rigolent quand les cheveux se détachent." *Je devais rassurer tout le monde en disant que c'était OK.* »[9]

Échec critique, échec public, avec seulement 8 millions de dollars de recettes, soit un score au box-office bien en dessous du *Parrain II* ou d'*Un après-midi de chien,* il est incontestable que *Bobby Deerfield* constitue le premier revers sérieux de Pacino. Au cours d'une interview accordée à *Playboy,* deux ans plus tard, il se déclare pourtant très attaché au film. Et il continue de le revendiquer en dépit de ses imperfections, dues selon lui à sa mésentente avec Sydney Pollack. « *Nous avions des vues différentes, et dans un film comme celui-là, vous devez être ensemble. C'était un sujet très délicat. Sur ce film, il était nécessaire d'être en parfaite synchronisation et nous étions tout simplement en pleine pagaille. Nous aurions peut-être été plus à l'aise si je l'avais plus écouté. Ça aurait été cohérent. Je ne comprenais pas très bien son point de vue...* »[10] Avec Deerfield, Pacino voulait faire le portrait d'un homme égocentrique, proche de la dépression, qui s'ouvre progressivement à la vie. Cette intention à l'évidence n'a été ni reçue, ni comprise.

Le bilan de *Bobby Deerfield* est donc contrasté : négatif pour sa carrière, le rôle lui a cependant beaucoup apporté sur le plan personnel. L'acteur l'avait envisagé quasiment comme une thérapie et, en ce sens, l'expérience est positive pour lui. D'autre part, les entraînements physiques l'ont remis en forme, et ses proches découvrent un Pacino revigoré, plus en paix avec lui-même, plus heureux. À cette époque, il a d'ailleurs totalement renoncé à l'alcool. La présence de Marthe Keller à ses côtés le stabilise et contribue certainement à cette renaissance. Après s'être intéressé de près au sport automobile pour les besoins du film, Pacino devient le propriétaire d'une splendide BMW. « *Alors même que j'étais en train de la payer, je savais que c'était une erreur. D'abord, elle était blanche et toute neuve, et je ne suis pas vraiment du style à conduire de belles voitures. Je devrais avoir une Jeep ou quelque chose de ce genre. J'ai roulé jusqu'à mon appartement et je l'ai garée juste devant, mais je continuais de penser :* "Ça ne cadre pas avec moi, ça me rend mal à l'aise, c'est trop tape-à-l'œil." *Et puis, je suis monté boire un café, et quand je suis redescendu, la voiture n'était plus là. J'ai eu un fou rire. C'était un grand moment.* »[11]

Plus de dix ans après la sortie du film, Sydney Pollack reviendra sur *Bobby Deerfield,* le recul aidant. « *Je ne l'ai pas regardé pendant longtemps. J'espérais qu'il s'écoulerait suffisamment de temps pour que je le voie comme un étranger. Je me demande quel était l'élément qui a fait que ça n'a pas fonctionné. (...) Au lieu d'une histoire sur un personnage ennuyeux qui soit faite de façon intéressante, je suppose que, pour les spectateurs, Bobby était devenu lui-même quelqu'un d'ennuyeux.* »[12]

En 1977, Pacino est présent dans un autre film, cette fois sous forme de citation. Dans *Saturday Night Fever* (*La Fièvre du samedi soir*), alors que John Travolta – Italo-Américain lui aussi – se trémousse sur la musique des Bee Gees, une jeune femme vient l'embrasser et lance au milieu de la piste un tonitruant : « *J'ai embrassé Al Pacino !* » Dans l'une des scènes suivantes, on découvre dans la chambre de Travolta, alias Tony Manero, un poster de Serpico. Devant la glace, le fringant danseur se demande tout haut s'il ressemble ou non à Pacino... Dans la comédie *Le Coup du parapluie,* de Gérard Oury, l'inénarrable Pierre Richard le cite comme modèle de nouveau gangster et, vingt ans plus tard, dans la série télévisée *Friends,* le personnage de Joey (Matt LeBlanc) sera très fier d'avoir décroché un contrat pour être la doublure des fesses de Pacino dans une scène de douche...

En novembre 1977, la chaîne de télévision NBC diffuse les deux *Parrain* remontés dans l'ordre chronologique. La durée totale des quatre épisodes couvre sept heures et quatorze minutes, soit une heure de plus que les deux films mis bout à bout. Un décalage qui s'explique par l'ajout de scènes tournées mais non utilisées dans les versions sorties en salles. On peut ainsi voir Pacino dans plusieurs scènes inédites en compagnie de Don Corleone (Marlon Brando), de Kay (Diane Keaton), ou encore en grande conversation avec ses gardes du corps, en Sicile. Coppola étant totalement absorbé par son dantesque *Apocalypse Now,* c'est son collaborateur, Barry Malkin, qui effectua l'essentiel du travail de montage. L'un des intérêts de cette version télévisée est bien sûr d'en apprendre davantage sur les différents protagonistes de la saga. Toutefois, la mise à plat du récit annule la structure spécifique du *Parrain II,* avec ses deux époques entrelacées. Le résultat de cette adaptation pour la télévision laisse Pacino dubitatif. « *Construire un personnage pour un film, c'est comme faire de la musique : vous entamez des thèmes et vous les développez ici ou là de telle ou telle manière ; si vous changez l'ordre, vous enlevez la cohérence, l'harmonie. En montant les* Parrain *dans l'ordre chronologique, les films perdent de leur impact.* »[13]

John Cazale décède le 13 mars 1978, emporté par un cancer des os foudroyant. Pour Pacino, la peine est immense. Ces dix dernières années, les deux hommes ont travaillé ensemble à de nombreuses reprises, dans les *Parrain, Un après-midi de chien,* et aussi à la scène, depuis la première production de *The Indian Wants the Bronx,* en 1966, jusqu'à la reprise de *The Local Stigmatic.* Mais plus qu'un partenaire de jeu, il était un ami proche. John Cazale a appris être atteint d'un cancer juste avant qu'il ne tourne dans *The Deer Hunter* (*Voyage au bout de l'enfer*), de Michael Cimino, un film qu'il termine totalement épuisé. Sa compagne, Meryl Streep, reste tout au long de la maladie très présente à ses côtés ; elle accepte un rôle dans le même film uniquement pour être avec lui. John Cazale n'était pas une star, ni même un acteur de premier rôle, il n'en a pas eu le temps, mais son talent le range parmi les meilleurs de sa génération. On se souviendra en particulier de l'émotion qu'il dégage dans *Le Parrain II,* au regard qu'il donne à Pacino juste après la scène de l'enterrement de leur mère, et à leur étreinte.

FOCUS

LES ITALO-AMÉRICAINS

Au début des années 1970, une nouvelle génération de cinéastes et d'acteurs d'origine italienne fait une entrée fracassante dans le paysage cinématographique américain. Francis Ford Coppola, le premier à rencontrer le succès public, fait figure de « parrain » parmi ses amis et collègues, Brian De Palma, Martin Scorsese, Michael Cimino, qui démarrent dans son sillage. Ensemble, ils constituent un pan important du « Nouvel Hollywood », un courant qui se caractérise par la prise de pouvoir des cinéastes au sein des studios afin de renouveler les genres classiques, notamment le film noir et le western, en abordant frontalement des thèmes peu traités jusqu'ici, comme la sexualité, la violence, la raison d'État. Pour leurs films, ils font appel à des acteurs issus, comme eux, de la communauté italienne, et offrent ainsi une rampe de lancement à Pacino et De Niro. Certains seconds rôles deviennent des visages familiers auprès du public : Michael V. Gazzo, Richard S. Castellano et John Cazale, par exemple. À partir de la seconde moitié des années 1970, deux nouveaux acteurs italo-américains triomphent au box-office, Sylvester Stallone dans *Rocky* et John Travolta dans *Saturday Night Fever*. Côté féminin, citons Liza Minnelli, Talia Shire et Anne Bancroft. Les Italo-Américains ont donc le vent en poupe, un phénomène dont la télévision s'empare en créant des séries centrées sur des personnages d'origine italienne, comme l'inspecteur Columbo, interprété par Peter Falk.
Les réunions de gangsters autour d'un plat de spaghettis, les mammas envahissantes et autres clichés liés au monde italien, bien que pittoresques, ne sauraient expliquer à eux seuls l'engouement du public pour ces nouveaux héros. Concernant plus spécifiquement *Le Parrain*, Martin Scorsese estime que son succès tient à la dimension épique que dégage le film. Pour d'autres, dans le contexte troublé de l'Amérique du début des années 1970, il s'explique par le désir, voire le besoin, du spectateur de s'identifier aux valeurs immuables présentes dans l'opus de Coppola, telles que le sens de l'honneur et l'importance de la famille.

JUSTICE POUR AL

Martin Bregman, toujours à l'affût de nouveaux talents, s'occupe depuis quelque temps d'un jeune auteur inconnu, Oliver Stone. Son premier scénario, *Platoon,* qui se déroule pendant la guerre du Vietnam, n'a pas réussi à intéresser les studios. Mais Bregman lui demande de récidiver sur le même thème à partir du livre de Ron Kovic, *Born on the Fourth of July* (*Né un 4 juillet*).

Juste après le départ des troupes américaines de Saïgon, en 1975, le cinéma s'est aussitôt emparé de ce conflit qui ébranle profondément la société américaine, comme en attestent les productions de Coppola et Cimino, et Martin Bregman espère monter dans le train en marche. Son intuition est bonne : Hollywood produira des films sur le conflit du Vietnam en quantité industrielle dans les années 1980. Pour l'heure, l'autobiographie de Ron Kovic est un témoignage saisissant non seulement sur ses années de guerre mais aussi sur son impossible réinsertion. Vivant dans une chaise roulante, cet homme brisé parvient à redonner un sens à sa vie en militant aux côtés de pacifistes en faveur du désengagement militaire américain. Oliver Stone, lui-même vétéran de la guerre du Vietnam, s'entend particulièrement bien avec lui et le scénario issu de leur collaboration fait forte impression sur Pacino, qui se déclare partant pour jouer le rôle de Ron Kovic. Fort de l'accord de son client, Bregman part en quête de financements et se heurte aussitôt à la frilosité des studios américains ; il se tourne alors vers l'Europe et trouve des investisseurs allemands. Plusieurs réalisateurs sont envisagés, dont William Friedkin et Sidney Lumet, mais c'est finalement Daniel Petrie qui commence la préparation du film. Pacino, lui, se laisse pousser la moustache et apprend à connaître Ron Kovic, comme il avait pu le faire avec Frank Serpico quelques années auparavant.

Juste avant le tournage, les producteurs du film se désengagent. Pacino se retire alors du projet, à la grande déception de toutes les personnes impliquées. Bregman perd de l'argent. Kovic, lui, a l'impression d'avoir été un météore dans le monde du cinéma ; il a fréquenté les endroits à la mode, côtoyé des stars et le voilà revenu à la case départ. Quant à Oliver Stone, il est très amer. « *Nous étions à trois jours du tournage. J'avais passé une année sur le scénario à travailler avec Ron Kovic, qui a écrit un livre magnifique, poétique, quelque chose de merveilleux. J'ai vu tout le film en répétitions. Nous avons changé ce qu'il fallait changer : Pacino a eu la trouille.* »[14] S'il était resté, d'autres producteurs auraient pu investir, estime Oliver Stone, qui le désigne au passage comme le principal responsable de l'arrêt du film. *Né un 4 juillet* n'est pas mort pour autant, le film renaîtra de ses cendres dix ans plus tard, avec Oliver Stone se chargeant lui-même de la réalisation, et Tom Cruise en Ron Kovic. Concernant le départ de Pacino, c'est un peu comme le braquage d'une banque, il existe autant de versions que de témoins. Si l'immense déception du cinéaste se comprend aisément, le point de vue de l'acteur, qui peut difficilement rester bloqué indéfiniment sur un projet, mérite également d'être considéré. En tout cas, le tandem qu'il forme avec Martin Bregman, déjà secoué au moment de *Bobby Deerfield*, tangue sérieusement. Les choses s'enveniment à tel point que les deux hommes mettent fin à leur association. Sur le plan privé, Marthe Keller et Al Pacino se séparent en 1979, après plus d'un an de vie commune.

Au milieu de ces bouleversements, Pacino se voit proposer un très beau rôle dans *Kramer vs. Kramer*, que Robert Benton s'apprête à réaliser. Ce serait l'occasion de partager l'affiche avec Meryl Streep, pour laquelle il a une grande admiration, tant personnelle que professionnelle. Réservé sur le scénario, il préfère décliner le rôle de Ted Kramer, qui reviendra au final à Dustin Hoffman... Son choix se porte en revanche sur l'avocat Arthur Kirkland dans le prochain film de Norman Jewison, *And Justice for All* (*Justice pour tous*). D'origine canadienne, ce réalisateur a fait ses armes à la télévision, avant de passer au cinéma dans les années 1960, où il signe quelques grands succès, dont *In the Heat of the Night* (*Dans la chaleur de la Nuit*), avec Rod Steiger et Sidney Poitier, et *The Thomas Crown Affair* (*L'Affaire Thomas Crown*), avec Faye Dunaway et Steve McQueen. Jewison est connu pour réaliser des films efficaces, généralement centrés sur des problèmes de société. Après *Rollerball* (1975), sur la violence dans le sport, et F.I.S.T. (1978), sur la liberté syndicale, Jewison s'attaque cette fois au système judiciaire. Le scénario de *Justice pour tous*, écrit par Valerie Curtin et son mari, Barry Levinson, porte un message clair : dénoncer les injustices de la justice. Énergique, passionné, bouillonnant, le personnage d'Arthur Kirkland se situe à l'opposé de l'apathique Bobby Deerfield. Le scénario plaît à Pacino, mais avant de donner sa réponse, il souhaite d'abord en faire une lecture avec d'autres acteurs pour entendre le texte. Conquis par sa dimension verbale et la qualité des dialogues, il donne son accord dans la foulée.

Au début du film, l'avocat Arthur Kirkland se retrouve dans une situation peu commune pour lui, dans la cellule d'un commissariat. Comment en est-il arrivé là ? Scandalisé par une décision du juge Fleming, son ennemi juré, il lui a mis son poing dans la figure en plein tribunal. Sitôt libéré, Kirkland s'occupe de deux affaires très délicates, celle de Jeff, un innocent qui fait les frais des négligences de la justice et de la méchanceté du juge Fleming, et celle d'Agee, un travesti noir. Dès qu'il a un moment, Arthur rend visite à son grand-père Sam, la seule personne de sa famille qu'il apprécie. Dans l'intimité, il fréquente Gail, également avocate. Leur liaison n'est pas de tout repos, car tous deux ont des conceptions radicalement différentes de la justice. Un jour, Kirkland apprend, stupéfié, que l'impitoyable juge Fleming fait l'objet d'une plainte pour viol et brutalités sexuelles sur une jeune femme. Il l'est encore plus quand ce même juge lui demande d'assurer sa défense. En fait, Kirkland est contraint d'accepter, car Fleming le menace de ressortir une ancienne affaire pouvant entraîner sa radiation du barreau. Kirkland a cependant le sentiment de ne pas se renier lui-même, car il croit en l'innocence du juge, établie par des témoignages et son passage au détecteur de mensonges. Dans le même temps, les deux autres affaires suivies par l'avocat se terminent mal. Jeff et Agee, désespérés par l'épreuve de la détention, trouvent la mort. Un autre coup de théâtre vient accabler Kirkland. Fleming lui apprend qu'il est bien coupable du viol dont on l'accuse. Dans sa plaidoirie d'ouverture, Kirkland trahit son serment d'avocat en accusant son client, pour que justice soit faite... Le scénario de *Justice pour tous* est donc riche – trop riche, selon les détracteurs du film – en événements et rebondissements de toutes sortes. Centré sur le combat d'un homme contre un système, il offre à Pacino un rôle dramatiquement fort, c'est-à-dire un personnage confronté à de multiples conflits, à la fois personnels et extérieurs à lui-même. Reste la question de la crédibilité. Pourra-t-il être convaincant dans le rôle d'un avocat ? En amont du tournage, Pacino effectue un gros travail de recherche personnelle, rencontrant des avocats, passant beaucoup de temps avec eux pour connaître leur milieu et s'imprégner de l'ambiance particulière des tribunaux. Il observe, écoute, se documente et prend tous les éléments utiles à son personnage.

À sa sortie, en 1979, *Justice pour tous* s'attire les foudres de la critique. Le scénario est jugé totalement invraisemblable. Quant à Pacino, certains saluent son interprétation et d'autres, comme Renata Adler du *New Yorker Magazine,* sont particulièrement durs. « *Pacino n'a jamais été aussi peu convaincant* », écrit-elle. Il est reproché à Norman Jewison de livrer un message simpliste au fil d'une intrigue incohérente. Le scénario peut en effet laisser le spectateur perplexe. Pourquoi, par exemple, le juge Fleming avoue-t-il sa culpabilité à Kirkland, le plus intègre des avocats, et ce, juste avant le procès ? La cascade de catastrophes à la fin du film est également peu crédible. La grande force de *Justice pour tous,* ce sont ses acteurs et Pacino en particulier, capables de faire oublier les exagérations du scénario. Il retrouve avec bonheur Lee Strasberg, alias Sam, un grand-père à la mémoire défaillante, dans une composition très différente de celle du *Parrain II*. Dans le rôle d'Arthur Kirkland, il montre des visages très différents, drôle, émouvant, passionné, attentif. Il est également parfaitement crédible en avocat. Son fou rire dans les toilettes du tribunal reste un grand moment du film. Démarrant comme un simple sourire, il prend de l'ampleur, devient irrépressible et... contagieux ! Son interprétation lui vaut une nomination aux Oscars, mais pour la cinquième fois, la récompense suprême lui échappe au profit de Dustin Hoffman, pour son rôle dans *Kramer contre Kramer*. Celui-là même que Pacino avait décliné... Pour enfoncer le clou, *Kramer contre Kramer* fait un triomphe au box-office, en 1979, alors que *Justice pour tous* ne doit se contenter que d'un score très moyen en salles. Il n'y a donc pas de justice pour Al !

L'acteur a toujours autant de mal à se débarrasser de ses personnages, qui continuent leur vie bien après le tournage. « *Un ami m'a dit qu'il avait un problème avec un contrat et je lui ai répondu instinctivement :* "Fais-moi voir ça." *Je lui ai carrément pris le contrat des mains et j'ai commencé à lui donner un point de vue légal. C'est dingue, non ?* »[15]

AU CREUX DE LA VAGUE

En 1979, Pacino mène plusieurs projets qui lui tiennent à cœur : *Hamlet* de Shakespeare, avec Christopher Walken et Meryl Streep, *Othello*, également du « barde immortel », ainsi que *Dans la jungle des villes*, de Brecht, autant de pièces qui ne dépasseront pas le stade des lectures ou des premières répétitions. En revanche, il apparaît dans une nouvelle production de *Richard III*, à Broadway, mise en scène par David Wheeler. L'approche contemporaine qui avait prévalu lors de l'expérience de Boston, plus de six ans auparavant, est cette fois abandonnée au profit d'une direction plus traditionnelle. Le spectacle reçoit des critiques très dures et son interprète principal n'est pas épargné. Pêle-mêle, on lui reproche son accent new-yorkais, sa fréquente habitude de postillonner et même de cracher sur le plateau – « *Si vous êtes au premier rang, il vous faut un parapluie !* » note un critique – ou encore d'avoir fait de *Richard III* une « *soupe au* Parrain » destinée à un public d'adolescents ; la palme revenant au *New York Times*, estimant qu'il n'a rien à voir avec le monde de Shakespeare. Autant de critiques qui ont certainement profondément blessé Pacino, lui qui aime tant cet auteur. Parmi l'un des seuls échos positifs, celui du *Times*, insistant sur son interprétation « *touchante* ». Ses proches, Charles Laughton et Lee Strasberg, l'encouragent également. Plus tard, Pacino donnera partiellement raison à ses détracteurs en admettant qu'il manquait un concept à cette production. Sa quête autour de *Richard III* n'est pas terminée pour autant. Il reviendra à la charge quinze ans plus tard, sous la forme d'un film indépendant.

Dans la foulée de son passage controversé à Broadway, Pacino commence le tournage de *Cruising* (La Chasse), sous la direction d'un réalisateur dont il apprécie beaucoup le travail, William Friedkin. Après deux énormes succès au début des années 1970, *French Connection* et *The Exorcist*, les derniers films de Friedkin n'ont en revanche pas bien marché. Les deux hommes en sont donc au même point, à la recherche d'un second souffle, et certainement avec *La Chasse* nourrissent-ils l'ambition, au-delà de faire un bon film, de se remettre en selle pour la suite de leur carrière. Le résultat final produira l'effet strictement inverse.

Avant de devenir un film, *Cruising* est d'abord un roman policier de Gerald Walker paru en 1970, lequel avait alors fortement impressionné William Friedkin. Dix ans plus tard, ce dernier se décide à le transposer à l'écran, en signant lui-même le scénario. Après plusieurs meurtres commis dans la communauté homosexuelle de New York, le policier Steve Burns (Pacino), qui présente des ressemblances physiques avec les victimes, est choisi pour infiltrer le milieu gay, mener l'enquête incognito, et servir d'appât au tueur pour mieux le démasquer. Son changement d'identité doit évidemment être complet pour être crédible. Il loue un appartement dans le quartier gay de Greenwich Village, se transforme physiquement – maquillage, vêtements en cuir –, et se rend dans des bars sadomasochistes. Steve Burns n'est pas homosexuel, mais le fait de plonger dans ce monde qu'il ne connaît pas affecte sa personnalité. Il découvre en lui des pulsions, qui vont le conduire au meurtre. Le sujet est très délicat. Cela ne fait pas peur à William Friedkin, lui qui aime traiter l'ambigu et l'obsessionnel dans ses films – *L'Exorciste* en est un bon exemple. Hétérosexuel, marié à Jeanne Moreau, le réalisateur admet peu connaître le monde gay, sujet principal de son prochain film. Aussi se rend-il dans des bars homosexuels, un peu à la manière de Steve Burns. « *Tout à coup, j'allais dans ces endroits, et ils me fascinaient. Ce qui m'a frappé, c'était le niveau d'énergie et l'engagement total dans ce monde de fantasmes. Cela me semblait passionnant. Et inhabituel. Et en dehors de ma propre expérience.* »[16]

Très vite, le film soulève l'indignation d'une partie de la communauté homosexuelle. Plusieurs manifestations perturbent le tournage de scènes dans le quartier de Greenwich Village. Ce mouvement de protestation est conduit notamment par Arthur Bell, militant actif pour les droits des homosexuels, qui signe un article très virulent dans la revue *Village Voice*. Friedkin se voit accusé de donner une image dégradante des homosexuels, et même d'encourager les pulsions meurtrières à leur égard. Le réalisateur déclare à tout va qu'il n'est pas homophobe, que son film n'est pas spécifiquement sur l'homosexualité, mais plutôt sur une histoire criminelle au sein de la communauté gay. En fait, il ne comprend pas vraiment cette polémique. Comment peut-on critiquer un film alors qu'il n'est même pas terminé ? Comment peut-on même en parler dès l'instant où personne, en dehors de l'équipe, ne dispose du scénario ? Le producteur Jerry Weintraub tente de calmer les opposants, en vain. Durant la journée, aucun incident n'est à déplorer ; c'est pendant les scènes de nuit que surviennent régulièrement des manifestations. Un soir, plusieurs centaines de militants bloquent le tournage, envoient bouteilles et canettes sur l'équipe du film et les camions de régie. Le degré de violence supérieur est évité et les menaces d'attentat à la bombe restent lettre morte.

William Friedkin rencontre d'autres problèmes avec des figurants homosexuels, engagés dans un souci de vérité pour jouer dans des scènes de bar. Jugeant ces dernières trop dures ou trop explicites, certains d'entre eux décident de quitter le film. À sa commercialisation, on pourra en effet constater la présence de scènes de sexe très crues. La production affirme qu'elles ont toutes été simulées, les figurants démissionnaires ont un avis tout autre sur la question. En dépit de ces nombreuses difficultés et d'un climat très tendu, le tournage est bouclé selon le calendrier prévu, en huit semaines, à l'automne 1979. La polémique n'a pas épargné Pacino. Il est d'ailleurs le premier surpris par les réactions violentes que le film a suscitées. Après tout, il a déjà joué un personnage bisexuel dans *Un après-midi de chien*, un film qui n'avait pas soulevé la moindre protestation. « *Vous transformez ceci en un film d'Al Pacino ? Al Pacino est un acteur dans ce film,* précise-t-il. *Les responsabilités sont relatives. Ma responsabilité tient à un personnage dans un scénario, à un rôle que je joue, non à un problème dont je ne suis pas qualifié pour parler.* »[17] Poussé dans ses retranchements, l'acteur rappelle ses motivations de départ, qui tiennent au personnage de Steve Burns, fascinant par ses ambiguïtés, et à son envie de travailler avec William Friedkin, qu'il considère comme l'un des meilleurs réalisateurs de sa génération. Sur ce point, Pacino déchante rapidement quand il voit le montage final de *La Chasse* ; il ne retrouve pas du tout le scénario pour lequel il a signé. Durant le tournage, il est vrai, Friedkin a procédé à de nombreux changements au jour le jour, ce qui d'ailleurs n'a pas manqué de déstabiliser acteurs et techniciens. Selon une rumeur, relayée par la presse de l'époque, Pacino aurait même songé à faire une action en justice. William Friedkin n'est pas tendre non plus avec son acteur principal. « *Travailler avec Al Pacino a été l'une des pires expériences professionnelles de ma vie,* confiera-t-il des années plus tard. *C'est vraiment un acteur surestimé. Je l'avais vu peu de temps avant le tournage, dans une adaptation de Richard III, et il y était déplorable. J'ai su à ce moment-là que j'étais dans un sacré pétrin. À l'époque, en plus, il avait déjà pris de très mauvaises habitudes de travail. Il était devenu paresseux (...) C'est une erreur de casting flagrante.* »[18]

Juste avant la sortie de *La Chasse,* au début de l'année 1980, les producteurs sont optimistes. La polémique, et donc l'énorme publicité indirecte faite au film, devrait se traduire par un gigantesque succès au box-office, pensent-ils. Ce calcul se trouve démenti dès le premier jour d'exploitation. Les critiques sont extrêmement négatives, considérant le film malsain et détestable. Celle du *New York Times* donne même raison aux militants qui se sont opposés au film. Les spectateurs désertent les salles et le film disparaît de l'affiche au bout de quelques jours. Beaucoup de bruit pour peu d'entrées. En revanche, en s'éloignant du contexte polémique de sa sortie, le film de Friedkin sera progressivement réévalué à partir de ses qualités strictement cinématographiques. De jeunes réalisateurs connaissant la consécration dans les années 2010, tels Nicolas Winding Refn ou les frères Safdie, souligneront l'influence de *La Chasse* dans leur propre travail. Il reste qu'en 1980, le film s'avère un désastre artistique et commercial, le pire de toute la carrière de l'acteur, couplé à une dégradation de son image auprès du public. Pour Pacino, la décennie s'achève beaucoup plus mal qu'elle n'a commencé.

VIRAGE À 180 DEGRÉS

Pacino remonte au théâtre en 1980 dans *American Buffalo,* de David Mamet, l'un des auteurs les plus brillants de sa génération. Créée en 1975 à Chicago, puis montée dans le circuit Off-Broadway, à New York, la pièce atterrit ensuite à Broadway en 1977, avec dans le rôle-titre Robert Duvall – l'inoubliable Tom Hagen des *Parrain I* et *II*. Le choix de Pacino peut sembler curieux. Pourquoi reprendre une pièce qui a déjà connu la consécration à Broadway ? L'explication est toute simple : depuis qu'il la découverte en 1976, lors d'une représentation, il rêve de jouer le personnage « grande gueule » de Walter Cole, surnommé « Teach ». Pacino adore la pièce de Mamet et, une fois de plus, sa motivation personnelle l'emporte sur les impératifs de carrière.

Dans *American Buffalo* trois personnages réunis dans un magasin de brocante minable tentent de mettre au point leur prochain coup : voler une pièce de monnaie très rare. Un peu comme des poissons en train de tourner en rond dans un bocal, ils parlent beaucoup, s'insultent, tirent des plans sur la comète, donnent des leçons à tout-va, mais sont bien incapables de passer à l'action. Avec une intrigue plutôt ténue, *American Buffalo* tire sa force de la langue spécifique de David Mamet, simple, souvent brutale, éminemment théâtrale. Là où l'interprétation de Duvall était violente à l'extrême, Pacino y apporte une touche d'humour qui éclaire la pièce sous un jour nouveau, un aspect particulièrement apprécié par les critiques. Après le succès des représentations données à New Haven, le spectacle s'installe à New York en 1981, dans la célèbre salle Off-Broadway du Circle in the Square, et affiche complet pendant plusieurs mois.

Au cinéma, son nouveau film constitue un virage à 180° par rapport au précédent. *Author! Author!* (*Avec les compliments de l'auteur*) est une comédie, la première de toute sa carrière. À l'écran, Pacino est généralement utilisé dans des personnages sérieux, intenses, violents, parfois à la limite de la folie. Sans pour autant casser cette image, il voit *Avec les compliments de l'auteur* comme une bonne occasion d'élargir son champ d'expression. Cette envie de comédie, Pacino l'a toujours eue. À ses débuts, il a commencé par écrire et à jouer des sketchs dans de petites salles. Ce projet lui permet de retrouver plusieurs personnes qui ont compté par le passé, notamment Israel Horovitz, scénariste du film et auteur de *The Indian Wants the Bronx*, le premier grand succès Off-Broadway de l'acteur, ainsi que *Tuesday Weld*, son ancienne compagne juste après *Le Parrain*, dans le rôle de sa femme Gloria. Il connaît en revanche moins bien le réalisateur, Arthur Hiller, réputé bon faiseur de comédies, même si son plus grand succès est un drame, le fameux *Love Story* (1970).

Pacino joue le rôle d'un auteur de théâtre, Ivan Travalian, d'origine arménienne. Le scénario d'Horovitz le place, comme c'est la règle dans les comédies, dans une série de situations impossibles à gérer. Sa femme le quitte pour un autre, et il se retrouve avec cinq enfants sur les bras. Pour lui, intellectuel relativement détaché des choses matérielles, ce n'est pas une mince affaire que de s'occuper d'enfants en bas âge, alors même qu'il doit terminer sa prochaine pièce de théâtre de toute urgence. Les répétitions ont déjà commencé et le metteur en scène comme le producteur exercent une formidable pression sur lui. Avec ses enfants accrochés à son pantalon, totalement débordé et sans inspiration, Ivan Travalian est en plein chaos... Le film ne se termine pas en happy end, puisque Gloria ne revient pas et qu'ils se séparent à l'amiable. Seule consolation pour Ivan Travalian, le *New York Times* publie une excellente critique de sa pièce, juste après la première. Pacino prend beaucoup de plaisir à jouer l'auteur, se retrouvant dans la position de celui qui donne des mots à l'acteur, celui qui le fait exister. Avec ce rôle, il inverse la relation : pour une fois, c'est lui en tant qu'acteur qui donne vie à l'auteur. Autre élément de satisfaction, il a beaucoup apprécié de tourner avec des enfants, leur spontanéité naturelle amenant beaucoup de vie à leurs scènes en commun. Moins plaisante en revanche fut sa collaboration avec Arthur Hiller. Plusieurs conflits ouverts ont éclaté entre eux durant le tournage.

Le film, sorti en 1982, est un échec commercial. Sans relief, insipide, tels sont les commentaires récurrents de la critique, qui estime par ailleurs que le fait d'avoir confié le rôle principal à Pacino constitue une erreur majeure. Si sa tentative de s'inscrire dans un autre registre est parfois saluée, les détracteurs du film s'accordent à dire que le style « comédie » lui convient mal. À la différence de *La Chasse,* qui avait créé la polémique, *Avec les compliments de l'auteur* disparaît dans l'indifférence générale.

La carrière de l'acteur au cinéma commence sérieusement à battre de l'aile, après ses succès à la fois artistiques et commerciaux du début des années 1970. Si Pacino existe toujours aux yeux du public, c'est grâce à Michael Corleone, Frank Serpico et Sonny Wortzik. Force est de constater que Bobby Deerfield, Arthur Kirkland, Steve Burns et Ivan Travalian, malgré certaines scènes mémorables et les fulgurances de leur interprète, ne jouent tout simplement pas dans la même division. Sa trajectoire aurait été tout autre s'il avait accepté *Star Wars, Apocalypse Now* et *Kramer contre Kramer.* Il serait tout bonnement la plus grande star de cinéma de la décennie. Cet exercice d'imagination trouve, cela dit, rapidement sa limite, car derrière toute carrière il y a un homme. En l'occurrence Al Pacino, qui de façon consciente ou inconsciente a choisi, à partir de 1975, des films de moindre envergure, pour éviter la surchauffe, un craquage physique et moral complet. L'acteur a simplement fait passer ses besoins personnels avant sa carrière, ce qui est tout à fait respectable, car rien ne mérite que l'on mette sa santé en péril, pas même la plus étincelante des filmographies.

Lee Strasberg décède le 17 février 1982, à l'âge de 80 ans. Avec cette disparition, Pacino perd l'une des personnes qui ont le plus compté pour lui. Strasberg l'a suivi depuis son admission à l'Actors Studio et des liens très forts les unissaient. Plus qu'un maître, il était devenu, au fil des ans, un ami proche, aux conseils précieux. À la fin de sa vie, les quelques inquiétudes de Strasberg au sujet de son protégé n'étaient pas dissipées : « *Ce n'est pas une bonne chose qu'il continue à porter une identité bien après qu'un rôle est fini, ce n'est pas sain. Al n'a pas intégré toutes les étapes du système.* » Juste avant sa mort, Strasberg travaillait à deux projets de théâtre qui lui tenaient très à cœur, *Richard III* et *Orpheus Descending* (Tennessee Williams). Le temps lui a manqué pour les mener à terme et diriger Pacino, qu'il voyait dans les deux pièces. Autre conséquence de sa disparition : l'Actors Studio se retrouve orphelin. Pour assurer la transition, Pacino et Ellen Burstyn – l'héroïne d'*Alice Doesn't Live Here Anymore* (*Alice n'est plus ici,* 1974), réalisé par Martin Scorsese – sont choisis en tant que directeurs artistiques du Studio. Comme il le rappelle souvent, Pacino doit énormément à l'Actors Studio, et c'est tout naturellement qu'il accepte le poste de codirecteur. Concrètement, cela signifie qu'il se retrouve enseignant, faisant bénéficier la nouvelle génération de son expérience. Au bout d'un an, estimant la situation stabilisée au Studio, il quitte ses fonctions, laissant Ellen Burstyn seule directrice artistique.

SCARFACE

Quand Pacino répétait à Boston, en 1975, *La Résistible Ascension d'Arturo Ui,* il en a profité pour visionner nombre de films noirs des années 1930, un moyen pour lui d'entrer dans l'univers de Brecht, grand amateur du genre. Mais, à l'époque, l'acteur n'avait pu mettre la main sur le classique d'Howard Hawks, *Scarface* (1932). L'occasion se présente quelques années plus tard, à Los Angeles, quand Pacino passe par hasard devant une petite salle de Sunset Boulevard qui projette le film. *Scarface* montre l'ascension d'un petit truand,

Tony Carmonte, interprété par Paul Muni, dans le milieu de la pègre. Sa soif de pouvoir et d'argent est telle qu'il en vient à liquider tous les rivaux, y compris ceux qui lui ont mis le pied à l'étrier, pour régner en maître sur le trafic d'alcool au temps de la prohibition. C'est cette même folie qui l'entraîne à sa perte. À la fin, Tony est assiégé, puis abattu par la police. Le film, et tout particulièrement le jeu de Paul Muni, font très forte impression sur Pacino, qui suggère à Martin Bregman de regarder le chef-d'œuvre de Hawks. Immédiatement, le producteur trouve excellente l'idée d'un « remake » ; il en commence aussitôt le développement.

Scarface scelle donc les retrouvailles entre Pacino et Bregman, le tandem qui a si bien fonctionné au début des années 1970 pour *Serpico* et *Un après-midi de chien,* et moins bien au moment du projet avorté, *Né un 4 juillet.* Leur éloignement n'a d'ailleurs été profitable ni à l'un ni à l'autre. Pacino a fait des choix désastreux, et Bregman n'a pas produit grand-chose d'intéressant, que ce soit commercialement ou artistiquement. Les deux hommes ont tous deux des réputations difficiles : Bregman est dur dans les négociations, il sait ce qu'il veut et n'hésite pas à taper du poing sur la table pour l'obtenir, Pacino est quant à lui aussi talentueux qu'exigeant, ce qui le rend parfois difficile à manœuvrer. À la base de leur entente, il y a d'abord une confiance réciproque totale, certes fragilisée par la séquence malheureuse de *Né un 4 juillet,* mais non remise en cause dans ses fondements. Depuis, l'eau a coulé sous les ponts et cette volonté de renouer avec les temps heureux se retrouve dans le choix du réalisateur, Sidney Lumet, auquel Bregman fait appel pour diriger le projet de grande ampleur que *Scarface* promet d'être.

Rapidement se pose la question de la fidélité par rapport au film de Hawks. Faut-il situer le nouveau *Scarface* dans les années 1930 ou le transposer au début des années 1980 ? « *Au départ, j'avais l'idée de recapturer les années 1930,* déclare Pacino au journal *Rolling Stone. Mais quand j'en ai parlé à des auteurs, nous trouvions cela très difficile, car c'était trop mélodramatique. Je cherchais un style. Vous savez, ce que Muni a fait était une base de départ pour moi ; il a donné une base si solide au rôle, c'était comme un canevas à suivre. Je savais que c'était un personnage que je voulais prolonger.* »[19] Avant d'exister à l'écran, le personnage doit d'abord vivre sur le papier. En l'occurrence, celui qui va écrire le rôle de Pacino n'est autre qu'Oliver Stone, qui parvient donc à mettre sa rancune de côté. Depuis, le scénariste a fait du chemin. Il a notamment emporté l'Oscar du meilleur scénario avec l'emblématique *Midnight Express,* d'Alan Parker. Pour *Scarface,* Stone commence par mener une enquête longue et minutieuse sur le milieu de la drogue, en rencontrant des policiers du FBI, du Bureau des narcotiques, des détectives et aussi, ce qui est plus inhabituel, des trafiquants. À plusieurs reprises, il se rend dans différents pays d'Amérique latine et dans des petites îles des Caraïbes, et remonte ainsi toute la chaîne, du lieu de production au consommateur. Au cours de son périple, Stone a parfois craint pour sa propre sécurité. C'est avec suffisamment de matière qu'il s'envole vers Paris pour passer à la rédaction proprement dite. Consommateur régulier de cocaïne, il se libère de son addiction pendant l'écriture du script.

Hawks mettait en scène des Italo-Américains, à Chicago, en pleine prohibition. Le nouveau *Scarface* avec Pacino se déroulera à Miami, en Floride, dans le milieu de la pègre cubaine, à une période où le marché de la cocaïne est en pleine expansion. Époques différentes et trafics différents, même si le principe est le même. C'est un fait historique réel qui a donné l'idée de ce nouveau contexte, comme l'indique le générique de *Scarface*. En mai 1980, Fidel Castro affranchit le port de Mariel, permettant ainsi à des milliers d'opposants au régime de quitter Cuba pour les États-Unis. En l'espace de trois jours, 125 000 Cubains débarquent à Miami. Mais, comme le FBI n'allait pas tarder à s'en rendre compte, tous n'étaient pas des réfugiés politiques ou de simples citoyens cubains. En fin renard, Fidel Castro profite de l'événement pour vider les prisons de Cuba, et c'est ainsi que, selon les estimations, parmi les nouveaux arrivants, 25 000 avaient un casier judiciaire, parfois très chargé. Le héros du scénario d'Oliver Stone est l'un d'eux. Il s'appelle Tony Montana et, comme son illustre prédécesseur, Tony Carmonte, il veut aller jusqu'au bout du rêve américain. Autre point commun, il a toujours, cinquante ans plus tard, une balafre voyante sur la joue gauche, celle qui donne son nom au film.

Il s'avère assez rapidement que les options artistiques de Lumet ne cadrent pas avec celles voulues par Martin Bregman. Le cinéaste veut intégrer une dimension politique au film, en insistant par exemple sur le rôle de la CIA dans le trafic de drogue, alors que le producteur souhaite au contraire rester au simple niveau des gangsters. Sidney Lumet est également réticent à l'idée de montrer les sentiments ambigus, quasiment incestueux, que Tony Montana éprouve pour sa sœur Gina – un aspect trouble du personnage, déjà présent dans le film de Hawks, et que le scénario d'Oliver Stone a conservé. En toute logique, Sidney Lumet se retire du projet. Martin Bregman contacte alors Brian De Palma, qui accepte de reprendre les rênes du film. L'occasion de diriger Pacino, un acteur qu'il admire beaucoup et avec lequel il veut travailler depuis longtemps, est le principal motif de sa décision.

De Palma, italo-américain lui aussi, s'est imposé dans les années 1970 comme l'un des réalisateurs les plus talentueux d'Hollywood, en même temps que ses collègues et amis Coppola et Scorsese. Ses films révèlent eux aussi une fascination pour la violence. De Palma fait trembler les spectateurs mais il le fait avec grâce et subtilité, en revisitant à sa manière les grands piliers du cinéma. *Obsession* (1976) et *Dressed to Kill* (*Pulsions*, 1980) sont des échos directs de *Vertigo* (*Sueurs froides*, 1958) et de *Psycho* (*Psychose*, 1960) du grand maître Hitchcock. *Blow Out* (1981), avec John Travolta, actualise avec brio le célèbre *Blow-Up* d'Antonioni (1966). Et voilà que De Palma s'attaque maintenant à Howard Hawks. Les fortes références du cinéaste ne traduisent pas un manque de personnalité, bien au contraire, comme en atteste son approche de *Scarface*. « *Nous avons aujourd'hui affaire à un type entièrement différent et entièrement nouveau de gangsters*, explique De Palma en 1983. *Les attentats ne se déroulent plus dans les ruelles obscures mais en pleine rue et en plein jour.* »[20] Les impasses sordides et autres arrière-cours sont oubliées, les gangsters que nous montre De Palma se promènent sur la plage ensoleillée de Miami en chemises à fleurs et, s'ils portent des lunettes noires, ce n'est pas pour se cacher, mais pour frimer ou plus simplement se protéger du soleil. Le cinéaste souhaite des lumières vives et des couleurs franches à l'image pour mieux souligner l'évidence : les criminels n'ont plus besoin de discrétion, ils étalent au grand jour leurs crimes comme leur richesse.

Le tournage à Miami se heurte très vite à une levée de boucliers. En fait, Martin Bregman et le studio Universal rencontrent les problèmes auxquels Coppola et la Paramount avaient dû faire face dix ans plus tôt au moment du *Parrain.* Les représentants de la communauté cubaine estiment que le film risque de porter atteinte à ses membres en livrant au public une image déformée de la réalité, selon laquelle tous les réfugiés – les *marielitos* – seraient de dangereux criminels. Quant aux vrais trafiquants cubains, ils ne voient pas d'un très bon œil autant de publicité autour de leurs activités. Pour des raisons de sécurité, les producteurs décident de tourner la majorité des scènes sur la côte ouest, à Los Angeles, en extérieur et en studio.

Pacino travaille son rôle bien avant le premier jour du tournage. Au cours de cette période, plus ou moins longue selon les délais, l'acteur en profite pour s'imprégner du personnage, des pieds à la tête, en recherchant ses attitudes, sa gestuelle, sa voix, son fonctionnement intérieur. Avec Tony Montana, Pacino opère un changement d'approche. Avant *Scarface,* la recherche du personnage était chez lui un processus fondamentalement solitaire. Aujourd'hui, il sollicite des avis, discute d'options avec toutes les parties prenantes. « *Au début, c'était quasiment un pot-pourri, utilisant tout ce que je connaissais : venant du South Bronx, étant, dans un sens, latin moi-même, j'ai une certaine proximité avec la sensibilité latine, bien que le type cubain soit différent. Je ne l'ai pas fait seul. Quand j'ai commencé, j'ai rencontré la costumière, la maquilleuse, la coiffeuse. Nous avions de longues discussions chez moi sur le type que j'allais jouer. C'était la première fois que j'ouvrais le personnage à de nombreuses personnes, ce qui m'a aidé. J'ai travaillé avec mon ami Charlie Laughton sur le rôle, et avec Bob Easton, le coach linguistique, intensément. J'ai travaillé avec un expert du combat à l'arme blanche, avec un éducateur physique qui m'a aidé à obtenir le corps que je souhaitais pour le rôle.* »[21] Pacino s'est également inspiré de l'interprétation de Meryl Streep dans *Sophie's Choice* (*Le Shoix de Sophie,* de Alan J. Pakula, 1982). Son rôle n'a qu'un rapport lointain avec la violence primale de Tony Montana, mais Pacino se reconnaît dans l'approche et le travail de l'actrice, à laquelle il donne d'ailleurs un coup de chapeau au passage. « *J'ai trouvé que sa façon de s'impliquer elle-même en jouant quelqu'un qui vient d'un autre pays et d'un autre monde était particulièrement juste et engagée et... courageuse.* »[22]

L'accent cubain de Tony Montana constitue un gros morceau de la préparation de Pacino, qui reçoit dans ce domaine un appui déterminant de son partenaire Steven Bauer, jouant le rôle de Manolo. « *Steve est lui-même cubain. Il m'enregistrait des pans entiers de dialogues. Il m'a appris des choses que je n'aurais pu ni découvrir ni comprendre tout seul. Sans le rapport étroit que nous avons entretenu sur le tournage comme dans la vie, nous n'aurions pas pu travailler ensemble avec autant d'intensité.* »[23] De Palma, qui avait toujours rêvé de diriger Pacino, n'est pas déçu. « *Avant d'arriver sur le plateau, il a déjà exploré de deux mille façons les mille et une routes qui conduisent au personnage et vous offre un million d'approches. Différentes. À propos de son costume, de son visage, de la manière dont le personnage parle, bouge, se tait, reste immobile, va faire le tour de la table, comment il quittera sa chaise... C'est un processus fascinant à observer.* »[24] Pour Pacino, travailler en amont du tournage et définir le personnage sert un seul objectif : « *Tendre vers le moment où on ne joue plus, où on n'a plus à jouer. Quand vous savez ce que vous dites, pourquoi vous le dites, ce dont vous parlez, à qui vous parlez et ce que vous ressentez en le disant, alors vous n'avez plus à jouer...* »[25]

Parmi les autres membres de la distribution, Michelle Pfeiffer tient dans le rôle d'Elvira, la femme de Montana, forte consommatrice de cocaïne, et Mary Elizabeth Mastrantonio, la sœur de Tony, Gina. Michelle Pfeiffer, qui fait alors ses débuts au cinéma, garde un souvenir mitigé de Pacino. « *Il est très introverti, peu accessible. Et il ne veut jamais le reconnaître* »[26], se souvient-elle. Un des aspects de la méthode Pacino consiste à prolonger en dehors du plateau les relations qu'ont les personnages dans la fiction. Tony Montana et Elvira se disputent pendant une bonne partie du film, alors il préfère n'avoir que des rapports lointains avec Michelle Pfeiffer entre les prises. Il en va de même avec Robert Loggia, qui joue le rôle de Frank Lopez, le patron que Tony déteste et qu'il finira par liquider. Cette logique marche aussi en sens inverse. Ainsi Pacino s'entend très bien avec Steven Bauer, alias Manolo, l'ami et le plus proche collaborateur de Tony. L'attitude de Pacino à l'égard de ses partenaires peut aussi s'expliquer par sa timidité. Il aura d'ailleurs tout le loisir d'évoquer la question avec Michelle Pfeiffer huit ans plus tard, quand tous deux se retrouveront pour le film *Frankie and Johnny*, sous la direction de Garry Marshall.

« *MAKE WAY FOR THE BAD GUY* » (« PLACE AU MAUVAIS GARÇON »)

Le tournage de *Scarface* accuse de nombreux retards, dus pour une part à la façon de travailler de Brian De Palma. Personnalité calme, posée, le cinéaste prend en effet le temps de mettre les scènes en place, avec un soin méticuleux; un rythme jugé parfois trop lent par les équipes de production. Présent sur le tournage, Oliver Stone observe également de longues discussions sur le plateau entre De Palma et Pacino, le plus souvent passionnantes et riches au plan créatif. Parfois elles semblent au contraire tourner à vide, note le scénariste du film, et révèlent plutôt une insécurité d'acteur[27]. Aux lenteurs du tournage s'ajoutent quelques impondérables. Lors de la scène finale, après l'envoi de multiples rafales, l'acteur se brûle la main gauche au second degré en tombant sur son fusil-mitrailleur M14 en pleine surchauffe. Pacino est transporté d'urgence dans une clinique spécialisée, ce qui entraîne un arrêt de tournage d'une semaine. Les prises de vues s'achèvent au bout de cent dix-huit jours, le 6 mai 1983. De Palma peut alors commencer le montage. Le travail de Pacino est terminé, mais cela ne l'empêche pas de s'intéresser à cette étape décisive, où le film commence véritablement à vivre. Les deux hommes auront une discussion houleuse au sujet de la fameuse scène « *Say good night to the bad guy* » (« *Dites bonne nuit au mauvais garçon* »).

Cette tirade de Tony Montana, qui a bien failli ne pas être retenue dans le montage final, reste l'un des moments phares de *Scarface*. La scène se déroule dans un restaurant chic de Miami. Après une violente dispute avec Elvira, Tony Montana, à la fois ivre et plein de cocaïne, se lève de table, titubant, et s'adresse alors aux autres clients du restaurant.

« *Whattaya lookin'at? You're all a bunch of fucking assholes. You know why? Cause you don't have the guts to be what you wanna be. You need people like me. You need people like me so you can point your fucking fingers, and say "That's the bad guy". So, what dat make you? Good? You're not good; you just know how to hide. Howda lie. Me, I don't have that problem. Me, I always tell the truth – even when I lie. So say*

good night to the bad guy. Come on. The last time you gonna see a bad guy like this, let me tell ya. Come on, make way for the bad guy. There's a bad guy comin' through; you better get outta his way!»
«Qu'est-ce que vous regardez? Vous êtes tous une bande de foireux et de sales cons. Vous savez pourquoi? Vous avez pas les tripes de vous imposer dans ce monde. Il faut des vrais mecs comme moi. Il vous faut des vrais mecs comme moi alors là vous pointez vos pattes de rapace, vous vous dites: "Ça, c'est un mauvais garçon." *Vous vous prenez pour qui? Des bons? Vous êtes pas bons. Vous savez juste vous cacher. Et mentir. Moi, je ne l'ai pas ce problème. Moi, je dis toujours la vérité – même quand je mens, c'est vrai. Alors dites bonne nuit au mauvais garçon. Ouais. C'est la dernière fois que vous voyez un mauvais garçon fringué comme ça. Attention, Attention, place au mauvais garçon. Mauvais garçon chaud devant; traînez pas dans les parages!»*[28]

De Palma voulait couper cette scène juste avant que Montana ne se lance dans son monologue. «*Mais Al m'a dit:* "Non, non, non, c'est une scène importante!" *Et je lui ai dit:* "Al! Ce film va durer quatre heures, il faut bien couper quelque chose." *Mais il répondait:* "Non, c'est une scène très importante pour le personnage." *Il ne voulait tout simplement pas lâcher le morceau*»[29], se souvient le cinéaste. Le passage en question est finalement réintégré dans le montage final et De Palma reconnaîtra que l'acteur a eu bien raison d'insister.

La sortie du film se heurte à des problèmes gigantesques, qui supposeraient un livre entier pour en faire le tour. L'affaire commence par la décision de la commission de contrôle cinématographique – le fameux *rating board* de la Motion Picture Association of America – de donner la classification «X» à *Scarface,* justifiée selon elle par son degré de violence. À sa décharge, cette commission n'a d'autre choix que de le ranger dans la catégorie X, car la distinction juridique entre les films pornographiques et les films interdits au moins de dix-sept ans en raison de la violence qu'ils contiennent, n'existe pas encore. Il reste que, dans les faits et aux yeux du public, cette décision assimile *Scarface,* qui pourtant ne contient aucune scène de sexe explicite, à un film pornographique. Martin Bregman est furieux, car bon nombre de salles de cinéma ne sont pas habilitées à programmer des films classés X et cela risquerait d'avoir de graves conséquences financières. Le producteur se démène auprès de la commission et obtient finalement gain de cause. *Scarface* obtient la classification «R», interdit aux moins de 12 ans, comme *Le Parrain.*

Cette polémique donne au film une publicité dont il n'avait probablement pas besoin. *Scarface* sort aux États-Unis le 9 décembre 1983 au milieu d'une pluie de critiques incendiaires. Le film n'est qu'un «*rituel machiste*» selon le *New York Times,* un «*désastre plus qu'un outrage*» selon le *Village Voice.* La majorité des critiques dénonce l'indigence du propos et la violence exagérée, qu'ils estiment en outre totalement gratuite. Beaucoup ont été choqués par la grossièreté des personnages, notamment la récurrence du mot «*fuck*». S'il est très difficile de chiffrer le nombre exact de «*fuck*» prononcés dans le film, car ils s'enchaînent souvent à grande vitesse, c'est probablement le mot le plus utilisé; les comptages varient entre 142 et 183. L'accueil réservé à *Scarface* soulève quelques questions sur l'aveuglement de la critique américaine. Le débat sur la violence est bien légitime, en l'occurrence il semble avoir été complètement faussé. De Palma défend son film en insistant sur le fait que la violence qu'il montre n'est pas explicite mais au contraire dramatique. Dans la scène la plus dure du film, celle où un truand se fait découper à la tronçonneuse, on ne voit pas l'action proprement dite, mais seulement le visage de Pacino – arrosé par une giclée de sang – devant l'horreur. « *Regardez bien le film,* indique le cinéaste, *la tension vient plus de votre anticipation de leurs actes que de leurs actes mêmes !* »[30] Pacino répond aux critiques en donnant son point de vue d'acteur. « *Je ne fais pas une chose parce que je me dis qu'elle va déclencher la polémique et que donc on va en parler. Je la fais lorsque je peux établir un pont, une passerelle entre le personnage et moi, entre les tourments du personnage et les miens.* »[31] Ce qui est véritablement dérangeant dans *Scarface* n'est pas tant la violence elle-même que le regard du cinéaste sur la société américaine. « *Le rêve américain est un rêve corrompu. Il est sombre, parce que vous ne pouvez pas vivre dans un monde où le profit est le seul moteur et la seule justification des choses.* »[32] Des propos de De Palma reformulés plus crûment par Tony Montana dans le film : « *Tu sais ce que c'est le capitalisme ? C'est enculer les gens* », dit-il à son associé Manolo (« *You know what capitalism is? Gettin' fucked.* »).

Dès le premier jour de sa sortie, *Scarface* remporte un franc succès public, le premier pour Pacino depuis *Un après-midi de chien.* Dans sa filmographie à cet endroit de sa carrière, le résultat au box-office – plus de 40 millions de dollars de recettes – place *Scarface* en deuxième position derrière *Le Parrain.* Après Michael Corleone, c'est la deuxième fois que Pacino joue un gangster professionnel – Sonny Wortzik dans le film de Lumet n'étant qu'un amateur – et cela semble lui porter chance. Tony Montana n'a strictement rien à voir avec son prédécesseur. Il est impulsif, primaire, cruel et n'a aucune éducation. Il est explosif à chaque plan, un doigt sur la gâchette en permanence et un sachet de cocaïne dans l'autre main. Son interprétation est en parfaite symbiose avec la direction donnée par De Palma, qui va dans le sens de l'exagération. Pacino a d'ailleurs apprécié cette nouvelle collaboration. « *J'ai pensé que De Palma était un choix intéressant. Il a donné à l'évidence un style, presque brechtien en un sens. Il savait ce qu'il voulait en faire dès le départ.* »[33] Les admirateurs de l'acteur sont partagés en ce qui concerne Tony Montana. Certains le considèrent comme son meilleur rôle, d'autres, au contraire, ont du mal à retrouver le Pacino qu'ils aiment, tout en retenue et en subtilité. Il est en tout cas certain que *Scarface* lui fait gagner une nouvelle catégorie de spectateurs, des jeunes pour la plupart. Le film, surtout aux États-Unis, marque toute une génération, comme avait pu le faire *Le Parrain* dix ans plus tôt.

En dehors du milieu traité – les gangsters – et de l'interprète – Pacino – ces deux films n'ont rien en commun. Là ou Coppola montrait des héros attachants, positifs, avec une certaine dimension romantique, Brian De Palma met en scène des personnages dénués de toute morale. Le classicisme de Coppola s'oppose point par point à la réalisation « tête brûlée » de De Palma. Le premier utilise dans les *Parrain* un grand nombre de plans fixes et crée des images en forme de tableaux dans une lumière crépusculaire – une sobriété formelle qui exprime le poids des traditions et l'aspect rituel de la transmission du pouvoir –, alors que le second fait sans cesse virevolter ses caméras au milieu de couleurs criardes. Que ce soit par la sobriété ou par l'exagération, tous deux convergent vers le même point : leurs films dégagent une sensation diffuse de fatalité.

Pour ce qui est de Pacino, la comparaison entre les *Parrain* et *Scarface* est instructive à bien des égards. La direction d'acteurs chez Coppola semble tout droit sortie du bain de la Méthode, alors qu'elle est beaucoup plus outrée et moins réaliste chez De Palma, voire d'inspiration brechtienne, pour reprendre la remarque de Pacino au sujet de *Scarface*. Cette différence de style de jeu s'explique aussi par rapport aux personnages, qui n'ont rien en commun. L'objectif de Michael Corleone est de préserver les intérêts du clan, une responsabilité qui l'oppresse considérablement, alors que Tony Montana veut d'abord satisfaire son propre plaisir. Les responsabilités qu'il peut avoir sont pour lui un moyen de profiter de la vie. Comme Tony le dit à Manolo : « *Dans ce pays, il faut d'abord faire le fric. Et quand tu as le pognon, tu as le pouvoir, et quand tu as le pouvoir, tu as toutes les femmes* » (« *In this country, you gotta make the money first. Then when you get the money, you get the power. Then when you get the power, then you get the woman* »). Une réplique que l'on a du mal à imaginer dans la bouche d'un Michael Corleone, tout comme la suivante, toujours signée Montana : « *C'est le paradis, ça, je te le dis. Cette ville, c'est une chatte bien poilue qui demande qu'à se faire fourrer* » (« *This is paradise, I'm tellin' ya. This town is like a great pussy jus' waiting to get fucked* »). Les deux personnages s'opposent sur tous les points, à commencer par leurs origines. Michael vient d'un milieu aisé, Tony a été élevé dans la pauvreté. Le premier a une paternité écrasante alors que le second n'a jamais connu son père. Leurs attitudes, leurs gestes, tout les sépare. Michael parle peu, mais bien, avec des mots choisis, réfléchis. Tony, lui, est un moulin à paroles et il répète toujours la même chose – notamment le mot « *fuck* ». Michael retient et Tony exprime. Ces caractéristiques se retrouvent également dans leur utilisation de l'espace. Le « parrain » sicilien évolue le plus souvent dans des endroits fermés, soigneusement calfeutrés. Son rapport avec la vie extérieure se fait indirectement, à travers la fenêtre de son bureau ou les vitres de sa voiture. Certes, il a vue sur le lac Tahoe, mais cette étendue fermée l'isole encore davantage du monde. Tony Montana, installé à Miami, est face à l'océan Atlantique. Son horizon est beaucoup plus vaste. Michael n'a pas de contact direct avec la violence qu'il engendre. Tony Montana est en revanche beaucoup plus frontal. Il n'hésite pas à liquider directement ceux qui le gênent dans son ascension. Michael ne meurt pas physiquement dans *Le Parrain* II – il faudra attendre le troisième volet pour le voir s'éteindre – mais le film montre un anéantissement intérieur, que l'on peut rapprocher d'une mort à petit feu. Tony Montana disparaît brutalement et dans l'excès, lors de la fusillade finale. Son appétit démesuré et perverti de la vie l'a conduit droit au tombeau.

Dans la filmographie de l'acteur, *Scarface* apparaît comme un film libératoire. Jamais on n'avait vu Pacino à ce point lâché, tant dans les gestes que dans la voix. Son jeu, moins marqué par la Méthode, prend une direction différente. La mort de Lee Strasberg, en 1982, coïncide avec ce changement de cap. Consciemment ou inconsciemment, Pacino semble s'être libéré de son mentor. L'influence de Strasberg l'a marqué à jamais, elle lui a été et elle lui est toujours profitable, mais le temps est venu de s'en détacher.

L'œuvre de Brian De Palma va gagner au fil des années une reconnaissance de la part de la critique, y compris dans son pays d'origine. Paradoxalement, *Scarface*, qui est un remake, renouvelle à sa manière le genre polar. De multiples avatars lui succéderont, sans toutefois égaler la grâce outrée du style De Palma. Certains le considèrent comme une métaphore pathétique de l'Amérique des années 1980, d'autres comme une brillante parodie de films de gangsters, d'autres encore comme un opéra de la violence. Pacino lui-même voit *Scarface* comme un film comique ! Quoi qu'il en soit, Tony Montana est un grand rôle, au même titre que Michael Corleone, et permet à son interprète de se remettre en selle pour la suite de sa carrière.

Peu avant la sortie de *Scarface,* Pacino est monté sur les planches pour reprendre *American Buffalo,* sa pièce favorite en ce début des années 1980. Les représentations à Washington puis à New York, au Booth Theatre, sur Broadway, sont très bien accueillies. Un drame pourtant va briser le cours naturel du spectacle. Le 8 novembre 1983, James Hayden, qui joue le rôle de Bobby dans la pièce de Mamet, décède des suites d'une overdose. Pacino croyait beaucoup en ce jeune acteur prometteur, qui venait de tourner avec Robert De Niro dans le magistral *Once Upon a Time in America* (*Il était une fois en Amérique*) de Sergio Leone. Pacino et J.J. Johnston – son autre partenaire – sont terrassés par la nouvelle. Ils trouvent pourtant les ressources pour jouer le soir même, avec Bruce MacVittie, la doublure de James Hayden. C'est dans cette nouvelle configuration que le spectacle se déplace à Londres durant l'été 1984, au Duke of York's Theatre. C'est la première fois que Pacino joue en Angleterre, la patrie de Shakespeare. La pièce connaît un succès public considérable, même si les critiques britanniques se montrent peu sensibles à l'écriture crue et sans fioritures de David Mamet. Après l'avoir jouée des centaines de fois, il continue d'explorer de nouvelles facettes de son personnage et reste ouvert à de nouvelles directions, parfois surprenantes. À la création du spectacle, son jeu était plein d'énergie, bondissant, toujours en mouvement. « *Et puis un soir, j'ai réalisé que je n'avais pas bougé d'un centimètre en quinze minutes. Sur scène, quinze minutes, c'est très long. Mais je continue à jouer et plutôt pas trop mal. Le public était heureux, le metteur en scène également, et moi aussi... C'est lors de cette représentation je pense, que j'ai vraiment trouvé le personnage, que me suis senti entièrement en lui. Peut-être est-ce la même chose dans la vie. Un jour, on s'arrête de courir, et on est là, pleinement.* »[34]

Après sa rupture avec Marthe Keller, Pacino fréquenta brièvement Maureen Springer, à l'époque de *La Chasse,* en 1979. Au début des années 1980, il rencontre l'actrice Kathleen Quinlan. Une nouvelle fois, Pacino se retrouve dans les bras d'une comédienne. « *Je n'ai pas connu beaucoup de femmes en dehors des actrices. Elles font partie du milieu que je fréquente.* »[35] Cette fois, l'acteur semble sérieusement engagé dans son idylle avec Kathleen Quinlan, ce qui conduit la presse américaine à s'interroger sur les possibilités d'un mariage. Extrêmement prudent sur le sujet, Pacino ne confirme pas les rumeurs mais, et c'est la première fois, il ne ferme pas la porte pour autant. À l'approche des quarante-cinq ans, il semble en tout cas savourer une certaine stabilité.

RÉVOLUTION

Après une représentation d'*American Buffalo* à Londres, Pacino rencontre Hugh Hudson, le réalisateur des *Chariots de feu* et de *Greystoke, la légende de Tarzan.* Pour son nouveau projet, le metteur en scène s'attaque à un film historique de grande envergure.

L'action se situe en 1776, au moment où les rebelles américains se soulèvent contre l'occupant anglais et proclament l'indépendance des États-Unis d'Amérique. Défaits à Yorktown (Virginie), en 1781, les Anglais quittent définitivement le Nouveau Continent. Le sujet que défend Hugh Hudson est donc particulièrement ambitieux. Et le traitement qu'il imagine est plutôt original : montrer ce bouleversement non pas selon le point de vue des principaux acteurs historiques, mais à travers les yeux d'un modeste marin, Tom Dobb, qui se retrouve embarqué dans le conflit bien malgré lui. Son fils s'étant engagé pour combattre chez les rebelles, Tom Dobb fait de même, non par idéal mais pour garder un œil sur lui. Tous deux vont être séparés au gré des batailles perdues ou gagnées, puis se retrouveront au milieu des horreurs de la guerre. Enfin, ils connaîtront la joie de la victoire et l'espoir d'une vie nouvelle.

Séduit, Pacino prend cependant le temps de la réflexion. Jamais il n'a tourné jusqu'ici de film historique et, en ce sens, *Revolution* (*Révolution*), constitue un défi de taille. L'acteur n'a en revanche aucune réserve concernant son personnage, qui l'attire énormément. Le rôle offre en effet une belle progression dramatique. Peu concerné au départ par des événements politiques et sociétaux qui le dépassent, Tom Dobb en vient à s'engager pleinement dans des idées auxquelles il croit et qui finissent par le révéler à lui-même. Ses relations avec les autres personnages sont fortes, notamment avec son fils, et avec Daisy, dont il va tomber amoureux. Tout cela constitue une belle matière de jeu pour Pacino. Hugh Hudson revient plusieurs fois à la charge pour le persuader d'accepter le rôle, une persévérance qui finit par payer. Pacino n'est pas le seul à avoir hésité, les grands studios américains ont d'abord été effrayés par l'ampleur du projet. Une coproduction internationale est finalement mise sur pied, associant les États-Unis, la Grande Bretagne et la Norvège, à travers les sociétés Warner, Goldcrest et Viking. Le producteur, Irwin Winkler, qui avait déjà officié avec Pacino sur *Avec les compliments de l'auteur*, est l'artisan de ce montage complexe. Le reste de la distribution est prometteur, avec Nastassja Kinski dans le rôle de Daisy et Donald Sutherland – l'inoubliable infirmier fumiste de *MASH* – dans celui du sinistre sergent-major Peasy, l'officier anglais qui va en faire voir de toutes les couleurs à Tom Dobb. Signalons également la présence d'Annie Lennox, la chanteuse du groupe Eurythmics, dans un petit rôle.

Le tournage, qui débute en mars 1985 en Grande-Bretagne, accumule rapidement d'importants retards. Les conditions climatiques difficiles entraînent des grippes à répétition pour bon nombre de membres de l'équipe du film, dont Nastassja Kinski et Pacino. Outre la maladie, la fragilité émotionnelle de Kinski n'est pas toujours simple à gérer pour Hugh Hudson. Sur un coup de tête, elle est capable de prendre l'avion pour Rome sans prévenir personne, laissant toute l'équipe dans l'angoisse au milieu d'une séquence. Pour sa part, Pacino semble très heureux de sa collaboration avec sa partenaire. « *D'habitude, on n'arrive pas à beaucoup se connaître lorsque l'on tourne ensemble. On rencontre les autres acteurs sur le plateau et on est obligé de faire connaissance en même temps que l'on tourne. Mais Nastassja Kinski est quelqu'un qui prend ses rôles très sérieusement et nous avons beaucoup travaillé ensemble.* » Pour donner le maximum de vérité à leurs scènes communes, peu nombreuses au demeurant, les deux acteurs font de longues improvisations, soigneusement enregistrées. Il leur arrive même de passer plusieurs heures à répéter quelques lignes de dialogue.

Fidèle à sa réputation, Pacino s'est préparé à fond pour son rôle. « *J'ai appris la façon dont on parlait en ce temps-là, le choix des mots était différent ; j'ai appris à me servir de tous les accessoires de l'époque. Je les utilisais même dans ma vie de tous les jours. La queue-de-cheval aussi, m'a beaucoup aidé.* »[36] Durant le tournage, ses rapports avec le réalisateur Hugh Hudson vont connaître des hauts et des bas. Pacino se retrouve souvent noyé au milieu de grands plans d'ensemble dans les scènes de combat et ne comprend pas pourquoi il est si cher payé – son cachet est de 3 millions de dollars – pour faire de la figuration. Les scènes de bataille dantesques, la reconstitution historique minutieuse de l'époque, la gestion d'une équipe pléthorique comprenant des centaines de personnes, compliquent considérablement le tournage, qui s'achève cahin-caha au mois d'août, avec deux mois de retard. Le budget du film a explosé, passant à 26 millions de dollars.

Révolution est monté à toute allure pour sortir à l'occasion des fêtes de Noël. Peut-être a-t-il été monté trop vite si l'on s'en tient aux critiques épouvantables qu'il reçoit. *Scarface* avait provoqué l'énervement et l'agacement lors de sa sortie, *Révolution* passe cette fois pour un film pompeux et grotesque. « Révolution *est tellement mauvais que cela vous met en état de choc* », écrit Pauline Kael dans le *New Yorker*. On reproche à Pacino d'être inaudible dans de nombreuses scènes – ce que les Américains appellent faire du « *mumbling* » – et d'avoir un jeu trop contemporain par rapport à la période traitée, en particulier un accent new-yorkais à couper au couteau, qui, toujours selon les critiques, n'est pas adéquat. Vincent Canby, du *New York Times*, enfonce le clou : « *Pacino n'a jamais été aussi intense pour si peu d'effet. C'est comme regarder se promener quelqu'un en costume de poulet.* » L'acteur n'est pas le seul à faire les frais d'une critique déchaînée. Beaucoup relèvent des incohérences dans le scénario, le manque de crédibilité de la réalisation comme de l'interprétation dans son ensemble. L'attitude particulièrement dure des critiques américains peut s'expliquer par l'identité du film, à dominante britannique. Le fait que l'histoire de l'indépendance ait été traitée par des Anglais a certainement déplu à beaucoup. Si l'industrie du cinéma, aux États-Unis, n'hésite pas à s'emparer d'épisodes historiques européens, on peut noter, avec un brin de malice, que lorsque l'inverse se produit, la levée de boucliers est quasiment automatique. Toujours est-il que *Révolution* ne se remettra pas de cet accueil. Son échec auprès du public est patent : moins de 200 000 dollars de recettes en salles aux États-Unis, un résultat proche du ridicule pour une production de ce calibre. Jamais Pacino n'était tombé aussi bas au box-office. Il avoue, à mots couverts, avoir été blessé par la mauvaise réception du film : « *Quand vous vous consacrez totalement à quelque chose, vous êtes généralement plus sensible à tout ce qui y touche. La plupart du temps, j'évite de lire les critiques. Elles peuvent m'atteindre assez… douloureusement. De temps en temps, je les lis avec un peu de décalage, et elles m'apprennent parfois certaines choses.* »[37] Échec retentissant aux États-Unis, *Révolution* s'effondre également à l'étranger. Seule exception, il fonctionne plutôt bien en France, en se maintenant à l'affiche plusieurs mois.

Pacino estime qu'il fallait tout revoir dans son ensemble. « *… Je pense que le film n'était pas prêt quand on a décidé de le sortir… Tous les gens impliqués pourront vous le dire aujourd'hui, avec le recul, qu'il fallait encore plus de travail et de temps. Il y a des choses auxquelles on avait pensé et qu'on n'a pas pu réaliser, faute de temps. On avait l'idée, par exemple, de faire raconter tout le film par le jeune garçon – et je pense que* *cela aurait fait une grosse différence. Il y avait aussi encore beaucoup de travail sur les finitions... C'est vraiment dommage.* »[38] Pacino est d'autant plus déçu par l'échec du film qu'il s'est investi dans l'aventure, pendant une année, en étant présent à toutes les étapes de la fabrication du film, de l'écriture au montage.

Durant le tournage, l'acteur s'est séparé de sa compagne, Kathleen Quinlan. Une fois de plus, il se retrouve célibataire, sans désespérer pour autant. « *Aujourd'hui, j'aime rêver d'une histoire d'amour où l'on soit en même temps des amis. C'est bon de rentrer chez soi et de trouver quelqu'un à qui parler, qui vous raconte ses problèmes. Je pense que lorsque je sentirai le besoin de fonder une famille, je le ferai. Jusqu'à présent, cela ne m'est pas arrivé. Il doit y avoir des raisons pour cela... Mais cette idée m'attire beaucoup. Je crois que l'amour peut apporter le bonheur parfait dans la vie de quelqu'un. Seul, je ne pense pas qu'on puisse être jamais pleinement heureux.* »[39]

EN RETRAIT

Dans ses célèbres conversations avec Truffaut, Hitchcock faisait la remarque suivante au sujet d'Ingrid Bergman qui, juste après le succès de *Under Capricorn* (Les Amants du Capricorne), voulut enchaîner avec le rôle de Jeanne d'Arc : « *La volonté de faire quelque chose de grand et, ensuite, si vous avez du succès, quelque chose d'encore plus grand, vous fera ressembler à un petit garçon qui gonfle un ballon et, tout d'un coup, cela fait boum dans sa figure.* »[40] Cette boutade du « maître » pourrait également s'appliquer à Pacino, qui, dans la foulée de *Scarface*, s'est lancé dans une épopée incertaine. La nécessité de faire le point – une fois de plus – s'impose à l'acteur. Les projets qu'on lui présente essuient systématiquement des refus de sa part. « *Quand je lisais un scénario, même si je le trouvais bien, je ne voulais pas m'impliquer dans une telle aventure à ce moment-là de ma vie. Je n'arrivais pas à relier ce projet à ce que je vivais, à ce que je pensais...* »[41] Pacino s'éloigne ainsi des grosses productions et s'attaque à un projet très personnel, la réalisation cinématographique de *The Local Stigmatic*, sa pièce fétiche depuis la fin des années 1960, qui traite d'un thème cher à l'acteur : la célébrité et les envies qu'elle suscite. « *C'est un film que j'ai produit, joué, co-réalisé, monté... Je n'ai cessé de travailler dessus... C'est une sorte de film underground qui dure un peu moins d'une heure... On ne peut pas prévoir une sortie conventionnelle, mais il a été présenté au musée d'Art moderne de New York.* »[42] Son co-réalisateur est David Wheeler, avec lequel l'acteur avait déjà travaillé à Boston dans les années 1970. Le montage s'étale sur plusieurs années. À chaque remarque d'un de ses proches après le visionnage du film, Pacino ne peut en effet s'empêcher d'apporter d'ultimes retouches.

Cette période, loin des projecteurs hollywoodiens, est mise à profit pour se régénérer. « Pendant toutes ces années, je ne suis pas parti, j'ai travaillé, mais les gens ne l'ont pas toujours su et beaucoup ne m'ont pas vu ! Je comprends que les gens pensent que j'ai été absent, car je ne faisais pas la une des journaux, mais j'ai travaillé des pièces dans des ateliers (*workshops*), en dehors de New York, en dehors de Los Angeles... On dirait que les gens ont du mal à comprendre ce type de travail personnel. Acteur est un métier tellement en vue que si vous n'êtes pas physiquement visible sur un écran, sur une affiche, les gens pensent que vous ne travaillez pas ! »[43] En 1986 et 1987, Pacino joue Jules César au festival Shakespeare de New York, où il retrouve son ami Martin Sheen comme partenaire. Un an plus tard, à New Haven, il fait une lecture d'une pièce contemporaine de Dennis Mclntyre, *National Anthem*. Au cours de cette période, il travaille également sur des projets de théâtre, qui ne dépasseront pas le stade des répétitions, comme *Crystal Clear,* de Phil Young, et *Chinese Coffee,* d'Ira Lewis – une pièce qu'il transposera dix ans plus tard à l'écran. Ses films ne lui permettent pas de s'exprimer totalement. Le cinéma commercial suppose des résultats immédiats, un travail dans l'urgence, qui peuvent laisser un goût d'insatisfaction. Pacino aime les projets sans date butoir, sans « première », où il peut fouiller les mille et une facettes d'un personnage. Le théâtre lui donne cette occasion, répéter à l'infini, sans trop de contraintes, et présenter une pièce quand il la juge prête. Ce travail en toute liberté n'est pas toujours finalisé, représenté, comme en attestent les nombreuses pièces abandonnées en cours de route, mais qu'importe, ce sont pour lui des moments de grande richesse, des bouffées d'air frais.

L'orientation de Pacino après *Révolution* ne résulte pas uniquement de son propre choix. Les stars et leurs époques entretiennent des relations compliquées. Les années 1980 ne lui ont pas été très favorables. Depuis *Bobby Deerfield,* Pacino semble déconnecté par rapport à son temps et aux attentes du public. La sortie du film de Pollack, en 1977, coïncide avec le triomphe de *Star Wars* (*La Guerre des étoiles,* de George Lucas). Le cinéma change, les spectateurs se tournent volontiers vers des divertissements où la technologie est dominante. Dans les années 1980 – les années Reagan –, *Raiders of the Lost Ark* (*Les Aventuriers de l'arche perdue*), *E.T.* et autres *WargGames,* font des malheurs au box-office. Dans cette décennie où les golden-boys constituent la référence absolue, Pacino a moins sa place. Ce n'est d'ailleurs pas un hasard non plus si son seul film qui a vraiment marché depuis *Bobby Deerfield* est celui de Brian De Palma. *Scarface,* en effet, est en parfaite fusion avec son époque, marquée par l'excès et la consommation à tout-va. Le cinéma « cartoon » fait fureur et les cinéastes à tendance existentielle connaissent eux aussi leur traversée du désert. Coppola n'en finit pas de rembourser les dettes consécutives à *One from the Heart* (*Coup de cœur*), au demeurant un film magique, et doit enchaîner les films de commande. De Palma et Scorsese alignent plusieurs échecs commerciaux.

La malédiction des années 1980 ne se limite pas aux Italo-Américains. En fait, c'est comme si toute une génération, celle-là même qui a débuté triomphalement dans les années 1960-1970, était à la recherche d'un nouveau souffle. Pas seulement dans le cinéma mais bien dans toutes les disciplines artistiques, en particulier la musique pop. Le producteur Robert Evans, la tête pensante de la Paramount au début des années 1970, qui a chapeauté *Love Story* et *Le Parrain,* se retrouve quasiment au chômage dix ans plus tard. Son autobiographie, *L'Enfant gâté d'Hollywood,* est d'ailleurs éloquente sur le tournant que constituent les années 1980. Certains ont pu négocier le virage à merveille, comme Steven Spielberg, George Lucas, ou encore, du côté des acteurs, Harrison Ford qui bénéficie à plein des succès de ces deux réalisateurs. À la fin de la décennie, pourtant, le veau d'or commence à s'épuiser. Le public, gavé de divertissements dispendieux, semble à nouveau prêt à revenir vers plus de vérité. Les années 1960-1970 font un retour fulgurant dans tous les domaines. C'est le mouvement *revival* dans toute sa splendeur. Les jeunes femmes chaussent à nouveau des talons compensés – les *platform shoes* – et les jeunes redécouvrent Jimi Hendrix. Les groupes pop qui émergent au début des années 1990 empruntent largement aux sonorités psychédéliques de leurs aînés. Les rapeurs piochent allègrement dans la musique soul d'un Curtis Mayfield ou d'un James Brown. Les Pink Floyd se reforment à Berlin, les Rolling Stones se lancent dans des tournées mondiales, tout comme Paul McCartney, qui fait se lever la foule dans ses concerts en reprenant des morceaux des Beatles. L'industrie cinématographique, elle aussi, ne tarde pas à s'emparer de cette mode, en lançant de nombreuses productions qui regardent dans le rétroviseur, dont *The Doors,* réalisé par Oliver Stone (1991). On peut voir ce phénomène *revival* à l'aube de la décennie 1990 comme le désir inconscient chez le public de retrouver un certain humanisme, que les années 1960-1970 – à tort ou à raison – continuent de véhiculer. Pour Pacino, qui a justement pris son élan dans cette période clé, le train semble redémarrer. Reste à monter dedans. ✣

PARTIE 4

SUR LES CHAPEAUX DE ROUES

1989-2001

MÉLODIE POUR UN SUCCÈS

Après trois années loin du cinéma commercial, la retraite de Pacino, si elle devait encore se prolonger, risquerait bien de devenir définitive. Très peu de spectateurs ont vu *Révolution* et la dernière image connue de l'acteur remonte en fait à *Scarface*. Il est temps pour lui de revenir sur les écrans, s'il ne veut pas créer un écart irréparable avec son public. D'autant que ses finances commencent à battre de l'aile. Parmi les différents scénarios qu'on lui présente, celui de Richard Price, un auteur réputé efficace et qui a l'habitude de partir des personnages pour bâtir ses histoires, attire toute son attention. *« Quand je lis un scénario, c'est la personnalité du rôle qui est décisive. Ce que j'entends par personnalité, ce sont les conflits, les problèmes et les choix que le personnage doit faire. »*[1] Avec cette approche axée d'abord sur le rôle, Pacino admet qu'il n'est pas toujours le mieux à même pour apprécier les bons scénarios. Comme le montre son expérience, un rôle superbe ne fait pas nécessairement un bon film. Sagement, il fait lire le scénario de Price à son équipe de toujours, Bregman et Laughton, qui lui trouvent un potentiel certain. Après quelques tergiversations et un retravail

PHOTOGRAPHIE DE PLATEAU DE *L'IMPASSE*, DE BRIAN DE PALMA, EN 1993.

d'écriture, son ami producteur est décidé à monter le film. Il s'agit d'une histoire policière de type classique. Un policier, Frank Keller, enquête sur un meurtrier en série. Le suspect principal se révèle être une jeune femme ravissante, Helen, qui connaît intimement toutes les victimes. Frank Keller tombe amoureux d'elle. Pris entre ses sentiments et son sens du devoir, il se trouve dans une situation impossible et risquée. Le titre du film reprend celui d'un tube des années 1950, *Sea of Love*, un 45-tours interprété par Phil Phillips and the Twilights. C'est le disque que le meurtrier passe systématiquement avant de commettre un crime... Frank Keller est un homme déboussolé, en pleine crise de la quarantaine, avec un net penchant pour la bouteille. Il ne se remet pas de son divorce, sa femme l'ayant quitté pour un collègue de la police ; sa vie sentimentale est un champ de ruines. Son travail de flic confine à la routine et la retraite le guette dangereusement. Frank Keller, au début du moins, apparaît comme un antihéros dans toute sa splendeur, touchant presque au cliché parfait. *« Je suis assez chanceux,* savoure Pacino, *d'aller jouer un personnage qui est le miroir de ce que je ressens sur le moment. Je ne dis pas que nous sommes des répliques exactes, mais son dilemme m'intéressait parce qu'il en est à un moment de sa vie où on lui demande de prendre sa retraite et son travail est tout ce qu'il lui reste. Il n'a pas d'amour dans sa vie. Il a son travail. Et vous savez, il y a le travail et il y a l'amour. Quand vous perdez les deux, c'est une passe difficile. »*[2] Ce flic au bord de la rupture va pourtant redonner un sens à sa vie en rencontrant le grand amour, un amour dangereux, presque autodestructeur.

Le choix de l'actrice qui doit inspirer de tels sentiments se révèle délicat. Elle doit tout d'abord être extrêmement sensuelle, au point de faire tourner la tête d'un policier en train de mener une enquête sur elle. Il est essentiel pour la réussite du film que leur relation soit totalement crédible et quelque part, il faut que chaque spectateur éprouve ce que ressent Frank Keller pour elle, c'est-à-dire qu'il en tombe amoureux. Elle doit en outre avoir suffisamment de mystère pour que le spectateur continue à se demander jusqu'à la dernière scène si elle est la meurtrière ou non. Pour ce rôle complexe, sur lequel repose tout le suspense du film, Martin Bregman engage Ellen Barkin, une blonde fatale qui a l'avantage d'être une excellente actrice. Le troisième rôle important – Sherman, le policier chargé de l'enquête avec Keller – est confié à John Goodman, un acteur de forte corpulence. Le tandem qu'il forme avec Pacino – sur le modèle de Laurel et Hardy – amène une pointe de comique non négligeable dans un film qui s'inscrit résolument dans le polar. La réussite de Sea of Love reposera avant tout sur le couple pivot Pacino-Barkin, et sur leur alchimie à l'écran. Bregman et son acteur fétiche avaient d'abord pensé à Pollack et à Lumet pour diriger le film. Le premier étant occupé à réaliser *Havana* avec Robert Redford et le second ne se déclarant pas intéressé par le script, ils contactent un réalisateur peu connu, Harold Becker, qui, trop heureux de la proposition, accepte immédiatement. Pacino avait déjà travaillé avec lui, quelques mois avant la préparation de *Sea of Love*, sur un projet nommé *Johnny Handsome*, tiré d'une pièce de théâtre. Le film ne s'est pas fait, mais les deux hommes s'étaient bien entendus. *Johnny Handsome* verra le jour la même année que *Sea of Love*, en 1989, avec Mickey Rourke dans le rôle principal et Ellen Barkin, décidément sur tous les fronts. Pacino semble avoir été bien inspiré de ne pas s'aventurer sur ce film, qui sera un désastre commercial et artistique complet.
Comme le relève le biographe anglais de Pacino, Andrew Yule, plusieurs des membres de l'équipe de *Sea of Love* ont pour point commun d'avoir passé leurs premières années dans

le quartier du Bronx, à New York. L'acteur a été élevé dans le Bronx. Martin Bregman et Harold Becker y ont grandi eux aussi, tout comme le scénariste, Richard Price. Et Ellen Barkin a vécu une partie de son enfance dans la même rue que la famille Pacino. En dépit de toutes ces coïncidences, *Sea of Love* ne sera pas tourné à New York. C'est pourtant dans cette ville que se déroule l'action du film, mais pour des raisons budgétaires, il est décidé que les scènes d'intérieurs – majoritaires – seront réalisées dans les studios de Toronto, au Canada, moins chers que ceux de New York. Au final, ce choix s'est révélé inefficace, car ce que la production a gagné sur le coût des studios, elle l'a perdu en frais de déplacements pour les différents membres de l'équipe sur la ligne Toronto-New York... Le tournage débute en mai 1988 et s'achève cinq mois plus tard, en septembre. Pacino s'est préparé au rôle de Frank Keller de la même manière que pour ses films précédents, en rencontrant des personnes qui travaillent dans la profession de son personnage et en se documentant sur son milieu. Il considère cet aspect de sa préparation avant tout comme un appui de jeu et non comme une finalité. *« C'est Charles Laughton qui, au sujet d'une pièce de Shakespeare, disait :* "Comment joue-t-on un roi ? C'est très simple, il s'agit de ne pas se comporter comme tel. Si les gens vous traitent comme un roi, c'est que vous l'êtes." *C'est pareil avec les rôles de flic. J'ignore si j'en suis un, si j'ai un regard de flic. Si les gens me traitent comme un flic, je le deviens automatiquement. »*[3]

Durant le tournage, Ellen Barkin semble apprécier le travail avec Pacino, qui se montre à son égard très à l'écoute et toujours disponible. Les scènes « torrides » entre Helen et Keller ne sont toutefois pas simples à tourner, les deux acteurs étant assez gênés. Depuis *Panique à Needle Park*, Pacino n'a jamais été à l'aise dans les scènes d'amour explicites. Le passage à l'acte devant la caméra peut en effet rompre l'illusion du jeu, celle créée par les personnages, et faire basculer les spectateurs dans une réalité qui n'a plus rien de fictionnel. Pourtant, quand on regarde ces scènes, la gêne entre Pacino et Barkin paraît s'être totalement dissipée, tant leurs étreintes semblent passionnées. Le climat gentiment surchauffé du film poussera la presse à vouloir en savoir plus leur relation, d'autant que Pacino est réputé pour tomber dans les bras de ses partenaires. L'acteur Gabriel Byrne, marié à Ellen Barkin, n'aura aucune raison d'être jaloux. Pacino et Barkin restèrent sagement dans la limite de leurs rôles.
Le montage du film s'achève l'été 1989, juste avant la sortie en salles en septembre. Bonne surprise pour l'équipe de *Sea of Love*, le film reçoit un bouquet d'excellentes critiques. Pacino en particulier n'avait pas fait l'unanimité à ce point depuis *Un après-midi de chien*, en 1975. *« L'interprétation de Pacino est une merveille »*, écrit Hal Hinson dans le *Washington Post*[4]. Le film gagne également les faveurs du public. Il totalise 60 millions de dollars de recettes, soit le meilleur score au box-office d'un film avec le « Grand Al » depuis *Le Parrain*, celui-ci restant toujours en première position, indétrônable dans la mémoire collective comme dans les comptes de la Paramount.
Plusieurs scènes avec Lorraine Bracco, qui joue l'ex-femme de Frank Keller, ont été coupées pour la sortie en salle, Becker et Bregman voulant sans doute traiter le vif du sujet, c'est-à-dire la relation du couple Pacino-Barkin. Ces séquences seront toutefois réinsérées lors de la diffusion télévisée du film aux États-Unis, une version restée inédite en France. *Sea of Love* sort dans l'Hexagone le 10 janvier 1990 sous le titre *Mélodie pour un meurtre*. Il obtient un succès modéré avec 212 000 entrées et 10 millions de francs de recettes.

Pacino revient en grande forme dans *Sea of Love*. Son charme est intact et son énergie renouvelée, comme si son absence des écrans l'avait régénéré. À l'approche de la cinquantaine, on peut voir qu'il a légèrement changé physiquement et dans un sens plutôt favorable. Son visage a gagné en maturité, en profondeur. À l'écran, il dégage toujours la même puissance, la même sensualité, qui trouvent ici à s'exprimer pleinement. Plusieurs scènes montrent un Pacino que l'on connaissait peu ou pas du tout. Son jeu semble plus léger, plus insouciant, avec un humour sur lui-même qui n'était pas toujours présent dans ses interprétations précédentes. Pendant la tournée de promotion du film, il accorde de nombreuses interviews et donne l'impression d'être plus accessible. Toutes ses affres par rapport à la célébrité semblent avoir été surmontées. *« J'ai eu beaucoup de mal à m'y faire. Maintenant, j'ai appris à vivre avec. Il est vrai aussi que, de temps en temps, j'ai encore ce rêve de rencontrer des gens qui ne sauraient rien de moi. Je me demande toujours comment ils réagiraient si j'étais simplement un inconnu croisé par hasard. »*[5] Pacino répète souvent que son travail et sa vie sont interchangeables. Ce qu'il peut dire du personnage de Frank Keller et de ses enjeux donne des éléments sur son état du moment. *« Je suppose qu'en jouant le rôle maintenant, par opposition à la façon dont je l'aurais joué il y a dix ans, j'ai une compréhension plus proche, plus tactile du personnage, à cause de mon âge et de ma compréhension de la situation dans laquelle il se trouve. Il a le sentiment que le temps s'échappe. Il a un aller simple, le train sort du tunnel et il voit, au loin, la grande montagne de la mortalité. Et à partir de là, il veut que chaque minute compte. »*[6] Comme si, à travers Frank Keller, Pacino comprenait qu'il n'avait plus un sablier perpétuel pour réaliser toutes ses envies. *« Maintenant, que j'ai fait ce film, j'aimerais en faire plus, plus souvent. Parce que j'estime qu'en laissant s'écouler trop de temps entre deux films, cela donne un poids trop important aux rares films que vous faites, et j'aimerais dorénavant faire les choses de façon plus légère. »*[7] Une nouvelle période semble se dessiner pour l'acteur, plus active, plus sereine, et tout simplement plus heureuse.

UN CERTAIN GUIDO FOSCATI…

C'est en 1931 que fut publié dans le *Chicago Tribune* la première aventure de Dick Tracy, un détective au feutre mou et à l'intégrité totale, qui se consacre corps et âme à la lutte contre la pègre. Chester Gould a créé cette bande dessinée à une période où Al Capone régnait en maître sur Chicago. *Dick Tracy* remporta un succès considérable et ses péripéties continuèrent à enchanter les enfants américains pendant plusieurs décennies. Le cinéma ne pouvait pas ignorer un héros aussi populaire. Son adaptation à l'écran compte parmi les arlésiennes marquantes du cinéma américain. Les grands studios envisagèrent plusieurs projets, mais tous reculèrent devant l'ampleur des investissements. Des metteurs en scène tels que Martin Scorsese, John Landis ou Walter Hill, s'y intéressèrent, Clint Eastwood et Harrison Ford également, en tant qu'interprètes.

Ce sont finalement les studios Disney qui se décident à la fin des années 1980 à en lancer la production, avec Warren Beatty comme véritable homme-orchestre du projet, puisqu'il est à la fois acteur principal, producteur, et réalisateur. Peu avant le début du tournage, Warren Beatty rencontre par hasard dans un restaurant Al Pacino, qui vient juste de terminer *Sea of Love*. Les deux hommes se connaissent bien depuis vingt ans pour s'être croisés à de nombreuses reprises. Au moment du casse-tête de la distribution du *Parrain*, la Paramount avait envisagé de confier le rôle de Michael Corleone à... Warren Beatty, star consacrée à l'époque après le triomphe de *Bonnie and Clyde* (Arthur Penn, 1968). Autre point commun, d'ordre privé : tous deux ont été les amants de Diane Keaton. Dans les années 1970, Beatty passe avec succès à la réalisation grâce à *Heaven Can Wait* (*Le Ciel peut attendre*). Puis il signe *Reds* en 1981, avant de connaître une sérieuse décrue dans les années 1980, comme Pacino. Beatty ne travaille presque plus ou mal. Il se compromet ainsi en tant qu'acteur et coproducteur dans le désastreux *Ishtar* (1987), en dépit d'une impressionnante distribution comprenant Dustin Hoffman et Isabelle Adjani. *Dick Tracy* lui donne l'occasion de revenir au premier plan en même temps que de réaliser un projet somme toute très personnel : donner vie au personnage qui a bercé toute son enfance. Warren Beatty parle du film à Pacino et lui demande conseil sur un rôle qui lui reste à distribuer, celui du « méchant ». Le lendemain, Pacino le rappelle pour savoir quel était le sens exact de sa question. En fait, Beatty avoue qu'il le verrait bien dans le personnage. Très vite, Pacino donne son accord. Là aussi, il change radicalement. Lui qui prenait un temps considérable avant de s'engager dans un rôle, voilà qu'il se décide sur un coup de tête, par amitié pour Warren Beatty mais surtout parce que le film l'amuse énormément. *Dick Tracy*, avec son univers de bande dessinée, ses personnages outrés, se situe très loin de tout ce qu'il a pu faire.

Les meilleurs témoins du travail de Pacino sur *Dick Tracy*, davantage encore que ses partenaires sur le plateau, sont ceux qui ont créé avec lui l'apparence du personnage, Big Boy Caprice. *« C'était merveilleux de travailler avec Al*, se souvient la costumière Milena Canonero, *nous avions des sessions qui duraient parfois sept ou huit heures dans les grandes salles d'habillage à la Western, où il essayait différentes prothèses sur son visage et différents costumes, si bien qu'il pouvait inventer son personnage – comment il bougeait comment il parlait. C'était très excitant, un vrai one-man show. Quand Al commençait à improviser, il lui venait des répliques tellement drôles ! Je ne savais pas qu'il avait autant le sens de l'humour... Parfois, les acteurs ne vous apportent pas beaucoup, mais là nous avons vraiment travaillé ensemble avec Al pour trouver le personnage. »*[8] Sa poitrine est gonflée, ses épaules rembourrées, et un énorme derrière est également confectionné. Les matières de ses vêtements sont d'une certaine opulence, mais ceux-ci sont volontairement mal ajustés. Aussi le personnage apparaît comme un mélange de puissance et de ridicule. On retrouve cette même impression en regardant le visage transformé de Pacino. Les cheveux gras et mal coupés ainsi que la petite moustache font immanquablement penser à Hitler, une impression confirmée par le producteur Barrie M. Osborne qui voit le Big Boy Caprice de l'acteur comme un croisement entre le Führer despote et Groucho Marx. L'un des postes les plus importants du film, le maquillage, est signé Caglione et Drexler, deux jeunes qui ont été formés par Dick Smith, l'un des maquilleurs les plus réputés d'Hollywood, auquel on doit notamment le vieillissement de Marlon Brando dans *Le Parrain*. Caglione et Drexler se souviennent du rituel de Pacino chaque matin. *« C'était étonnant, on voyait Al entrer, s'asseoir, et quand nous commencions à la maquiller, il s'endormait sur sa chaise. Et toujours au même moment, quand nous mettions la première couleur sur les applications* (en latex), *il se réveillait un peu, roulait ses yeux vers le plafond et se pinçait les lèvres, puis il repiquait un somme. Mais une fois le maquillage terminé, il se réveillait à nouveau, complètement désorienté. C'est comme si la conscience d'Al avait été évacuée pour être remplacée par celle de Big Boy ! Il ne savait plus où il était, ni qui nous étions, il nous disait à la manière de Big Boy :* "Qui êtes-vous les gars ? Qu'est-ce qui se passe ?" *Et il était Big Boy pour le reste de la journée – toujours dingue, cinglé, toujours en train de vous offrir des noix »*[9], obsession de Big Boy que l'on voit dans le film en train d'en fracasser en quantités industrielles.

Le tournage commence le 2 février 1989 aux Studios Universal. Pendant 85 jours, l'aventure de Warren Beatty mobilise près de 300 personnes (graphistes, décorateurs, etc.). Le budget du film, évidemment, est conséquent. Son montant de 26 millions de dollars n'est pourtant pas gigantesque si on le compare à d'autres productions du même type. Cela tient au fait que les interprètes principaux ont renoncé à leur salaire, par amitié pour Warren Beatty. L'acteur-réalisateur-producteur de *Dick Tracy* compte effectivement beaucoup d'amis célèbres dans la distribution : Pacino, James Caan, Paul Sorvino, Madonna, et aussi Dustin Hoffman dans un tout petit rôle. Les acteurs jouant des rôles de « méchants », pour utiliser un terme approprié à l'univers manichéen de *Dick Tracy*, sont tellement grimés et déformés qu'ils ne sont pas reconnaissables.
Sur le plateau, Pacino découvre un nouvel outil, né du progrès technologique. Il s'agit du retour vidéo, permettant à l'équipe de visionner sur un moniteur une prise immédiatement après qu'elle a été tournée. Il n'est donc plus nécessaire d'attendre que les rushes soient développés en laboratoire et projetés après la journée de tournage. La vidéo a l'avantage de l'instantané, mais elle en a aussi les inconvénients. Regarder immédiatement sa prestation peut se révéler particulièrement inhibant pour un acteur. Pacino, que l'on aurait pu penser hostile à ce nouveau procédé, s'en est fort bien accommodé, l'utilisant pour ajuster son jeu au fil des prises.

Pacino a beau s'amuser et travailler de façon plus légère, il n'en est pas moins infernal avec ses partenaires, à commencer par Madonna, qui tient dans *Dick Tracy* le rôle d'une chanteuse – Breathless Mahoney – harcelée par Big Boy Caprice. Pacino ayant pour habitude d'alimenter son personnage en dehors des prises, cela a donné lieu à quelques courses-poursuites mémorables sur le plateau. *« Dès que Al mettait ses prothèses, son costume, il devenait un gros porc,* se rappelle Madonna. *Il n'est pas comme ça dans la vie, il est très courtois, bien élevé, distingué, et doux... Quand il devenait Big Boy, il me racontait les histoires les plus dégoûtantes possibles tout en suçant son cigare comme s'il s'agissait d'un étrange objet phallique, c'était tout simplement un porc. Je le haïssais, je le détestais, il me répugnait. Et donc ce qui se passait hors champ, c'est que j'essayais toujours de le fuir, et il me rattrapait tout le temps en hurlant* "Viens ici !", *exactement comme dans le film. À chaque fois que j'exprimais mon dégoût pour lui, il me giflait, ce que l'on peut également voir dans le film. »*[10]
Dick Tracy, sorti aux États-Unis le 15 juin 1990, est le film événement de l'été. Les recettes au box-office sont excellentes – 103 millions de dollars – et les critiques plutôt favorables. Pacino fait une fois de plus l'unanimité, en surprenant tout le monde par sa drôlerie. Avec personnage créé non pas de l'intérieur mais à partir de l'extérieur, de son apparence physique, on pense à la commedia dell'arte et au travail du masque. Pour relier cette expérience au reste de son parcours, Big Boy Caprice se situe dans les personnages de théâtre qu'il a déjà interprétés sur un mode expressionniste, tels Arturo Ui ou Richard III.
Dick Tracy reçoit sept nominations aux Oscars, dont une pour Pacino dans la catégorie du

meilleur second rôle. Lors de la promotion du film en Europe, Warren Beatty n'a pas manqué de saluer son partenaire. *« Al est l'un des plus grands acteurs du monde et je serais fier si, grâce à mon film, on découvrait qu'il est en plus un formidable acteur comique. C'est la première fois qu'il pouvait faire ce dont il a toujours rêvé : disparaître complètement derrière un personnage et s'en donner à cœur joie... Sur le plateau, j'oubliais complètement son vrai visage. En fait, pendant les deux premières semaines de tournage, peu de gens savaient que c'était lui. Sur la feuille de service, on l'appelait "Guido Foscati" et chaque jour, il y avait quelqu'un qui me disait :* "Wouah, ce Foscati, c'est une sacrée découverte." »[11] Le générique fait apparaître la présence conjointe de Pacino et de Hoffman, ce qui peut sembler étonnant vu que les deux hommes se sont toujours observés de loin, avec une froideur polie. Le film contient une scène qui aurait été inimaginable vingt ans auparavant, où l'on voit Hoffman, qui joue Mumbles – le Marmonneux dans la version française –, un personnage incapable d'articuler correctement, en train de nouer les lacets d'un Big Boy particulièrement impatient. Les deux acteurs mettent ainsi fin à une rivalité remontant à leurs débuts et si elle subsiste encore, ils la considèrent avec humour. Leur parcours dans les années 1980 offre des similitudes. Hoffman a remporté un succès phénoménal avec *Tootsie* peu avant le *Scarface* de Pacino. Quand ce dernier sombrait avec *Révolution*, Hoffman essuyait l'échec de *Death of a Salesman* (*Mort d'un commis voyageur*), avant de toucher lui aussi le fond de la piscine avec Isabelle Adjani dans *Ishtar*. L'énorme succès de *Rain Man* lui permit de resurgir à la fin des années 1980, comme Pacino avec *Sea of Love*. Au cours de cette décennie, les deux acteurs ont peu tourné, quatre films chacun, et ils ont défendu des pièces de théâtre auxquelles ils croyaient, *American Buffalo* pour Pacino et *Mort d'un commis voyageur* pour Hoffman. Leur production cinématographique, numériquement faible, s'explique également par le bouleversement de l'économie du cinéma lors de cette période. Les diffusions des films à la télévision ainsi que l'explosion du marché de la vidéo, qui en prolongent l'exploitation, assurent une présence continue des acteurs « stars » dans l'esprit des spectateurs.

Pacino, Hoffman et les autres gros calibres du cinéma ne sont donc plus dans l'obligation d'enchaîner film sur film, comme pouvaient le faire leurs aînés. James Stewart tournait parfois jusqu'à cinq films par an dans les années 1940-1950, et dans des rôles principaux. Hoffman a toujours une nette avance sur Pacino au box-office ainsi que plusieurs Oscars dans son sac, mais après *Rain Man*, il donne quelques signes d'essoufflement et fera au début des années 1990 une série de mauvais choix. Pacino se montre plus lucide que par le passé dans le choix de ses films et fait preuve d'une grande vitalité. Il en aura d'ailleurs grandement besoin pour son prochain film, le troisième et dernier volet du *Parrain*. À un moment où sa carrière prend un nouveau départ, Pacino retrouve donc le rôle de Michael Corleone, pour le faire vivre et mourir en beauté.

MICHAEL CORLEONE, FINALE

Après la sortie du *Parrain*, quand on l'interrogeait sur les possibilités d'une suite, Pacino déclarait ne plus vouloir interpréter Michael Corleone. *« Je l'ai déjà fait. À quel moment de sa vie pourrais-je reprendre ce personnage ? À moins d'en faire un homme âgé. J'aimerais beaucoup le jouer s'il était vieux »*, confiait-il au *New York Times* en 1972, annonçant presque deux décennies à l'avance l'avènement du *Parrain III*. Souhaitant rééditer le succès des deux premiers films, la Paramount proposa quantité de projets pour lancer un troisième volet en chantier, dont un avec John Travolta dans le rôle du fils de Michael Corleone. À chaque fois, Coppola répondait par la négative, considérant qu'il avait fait le tour du sujet.

À la fin des années 1980, la Paramount commande un scénario à Mario Puzo. Probablement inspiré par *Scarface*, il construit une intrigue, centrée autour du fils de Michael Corleone, qui se déroule dans le milieu du trafic de drogue en Colombie. Coppola voit d'un mauvais œil cette possible adaptation, peu en accord selon lui avec l'esprit de la saga. Le cinéaste, qui sent diffusément une demande du public pour une troisième partie, se déclare finalement prêt à la réaliser. La manne financière que représente un nouveau *Parrain* n'est pas étrangère à sa décision ; il en a grandement besoin pour combler ses dettes. Mais ce n'est pas la seule motivation. La perspective de mettre un point final à sa fresque en dirigeant en toute liberté *Le Parrain III* le séduit fortement. De son côté, la Paramount, en la personne de son président Frank Mancuso, accepte la condition préalable et impérieuse posée par Coppola : disposer du contrôle artistique total en cumulant les fonctions de scénariste, réalisateur et producteur, comme pour *Le Parrain II*. Coppola et Mario Puzo travaillent ensemble sur le scénario, qui change complètement d'optique. Le personnage de Michael Corleone reprend une place prépondérante dans le script et le trafic de drogue est abandonné. En fait, le cinéaste projette une bonne partie de ses interrogations, de ses doutes et de ses aspirations sur le personnage principal. Comme Pacino, il a connu des hauts et des bas. Après le succès foudroyant des deux *Parrain*, il s'est enfoncé à la suite d'*Apocalypse Now* dans des problèmes financiers vertigineux. Sur le plan personnel, la mort d'un de ses deux fils, Gio, dans un accident de bateau en 1986, reste un traumatisme profond. À 50 ans, avec autant de succès que d'épreuves, son regard sur la vie a encore gagné en densité et en maturité. Ce n'est donc pas un hasard si le Michael Corleone qu'il écrit est un homme usé, fatigué, qui a pour obsession de vouloir rattraper ses erreurs du passé.

L'action se déroule en 1979. Michael Corleone, âgé de 60 ans, recherche une nouvelle légitimité dans ses affaires et auprès des siens. Il vend ainsi toutes les parts de ses activités illégales pour réinvestir dans une société détenue par le Vatican. Dans le même temps, il tente de renouer avec son ex-femme, Kay, et ses enfants, Mary et Anthony. Mais les projets de Michael sont contrecarrés par les autres familles de la mafia, qui organisent un assassinat contre lui. Il en réchappe de justesse, mais ne peut empêcher des représailles. À nouveau, la famille Corleone se trouve plongée dans le cercle infernal de la violence, cette fois dans le contexte opaque des luttes de pouvoir au sein du Vatican (Coppola s'est d'ailleurs inspiré de faits réels, comme la mort de Jean-Paul Ier, pour construire son récit). Fatigué et malade – il est diabétique –, Michael demande à Vincent Corleone, le fils illégitime de Sonny, de lui succéder comme nouveau Don et de gérer des intérêts de la famille. *« La construction de ce troisième volet est identique à celle des précédents,* explique Coppola. *En partant d'une idée musicale, j'ai chaque fois essayé de trouver une forme symphonique. Le premier* Parrain *repose sur une structure très simple. Le deuxième est comme le deuxième mouvement d'un morceau musical. Quant au troisième, il reprend le thème et les leitmotivs des deux premières parties en les amplifiant. »*[12]

L'intrigue du *Parrain III* se dénoue sur la terre ancestrale des personnages, à l'opéra de Palerme, en Sicile. Si l'on a souvent parlé de la dimension opératique des deux premiers *Parrain*, Coppola enfonce le clou pour le troisième, dans une impressionnante séquence finale. Ce qui n'a pas été facile, car le Studio, craignant une augmentation exponentielle du budget, s'est farouchement opposé à la création de l'opéra *Cavalleria rusticana* pour les besoins de cette séquence. Mais Coppola y tient dur comme fer et c'est tout naturellement qu'il en signera lui-même la mise en scène. *Cavalleria rusticana* est un opéra en un acte, composé en 1890 par Pietro Mascagni. Son sujet part d'un fait divers, un crime passionnel en Sicile, et vaudra à son auteur d'ouvrir la voie au « vérisme » musical. Selon la tradition, à laquelle Coppola a toutefois dérogé, il est représenté avec un autre opéra en un acte, *Paillasse*, de Leoncavallo.

Réussir à convaincre Pacino de reprendre Michael Corleone n'a pas été difficile. *« [Pacino] fait partie des acteurs qui ne savent pas résister à un bon premier rôle. C'est même sa faiblesse…*, confie Coppola, hilare. *Il aimait l'idée de retrouver ce personnage-là, comme ça. Et puis, on travaille bien ensemble. »* Si Brando et De Niro ont marqué chacun à leur manière les deux premiers films, Pacino est à l'évidence le garant de la continuité des Corleone. Des trois acteurs, il est sans aucun doute le plus proche de Coppola, même si leurs rapports sont complexes. Des détails apparemment mineurs, comme la coupe de cheveux de Michael Corleone dans *Le Parrain III*, donnent lieu à des frictions. Pacino se verrait bien avec des cheveux mi-longs à hauteur d'épaule, mais Coppola lui impose une coupe très courte, en brosse, après deux bonnes semaines de discussions. Il reste que leurs points communs sont nombreux, en particulier une passion pour l'œuvre de Shakespeare dont on peut trouver l'empreinte sous-jacente dans la saga.
En septembre 1989, Pacino s'installe pour quelques jours dans la somptueuse propriété de Coppola, située dans la Napa Valley en Californie, pour discuter du scénario et commencer des répétitions. Diane Keaton a fait le voyage en sa compagnie. Deux raisons au moins expliquent sa présence : le rôle de Kay Adams dans *Le Parrain III*, et Pacino lui-même, avec lequel elle aimerait avoir une relation durable, semble-t-il. Depuis *Le Parrain II*, leur histoire commune est un éternel ballet d'adieux et de retrouvailles. Après sa séparation avec Kathleen Quinlan au moment de *Révolution*, l'acteur est resté seul un temps, puis il a vécu avec Diane Keaton à partir de 1987. Selon le *Los Angeles Herald Examiner*, l'actrice aurait été enceinte de Pacino, mais une fausse couche serait intervenue courant 1988. On lui attribue également, à la même période, deux autres liaisons avec, successivement, Jan Tarrant, professeur d'art dramatique à l'institut Lee Strasberg, et Annie Praeger, par ailleurs très bonne amie de cette dernière.

Arrive alors un événement qui va bouleverser la vie de Pacino en même temps que le révéler à lui-même. Jan Tarrant met au monde, en 1989, une petite fille dont il est le père. Bien que n'étant plus avec la mère au moment de la naissance, Alfredo James Pacino reconnaît Julie Marie comme sa fille et entend bien assumer son nouveau rôle. *« J'aime être père et je me sens activement impliqué. Quel soulagement de voir que la vie n'est plus autour de moi, mais autour d'elle. Je peux être loin de Julie pendant un certain temps, mais j'ai ensuite un vrai besoin de la voir sur lequel je n'ai aucun contrôle. La paternité m'a changé sur un plan essentiel et aussi par beaucoup de petits côtés. »*[13]
Dans la distribution du *Parrain III*, on retrouve, avec quelques années de plus, les sur-

vivants des deux premiers films, c'est-à-dire, outre Pacino et Keaton, Talia Shire dans le rôle de Connie et Richard Bright dans celui du fidèle garde du corps de Michael, Al Neri. En ce qui concerne la nouvelle génération, Mary et Anthony sont confiés respectivement à Winona Ryder, la compagne de Johnny Depp, et au chanteur d'opéra Franc D'Ambrosio. Joe Mantegna, acteur fétiche du dramaturge et réalisateur David Mamet, assurera le rôle de Joey Zasa, un personnage très drôle, mais qui ne le restera pas longtemps après sa trahison envers les Corleone. Le nom « Zasa » est en fait celui de la grand-mère de Coppola. Frank Sinatra avait donné son accord pour jouer Don Altobello, rival des Corleone, mais devant les incommensurables problèmes de calendrier de « The Voice », c'est finalement l'excellent Elli Wallach qui est retenu. Il était prévu une grande place au « consigliere » Tom Hagen et donc à Robert Duvall. Mais les prétentions financières de ce dernier, 3.5 millions de dollars, sont inacceptables aux yeux du Studio. En comparaison, le cachet de Pacino s'élève à 5 millions de dollars. En fait, Duvall supporte mal qu'on lui propose un salaire 4 à 5 fois moins élevé que celui de l'acteur principal. La conséquence de ces négociations houleuses est que le rôle de Tom Hagen est rayé du scénario. C'est d'autant plus dommage que Robert Duvall, par son talent, s'était imposé comme l'un des piliers de la saga Corleone. Sa disparition est justifiée dans le film assez maladroitement par une réplique de Michael, qui nous apprend que Tom Hagen s'est tué dans un accident de voiture. Toutefois, le rôle du conseiller de Michael subsiste dans *Le Parrain III*, sous le nom de B.J. Harrison et interprété par Georges Hamilton. Malheureusement, cet acteur, qui a beaucoup fait de télévision – notamment un épisode de *Columbo* –, n'a ni la classe ni le lustre de son prédécesseur. À sa décharge, il est vrai que la succession était difficile et que son personnage, avant même d'être joué, était déficient sur le papier. Pacino, lui, est inquiet. *« Quand j'ai appris que Duvall ne faisait pas le film, j'ai su que nous allions avoir de gros problèmes. »*

À part Michael Corleone, l'autre rôle pivot du film est celui de Vincent, le fils illégitime de Sonny – James Caan –, qui avait été cruellement assassiné dans le premier volet. *« J'aimais beaucoup cette idée que Vincent soit un bâtard,* explique Coppola. *L'histoire des Corleone, ce n'est pas une question de mariage, de choses légitimes, c'est une question de sang... »*[14] Dans *Le Parrain III*, Michael confie son pouvoir et les intérêts de la famille à Vincent. Sur ses épaules repose donc le destin de la famille et aussi celui du film. Son attirance pour sa cousine germaine, Mary, visible dès leur première rencontre, est un autre élément important du rôle. Michael lui demande de renoncer à sa fille quand se pose la question de sa succession. Robert De Niro se déclare très intéressé par ce rôle complexe. Après tout, ne fait-il pas partie de la famille ? Il passe des tests mais semble trop vieux pour le jouer. Et sa présence aurait pu engendrer bien des confusions puisqu'il avait déjà joué Don Corleone jeune dans *Le Parrain II*. C'est finalement Andy Garcia, acteur d'origine cubaine, qui est choisi. Bouillonnant comme James Caan, intense et élégant comme Pacino, son jeu porte la trace d'une double filiation. Il est en tout cas superbement crédible dans *Le Parrain III*. Bridget Fonda joue le rôle de la journaliste Grâce Hamilton, qui a une liaison avec Vincent au début du film. D'autres scènes étaient prévues entre elle et Michael Corleone mais, faute d'argent et de temps, elles ne pourront être tournées. Enfin, les principaux techniciens des deux premiers *Parrain* répondent présent à l'appel de Coppola. Gordon Willis à l'image, Dean Tavoularis à la décoration, ainsi que les coproducteurs Fred Roos et Gray Frederickson.

Le tournage va se dérouler principalement dans Rome et ses environs, en Sicile, et aussi à New York. Il débute le 27 novembre 1989 dans les célèbres Studios Cinecittà, où Coppola dirige son film à partir du Silver Fish, un camion spécialement aménagé qui est en fait l'équivalent d'une petite unité de production autonome. Grâce à un équipement vidéo sophistiqué, le cinéaste peut visionner les prises en direct et faire des prémontages de scènes s'il le souhaite. La fourgonnette magique comprend également un ordinateur, permettant de modifier le scénario facilement et de l'imprimer. Coppola peut communiquer ses instructions à l'équipe par des haut-parleurs et il lui arrive parfois de ne pas sortir le nez dehors de toute la journée. Passé l'étonnement du début, les différents participants au film s'habituent progressivement à cette voix sortant d'outre-tombe.
La méthode de travail particulière de Coppola ne semble pas handicaper sa collaboration avec Pacino, qui à nouveau s'annonce fructueuse. *« On parle beaucoup, il lit beaucoup... Il me cite des phrases de Shakespeare... On travaille avec les autres acteurs, on improvise, on cherche... C'est certainement l'un des acteurs les plus intelligents d'aujourd'hui. Il participe beaucoup au film. Chaque jour, il venait avec moi et nous regardions ensemble sur l'écran vidéo tout ce qu'il avait fait dans la journée, et on choisissait tous les deux les prises qu'il fallait faire tirer. Il adore faire ça.* "Montre-moi encore cette prise..." *C'est pratiquement le seul avec qui je fais ça, en tout cas de manière aussi systématique. »*[15] En retour, Pacino se déclare toujours aussi impressionné par les qualités du cinéaste, véritable moteur à émotions. *« Quand [Francis Coppola] commence à refaire le monde, tout ce que vous avez à faire est de l'écouter pendant dix minutes et il vous est donné une richesse d'idées et d'images tout à fait stimulantes. J'ai lu qu'on le compare au Don, mais il est davantage un "emperorsario" – peut-être avons-nous trouvé un nouveau mot – qu'un Don. Il est intense, préoccupé, et il voit tout. C'est un maestro... »*[16] Quand ils se retrouvent ensemble dans le réduit du Silver Fish, affairés à sélectionner les prises de la journée, ils ressemblent à deux gamins dans une cabane en train de confectionner leur nouveau jouet. Le secret de leur collaboration réside peut-être dans cette image, celle de deux hommes qui n'ont pas renoncé à leur part d'enfance.

Ce tableau idyllique ne saurait masquer les nombreuses difficultés rencontrées lors du tournage. Les deux premiers *Parrain* ont vu le jour dans l'adversité, au milieu de tensions multiples. *Le Parrain III* ne fait pas exception à la règle. Le premier revers sérieux du film a lieu au moment de Noël 1989, quand Winona Ryder se révèle incapable d'assumer son rôle. À son arrivée à Rome, la jeune actrice vient de terminer un film et son épuisement total la conduit au bord de la dépression. L'avis du médecin est formel : la jeune femme a impérativement besoin d'une cure de repos. La solution pourrait être de recontacter Julia Roberts, qui avait été pressentie pour le rôle. Mais les chances de conclure sont très faibles, puisqu'elle avait déjà refusé en raison d'autres engagements pour la même période. Coppola crée la surprise en confiant le rôle de Mary à sa propre fille, Sophia, âgée de 18 ans. Une fois la stupéfaction passée, c'est le scepticisme qui domine parmi les membres de l'équipe du film, acteurs comme techniciens, y compris chez ceux qui la connaissent et l'apprécient depuis sa naissance. Leur argument principal est de taille : comment Sophia peut-elle tenir un rôle aussi important dans un film pareil alors qu'elle n'a quasiment aucune expérience d'actrice ? Les décideurs de la Paramount s'arrachent les cheveux, mais ils sont impuissants, Coppola disposant d'un contrôle artistique complet, ce qui inclut bien évidemment le choix de la distribution. Sophia est, en fait, la première surprise par la décision de son père. Elle était paisiblement en vacances à Rome chez ses grands-parents et voilà qu'elle se retrouve en train d'essayer des costumes à Cinecittà ! Elle était déjà présente dans les autres *Parrain*, sous forme d'apparitions. Dans le premier, on peut la voir en nouveau-né dans la scène finale du baptême, et dans *Le Parrain II*, on la retrouve, âgée de 3 ans, sur le bateau des immigrants. Coppola justifie son choix en affirmant qu'elle peut donner à Mary toute l'innocence que suppose le rôle. Mais avec sa sœur Talia Shire, son père Carmine, qui signe une partie de la partition de la musique du film, et maintenant Sophia, Coppola fait preuve d'un népotisme assumé. *« Vous ne pouvez imaginer à quel point j'ai besoin de travailler entouré des miens,* avoue le cinéaste. *Non pas parce que c'est plus facile, mais surtout parce que j'y puise une puissance de confiance dont les autres bénéficient. »*[17] Pacino, lui, n'entre pas directement dans la polémique mais il prend de facto le parti de Coppola en lui reconnaissant le droit de composer la distribution comme il l'entend. Pendant le tournage, il restera très proche de Sophia et lui glissera à l'oreille quelques bons conseils.

À ce climat passionnel viennent s'ajouter d'autres tensions, dues cette fois aux difficultés du couple Pacino-Keaton. L'acteur semble en effet peu enclin à s'engager dans une relation durable avec sa partenaire, ce que cette dernière accepte mal. Le résultat est que leurs rapports sur le tournage sont lourds de sous-entendus et de reproches. Un événement douloureux va pourtant les souder temporairement. Le décès de la grand-mère de Pacino, Kate Gerard. Dès qu'il apprend la nouvelle, l'acteur s'envole vers New York pour assister aux funérailles, accompagné de Diane Keaton. À leur retour, le couple semble avoir trouvé un compromis, au moins jusqu'à la fin du tournage.

Quand l'équipe du film se rend au début du printemps 1990 en Sicile, l'ambiance est moins chargée, à l'image des scènes tournées, comme notamment la réconciliation entre Kay et Michael. Le 25 avril, Pacino organise une soirée pour son cinquantième anniversaire. Le palais sicilien et sa générosité sont suffisamment grands pour qu'il invite tous les participants au film, des stagiaires régie au réalisateur. Ce fut apparemment une très belle fête selon le témoignage de la productrice associée, Marina Gefter. Coïncidence, les *Parrain* comptent dans leurs rangs de nombreux natifs du mois d'avril : Coppola, Brando, Talia Shire – le même jour que Pacino – et Andy Garcia.

Le tournage s'achève en juin, en retard sur le calendrier. La date de sortie prévue, le 20 décembre 1990, ne laisse que peu de temps à Coppola pour boucler la postproduction. *Le Parrain* avait été reporté en mars 1972 pour permettre justement un retravail sur le montage. Le deuxième avait été testé plusieurs fois en public, ce qui avait alors permis de le rendre plus compréhensible. *Le Parrain III* n'a pas cette chance, la Paramount ne voulant à aucun prix rater les fêtes de Noël.

À sa sortie, le cinéaste estime que le film exigeait des finitions plus poussées, notamment au son. Cela ne l'empêche pas, dans l'ensemble, d'être bien accueilli par la presse, même si les critiques le trouvent inférieur aux deux premiers volets. Sophia Coppola n'est pas ratée au tournant. Son jeu est le plus souvent qualifié « d'amateur ». Les plus durs l'accusent de faire plonger le film. Pour clore ce chapitre, elle est nominée aux « Razzie Award » – la cérémonie parodique des Oscars, récompensant les plus mauvaises prestations – dans deux catégories : « Pire nouvelle star » et « Pire second rôle ». L'acharnement dont elle fait l'objet est toutefois aussi facile qu'injustifié. Sophia Coppola n'est peut-être pas la nouvelle Meryl Streep, mais elle se montre à la hauteur du rôle. Son interprétation apporte également une

touche de naïveté, d'autant plus utile qu'il n'y en a pas beaucoup dans l'univers Corleone. Le film est tout de même représenté – et plutôt bien – à la cérémonie des Oscars, la vraie cette fois-ci, en totalisant 7 nominations, dont une pour Andy Garcia, amplement méritée, dans la catégorie du « Meilleur second rôle ». Pacino, lui, n'est pas nominé au titre du *Parrain III*, à l'étonnement général. C'était pourtant l'occasion rêvée de lui remettre la récompense suprême. Il est toutefois présent dans la sélection avec *Dick Tracy*, pour l'Oscar du meilleur second rôle – comme Andy Garcia – mais cela semble bien dérisoire quand on considère un instant ce que représente Michael Corleone dans sa carrière et aux yeux du public.
Avec *Le Parrain III*, Coppola signe un film très personnel, qui dégage une évidente mélancolie. Mis bout à bout, les trois films forment un tout, mais il reste que chaque volet séduit différemment. Le premier a créé un univers, à la fois puissant et divertissant, qui a permis de rencontrer un immense succès populaire. Le deuxième, plus sombre, plus lourd, se distingue par un jeu d'acteurs époustouflant. Le troisième s'adresse peut-être davantage à un public cinéphile. Le film a d'ailleurs rencontré un grand succès critique en Europe, particulièrement en France, où *Les Cahiers du Cinéma* le considèrent comme le meilleur de la trilogie.

Pacino retrouve dans *Le Parrain III* un rôle que l'on peut sous bien des aspects comparer au Vito Corleone campé par Brando vingt ans plus tôt. Les deux acteurs jouent en effet des personnages plus âgés – de 20 ans pour Brando et de 10 ans pour Pacino. Dans les deux films, ils tiennent des rôles de « passeurs », en transmettant leur expérience au plus apte à leur succéder et toujours dans le même but : préserver les intérêts de la famille. C'est ainsi que Pacino donne quelques bons conseils à Andy Garcia, comme *« ne hais jamais tes ennemis, cela affecte ton jugement »*, *« ne livre jamais tes pensées aux autres »* ou encore *« quand ils frappent, ils frappent ce que tu aimes le plus »*. Cette fonction de « passeur », Pacino va d'ailleurs la retrouver dans bon nombre de ses prochains rôles et *Le Parrain III* ouvre la voie sur ce nouveau terrain. Il est maintenant identifié comme le dépositaire du savoir, celui qui a l'expérience. Il n'empêche que le passé de Michael Corleone reste douloureux et non résolu pour une bonne part, comme le montre sa culpabilité totale envers son frère. En pleine crise de diabète, Pacino hurle ainsi le nom de Fredo, le frère qu'il a assassiné. Il confiera dans les larmes son crime au Cardinal Lamberto, interprété par Raf Vallone, dans ce qui reste l'une des plus belles scènes du film – elle fut tournée dans la magnifique église Santa Maria dell Quercia, au nord de Rome. L'évolution de son personnage lui permet en fait d'exprimer des émotions qu'il devait dissimuler ou sortir différemment dans les deux premiers volets. Magistral de bout de bout, Pacino n'a pas manqué son dernier rendez-vous avec Michael Corleone.

RETROUVAILLES

Après *Le Parrain*, Pacino avait joué un personnage aux antipodes de Michael Corleone dans *L'épouvantail* de Jerry Schatzberg. Même chose après *Le Parrain II* lorsqu'il interpréta Sonny Wortcik dans *Un après-midi de chien*. Quinze ans plus tard, il décide de tourner *Frankie et Johnny* dans la foulée du *Parrain III* et se construit ainsi une carrière accidentée, faite de changements brusques. Après chaque volet de la saga, Pacino choisit

donc un personnage en rupture totale avec Michael Corleone. Ces virages ne sauraient cependant masquer la continuité réelle de son parcours à travers le personnage inventé par Mario Puzo. Ce rôle, il l'a retrouvé à différentes étapes de sa vie, comme une bouée mais aussi comme un poids. Après *Le Parrain III*, c'est peut-être pour se délester de cette charge qu'il accepte le scénario de *Frankie et Johnny*.
Tiré de la pièce de théâtre à succès de Terence Mc Nally, *Frankie et Johnny* propose une histoire d'amour entre deux êtres qui a priori ne sont pas faits l'un pour l'autre. Johnny, le personnage de Pacino, vient de purger une peine de prison pour un délit mineur. Agé de 47 ans, sans famille et sans amis, la reconversion s'annonce difficile, il trouve du travail dans un restaurant grec comme cuisinier et, un bonheur n'arrivant jamais seul, il tombe amoureux de la serveuse, Frankie. Mais celle-ci, déçue par ses expériences passées avec les hommes, repousse les avances de Johnny. À force d'insister et de faire assaut de charme, il parvient pourtant à la convaincre de ne plus résister au grand amour. Frankie et Johnny peuvent alors donner un sens à leur vie, ensemble. Le sujet du film, à l'évidence, se situe à des années-lumière de la parabole du *Parrain III* sur le pouvoir et la violence. Il se rapproche davantage de *Sea of Love*, les préoccupations de Frank Keller sur la quête du grand amour rejoignant en partie celles de Johnny. Mais *Frankie et Johnny* n'est pas un film policier, c'est avant tout une comédie romantique, un genre dans lequel Pacino ne s'est jamais vraiment imposé. Désormais plus léger dans la vie et dans son travail, le moment semble propice à une nouvelle incursion dans le territoire de la comédie. D'autant que le film s'annonce comme une belle réussite. La réalisation est assurée par Gary Marshall, l'auteur du succès planétaire de *Pretty Woman* – que Pacino avait d'ailleurs refusé –, avec Richard Gere et Julia Roberts, et le rôle de Frankie est tenu par une des stars les plus en vue, la belle Michelle Pfeiffer.

Bien que censé se dérouler à New York, *Frankie et Johnny* est tourné à Hollywood, pendant les premiers mois de l'année 1991. La majeure partie de l'action se passe dans quelques décors principaux, le restaurant Apollo, l'appartement de Frankie – le film est tiré d'une pièce de théâtre et c'est fort logiquement que le choix de filmer en studio s'est imposé. Pacino et Pfeiffer se retrouvent donc pour jouer dans une romance hollywoodienne « bon enfant », ce qui peut faire sourire quand on songe au couple impossible qu'ils formaient à l'écran dans *Scarface*. Hors plateau, leurs relations sur le film de De Palma étaient plutôt distantes. Le tournage de *Frankie et Johnny* se présente sous un jour totalement différent. Michelle Pfeiffer ne reconnaît plus le Pacino avec lequel elle avait travaillé. *« Je l'ai averti que j'allais dire à tout le monde qu'il était devenu bien plus gentil et moi beaucoup plus méchante,* ironise-t-elle. *Il se sent beaucoup mieux dans sa peau. »* Le témoignage de Pfeiffer confirme en fait tous les changements intervenus chez Pacino depuis la fin des années 1980. *« On ne sait pas qu'il est drôle et très charmant,* poursuit-elle. Il n'a pas souvent l'occasion de se montrer sous ce jour-là à l'écran. On s'est vraiment bien amusés pendant le tournage. Pendant le premier mois, je lui disais tous les jours : *« Je n'arrive pas à croire que voilà les deux personnes qui ont jadis travaillé ensemble. On avait tellement changé tous les deux. »*[18]
Pacino apporte quelques nuances à l'avis de sa collègue. *« Peut-être que je n'étais qu'un pauvre type sans le savoir. Ça se passe toujours comme ça. Je ne sais pas. J'ai l'impression d'être le même homme. Dans* Scarface*, on n'avait pas beaucoup communiqué, Michelle et moi. Sans doute est-ce parce qu'elle débutait. Elle s'impliquait beaucoup moins. »*[19]

Pacino s'adresse aux techniciens, au début du tournage, sur le mode de l'autodérision. *« Les gars, je sais que vous allez parier sur le nombre de prises que je vais faire ici et je dirai que celui qui mise au-dessus de 20 a les meilleures chances. »*[20] L'ambiance du tournage est à l'image du film, sympathique et enjouée. Le réalisateur Gary Marshall n'y est pas étranger. Il aime travailler avec ses acteurs dans la détente et dans le rire. D'ailleurs, trop de nervosité ne lui est pas conseillée, car il est sujet à de fréquentes crises d'asthme. Le jour du 51e anniversaire de Pacino, le 25 avril 1991, Gary Marshall lui fait un cadeau original. Dans une scène du film, Johnny rentre chez lui et tombe sur des amis du restaurant qui l'attendent pour lui faire une fête surprise. Gary Marshall va débaucher sur un plateau voisin les acteurs en train de tourner *Star Trek VI* et les place parmi les amis de Johnny. Quand Pacino ouvre la porte pour la scène, il se trouve ainsi nez à nez avec Spock et le Capitaine Kirk. Le résultat est un grand éclat de rire. Une scène déshabillée entre Pfeiffer et Pacino fut en revanche moins drôle à tourner. L'actrice étant particulièrement mal à l'aise, il faudra 105 prises et trois jours de travail pour venir à bout de ce plan. À la fin du tournage du film, Gary Marshall, toujours très inventif pour les bonnes blagues de plateau, fait imprimer une série de T-shirt pour l'équipe avec l'inscription suivante : *« J'ai survécu à la prise 105 »*. En termes financiers, *Frankie et Johnny* a rapporté à Pacino un cachet de 6 millions de dollars, ainsi que des progrès conséquents en cuisine, si l'on s'en tient à la dextérité avec laquelle il prépare des plats tout au long du film. Michelle Pfeiffer a touché la moitié du salaire de son partenaire, soit 3 millions de dollars. L'actrice a déclaré que ce décalage ne la choquait pas, vu l'âge et l'expérience de Pacino. Un point de vue qui a dû faire bondir Sharon Stone, ardente militante pour la parité des salaires entre les acteurs et les actrices. *Frankie et Johnny* sort aux États-Unis en octobre 1991 et en dépit de bonnes critiques, ne réalise qu'un score moyen au box-office avec seulement 22 millions de dollars de recettes. Pour l'heure, le public reste peu enclin à découvrir Pacino dans le registre de la comédie douce-amère.

GLENGARRY GLEN ROSS

Son prochain film est à nouveau tiré d'une pièce de théâtre. Il s'agit de *Glengarry Glen Ross* de David Mamet, dans un registre très différent de *Frankie et Johnny*. Là où Terence McNally propose une vision positive et pleine d'espoir des rapports humains, Mamet est au contraire beaucoup plus sombre, même quand il fait rire. Ses personnages patinent le plus souvent dans un vide désespérant, en s'enfermant dans un univers où mensonge et duplicité règnent. Pacino connaît bien cet auteur incisif pour l'avoir longuement pratiqué lors de sa période *American Buffalo*.

James Foley est un jeune réalisateur qui a montré un grand potentiel dans les années 1980, en signant tour à tour des films très personnels et d'autres plus commerciaux comme *Who's That Girl*, avec Madonna. Pacino se montre immédiatement enthousiaste quand Foley lui présente le projet de *Glengarry Glen Ross*. Avec l'accord de l'acteur en poche, le cinéaste parvient à monter la production du film sans grande difficulté. La pièce de Mamet se déroule dans une société d'agents immobiliers, où la concurrence est sévère. Comme dans tout travail de démarchage, ils travaillent avec des fichiers de clients. Évidemment, leurs ventes – et donc leurs commissions – dépendent largement de la valeur des fiches qu'on met à leur disposition. La règle est que le meilleur vendeur reçoit les meilleures fiches. Au début du film, un représentant du siège vient leur sonner les cloches. Si les résultats ne s'améliorent pas, les plus mauvais seront virés. Il laisse cependant une série de « bonnes » fiches, appelées « Glengarry ». Mais le patron ne veut pas les distribuer à tout le monde. Pendant la nuit, ces fameuses fiches sont volées, mais par qui ?

Pacino renonce à ses prétentions financières habituelles, en partie à cause du projet, qui l'intéresse énormément, et aussi par amitié pour James Foley. Son cachet est de 1.5 millions de dollars pour un second rôle important, Ricky Roma. Sur *Glengarry Glen Ross*, l'acteur se trouve au milieu d'une excellente distribution composée notamment de Jack Lemmon, en vieux vendeur raté, Alec Baldwin, le requin aux dents longues, Kevin Spacey, en patron de succursale odieux. Citons également Jonathan Pryce, qui interprète un client embobiné de main de maître par le meilleur vendeur de l'agence, Ricky Roma-Pacino, et aussi Ed Harris, dans le rôle du vendeur frondeur.

Le tournage a lieu à la fin de l'année 1991, principalement dans deux décors, la succursale de l'agence, et le restaurant chinois de l'autre côté de la rue. *« Ce qui m'a intéressé, c'est qu'il y avait des acteurs qui réussissaient à associer un réalisme émotionnel à des dialogues très irréalistes,* explique Foley. *Les trois semaines de répétition ont uniquement été consacrées à trouver ce qui n'était pas écrit dans le scénario. Quel est l'âge des personnages ? Depuis combien de temps travaillent-ils dans la boîte ? Est-ce qu'ils se connaissent bien ? Est-ce qu'ils s'invitent à manger chez eux. Est-ce qu'ils sont mariés ? Est-ce que leurs femmes se fréquentent ? Je voulais qu'ils soient bien ancrés dans le réalisme émotionnel. »* Foley atteint pleinement sa cible, car ses acteurs, venant parfois d'horizons très différents, jouent parfaitement ensemble et au mieux de leur forme. Il est vrai que le scénario favorise particulièrement le jeu, en donnant lieu à de véritables joutes verbales. Les personnages parlent sans cesse, refont le monde autour d'un verre, mettent au point de nouvelles combines, mais n'agissent jamais réellement. Et quand il y a une action – la seule du film est le vol des fiches – elle n'est pas montrée. Cette tempête dans un verre d'eau est souvent drôle. Elle est parfois émouvante, en particulier grâce à Jack Lemmon. Elle dégage en tout cas un sentiment d'oppression, renforcé par le fait que toutes les scènes se déroulent en intérieurs. La subtile mise en scène de James Foley, en isolant les personnages par des lumières appropriées, les renvoie à leur solitude profonde comme à leurs manques. Avec Ricky Roma, Pacino change de registre. *« Si je devais passer en revue tous les personnages que j'ai interprétés, je dirais que la chose qu'ils ont en commun n'est pas tant leur solitude que leur désir de survivre. »*[21] Quand ses personnages ne sont pas directement en lutte contre la mort, ils ont en tout cas le besoin viscéral de donner un sens à leur vie. Or, Ricky Roma ne semble pas entrer dans ces catégories. C'est un homme à qui tout réussit, ce qui lui suffit. Pacino joue en fait un personnage « cool » et séduisant, à l'apparence soignée, qui a en outre une confiance en lui à la limite de l'insolence. Mais il n'a pas de monde intérieur vraiment intéressant. Cet aspect « coquille vide » est très bien rendu et sert parfaitement le propos du film. James Foley exploite aussi le fait que Pacino joue un second rôle. Volontairement, il le fait entrer dans le film plus tard que dans la pièce de théâtre, pour une attente encore plus grande. Pacino est doublement absent du film, physiquement dans la durée, et par son rôle, moins dense que les autres. De cette absence, Foley semble vouloir tirer parti. *« Ce que j'aime, c'est que tous les personnages ne cessent de parler de lui.*

Pacino est une star de cinéma, ce qui donne un côté populaire au film, avec lequel il est si intéressant de jouer. On sait qu'il est dans le film, mais où diable est-il ?» Foley tente un pari difficile : si Pacino est indispensable quand il joue, peut-il l'être tout autant en étant absent ? À sa sortie en salle fin septembre 1992 aux États-Unis, *Glengarry Glen Ross* n'attire pas les foules, ne rapportant que 10 millions de dollars. C'est dommage car il s'agit d'un film avec un Pacino insolite. Dans ses interviews données pour la promotion du film, l'acteur revient sur sa différence d'attitude par rapport au passé. *« Lorsque j'étais plus jeune, j'étais davantage impliqué dans mes rôles, j'étais en permanence le personnage. Moins aujourd'hui. Je suis capable de m'en débarrasser plus facilement (...) Cela fait trente ans que je fais ce métier, alors j'ai fini par développer une méthode qui m'est propre. La clef pour moi, aujourd'hui, est d'essayer de rester très ouvert et d'approcher chaque rôle comme si j'ignorais tout de ce métier. »*[22] Pacino est très productif depuis quelque temps, beaucoup plus que par le passé et curieusement, ce regain d'activité est dû en partie à son propre film, *The Local Stigmatic*. Travailler en tant que réalisateur lui a redonné le goût du cinéma, qui est un plaisir différent du théâtre, et l'a incité, par ricochet, à jouer dans plus de films. Pacino voit la suite de sa carrière avec sérénité. Son souhait est de pouvoir continuer à alterner dans la mesure du possible travail expérimental et films commerciaux. *« Je fais mes propres films, ce qui me permet d'explorer d'autres domaines plus complexes, sans crainte d'être jugé si cela tourne mal,* dit-il, avant d'émettre un vœu pieux. *Il faudrait que les acteurs aient à leur disposition des ateliers où ils pourraient expérimenter des rôles sans craindre les pressions commerciales qui régentent Hollywood. »*[23]

LE TEMPS D'UN WEEKEND

Si Pacino pouvait être mystérieusement absent de *Glengarry Glen Ross*, il va se révéler excessivement présent dans *Scent of a Woman* (*Le Temps d'un week-end*). Le scénario est une adaptation lointaine du film de Dino Risi, *Profumo di Donna* (*Parfum de femme*, 1974), avec Vittorio Gassman dans le rôle-titre. Pour la version américaine, le rôle confié à Pacino est celui du colonel Frank Slade, un militaire à la retraite au caractère impossible. Son départ de l'armée est intervenu à la suite d'un accident – une explosion de grenade– qui l'a rendu aveugle. Depuis, il vit dans la famille de sa nièce, ou plutôt s'y ennuie à mourir. Juste avant de partir en vacances, elle passe une annonce pour trouver une personne pouvant s'occuper du colonel pendant son absence. Charlie Simms, étudiant dans une école de préparation aux grandes universités, la prestigieuse BAIRD, se présente pour le job. Son travail va en fait consister à servir de guide au colonel dans la ville de New York, le temps d'un week-end... Frank Slade s'offre alors une tournée des plaisirs : une suite dans un prestigieux hôtel, le Waldorf Astoria, une virée en Ferrari, une *call-girl*. Toute sa pension d'invalidité y passe, mais il s'en moque, car il s'agit d'un dernier tour de piste. Le colonel, diminué physiquement, n'attend plus rien de la vie et projette de se suicider. Charlie parvient à l'en dissuader, de justesse. À leur retour dans le New Hampshire, Frank Slade renvoie l'ascenseur à Charlie en l'aidant à régler un différend avec son école. À la fin, c'est un homme nouveau qui a repris goût à la vie. Telle est donc l'intrigue de ce film, dont le pivot est la relation entre Frank Slade, un homme de cinquante ans désabusé et cynique, et Charlie Simms, un jeune homme intègre et plein d'espoir. Bon nombre de critiques égratigneront le scénario, pour ses faiblesses, ses incohérences, voire sa complaisance. De ce scénario sortira pourtant un film avec de l'envergure et pas mal de surprises.

Le réalisateur, Martin Brest, a déjà fait ses preuves en dirigeant *Beverly Hills Cop* (*Le Flic de Beverly Hills*) avec Eddie Murphy, et *Midnight Run* avec Robert De Niro, deux films divertissants et pleins de vitalité. *Le temps d'un week-end* se situe dans un autre registre. François Truffaut avait fait la distinction, restée célèbre, entre les films d'action et les films de personnages. Le nouveau film de Martin Brest appartient à l'évidence à la seconde catégorie. Cette fois, il n'y a pas de poursuites en voiture, de cambriolages de banques ou de scènes de sexe torrides, mais seulement une relation forte entre deux personnages.

Le tournage se déroule pendant le printemps 1992, principalement à New York. C'est la première fois que Pacino s'attaque à un personnage avec une infirmité physique. Le défi pour lui est d'être crédible en aveugle. *« Les deux choses les plus importantes, c'est de se documenter et de s'entraîner. Pour ce rôle, j'ai rencontré énormément d'aveugles et je les ai observés. La chose qui m'a le plus frappé, c'est l'incroyable diversité qui existe entre eux. Il n'y a pas une manière de jouer un aveugle. Ils sont tous très différents, ils ont tous une manière personnelle de vivre leur handicap. J'ai trouvé aussi des livres qui permettent de mieux comprendre cette condition. Ensuite, il y a eu l'entraînement. C'était le plus dur. Cela implique qu'à chaque seconde, à chaque mouvement que vous faites, vous devez vous rappeler que vous êtes aveugle. »*[24] Pendant les prises, Pacino doit en fait se concentrer et ne regarder aucun point précis. Cette absence de focus imprime au regard une sorte de flottement, donnant l'impression que le personnage est effectivement aveugle. *« Et puis, vous savez, jouer un aveugle, c'est presque plus facile qu'un rôle normal. Parce que là, au moins, l'acteur a vraiment l'impression de faire quelque chose de concret. Trop souvent, on passe son temps à chercher les petites subtilités indispensables qui font l'intérêt d'un personnage, qui le distinguent des autres et, surtout, de soi-même. Et dans le cas d'un aveugle, ce quelque chose est assez facile à trouver. »*[25] L'autre rôle important du film, Charlie Simms, est tenu par un jeune acteur inexpérimenté de 22 ans, Chris O'Donnell, qui ne pouvait pas mieux tomber pour faire ses premiers pas. *« Al travaille toujours sur de nouvelles idées,* se souvient-il. *Ce type est une machine. Il peut faire vingt prises et toutes sont différentes. Il se prépare dans sa caravane d'habillage et arrive toujours sur le plateau avec différentes approches pour tourner chaque prise. »* Pour Chris O'Donnell, jouer avec Pacino revient à faire un gigantesque saut dans l'inconnu. *« Et c'est comme ça que des beaux moments dans* Le temps d'un week-end *sont arrivés, quand Al se jetait dans quelque chose à la dernière seconde et que je devais plus ou moins y réagir. Je n'avais jamais fait ça auparavant. »*[26] Pacino adapte sa méthode aux personnages. En l'occurrence, il utilise pleinement certaines caractéristiques de Frank Slade, notamment son imprévisibilité et son désir de déstabiliser les autres. L'acteur n'est jamais aussi bon que lorsqu'il est totalement libre. Martin Brest l'a bien compris et c'est pour cette raison qu'il le dirige avec souplesse. Le metteur en scène est également très ouvert aux improvisations, ce qui contribuera à donner un climat de grande vérité au film. La scène où Pacino traverse sur un coup de tête une importante artère new-yorkaise, sans attendre le feu rouge, n'a pas été simple à tourner, surtout parce que les voitures étaient censées s'arrêter brutalement à quelques centimètres seulement de l'acteur. *« Je n'arrêtais pas de penser à ma fille, à ma responsabilité de père* »[27], se souvient Pacino. Martin Brest prend sa place et traverse plusieurs fois pour lui montrer qu'il n'y a aucun risque. L'acteur va tout de même se blesser à l'œil lors d'une chute. Le fait de jouer un aveugle, de se concentrer à ne rien voir, y est évidemment pour quelque chose.

Le temps d'un week-end sort pendant les fêtes de Noël de 1992 et obtient des critiques mitigées. Le *New York Times* estime que « *Pacino rugit au cours de cette histoire avec une intensité à vous couper le souffle* »[28]. C'est à peu de chose près ce que l'on trouve généralement dans la presse au sujet de son interprétation, qui réalise une belle unanimité même chez ceux qui n'apprécient guère le film.
Depuis le début de sa carrière au cinéma, le regard de Pacino est l'un de ses principaux atouts. Nombre de cinéastes l'ont utilisé dans leurs films, pour sa valeur d'expression comme sa valeur poétique. Dans *Le temps d'un week-end*, il devient cette fois le sujet principal. Le paradoxe est que cela s'opère à travers les yeux morts du colonel Slade. Dépouillé de tout point fixe, le regard de Pacino n'en est que plus fascinant. Il serait toutefois réducteur de voir son interprétation sous le seul angle du tour de force. Slade est un personnage haut en couleur, dense et intense, à l'image de son vocabulaire si particulier. Si le personnage est égocentrique au dernier degré, cynique, autoritaire et pénible pour son entourage, Pacino parvient à le rendre attachant au fil des scènes. Le tango qu'il danse avec une jeune femme – la ravissante Gabrielle Anwar – rencontrée dans un salon de thé fait partie d'un des meilleurs moments du film. On peut même la voir comme une parenthèse assez magique. La musique y est certainement pour beaucoup. La scène se situe au-delà de la séduction. À cet instant précis, la cliente et Slade veulent tout simplement passer un court moment de bonheur. Mais pour le savourer, le colonel doit lutter contre sa condition d'aveugle et son effort le rend très touchant. Dans les trois derniers quarts d'heure, Pacino montre les brèches du personnage. On retrouve en fait l'alchimie qui a fait son succès : un mélange de puissance et de fragilité. Les coups d'éclat de Slade rappellent les colères de *Serpico* ou de Michael Corleone dans les deux premiers *Parrain*. Que ce soit dans la violence ou dans la douceur, il dégage dans *Le temps d'un week-end* une intensité que l'on n'avait plus vue depuis ses débuts.

Gros succès aux États-Unis, avec 63 millions de dollars de recettes, le film n'a pas été oublié par le jury des Oscars, en totalisant quatre nominations, notamment dans les catégories « M eilleur film », « Meilleur réalisateur » et « Meilleur acteur ». Pour la remise des Oscars 1992, Pacino est doublement présent puisqu'il est aussi nominé pour son second rôle dans *Glengarry Glen Ross*. Mais cette fois, il ne repart pas les mains vides. Son interprétation dans *Le Temps d'un week-end* lui rapporte, enfin, la consécration de ses pairs. La course à l'Oscar n'a jamais été une préoccupation majeure pour Pacino. Le fait de l'obtenir lui procure cependant une grande joie, qu'il a du mal à définir. « *Gagner un Oscar était une expérience formidable. C'est merveilleux. Cette expérience était curieuse, parce que je ne m'attendais pas du tout à me trouver dans l'état ou j'étais après l'avoir reçu. Comme je l'ai dit, ce n'est pas tant de le mériter. C'était simplement mon tour. C'est mon tour. Le sentiment que l'on a juste après est difficile à décrire. Parce que vous vivez normalement et les gens sont conscients que vous avez gagné l'Oscar. Et ils viennent vous voir pour vous féliciter. Ce qui entretient le phénomène. Cela a duré pendant plusieurs semaines. Je n'avais jamais connu ça. C'était comme de gagner aux Jeux Olympiques. Vous avez l'impression de vous trouver dans une course, quelque chose comme ça. Pour moi, c'est plus proche d'un événement sportif. Je n'ai jamais rien gagné dans une compétition sportive. »*[29] À la cérémonie des Oscars, un Pacino radieux lève son Oscar sous les applaudissements. Dans son allocution, il remercie son ami Charles Laughton, qui l'a soutenu dans les moments difficiles et souligne son attachement à sa famille d'origine : le théâtre. Son apparence physique – il porte une barbe naissante – annonce déjà son prochain personnage au cinéma : Carlito Brigante. Rideau sur Frank Slade, Carlito, ex-prince du Barrio, frappe à la porte avant de l'enfoncer…

MAGIC TIME

La première rencontre entre Pacino et Carlito remonte aux années 1970. C'est à cette époque en effet que l'acteur découvre son futur personnage, à travers les deux romans qui lui sont consacrés. *Carlito's Way*, publié en 1975, raconte l'ascension d'un petit truand portoricain dans le milieu. *After Hours* (1979) reprend le même personnage à sa sortie de prison, qui cette fois tente de raccrocher et de refaire sa vie. Pacino voit immédiatement en Carlito un rôle sur mesure, et se lie d'amitié avec son auteur, Edwin Torres. Ce dernier, après une enfance très difficile à Spanish Harlem, parvint à mener à terme ses études de droit et devint assistant d'un District Attorney – équivalent du procureur français – puis avocat. Edwin Torres fut ensuite nommé juge à la Cour suprême, la plus haute juridiction aux États-Unis. Ce fut la première fois qu'un juriste d'origine hispanique accéda à cette fonction. Pour écrire ses deux romans, l'auteur s'est largement inspiré de sa propre expérience et de son observation de la pègre.

Pendant plusieurs années, Pacino garde le projet sous le coude, attendant le moment propice pour le mettre en route. À la fin des années 1980, le producteur Elliott Kastner commence effectivement la préparation de *Carlito's Way*. La configuration envisagée est alors de réunir Pacino et Brando dans la distribution. Mais les problèmes de disponibilité du premier, qui doit tourner dans *Le Parrain III*, obligent à un report du film. Kastner jette l'éponge, et *Carlito's Way* atterrit finalement chez Martin Bregman. Reste à trouver le réalisateur. Pacino n'en voit qu'un seul capable de faire le film : Brian De Palma. Le problème est que ce dernier ne parvient pas à dépasser la première page du scénario. L'ambiance portoricaine de *Carlito's Way* lui rappelle par trop *Scarface* et le cinéaste n'a aucune envie de se répéter. Quand le studio Universal propose d'autres metteurs en scène, la réponse de Pacino est un « non » catégorique. C'est De Palma ou personne. Heureusement, une lecture plus approfondie du scénario enlève au cinéaste toutes ses réticences de départ. *« La seule raison pour laquelle j'ai fait ce film : c'est un superbe rôle pour Al et c'est un scénario de film noir fantastique, alors qu'on ne voit plus beaucoup de bons films noirs parce que c'est un genre essentiellement fondé sur la fatalité. »*[30] En choisissant l'auteur, le scénariste adaptateur – David Koepp –, le réalisateur, et les producteurs, Pacino s'est impliqué personnellement à chaque étape du projet. En ce début d'année 1993, il ne lui reste plus qu'à endosser le manteau de cuir noir de Carlito et à bien tailler son collier de barbe.

Le héros crée par Edwin Torres, bien que traînant derrière lui un lourd passé criminel, est attaché à des valeurs fortes, telles que la loyauté, l'amitié, le respect de la parole donnée, ce qui va lui coûter cher car le milieu dans lequel il évolue baigne dans le cynisme et la traîtrise. Pacino « connecte » sans difficulté avec les aspirations de Carlito, son sens des relations humaines, et plus simplement son idéal. Il partage également quelques points communs évidents avec le personnage, comme l'attirance viscérale pour New York. Carlito la résume ainsi dans le roman. *« Je ne pouvais pas rester deux semaines loin de New York sans devenir marteau. Quand les gens voulaient réfléchir, se concentrer sur un problème, ils allaient dans la montagne, ou en forêt – pas moi. Je sautais dans ma bagnole direction la 96e Rue, après ça, je traversais Harlem – les junkies, les putes, le bruit, les ordures, les escaliers d'incendie – c'était moi, c'était la réalité. C'était comme ça que je me rechargeais en énergie ça m'éclaircissait les idées, j'étais de nouveau moi-même. »*[31] Toujours dans le roman, on trouve un véritable appel du pied du truand portoricain à son futur interprète, dans une réplique adressée à son ami avocat. *« La vérité, Dave, c'est que, les durs, ça n'existe pas, il n'y a que des acteurs. La rue est un théâtre. »*[32]
L'adaptation cinématographique entraîne évidemment quelques changements par rapport aux romans, à commencer par la structure du récit. Dans le film, elle repose sur le flash-back de Carlito qui voit une partie de sa vie défiler avant de mourir. D'une manière générale, l'action est davantage resserrée autour du personnage principal et les partis pris sont plus marqués dans la version filmée. Ainsi, Carlito veut tout de suite se réhabiliter à sa sortie de prison alors que le processus est beaucoup plus lent dans le roman. Dave Kleinfeld est bien plus fouillé dans *After Hours* que dans le film. Ses rapports avec son père, notamment, ne sont pas intégrés dans le scénario. Le goût de Carlito pour la drogue, certes modéré, et pour les femmes – autres que Gail – est atténué ou éludé lors du passage au grand écran. En fait, le personnage du film devient un peu plus intègre et respectable qu'il n'est dans le roman. Carlito obtient une remise de peine grâce à un vice de procédure déniché par son avocat et ami, David Kleinfeld. À sa sortie de prison, il se promène dans le Barrio – le cœur du quartier de Spanish Harlem – mais ne replonge pas dans l'illégalité. Il prend des parts dans une discothèque et se charge de la faire tourner, le temps d'amasser suffisamment d'argent pour réaliser son rêve : monter une entreprise de location de voitures aux Bahamas et emmener la femme qu'il aime, Gail. Mais ses projets sont contrariés par la traîtrise de ses soi-disant amis, à commencer par Kleinfeld qui l'implique dans un sombre crime sur un ponte de la mafia. Les Italiens parents du défunt tiennent Carlito pour coresponsable du meurtre et le pourchassent jusque dans la gare, Grand Central Station. Carlito parvient à les éliminer, mais il est lui-même liquidé juste avant de monter dans le train, par un jeune truand, « Benny Blanco from the Bronx ». Pour Brian De Palma, *« le personnage de Pacino est la projection nostalgique, dans le milieu urbain, de tous les cow-boys solitaires qui se plaignent de l'arrivée d'une nouvelle génération de gâchettes rapides et étourdies. Toute génération sur le point de s'éteindre dit à celle qui va la remplacer, "vous ne croyez plus en rien". C'est une des conventions irremplaçables tant du western que du thriller, dont les héros ont toujours été et doivent continuer à être des dinosaures de notre imaginaire. »*[33]

Edwin Torres a écrit ses deux romans dans les années 1970. Le film se déroule naturellement à la même époque, car, comme le souligne De Palma, *« les films noirs regardent toujours en arrière »*[34]. À cette mélancolie propre au genre s'ajoute celle venant du climat des années 1990, dont la tendance est de revisiter tout ce qui est estampillé « seventies ». *L'Impasse* est pourtant loin de surfer sur la vague « revival » qui sévit. De Palma porte un regard assez dur sur cette période : montagnes de cocaïne, cynisme général et disco. Comme Carlito le dit dans le film, *« je ne danse pas »* (*« I'm not dancing »*). L'âge d'or du héros, sa période de référence, ce sont les années 1950, le temps de la marijuana et des bons orchestres. *L'Impasse* joue en fait habilement sur l'attraction / répulsion que suscitent les années 1970, en montrant la réalité d'une société à l'agonie et en offrant en contrepartie au public la plastique sympathique de l'époque – talons compensés, pattes d'éléphant – et une musique qui l'est tout autant – Santana, Patti Labelle, Joe Cocker, etc. Le film de Brian De Palma se trouve donc au croisement de plusieurs mélancolies – c'est d'ailleurs ce qui fait sa richesse –, celle du genre, celle du personnage et celle du public.

Après l'ouverture sur le visage de Carlito, au bord de la mort, la scène suivante marque le départ de l'action. Carlito sort tout fringant du tribunal. Il saute alors de joie en hurlant *« je suis enfin libre »* (*« I'm free at last »*). À partir de cet instant, *L'Impasse* semble vraiment démarrer et Pacino, en proclamant et revendiquant cette liberté, laisse derrière les films commerciaux pour renouer avec un cinéma plus personnel, celui de De Palma, dans lequel il évolue comme un poisson dans l'eau. Les teintes ternes et froides du tribunal sont définitivement mises au placard dans la scène suivante, où l'on voit Kleinfeld et Carlito danser dans une discothèque surchauffée, pleine de couleurs.
Dans *L'Impasse*, c'est bien le mot « liberté » qui convient le mieux pour qualifier le jeu de Pacino. Dans les scènes d'action comme dans les scènes intimes, on le retrouve à la fois aérien et totalement réel. Ses mouvements, sa façon de bouger, forment une chorégraphie gracieuse qui s'intègre d'autant mieux dans le milieu urbain qu'elle lui donne du relief. Cette impression est accentuée par les volutes que décrit son long manteau noir, répondant fidèlement à toutes les impulsions de son propriétaire. *« Pacino est l'un des comédiens qui sent le mieux la caméra,* indique De Palma. *Il ne se trompe jamais sur ses marques. Lorsqu'il y a des scènes un peu compliquées, avec des mouvements de caméra sophistiqués et une chorégraphie difficile pour le comédien, il ne se trompe jamais. Il est toujours au bon endroit au bon moment. Sur ce plan, c'est certainement l'acteur le plus impressionnant qui soit. C'est même stupéfiant de le voir repérer ses marques, puis jouer la scène en ayant constamment un œil sur la caméra. Il se déplace avec naturel et précision, on dirait un danseur. »*[35] Quand un plan-séquence est tourné, il faut savoir que l'acteur fait dix pas en avant, s'arrête, regarde à gauche, prend un flingue, recule de trois pas, bouge la tête, avance, s'arrête... il doit jouer et écouter mes instructions en même temps. » Cette qualité de danseur évoquée par le cinéaste est particulièrement visible dans les scènes d'action. Quand il se trouve dans la cave avec son cousin Guajiro, Pacino semble littéralement « voler » autour de la table de billard. *« Magic time »*, dit-il juste avant d'expédier une boule de billard qui va fracasser la tête de l'un des truands. Mouvement encore, quand Carlito se démène pour échapper aux Italiens qui veulent lui faire la peau. La chasse commence en fait dans la boîte de nuit. Carlito doit faire très vite, calmer les truands en buvant un verre avec eux – ils ne sont pas encore totalement fixés sur son sort – et récupérer l'argent que Saso, le propriétaire du lieu, lui a subtilisé. Quand il monte les escaliers, puis sort de son bureau pour aller coincer Saso, Pacino semble se déplacer comme une boule d'énergie. Les lumières rouges, le cadrage, et le 45 tours de Patti Labelle, *Lady Marme-*

lade (*Voulez-vous coucher avec moi, ce soir?*), ajoutent à l'extrême tension du moment. Ce n'est pas un hasard si Pacino a tant insisté pour que De Palma le dirige. À l'évidence, *L'Impasse* doit beaucoup à leur entente. *« Al est un ami proche,* confie De Palma. *On se connaît depuis 25 ans et on a le même âge* (53 ans en 1993). *C'est un type simple, agréable et aussi solitaire que moi. Quand on discute, on va droit au but. Je comprends sa façon de travailler. Pendant le tournage, il cherche à cerner l'enveloppe de son personnage, ses regards, ses attitudes, ses gestes. Il propose, je regarde, on en parle et on décide. Ensuite, les scènes s'enchaînent. Avec les autres acteurs, il est toujours très généreux, il parle peu mais sait être patient avec eux. »*[36] De Palma est célèbre pour sa virtuosité et ses mouvements de caméra. C'est même sa marque de fabrique, mais il en use avec parcimonie dans *L'Impasse*, pour une raison toute simple. *« Oh, croyez-moi j'essaie de trouver des façons d'utiliser mon imagination visuelle mais la plupart des films avec Al Pacino consistent à le regarder. Donc, il faut laisser la caméra s'approcher de lui et laisser Pacino être. »*[37]

On ne trouve en fait dans *L'Impasse* que peu d'allusions à *Scarface*, De Palma voulant à tout prix différencier les deux films. À l'arrivée, il y est entièrement parvenu. *L'Impasse* est un film beaucoup plus humain et existentiel que son aîné.

La réussite de *L'Impasse* doit beaucoup à Pacino, mais aussi aux seconds rôles. Luiz Guzman s'acquitte fort bien du rôle de Pachanga, le garde du corps primaire et teigneux de Carlito. Il en va de même pour Jorge Porcel qui joue le débonnaire Saso. Présence également de deux acteurs de *Scarface*, dans des petits rôles : Al Israël (Rolando Rivas) et Angel Salazar (Walberto, le petit homme en costume rouge qui accueille Carlito à son retour dans le Barrio). John Leguizamo interprète avec conviction le violent Benny Blanco, « from the Bronx », comme il le précise lui-même à tout bout de champ. Ingrid Rogers fait sa première apparition à l'écran en interprétant Steffie, la serveuse de la boîte. Viggo Mortensen se révèle très impressionnant dans le rôle de Lalin, un ancien associé de Carlito devenu paralysé. Pour obtenir une remise de peine, Lalin rend visite à son ami en portant sur lui un micro caché. Mais Carlito se rend compte de la trahison et explose alors brutalement. En l'espace d'une scène, Viggo Mortensen traduit parfaitement l'impuissance et les tourments de son personnage au point de le rendre poignant. L'acteur s'est préparé à fond pour ce rôle court mais intense en passant plusieurs mois dans une chaise roulante. La coiffure afro-*seventies* de David Kleinfeld fait qu'il est au premier abord difficile de reconnaître son interprète. Il s'agit en fait de Sean Penn, magistral de bout en bout dans cette composition d'un avocat égoïste et cocaïnomane au dernier degré. Son apparence physique et ses réactions après des prises de drogue le rendent parfois très drôle, comme lors de l'entrevue avec le procureur Norwalk. *« Ding Dong »* bredouille-t-il, sous l'effet d'une ligne de cocaïne qu'il vient de sniffer. Mais il est surtout totalement déséquilibré et donc très dangereux. Carlito en fera les frais. Pendant la fête organisée dans sa propriété, dont le thème semble être « jambes en l'air et coco à gogo », Kleinfeld frôle la démence quand, les narines enflées, il supplie Carlito de lui rendre un service. En tant qu'acteur, Sean Penn semble traverser ce que Pacino pouvait éprouver à ses débuts, c'est-à-dire un engagement extrême dans ses personnages pouvant conduire à des troubles d'identité. L'état de surexcitation totale dans lequel il se trouve lors de cette scène délicate, y compris en dehors des prises, provoque une sérieuse dispute avec le metteur en scène. *« Il était cinglé ce jour-là, je ne l'ai jamais vu comme ça,* se souvient De Palma. *On a fait vingt-cinq prises et il avait joué parfaitement à partir de la cinquième prise, on en avait fait vingt-cinq et il a dit qu'il lui fallait encore cinq prises ! Je l'ai pris à part et je lui ai dit* "Cinq ? Écoute Sean..." *et il a répondu, exactement comme le personnage,* "Non, non, non ! Tu ne comprends rien. Il en faut encore cinq. Tu fous tout en l'air ! C'est si important !" *»*[38] De Palma ne lui accordera pas ses fameuses cinq prises. Sean Penn ne décolérera pas de toute la journée. *« Quand il a eu fini de tourner ce jour-là,* poursuit le cinéaste, *Sean m'a appelé toutes les cinq minutes jusqu'à trois heures du matin. Le lendemain, il était normal... »*[39] Les relations entre Penn et Pacino sont différentes : *« ... Sean et Al ont un rapport comme ceux des personnages. Les personnages étaient les meilleurs amis, donc Sean et Al ont eu un rapport un peu semblable »*[40].

Pacino s'entend également très bien avec Penelope Ann Miller, qui interprète Gail, le grand amour de Carlito, tellement bien qu'ils auront une liaison le temps du tournage. Après Diane Keaton et Marthe Keller, Pacino est coutumier du fait. En cette année 1993, sa situation sentimentale est toujours aussi difficile à démêler. Si l'on s'en tient aux tabloïds américains, Pacino serait retourné après la fin du film avec sa compagne d'avant le tournage, c'est-à-dire Lyndall Hobbs, une réalisatrice australienne de 40 ans. *« Chez Al, c'est toujours la même chose. Soit il est en train de rompre, soit il est déjà en train de commencer une autre histoire »*[41], confie avec le sourire un ami proche de l'acteur, le metteur en scène Alec Rubin. Les scènes entre Gail et Carlito sont toutes réussies, notamment trois d'entre elles, leurs retrouvailles dans un bar, leur scène d'amour, et leur dispute dans l'appartement de la jeune femme. Elles ont l'avantage d'être bien écrites et d'être superbement jouées, des deux côtés. Il s'agit de beaux moments entre un homme et une femme, filmés avec tendresse par un grand cinéaste. Dans les scènes d'action, Pacino révèle tout son dynamisme. Avec Gail, il exprime pleinement sa latinité, sa sensualité. Il en arrive à fracasser une porte pour se retrouver dans ses bras. Démarre alors la jolie ballade de Joe Cocker, *You are so beautiful*, qui enveloppe leurs ébats. Le thème musical donne un côté mélo certain à la scène. Mais le choix du chanteur est très cohérent. Comme Carlito, Joe Cocker a la voix cassée, et c'est un « survivor », un survivant. Il n'est pas donc pas étonnant de le retrouver dans *L'Impasse*.

Pacino s'est à nouveau distingué pendant le tournage en se retrouvant dans des situations périlleuses. *« Son grand problème, c'est qu'il attire naturellement les catastrophes »*[42], témoigne De Palma. Victime d'une mauvaise chute chez lui, c'est avec un plâtre et des béquilles qu'il commence les répétitions. Pour la scène de la fusillade où le cousin Guajiro trouve la mort, Pacino vide son chargeur sur les truands et un éclat le blesse à l'œil. Son dos est également mis à rude épreuve à force de rester couché sur l'escalator de la gare centrale, d'où il fait feu sur les Italiens lancés à sa poursuite. Enfin, il s'est assommé en faisant tomber un projecteur sur sa tête. Le film de Brian De Palma sort sur les écrans américains en novembre 1993, sans susciter d'enthousiasme particulier. La plupart des critiques trouvent au film un goût de déjà-vu. Hal Hinson du *Washington Post* trouve que Pacino ne tient pas l'accent portoricain sur toute la ligne. Bref, le film de Brian De Palma passe complètement au-dessus de la tête des Américains, des critiques comme du grand public. Avec 37 millions de dollars de recettes, on ne peut pas parler d'échec, mais ce n'est pas un succès non plus. Pacino a touché un cachet de 6 millions de dollars, ce qui le range définitivement dans la catégorie des poids moyens – financièrement parlant – d'Hollywood. À titre de comparaison, Tom Cruise engrange la même année 15 millions de dollars pour *The Firm* (*La Firme*), de Sydney Pollack. *L'Impasse* est accueilli beaucoup plus favorablement en Europe par le public et la critique. De nombreux journaux cinéphiles publient des analyses fouillées, portant sur des scènes particulières (*Les Cahiers du Cinéma*) ou sur des thèmes sous-jacents (voir l'article, *Un film magique*, dans la revue *Génériques)*. En quelques années, *L'Impasse* s'est imposé comme un classique et il n'est pas étonnant de le retrouver dans différentes rétrospectives ou festivals, en tout cas en France. On peut parier qu'il restera comme l'un des films phares des années 1990.

Deux décennies auparavant, Pacino travaillait avec des réalisateurs qui n'hésitaient pas à donner une certaine dimension politique à leurs œuvres, quitte à ce que cela se traduise naïvement par des messages, comme, par exemple, dans les deux films de Lumet. À partir de *Sea of Love*, les sujets des films de Pacino sont avant tout centrés sur les intérêts individualistes des personnages – la recherche du bonheur – et n'abordent que de très loin un contexte politique ou des problèmes de société, sauf peut-être dans *Le temps d'un week-end*, où une percée maladroite est tentée. *L'Impasse* trouve un juste point d'équilibre entre ces deux approches. On peut le voir comme le film du juste milieu, à mi-chemin entre l'univers romantique des Parrain et la violence brute de *Scarface*. Quant au rôle de Carlito, il apparaît comme une synthèse positive de Michael Corleone et de Tony Montana. Il possède les instincts du second et la classe du premier. C'est en tout cas l'un des plus beaux rôles de Pacino.

Carlito représente une sphère de liberté en danger d'extinction. Il réunit sous son manteau aussi bien Pacino que De Palma, des personnalités fortes, des singularités, bref, de vrais auteurs-créateurs, chacun dans leur domaine. David Kleinfeld se situe à l'opposé, dans l'arrogance du clinquant. Il aimerait bien pouvoir ressembler à Carlito mais il en est incapable. Kleinfeld dispose cependant du pouvoir grâce à l'argent. De cette confrontation, qui est le vainqueur ? Certainement pas Kleinfeld, qui meurt par excès. Carlito non plus, même s'il s'éteint dans l'intégrité. Dans le ventre de Gail, il y a pourtant une petite graine, *« un nouveau Carlito, en mieux »*, pour reprendre l'un des dernières répliques du film, alors tous les espoirs sont permis...

AL ET BOB

Au moment des fêtes de Noël 1993, le réalisateur Michael Mann fait parvenir à Robert De Niro et Al Pacino le scénario de *Heat*. Les deux acteurs donnent très vite leur accord. *« Tout s'est passé le plus simplement du monde,* confie Michael Mann. *Il n'y a pas eu de réunion, ni d'agent, ni aucune histoire d'argent ou d'ego mal placé. Dès le départ, on avait tous les trois le même film en tête. »*[43] Avec une telle distribution, le réalisateur n'a aucune difficulté à trouver un studio producteur. Ce sera la Warner.
Heat est un projet longuement mûri. Au début des années 1980, un policier raconte à Michael Mann comment, au cours d'une enquête, il fut amené à bien connaître et estimer le voleur qu'il pourchassait. *« Il avait fini par se trouver en face de lui dans un parking et l'avait invité à prendre un café. Une sorte d'entente s'était établie entre eux. En même temps, il savait, sans l'ombre d'un doute, qu'il devait le tuer »*[44], se souvient le réalisateur. C'est d'ailleurs ce qui se produisit en 1963 à Chicago, quand le policier tira sur le malfrat.

Michael Mann, très impressionné par cette histoire, décide d'en faire un scénario. Mais il le laisse de côté pour se consacrer à la série *Miami Vice* (1984-1989), en tant que concepteur et producteur. Il avait déjà travaillé pour la télévision, en tant que scénariste, sur quelques épisodes de *Starsky et Hutch*. Au cinéma, il réalise notamment *Sixth Sense* (*Sixième Sens*, 1986) et ce n'est qu'après *Last of the Mohicans* (*Le Dernier des Mohicans*, 1993) qu'il se sent enfin prêt pour mettre *Heat* en images.
Si la logique du début des années 1970 avait été respectée, Hoffman et Pacino auraient dû se retrouver ensemble au générique de *Heat*. Mais c'était sans compter Robert De Niro, devenu l'alter ego évident de Pacino depuis *Le Parrain II*. La comparaison avec Dustin Hoffman reposait sur des points communs d'ordre physique. De Niro se rapproche de Pacino avant tout par son style de jeu. Le fait d'être souvent associés par la presse, les professionnels et le public, n'est d'ailleurs pas pour leur déplaire. *« Il est vrai qu'il existe entre Bob et moi certaines similitudes, et que l'on nous a souvent proposé les mêmes rôles. Mais je dirais que cela a toujours été à la fois stimulant et bénéfique. Aujourd'hui encore, il arrive qu'on me félicite pour ma performance dans* Raging Bull... »[45], confie Pacino avec le sourire. Leur première rencontre remonte à la fin des années 1960. Pacino croise De Niro dans la 14e Rue de Manhattan et le félicite pour sa prestation dans *The Wedding Party*, le premier film de Brian De Palma. Les deux acteurs ont ensuite fait plus ample connaissance pendant *Le Parrain II*, sans partager toutefois de scène à l'écran. Cette anomalie aurait dû être réparée au début des années 1980, avec *The Pope of Greenwich Village*, mais le film s'est monté sans eux.

Heat met donc fin au long chassé-croisé de Pacino et De Niro en même temps qu'il en crée un nouveau, cette fois entre leurs personnages, Vincent Hannah et Neil McCauley. Les points communs entre les deux acteurs sont nombreux : même formation de base – l'Actor's Studio –, un démarrage tardif au début de la trentaine, un engagement total dans leurs rôles au cinéma comme au théâtre, et aussi bien sûr leurs origines italiennes. Tous deux sont également passés à la réalisation, De Niro avec *A Bronx Tale* (*Il était une fois le Bronx*, 1993) et Pacino, après avoir dirigé *The Local Stigmatic*, s'apprête à récidiver. Il s'agit d'un projet original autour de Richard III, entre documentaire et fiction, qu'il a commencé à tourner au moment de *L'Impasse*.
Quand on regarde leurs carrières, celle de Robert De Niro repose en grande partie sur sa longue et prolifique collaboration avec Martin Scorsese, qui le suivra dans toutes les étapes de sa vie. Pacino lui n'aura jamais son Martin Scorsese. Cette situation ne tient d'ailleurs qu'à lui car il aurait pu l'avoir en la personne de Coppola, s'il avait accepté *Apocalypse Now* (1979) et *Cotton Club* (1984). Pacino en fait ne souhaite pas consciemment ou inconsciemment lier son futur à celui d'un metteur en scène en particulier. Son besoin de liberté et d'indépendance est trop fort. Il est en revanche très ouvert pour renouveler les expériences positives ; il a tourné deux fois avec Schatzberg, Lumet, De Palma. Juste avant de démarrer Heat, Pacino a joué en octobre 1994 dans le film de Harold Becker, *City Hall*, et une deuxième collaboration avec James Foley se profile à l'horizon. Le réalisateur avec lequel il a le plus travaillé reste Coppola, dans le rôle de Michael Corleone, dans ses trois déclinaisons. Pacino reste donc fidèle à un personnage, mais garde toute sa liberté par rapport aux cinéastes. Robert De Niro, lui, a fait depuis 1973 sept films avec Martin Scorsese, qui deviendront huit si l'on compte leur collaboration suivante, *Casino*. Autrement dit, l'un sans l'autre ne serait pas ce qu'il est. Trajectoires différentes correspondant à deux

personnalités différentes, Pacino et De Niro se sont affirmés au fil des années comme deux des meilleurs acteurs de leur génération. Ils ne dominent pas Hollywood par des cachets somptueux, mais par les symboles qu'ils sont devenus.

La jeune génération est présente dans *Heat*, avec Val Kilmer dans le rôle d'un des associés de Robert De Niro. Keanu Reeves avait été envisagé, mais il préféra jouer dans *Speed*. Val Kilmer s'est déjà taillé une solide réputation en interprétant Jim Morrison dans *The Doors* (1990) d'Oliver Stone, et l'étonnant Doc Holyday dans *Tombstone* (1993), le personnage joué par Kirk Douglas dans le film original *Règlement de comptes à OK Corral*. Citons également Diane Venora, qui interprète la femme de Vincent Hanna. Plus âgé mais avec toujours autant de talent, le vieux complice de Pacino, John Voight, joue le rôle de Nate, l'ami de Neil McCauley... Le tournage de *Heat* commence au début de l'année 1995 et va durer 103 jours. Los Angeles et San Pedro, en Californie, offrent les 85 décors naturels nécessaires au film. Michael Mann a choisi de ne pas recourir aux studios pour situer *Heat* dans le plus grand réalisme possible. Le son suit la même logique, puisque tous les dialogues sont enregistrés en direct. Les scènes du hold-up à la banque et de la fusillade qui s'ensuit ont été compliquées à réaliser, car l'équipe n'avait l'autorisation de tourner que pendant les week-ends. Il en faudra cinq pour mettre en boîte ce qui reste l'un des moments forts du film. La scène dure au total 12 minutes, à partir de l'entrée de McCauley dans la banque. Très peu de dialogues, mais un rythme trépidant, avec force cavalcades et des impacts dans tous les sens. La qualité du son, des acteurs et des mouvements de caméra, donne l'impression au spectateur qu'il se trouve au beau milieu de la fusillade.

Mais *Heat* ne se limite pas à des courses-poursuites effrénées. Ce sont d'abord les personnages et leurs motivations qui en font toute la densité. Comme pour *Serpico*, Pacino a rencontré le policier qui a inspiré Vincent Hanna. L'acteur retrouve ici un rôle de battant, hyper-énergétique. Robert De Niro, à l'inverse, joue plus en retenue Neil McCauley. Cette opposition de style était presque une obligation, car les deux têtes d'affiche ne pouvaient jouer sur le même mode. Tout le film est dirigé vers une scène capitale, leur fameuse rencontre autour d'un café, au cours de laquelle ils avouent à mots couverts leur admiration réciproque, comme deux duellistes juste avant de livrer leur ultime combat. Le montage de cette scène ne montre jamais Pacino et De Niro ensemble dans le cadre. Selon Michael Mann, des plans de profil n'auraient pas été justifiés car ils auraient cassé l'opposition fondamentale des deux personnages. La scène est donc filmée en champ/contrechamp, avec deux caméras simultanées. Pacino et De Niro ne répètent quasiment pas et se lancent directement, sous l'œil que l'on imagine très attentif du réalisateur. *« Je tenais à préserver leur spontanéité. Au total, on a tourné treize prises de cette scène, ce qui est relativement peu. Aucune ne ressemblait à une autre et toutes étaient excellentes. Mais celle que j'ai gardée est la onzième : celle-là était vraiment magique »*[46], confie Michael Mann. Cette rencontre au sommet tant attendue tient toutes ses promesses de départ. En la découvrant, il est bien sûr impossible d'oublier les deux stars et ce qu'elles représentent.

Lors de la conférence de presse organisée pour la promotion du film, Pacino et De Niro sont à nouveau réunis et révèlent des attitudes très différentes à l'égard de la presse. De Niro ne parle presque pas ou alors bredouille quelques mots d'une façon incompréhensible, à la manière d'un Brando quand il s'ennuie ferme – ou quand il joue, diraient ses détracteurs. Interrogé sur la scène de la rencontre, De Niro confie qu'il la trouve *« formidablement bien écrite »*. Impossible d'en savoir plus. L'acteur regarde alors ses chaussures ou se gratte le menton. Pacino est plus bavard. *« Pour être honnête, eh bien oui, j'ai ressenti au fond de moi une émotion que je ne saurais définir, mais j'ai choisi délibérément de ne pas y penser. Quand on joue, il faut tout oublier. Si on commence à trop gamberger, on est foutu. D'ailleurs, nous n'avons jamais parlé de ça avec Bob et je crois que c'est mieux ainsi. »*[47]

Le film sort aux États-Unis juste avant les fêtes de Noël, le 15 décembre 1995. Les critiques sont généralement favorables. Hal Hinson estime dans le *Washington Post* que Pacino et De Niro sont magnétiques[48]. Avec 67 millions de dollars de recettes, *Heat* emporte un large succès, qui toutefois ne couvre que de justesse un budget de départ conséquent, 60 millions de dollars. La Warner va dégager l'essentiel de sa marge grâce aux ventes à l'étranger. Pacino joue le plus souvent à fond. Son jeu survolté s'explique par des choix sur le personnage qui n'ont pas été explicitement montrés. *« Dans le film, il y avait une scène où je sniffe de la cocaïne,* précise Pacino. *C'est un flic, mais de temps en temps, il se fait un rail de coke. J'ai basé tout mon jeu là-dessus. Mais cette scène a été coupée. Donc, ça modifie la perception du personnage. Mais ce n'est pas de mon ressort, ce sont des choses qui arrivent. Parfois, c'est le contraire qui se produit. Vous jouez votre personnage et en montant le film, le réalisateur fait surgir quelque chose que vous n'auriez jamais imaginé et qui dépasse même vos espérances. C'est bien de savoir ça, parce que maintenant, si vous voyez le film et que parfois, mes actes semblent un peu... Dingues, vous saurez que c'est parce qu'il... sniffe un peu. »*[49] Cette observation de Pacino rappelle que le jeu de l'acteur au cinéma dépend pour une grande part du montage – du choix des prises, des coupes, etc. L'interprétation de Pacino dans *Heat* se situe en dessous de ce qu'il pouvait dégager de profondeur et d'humanité dans L'impasse. À sa décharge, ces deux films proposent des univers radicalement différents : *L'Impasse* est un film noir sentimental et new-yorkais, *Heat* est un film noir de Los Angeles, dur et technologique. La côte ouest n'a jamais été un cadre naturel pour Pacino. Deux ans plus tard, le célèbre réalisateur de Hong Kong, John Woo, reprendra quasiment la même trame pour *Face/Off* (*Volte Face*), avec brio et émotion.

GRANDS SECONDS RÔLES ?

Presque au même moment de la sortie triomphale de *Heat*, en décembre 1995, un Pacino décidément très productif se trouve également à l'affiche de *City Hall* et de *Two Bits, A Day to Remember* (*Instant de Bonheur*), réalisés par deux metteurs en scène avec lesquels il a déjà travaillé, respectivement Harold Becker et James Foley. Fait inhabituel dans sa carrière, Pacino tient dans les deux films des seconds rôles, importants au plan dramatique mais réduits dans la durée. Dans *City Hall*, Pacino tient le rôle de John Pappas, le maire charismatique de New York. Le scénario, cosigné par Ken Lipper, ancien adjoint de l'administration Ed Koch, montre le combat du maire de New York qui veut éviter à tout prix un conflit racial après la mort accidentelle d'un enfant noir au cours d'une opération de police. Le fidèle adjoint du maire, Kevin Calhoun, interprété par John Cusack, mène une enquête policière au terme de laquelle il va découvrir la collusion entre l'homme qu'il admire tant, John Pappas, et des parrains de la mafia. Pour se mettre dans le rôle, Pacino a rencontré deux anciens maires, Ed Koch et David Dinkins, ainsi que le maire de la « grosse pomme » en 1995, Rudy Giuliani. *« Je leur dois beaucoup à tous les trois,* déclare-t-il, *je ne pouvais pas imaginer des personnes à ce point coopératives. Et j'ai été surpris par leur bonne volonté et du fait qu'ils ouvrent et partagent avec moi tant de choses de valeur. »*[50] Le budget du film s'élève à 60 millions de dollars et rien n'est laissé au hasard au cours de la production pour rendre l'ensemble crédible. En dépit de moyens importants, de conseillers techniques, d'une distribution brillante sur le papier, à laquelle en plus de Pacino et de Cusack, il faut ajouter Bridget Fonda dans le rôle d'une journaliste fouineuse, *City Hall*, pourtant, ne décolle jamais vraiment.

Instant de Bonheur se déroule dans une ambiance totalement différente, au beau milieu de la grande dépression qui frappa les États-Unis dans les années 1930. Cette fois, Pacino joue un grand-père malade, au bord de passer l'arme à gauche. Gennaro (Jerry Barone), un gamin de 12 ans, rêve d'aller à la projection d'ouverture du nouveau cinéma du quartier, La Paloma, mais il lui manque 50 cents. Son grand-père est prêt à les lui donner mais à la condition que le jeune garçon l'aide à réparer une faute passée... L'idée de base du réalisateur James Foley est séduisante : rendre un hommage à l'âge d'or du cinéma en faisant un mélo qui s'appuie sur les rapports entre un grand-père et son petit-fils. Le scénario est écrit par Joseph Stefano, l'auteur du mythique *Psychose*, réalisé par Alfred Hitchcock. Tous les ingrédients semblent donc réunis pour aboutir à un bon film : la présence de Pacino, un réalisateur talentueux et un auteur confirmé. Malheureusement, *Instant de Bonheur* ne remplit pas les promesses de son titre. Pour ce qui est de l'interprétation de Pacino, certains critiques ont estimé qu'il est bien difficile d'accepter de le voir en vieillard. Sa composition est pourtant crédible, attachante, et malheureusement réduite à la portion congrue – l'acteur n'arrive qu'en troisième position au générique. Notons la présence de Mary Elyzabeth Mastrantonio dans le rôle de sa fille, qui jouait, dans *Scarface*, la sœur de Tony Montana. *City Hall* et *Instant de Bonheur* n'ont pas bien marché à leur sortie aux États-Unis. Les deux films ont été distribués en France, l'été 1996, dans l'indifférence générale. Les motivations qui ont pu pousser Pacino à les choisir sont assez claires, ces deux rôles offrant d'intimes connexions avec sa propre vie. Jouer le maire de New York revient à faire une déclaration d'amour à la ville, « sa » ville, celle où il est né, celle qui l'a vu grandir et travailler. Pacino, comme bon nombre de ses collègues, aurait pu la quitter pour s'installer à Hollywood, dans une villa dorée. Il n'a jamais voulu s'y résoudre car il aime trop New York, son décor naturel par excellence. Bon nombre de ses films y ont été tournés, dans lesquels on peut voir à quel point l'acteur entretient un rapport quasiment charnel avec elle. Concernant *Instant de Bonheur*, sans doute a-t-il pensé à son propre grand-père, James Gerardi, pour créer le vieil homme affectueux qu'il nous donne à voir. Une manière de replonger dans son enfance, non pas du côté du petit garçon qu'il était, mais de celui qui l'a vu grandir. C'était aussi l'époque – légèrement postérieure à celle du film – où Alfred James Pacino découvrait sa passion du jeu. Aborder par la fiction des éléments aussi proches de sa vie traduit à la fois le désir d'un retour aux origines, à la source de ce qui l'a construit, et la recherche d'une forme d'aboutissement. Sous cet angle, *City Hall* et *Instant de Bonheur* apportent un éclairage intéressant sur la quête personnelle de Pacino.

DONNIE BRASCO

En 1996, Pacino présente au festival de Cannes dans la sélection Un Certain Regard, *Looking for Richard (À la Recherche de Richard)*, qu'il a produit, interprété, et réalisé. Bien que le film ne soit pas inscrit dans la compétition officielle, le réalisateur s'est tout de même offert une montée des marches symbolique. Ses allées et venues pendant la durée du festival ont provoqué de jolies bousculades, donnant une juste mesure de sa popularité. Son film, qui reçoit un accueil chaleureux, constitue l'une des bonnes surprises de cette 49e édition. Vivifiant, frais, intelligent, tels sont les mots qui reviennent le plus souvent chez les journalistes et les spectateurs.
La même année, Pacino tourne *Donnie Brasco* de Mike Newell. Le scénario est tiré de l'expérience réelle du policier Joe Pistone, qui, dans les années 1970, fut désigné par le FBI pour infiltrer, sous le nom de Donnie Brasco, une puissante famille de la mafia, les Bonanno. Au cours de cette mission très dangereuse, il fut amené à contacter un second couteau, Lefty, qui le fit entrer dans l'organisation. Les deux hommes devinrent amis, le temps de la mission. Quand le FBI procéda au coup de filet, Lefty fut envoyé en prison et Joe Pistone vécut dès lors sous haute protection.
Le film doit sa naissance, pour une bonne partie, au hasard. Il se trouve en effet que le producteur Louis DiGiaimo est un ami d'enfance du policier. Tous deux se sont revus au début des années 1980, au moment où le témoignage de Pistone contre la mafia faisait grand bruit dans la presse. Louis DiGiaimo persuade son ami de faire un livre de son histoire. En 1989 sort en librairie le récit du policier, et une adaptation cinématographique est alors sur le point de voir le jour. Pacino se déclare intéressé par le rôle de Lefty Ruggiero et Tom Cruise se verrait bien dans celui de Donnie Brasco. Mais des problèmes de disponibilité des acteurs enterrent le projet. La production est pourtant relancée en 1995 avec l'arrivée du réalisateur Mike Newell et de Johnny Depp, un jeune acteur au parcours original plutôt attiré par le cinéma d'auteur. Dans sa filmographie : *Edward Scissorhands* (*Edward aux mains d'argent*, 1990), *Ed Wood* (1994) de Tim Burton, *Arizona Dream* (1992) de Kusturica ou encore *Dead Man* (1995) de Jim Jarmush. Pacino, avant de donner son accord final, demande toutefois à rencontrer son futur partenaire. Les deux acteurs font connaissance autour d'une tasse de café et s'entendent très bien immédiatement.

Le choix du cinéaste anglais Mike Newell peut sembler étonnant pour un sujet tel que Donnie Brasco, ses films précédents – notamment *Avril enchanté* et le phénoménal succès *Quatre mariages et un enterrement* – n'entretenant que des rapports très lointains avec la mafia new-yorkaise. Pour sa préparation, le réalisateur fait une plongée salutaire dans le milieu, un peu comme un acteur pourrait le faire. *« J'ai passé un certain temps à Brooklyn, au milieu d'hommes qui se livrent encore aux activités traditionnelles de la pègre : jeu, prêts sur gages, etc. J'ai occupé plusieurs week-ends à boire et à manger avec eux, à traîner dans leurs clubs favoris. Ils ne m'ont évidemment pas tout montré, mais assez pour que je me fasse une idée de leur style de vie. Je me suis finalement bien amusé au sein de cette tribu où j'ai été traité avec la plus grande cordialité. Parfois, je devais me pincer pour me rappeler tous les forfaits, toutes les horreurs que ces hommes avaient commis, et sur lesquels je préférais jeter un voile pudique. »*[51]
Au cours de sa carrière, Pacino a collectionné les personnages de gangsters. Alors pourquoi

accepter d'en jouer un de plus, au risque de se répéter ? Tout simplement parce que l'acteur voit dans Lefty Ruggiero la possibilité de faire quelque chose de nouveau. Son personnage dans *Donnie Brasco* se trouve en effet à l'opposé des meneurs qu'il a déjà interprétés, du type Michael Corleone ou Tony Montana. Cette fois, il s'agit d'un mafieux minable, totalement dépassé par les événements. Dans sa vie privée, il est impuissant face à son fils qui se drogue ; dans son métier, les grandes décisions lui passent au-dessus de la tête et pour ce qui est de l'amitié, il est berné dans les grandes largeurs par Donnie Brasco. Le manque de relief de Lefty Ruggiero se retrouve évidemment dans son physique. Ses lunettes, personnellement choisies par Pacino, sont ringardes au dernier degré. Elles bordent ses cheveux gras et mal coupés. Son manteau et son chapeau sont ternes à faire pleurer et dans l'intimité, ce n'est guère mieux. On le découvre chez lui habillé d'un survêtement rouge criard, vautré dans son fauteuil devant la télévision. En jouant un personnage aussi falot, Pacino prend son image à contre-pied, surtout après *Heat*.

Plus que l'histoire elle-même, ce sont les relations entre les personnages, d'abord celles entre Donnie Brasco et Lefty Ruggiero, qui ont séduit Pacino. Un autre aspect, apparemment anecdotique, compte parmi ses motivations. *« Le fait que ça se passe en 1979 m'a bien plu. Cela a rendu les choses un peu plus intéressantes pour moi et c'est pourquoi je l'ai fait. »*[52] Après *Le Parrain III*, qui se déroulait également en 1979 et *L'Impasse* en 1975, *Donnie Brasco* est le troisième film avec Pacino situé dans les années 1970.
Dans la distribution de *Donnie Brasco*, signalons la présence de Bruno Kirby dans le rôle de Nicky. Cet acteur jouait dans *Le Parrain II* le jeune Clemenza, période Robert De Niro. Michael Madsen, le célèbre coupeur d'oreilles de *Reservoir Dogs*, interprète le chef de la bande, le violent Sonny. Le tournage en extérieurs a lieu à New York, dans Brooklyn et Manhattan, dans le New Jersey et en Floride. Les témoignages du trio Pacino-Newell-Depp laissent à penser que *Donnie Brasco* fut une joyeuse expérience, tant au plan des rapports humains que du travail lui-même. Les deux acteurs principaux sont devenus très vite complices et amis. *« J'ai vraiment trouvé que travailler avec [Johnny] était un bonheur,* confie Pacino. *Il me faisait tout le temps marrer. Je ne sais pas comment son image est projetée, mais c'est vraiment très drôle d'être en sa compagnie. »* Depp confirme, en retour, ce tableau idyllique. *« Je pense qu'il est dingue. Mis à part que c'est un acteur exceptionnel, un des derniers maîtres qu'il nous reste, c'est aussi un type fantastique. C'est quelqu'un dont on apprend beaucoup et dont on essaye de tirer le plus d'enseignements possibles. »*[53]
Le comportement de Pacino sur le plateau est apprécié du réalisateur. *« La force d'Al, c'est qu'il se pense d'abord comme un acteur de théâtre. L'acteur de cinéma vient après. Au cinéma, les acteurs ont davantage peur d'être moches. Si vous lui dites :* "Al, rien à foutre des costumes et de la coupe de cheveux. T'as jamais rien joué d'aussi super que ce personnage, là, il fonce tête baissée". »[54] La seule crainte de Mike Newell, c'était que Pacino en fasse trop. *« Mais je n'ai pas eu besoin de le lui dire,* poursuit le cinéaste. *Al conduit très intelligemment sa carrière et il lit les critiques. Je pense qu'après en avoir lu deux ou trois qui concordent, il doit se dire : peut-être que j'en fais trop. Il coupait certaines prises en disant : non, non, non ! Celle-là, jette-la ! C'est affreux ! J'ai crié ! J'en ai trop fait ! »*[55]

Donnie Brasco sort le 28 février 1997 aux États-Unis. Son accueil auprès du public et des critiques est plutôt favorable. Au box-office américain, le film rivalise la première semaine avec le gros succès de ce début d'année, le deuxième volet de la saga *Star Wars*,

ressorti pour l'occasion en version liftée. Puis, les chiffres déclinent inexorablement. Les recettes se montent tout de même à 42 millions de dollars, couvrant ainsi le budget du film – 40 millions, dont 8.5 pour Pacino. À titre de comparaison, *Men in Black* rapporte 245 millions la même année ! *Donnie Brasco* sort en France légèrement plus tard, le 19 mars, où il réalise un bon score avec 690 000 entrées.
Pour ses débuts dans le genre polar, Mike Newell s'en sort plutôt bien. Il n'a peut-être pas la patte d'un Scorsese ou d'un De Palma mais son *Donnie Brasco* est d'une facture honnête. Le cinéaste a évité sciemment tout romantisme, ce qui confère au film un aspect presque documentaire. *« Les gens pensent parfois que la société mafieuse est régie par un impératif de loyauté très strict, qu'elle repose sur des structures solides,* ajoute Mike Newell. *En fait, c'est un monde chaotique à souhait, bourré de contradictions. On y prône l'honneur et la fidélité, mais chacun passe son temps à trahir ses amis de crainte d'être trahi par eux. » Donnie Brasco* n'est pas seulement une énième variation sur la mafia. C'est un film qui apporte un regard nouveau, plus en prise avec les réalités du milieu. Pacino et Depp forment un superbe tandem. À aucun moment l'un d'eux ne cherche à tirer la couverture à lui. Pacino, en particulier, atteint une qualité d'effacement qui sert le sujet remarquablement. Il est étonnant de voir comment il rend un personnage a priori peu intéressant aussi passionnant. Certaines scènes sont très drôles, notamment celle où il fracasse au marteau un parcmètre pour un bien maigre butin – on est alors à des années-lumière de Michael Corleone. L'acteur se révèle très touchant lors de la séquence de l'hôpital, où son fils, victime d'une overdose, est entre la vie et la mort. La réalisation comme l'interprétation sont marquées par une grande simplicité. C'est l'atout principal du film. Enfin, le jeu de Pacino dans *Donnie Brasco* rééquilibre les excès que l'on avait pu constater dans *Heat* et *City Hall.*
Le 16 octobre 1997, l'acteur pose ses mains dans le ciment du célèbre boulevard des stars d'Hollywood, juste en face du Chinese Theater, et entre ainsi formellement dans la légende du cinéma américain, aux côtés de Cary Grant, Marilyn Monroe, Marlon Brando, Paul Newman... Le symbole est fort, pour lui qui, au début de sa carrière, voyait la célébrité comme son pire ennemi.

MAÎTRE DU JEU

Avant de réaliser *Looking for Richard* (*À la Recherche de Richard*), Pacino s'est frotté deux fois à la mise en scène, au théâtre, en 1970, avec *Rats*, d'Israël Horowitz, et au cinéma avec *The Local Stigmatic* en 1986. Au milieu des années 1990, cette nouvelle dimension s'épanouit pleinement, sans qu'il délaisse ses rôles dans des films commerciaux.

À la rentrée 1996, Pacino met en scène et interprète au théâtre *Hughie* d'Eugène O'Neill, pièce à deux personnages, dans une salle qu'il connaît bien, The Circle in the Square, à New York. Son partenaire, Paul Benedict, parle de la direction d'acteurs façon Pacino. *« Il a une approche très subtile. Par exemple, quand on répète une scène, il me dira :* "j'ai l'impression qu'il pourrait y avoir ici telle ou telle couleur". *Ensuite – et c'est le plus important – il me dira :* "Ne fais pas ça, je ne veux pas que tu fasses ça ; garde-le en toi ; si c'est juste, ça sortira tout seul plus tard". *C'est une suggestion, pas un ordre – très peu de metteurs en scène connaissent les acteurs ou leur font suffisamment confiance*

pour travailler de cette manière. »[56] Pacino connaît bien la pièce de O'Neill, pour l'avoir travaillée en 1992 en atelier. Et bien avant encore, il en avait présenté un extrait devant Lee Strasberg, à l'entrée de l'Actor's Studio...
« *Quand on est acteur de cinéma, on est toujours sujet à l'interprétation de quelqu'un d'autre,* tempête Pacino. *Ou c'est le réalisateur ; ou c'est le monteur. Et cela peut vous rendre assez vulnérable, ce qui est d'ailleurs parfois très utile pour votre jeu. Mais cela peut devenir aussi énervant. On a tendance, quand on travaille ainsi, à se censurer soi-même parce que l'on sait à l'avance que quelqu'un va l'ajuster derrière vous. Et j'essaye de ne pas me censurer moi-même.* »[57] Avec *Looking for Richard*, qu'il met en scène, Pacino se donne l'occasion d'être, enfin, maître de son jeu. Il connaît bien le personnage créé par Shakespeare pour l'avoir joué sur scène à deux reprises, en 1972 et 1979. Son film, qui voit le jour en 1996, est en fait le produit d'une longue maturation. « *Je pense qu'il remonte à la fin des années 1970* », précise-t-il à de la conférence de presse du festival de Sundance, où le film est projeté pour la première fois. « *À l'époque, je donnais des séminaires dans les écoles et universités de la Côte Est. Je récitais aux étudiants des poésies, des fragments de mes pièces favorites, puis nous en discutions. Or, chaque fois que je prononçais le nom de Shakespeare ou annonçais mon intention de lire l'une de ses pièces, je sentais comme une réticence. J'étais surpris de voir combien peu de ces gosses l'avaient lu, alors qu'ils étaient prêts, sans le savoir, à entrer dans son univers. Généralement, quelques vers suffisaient d'ailleurs à les accrocher.* » Des producteurs lui ont proposé de jouer *Richard III* au cinéma, mais Pacino se dit peu intéressé par une adaptation classique de la pièce. « *Et puis, j'ai trouvé un autre angle d'attaque. Je me suis souvenu de mes expériences "pédagogiques" des années 1970, et j'ai décidé de les prolonger en faisant ce film.* » Pacino réunit autour de lui une vraie troupe d'acteurs, notamment Kevin Spacey, Alec Baldwin, Winona Ryder, et sa complice des premiers jours, Penelope Allen. « *Ceux qui ont accepté l'ont fait à titre gracieux, pour le plaisir de participer à notre expérience. Certains sont venus en simples observateurs, mais n'ont pas voulu tenir de rôle, ce que je comprends fort bien, car l'ambiance était plutôt chaotique !* » Le tournage s'est étalé sur quatre ans, de 1993 à 1996, au gré des disponibilités des uns et des autres. Pacino réalise également sur cette période des interviews avec des praticiens ou des spécialistes venant d'horizons très différents, comme Kenneth Branagh, Kevin Kline, James Earl Jones, Peter Brook, Vanessa Redgrave, et il interroge aussi des passants new-yorkais, novices ou non, sous la forme de micros-trottoirs. Pacino a créé une petite société de production pour mener le projet à bon port, CHAL Productions, contraction de Charlie – son ami et mentor –- et de Al. Grâce aux salaires de ses films « mainstream », l'acteur finance intégralement *Looking for Richard*.

Au montage, Pacino doit faire un tri parmi les dizaines d'heures de rushes qu'il a tournées. Le résultat est étonnant. Dans son film, Pacino propose une interprétation intime du personnage et de la pièce de Shakespeare, en même temps qu'un regard sur le travail en train de se faire. *Looking for Richard* est une œuvre tellement atypique qu'il est difficile de la ranger dans un genre précis. Outre les interviews, on y trouve des scènes de la pièce jouées en costumes, des lectures entre les acteurs, ainsi que les interrogations de Pacino. Ce n'est pas un documentaire, ce n'est pas non plus une adaptation filmée de la pièce. Le film fait davantage penser à un carnet de bord, à un journal de travail tenu en toute liberté par un acteur qui se pose des questions sur l'œuvre de Shakespeare et aussi tout simplement sur son métier. *Looking for Richard*, avec sa tonicité et son humour, ressemble en fait beaucoup à celui qui l'a fait naître. Pacino a toutefois modifié son jeu pour l'occasion. *« ...Mon objectif était de communiquer avec le public, en m'efforçant à un maximum de clarté. C'est autour de ce dessein que le film s'est structuré. J'ai donc illustré à plusieurs reprises les intentions de Richard, ce que je fais très rarement, et ne l'ai joué, au sens fort, que dans quelques scènes. »* Cette démarche fonctionne parfaitement et l'objectif de départ – amener le public à s'intéresser à Richard, et donc à Shakespeare – est rempli, grâce notamment à un effort pédagogique soutenu qui n'est jamais poussif. Par ailleurs, si le film est passionnant sur Shakespeare, il l'est aussi sur Pacino, en nous donnant l'occasion de le voir au travail, ce qui évidemment est très instructif... L'acteur que l'on voit à l'écran est, selon ses amis, très proche de la façon dont il se comporte dans la vie.

Son film sort le 11 octobre 1996 aux États-Unis, d'une façon plutôt confidentielle. *Looking for Richard* obtiendra beaucoup plus de succès en Europe. En France, notamment, les critiques sont excellentes. *« Des deux côtés de la caméra, il rend familière et ludique l'œuvre géniale du grand Will »*, écrit Jean-Claude Loiseau dans *Télérama*. Avec *Looking for Richard*, Pacino reproduit le phénomène Woody Allen, dont l'écho est bien plus fort en Europe qu'en Amérique. Son film sort dans un contexte où Shakespeare est très à la mode, si l'on s'en tient aux nombreuses adaptations cinématographiques de ses pièces. La concurrence est donc sévère, mais *Looking for Richard* tire son épingle du jeu grâce à l'originalité de la démarche.

TENTATION

Quand le réalisateur Taylor Hackford, principalement connu pour avoir dirigé *An Officer and a Gentleman* (*Officier et Gentleman*, 1981), propose à Pacino le rôle de Satan dans *Devil's Advocate* (*L'associé du diable*), la réaction de l'acteur est d'abord la surprise. *« Je me demandais comment je pouvais donner vie à un tel personnage,* explique-t-il. *Après tout, personne ne l'a vu. Les images que nous en avons relèvent de notre propre imagination. De plus, quand on essaie de se documenter sur le diable, on se rend compte que c'est souvent au mal, plutôt qu'à Satan, que l'on pense. Du coup, j'ai d'abord refusé de le jouer. »* Pacino conseille même à Taylor Hackford d'engager Sean Connery. Mais le réalisateur tient à son choix initial et revient à la charge avec une nouvelle version du scénario, qui cette fois emporte l'adhésion de Pacino. Précisons au passage que ses convictions religieuses sont très loin de celles de son futur personnage. *« Je suis né dans une famille catholique et j'ai le sentiment qu'il y a quelque chose de ça en moi et dans mes rapports avec... Dieu. Je crois que ça m'a aidé à traverser pas mal d'épreuves. C'était très présent lorsque j'avais des problèmes et que j'avais besoin de choses courantes... Comme des chaussures ! Je pouvais compter là-dessus et ça m'a aidé à traverser ces moments. Donc, je crois qu'il y a en moi ce côté spirituel et religieux. Je ne suis pas pratiquant, mais j'en vois constamment des manifestations dans la vie quotidienne. »*

Le rôle de Satan est un défi de taille pour Pacino. Ne pouvant s'appuyer sur une personne existante, comme il le fait souvent dans ses préparations, c'est à travers des lectures sur le sujet, notamment *Le Paradis Perdu* de John Milton, que son personnage prend forme peu à peu. *« Ce que je lis pour me documenter, j'essaie de l'absorber sans agir dessus, de le conserver intact, et j'espère le préserver partiellement pour le restituer sans en être conscient. Comme si je formais mon inconscient. »*

L'idée principale pour ce rôle est d'en faire un démon tentateur, qui laisse pourtant à chacun son libre arbitre. *« Nous avons voulu montrer que l'homme a la possibilité de choisir,* ajoute Taylor Hackford. *Le Diable n'est pas un monstre fourchu qui nous obligerait à faire le mal. Il n'est qu'excuse à nos mauvais instincts. Nous sommes responsables de nos actes. »* Le scénario propose un combat entre le bien et le mal, ancré dans le monde d'aujourd'hui. Kevin Lomax, un jeune avocat brillant dans une petite ville de Floride se voit proposer une place en or dans un prestigieux cabinet dirigé par John Milton (Pacino), assortie de multiples avantages financiers et matériels. Aveuglé par son ambition, ce jeune avocat se trouve progressivement sous l'emprise de son patron charismatique. Il en vient à défendre les pires criminels, tout en doutant de leur innocence, et à délaisser sa femme qui sombre dans la dépression avant de se suicider. Tous ces événements font partie en fait d'un plan conçu par John Milton pour que Kevin Lomax lui succède dans son entreprise maléfique.

Keanu Reeves est engagé pour le rôle de Kevin Lomax. Parmi ses films les plus connus, citons *Dangerous Liaisons* (*Les liaisons dangereuses*, 1988) de Stephen Frears, *Little Buddha* (1992) de Bertolucci, dans lequel il jouait Siddartha et *Speed* (1994), où il tente de sauver les passagers d'un bus bourré d'explosifs. Le tournage de *L'associé du diable* se déroule pendant le printemps 1997 à New York et à Los Angeles, où l'appartement plein de mystère de John Milton est construit en studio. Son bureau circulaire est quant à lui installé sur les toits du Continental Plaza à New York. C'est là que Pacino et Reeves se rencontrent dans le film pour la première fois. Les cascades et bassins de la terrasse ont été intégrés après le tournage, par le procédé de l'infographie. Après Johnny Depp, Pacino se retrouve donc face à un autre acteur de la nouvelle génération, Keanu Reeves. *« Je crois qu'il y a une grande estime réciproque entre eux et moi, tout simplement parce que, sur un plateau, je n'essaie pas de jouer les professeurs ou les divas inaccessibles. »*[58] Dans chacune de ses interviews à la sortie du film, Keanu Reeves donne l'impression d'avoir été transfiguré par son aîné. *« Pacino, c'est comme un maître peintre. Il se bat pour améliorer les scènes. Il va parler aux producteurs. Il n'arrête pas de travailler sur son texte. Il est ouvert en permanence. J'ai été sidéré par sa façon de surmonter ses blocages. Il fait son métier si bien qu'il a atteint une liberté incroyable. Je suis impatient de recommencer à travailler pour essayer sa méthode. Je suis différent. »*[59] À la sortie du film, Pacino a démenti des rumeurs selon lesquelles les deux stars se seraient régulièrement accrochées, insistant au contraire sur la cordialité de leurs rapports. Il semble toutefois ne pas avoir retrouvé avec Keanu Reeves l'entente qu'il avait pu partager avec Johnny Depp.

Le fait de jouer Satan ne modifie pas, pour l'essentiel, la méthode de travail de Pacino, qui cette fois encore n'hésite pas à recourir à l'improvisation. *« Un scénario n'est pas une fin en soi,* précise-t-il, *mais un moyen pour aller chercher la bonne façon de jouer le rôle. D'ailleurs, je préviens toujours le scénariste que je vais utiliser son texte comme base de travail. À partir de ce que l'auteur a écrit, il faut improviser, utiliser ses propres mots, et c'est au moment*

où le texte que vous improvisez correspond au personnage que c'est bon, que vous avez le truc. Et là, si on veut, on peut revenir aux dialogues du scénariste, on saura les dire. »[60]
L'associé du diable est lancé aux États-Unis en octobre 1997, sans soulever l'enthousiasme. Son succès est plus important en Europe, notamment en France, où il attire 1.2 millions de spectateurs malgré des critiques défavorables. Pacino est charismatique en diable et propose un Satan des plus surprenants. Certains clins d'œil sont très drôles, quand, par exemple, il parle en chinois à un commerçant, où quand on le voit chanter sur un morceau de Sinatra, *It Happened in Monterey*. Il se montre particulièrement impressionnant de lucidité et de cruauté dans la scène finale, un monologue de vingt minutes quasiment. Seulement le film produit l'effet inverse à celui recherché, le Satan de Pacino étant beaucoup plus intéressant et savoureux que le « bien » incarné par Reeves.

TIR GROUPÉ ET MORCEAUX DE BRAVOURE

Après deux années loin des écrans – on ne l'a pas vu depuis *L'Associé du diable* –, Pacino revient doublement au premier plan en étant à l'affiche de *The Insider* (*Révélations*) et d'*Any Given Sunday* (*L'Enfer du dimanche*), deux films qui sortent coup sur coup en toute fin d'année 1999 aux États-Unis et quelques mois plus tard en Europe. Certes très différents, ces deux longs-métrages ont pour point commun d'avoir été dirigés par des réalisateurs aguerris, Michael Mann et Oliver Stone, au style personnel et affirmé.

L'origine de *Révélations* remonte au printemps 1995, quand Michael Mann, alors occupé à la postproduction de *Heat*, cherche l'idée de son prochain film. Il n'a pas à fouiller très loin : l'histoire vraie et édifiante de son ami journaliste, Lowell Bergman, au cœur d'un énorme scandale, réunit tous les ingrédients d'un excellent scénario.
Producteur de l'émission phare de CBS, *60 Minutes*, le magazine d'investigation le plus regardé aux États-Unis – l'équivalent français serait *Envoyé spécial*, sur France 2 –, Lowell Bergman rencontre, au milieu des années 1990, Jeffrey Wigand, ancien responsable du pôle recherche et développement chez Brown & Williamson, le troisième plus gros fabricant de cigarettes, licencié en 1993 à la suite de désaccords avec sa direction. Bergman a cette intuition que Wigand en sait « beaucoup » sur l'industrie du tabac, un secteur aussi opaque que florissant, atteignant un volume financier de 100 milliards de dollars par an. Le producteur-journaliste l'encourage à révéler la vérité, notamment sur l'utilisation secrète de substances cancérigènes par les grands cigarettiers. Malgré de multiples pressions et menaces, Wigand finit par accorder une interview au présentateur vedette de l'émission, Mike Wallace. Mais la chaîne CBS refuse de la diffuser en intégralité, craignant les représailles financières des industriels du tabac. Ulcéré par cette forme d'autocensure, Bergman se lance dans un bras de fer avec la direction de sa propre chaîne, pour qu'elle diffuse le programme et laisse éclater la vérité.

Michael Mann et Eric Roth – le scénariste de *Forrest Gump* – s'appuient sur les nombreux articles de presse révélant le scandale, mais également sur des dizaines d'heures d'enregistrements réalisées avec Lowell Bergman, engagé pour l'occasion comme consultant sur le film. *« Ce ne sont pas les faits qui nous intéressaient en priorité, mais ce qu'il pensait à tel moment, ce qu'il ressentait. Comment on traverse une expérience aussi radicale.* »[61] Avec un tel sujet, Michael Mann s'engage sur un terrain inflammable, observé à la loupe par les cohortes d'avocats de l'industrie du tabac. Pour éviter toute poursuite judiciaire et le versement d'indemnités astronomiques, le scénario est présenté au générique comme l'adaptation d'un article de presse. Cela permet également de conserver les vrais noms des protagonistes et de coller au plus près de l'histoire réelle. Les studios Disney, pourtant réputés conservateurs, soutiendront Michael Mann du début à la fin contre les pressions de toutes sortes. De facto, *Révélations* est l'un des premiers films sur « les lanceurs d'alerte », un phénomène qui prendra une ampleur considérable et bienvenue avec l'essor d'internet.

Michael Mann propose le personnage de Lowell Bergman à Pacino, qui trouve le rôle superbe, loin des clichés du journalisme. « *Il se bat pour qu'un homme, à qui il a donné sa parole, puisse s'exprimer. Ce n'est pas un croisé de la vérité. Simplement, si sa parole n'est pas honorée [envers Wigand], il n'est plus rien. Par chance, le vrai Lowell Bergman était là, et nous avons pu parler de ce qui l'avait motivé* »[62], précise l'acteur. L'autre raison qui pousse Pacino à s'investir dans le projet, c'est l'estime qu'il porte à Michael Mann, depuis leur collaboration réussie à l'occasion de *Heat*. « *J'adore l'intensité de son cinéma. Moi, je suis un acteur des pieds à la tête, lui, c'est un réalisateur des pieds à la tête. Michael Mann connaît le cinéma, les films du passé... Il a un instinct. Pour* Révélations, *il a réussi à nous faire sentir ce qui se produit chez une personne quand elle traverse ce type de situation.* »[63] Parmi la distribution, on note la présence de l'excellente Lindsay Crouse, l'ancienne compagne de David Mamet, ici dans le rôle de l'épouse de Bergman ; Christopher Plummer joue le présentateur vedette Mike Wallace ; et Diane Venora, qui interprétait dans *Heat* la femme de Vincent Hanna, tient le rôle de Liane Wigand. La véritable surprise du casting concerne le rôle central, Jeffrey Wigand. Le cinéaste prend un risque évident en le confiant à Russell Crowe, âgé de 34 ans, alors que son personnage en a vingt de plus ! Lors d'une lecture, Crowe conseille même à Michael Mann d'engager un acteur de 50 ans. « *Je ne te prends pas pour ton âge, je te prends pour ce que tu as là-dedans* »[64], lui répond le réalisateur, plaçant son doigt en plein sur le plexus de l'acteur. Pour ce qui est du vieillissement, certains exemples illustres, Brando dans *Le Parrain* où Pacino dans *Le Parrain III*, ont montré que c'était possible. Russell Crowe va donc suivre un régime spécial « cheeseburgers et bourbon » pour prendre 20 kg, et de longues séances de maquillage sont prévues dans le plan de travail du tournage. Et il travaille corps et âme le personnage de Jeffrey Wigand à partir du modèle original, étudiant tous les aspects de sa personnalité. Il se défend toutefois d'appartenir aux acteurs dits de « La Méthode », avec son franc-parler savoureux : « *Je n'ai jamais travaillé à la manière de l'Actor's Studio. Lorsque j'entends certains acteurs prétendre qu'ils sont tombés amoureux d'un rôle, que celui-ci les hante, je dis que c'est un tas de conneries ! Le boulot de l'acteur est une question d'immersion et de curiosité, et les meilleurs sont ceux qui savent rester les plus simples.* »[65]

Le tournage débute en avril 1998 et se déroule dans tous les lieux réels où Wigand et Bergman se sont rendus, c'est-à-dire à Louisville, dans le Kentucky, où se trouve le siège de Brown & Williamson, mais aussi à Los Angeles et à New York, pour les scènes se déroulant chez CBS. L'équipe du film se déplace également aux Bahamas, où sont filmées les vacances forcées de Bergman. Le tournage se termine six mois plus tard en Israël et au Liban, pour la séquence d'ouverture, dans laquelle Bergman tente d'obtenir l'interview d'un des responsables du Hezbollah. Quid de la relation entre les deux acteurs principaux ? *« C'était une vraie partie de plaisir, assure Russell Crowe. Plus les acteurs sont grands, plus ils sont cool, faciles, simples. C'en est déconcertant et motivant. »*[66]

Lors de sa sortie aux États-Unis le 5 novembre 1999, *Révélations* reçoit un accueil critique très favorable. Le *New York Times* – sous la plume de Janet Maslin – estime qu'il s'agit du meilleur film de Michael Mann. Quentin Tarantino en fait aussitôt l'un de ses films de chevet ; il l'inclura quelques années plus tard dans sa top list des vingt meilleurs films depuis 1992 (année marquant le début de sa propre filmographie). Le film est souvent comparé à celui d'Alan Pakula, *All the President's Men* (*Les Hommes du Président*, 1976), avec Dustin Hoffman et Robert Redford. Les temps, pourtant, ont changé. Là où le film de Pakula traitait d'un crime d'État à travers l'affaire du Watergate, celui de Michael Mann met en évidence le pouvoir parfois sans limite des grandes compagnies. Évidemment, le film fait grincer quelques dents, chez Brown & Williamson et aussi au sein de la chaîne CBS. Le « vrai » présentateur Mike Wallace n'a en effet pas apprécié le portrait que l'on donne de lui et le fait savoir, créant une mini-polémique à sa sortie. Dans sa réponse, Michael Mann précise, poliment mais fermement, que son rôle n'est pas de faire plaisir à tel ou tel, mais simplement de raconter au plus près cette histoire.
Le succès critique ne se retrouve pas en salles, où le film peine à trouver son public, que ce soit aux États-Unis ou en Europe. En France, il réalise moins de 400 000 entrées. Ses recettes totales ne couvriront que les deux tiers du budget global, qui s'élève à 90 millions de dollars. En guise de consolation, Révélations est très bien représenté aux Oscars, avec sept nominations dont celui du meilleur acteur pour Russell Crowe. Lesté par son échec commercial, il n'en remporte pas un seul. À la place, *American Beauty* rafle la mise : cinq Oscars au total, dont celui du meilleur acteur pour Kevin Spacey.

Dans la première scène du film, Lowell Bergman se trouve dans une voiture, les yeux bandés, entouré par des membres du Hezbollah. Il n'a aucun élément pour se repérer si ce ne sont les odeurs, les bruits de la ville, de très simples sensations. En masquant son regard, si caractéristique de la « touche Pacino », Michael Mann cherche immédiatement à désarçonner le spectateur, pour mieux l'inviter à se laisser aller, à se glisser dans le noir vers des territoires inconnus. Bien loin de l'ambiance explosive de *Heat*, *Révélations* peut même être vu comme sa face inversée. Michael Mann et ses acteurs nous livrent un film qui s'intéresse davantage à la sphère intime des personnages qu'aux aspects « sensationnalistes » de l'histoire. De nombreuses scènes montrent Bergman et Wigand chez eux, dans leur solitude, en train d'accomplir des actions ordinaires : attendre un coup de téléphone, envoyer un fax, prendre une décision, etc. Autant de petites choses qui pourraient sembler presque banales, si ce n'est qu'elles se produisent dans le contexte extraordinaire d'un scandale surmédiatisé. Avec des scènes dialoguées dilatées à l'extrême et sans chercher l'efficacité à tout prix, Michael Mann nous fait sentir cette histoire de l'intérieur et, de façon paradoxale, parvient à créer une tension hypnotique. Avec le travail à l'image de son directeur de la photographie Dante Spinotti, on retrouve la gamme chromatique si caractéristique de ses films, privilégiant le gris et le bleu.

La narration est inhabituelle, constituée de deux blocs séparés, le premier autour des enjeux de Wigand ; doit-il dire publiquement la vérité et défier l'industrie du tabac ? Quelles seront les conséquences pour lui et sa famille ? Le second s'attache à la problématique de Bergman : doit-il mettre en péril sa carrière de journaliste pour honorer sa parole ? Et aller jusqu'au bras de fer avec CBS ? Russell Crowe signe une interprétation de haut niveau, bien au-delà de la simple transformation physique. Le personnage de Pacino, logiquement en retrait pendant la première partie du film, fait son « entrée » pleine et entière à la 100ᵉ minute, de façon volontairement très tardive. C'est en effet dans la scène avec les « pontes » de CBS qu'il déploie toute sa force de conviction, lors d'un quasi-monologue de deux minutes. Et deux minutes au cinéma, c'est extrêmement long. Peu de réalisateurs proposent de tels monologues à leurs acteurs, car cela comporte toujours une part de risque pour le rythme global du film. À l'instar de Michael Mann, on peut citer Scorsese et Tarantino, particulièrement friands de ces morceaux de bravoure à l'écran. Le jeu de Pacino se fond parfaitement dans la ligne du film, et se révèle même stupéfiant de simplicité. *« Pas une seconde, il ne cherche à faire une performance,* précise Michael Mann. *La plupart du temps, on a l'impression qu'il réagit à la situation plus qu'il ne la joue. Il peut être d'une subtilité inimaginable en ne faisant rien. Rien ! Mais ce rien, dans le contexte de la scène, à ce moment de l'histoire, devient captivant. C'est comme un coup de crayon de Picasso, le spectateur peut y voir une foule de choses. Al Pacino a ce pouvoir de conférer une intensité impalpable à n'importe qu'elle scène. Et à la rendre spectaculaire. C'est le privilège des plus grands. »*[67] Lors des interviews de promotion, une question – anecdotique certes, mais savoureuse par rapport au sujet – revient en boucle : les principaux artisans du film ont-ils cessé de fumer ? Michael Mann affirme continuer, mais de façon modérée. Russell Crowe, volontairement iconoclaste, revendique le fait de fumer depuis l'âge de 10 ans et, agacé, souligne que le film de Michael Mann n'est pas une campagne antitabac. Quant à Pacino, il fume jusqu'à cent cigarettes par jour, mais des cigarettes sans tabac !

Une poignée de semaines plus tard – le 22 décembre aux États-Unis, le 12 avril 2000 en France – *Any Given Sunday* (*L'Enfer du dimanche*) sort sur les écrans et scelle donc les retrouvailles entre Al Pacino et Oliver Stone, après des années de rapports pour le moins compliqués. Très proches pendant les répétitions de Né un 4 juillet à la fin des années 1970, ou franchement distants pendant la postproduction de *Scarface* (dont Stone a écrit le scénario), leur relation alterne le chaud et le froid depuis le début (voir le chapitre *Justice pour Al)*. Rien d'étonnant dans le fond puisque tous deux sont à la fois des « affectifs » et des « passionnés ». En cette fin des années 1990, les deux hommes ont mûri, et quand Oliver Stone lui propose le rôle principal de *L'Enfer du dimanche*, Pacino donne son accord alors que le script n'est pas terminé. Une marque de confiance notable, l'acteur se déterminant généralement sur la toute dernière version du script.

Depuis ses débuts, le fougueux Oliver Stone n'a de cesse de traquer les « démons de l'Amérique », en particulier le capitalisme débridé sévissant aux États-Unis, que le cinéaste voit comme la mère de toutes les souffrances. Il en a déjà dénoncé les excès, de façon métaphorique avec *Scarface* et frontalement avec la réalisation de *Wall Street*, en 1987. Cette fois, Oliver Stone s'attaque aux dérives du capitalisme dans le monde du sport. Chaque dimanche, les joueurs sont prêts à tout pour décrocher la timbale et assurer

le train de vie fastueux de leur famille, notamment en prenant des stéroïdes, voire des drogues dures. Évidemment, les conséquences sur leur santé sont dramatiques. Sur le plan purement sportif, les gains colossaux réalisés sur les reventes de joueurs entre clubs tuent l'esprit d'équipe, l'attachement au maillot. Le résultat est que l'on ne joue plus pour un collectif, mais uniquement pour soi. Oliver Stone nous fait entrer dans les coulisses de cette folie en déroulant tous les maillons de la chaîne, la direction du club, les médecins, l'entraîneur, les joueurs, et bien sûr les médias en miroir. Le réalisateur considère d'ailleurs que le même phénomène est à l'œuvre dans le monde du cinéma, avec les cachets astronomiques des stars. En effet, on ne peut que lui donner raison sur ce point, mais avec Al Pacino au générique, n'est-il pas en pleine contradiction ? Le cinéaste précise qu'il n'a jamais travaillé avec une star « à plein tarif », pour des raisons économiques – cela plombe le budget du film – et aussi morales. *« Kevin Costner pour JFK, Tom Cruise pour Né un 4 juillet, Michael Douglas dans Wall Street et aujourd'hui Al Pacino ont tous accepté des participations ou alors ils ont cassé leurs prix. »*
Le scénario est centré sur l'entraîneur vétéran Tony d'Amato, confronté à la saison la plus difficile de toute sa carrière. Après une série de défaites, son capitaine s'est gravement blessé et l'oblige à lancer un jeune joueur, Willie Beamen, talentueux mais indiscipliné. Alors que l'esprit d'équipe se délite, la présidente du club, Christina Pagniacci, souhaite imposer de nouvelles méthodes dans tous les domaines de la vie du club. Un conflit ouvert s'engage avec Tony d'Amato, tenant de la vieille école.

Aux côtés de Pacino dans le rôle de l'entraîneur, Oliver Stone réunit un casting impressionnant, comprenant notamment Cameron Diaz, percutante en ambitieuse présidente du club ; Dennis Quaid, touchant en capitaine blessé ; James Woods, médecin véreux et vénal ; et Jamie Foxx, le jeune quarterback devenant star du jour au lendemain. D'anciens joueurs de football américain figurent également au générique, tels Jim Brown et Lawrence Taylor. Notons également la présence de l'excellent Matthew Modine, et la courte apparition de Charlton Heston. Après de multiples retards, le tournage démarre en janvier 1999. L'entreprise, dantesque, nécessite la transformation de plusieurs stades en véritables studios. L'Orange Bowl et le Pro Player Stadium, à Miami, mais aussi le Texas Stadium, à Dallas, sont spécialement aménagés à cet effet. Pendant soixante-cinq jours, Oliver Stone doit diriger une équipe pléthorique, comprenant des milliers de figurants et des centaines de techniciens. Malgré cette énorme pression, le cinéaste reste fidèle à sa méthode de tournage, peaufinée au fil de ses différentes expériences. Le principe est le suivant : il s'isole d'abord avec ses acteurs pour « trouver » la scène avec eux. Ce travail peut durer une heure, parfois deux voire plus ; l'équipe technique restant à l'écart du plateau pendant tout ce temps. Considérant le scénario comme un matériau mouvant, il n'hésite pas à réécrire les scènes en fonction de ce qu'il vient de voir. Aussi n'est-il pas rare que le tournage effectif démarre dans l'après-midi. Le processus créatif d'Oliver Stone implique des changements incessants dans le plan de travail, un véritable casse-tête pour toutes les équipes de production. *« Travailler avec Oliver, c'est comme travailler à la télé en direct. Il y a une sorte d'excitation supplémentaire. Quand on est acteur dans un film d'Oliver Stone, il vaut mieux être préparé, car on a beaucoup de surprises... »*[68], admet Pacino avec le sourire. Retards, attente interminable dans les loges ou sur le plateau, constituent le lot commun de chaque journée. Patient, Al Pacino joue de longues parties d'échecs avec Jamie Foxx, et par son calme et son sens de l'humour, parvient à désamorcer les – nombreux – moments de tension. Dès qu'il le peut, Oliver Stone court se réfugier dans la loge de Pacino, pour fuir le plateau et ses mille tracas. *« Al est loyal, sensible, charmant. Il voit tout, rien ne lui échappe. Il ne m'aurait jamais trahi. Il m'a fait confiance, ce qui était formidable. Ce fut le grand amour. Et il me faisait beaucoup rire ! »* Pourtant rompu aux conditions de tournage difficiles, notamment sur Platoon et Né un 4 juillet, Oliver Stone avouera avoir traversé avec *L'Enfer du dimanche* son expérience la plus extrême.

À l'inverse de *Révélations*, le succès public est au rendez-vous avec près de 100 millions de dollars de recettes globales, en dépit d'un accueil critique mitigé. Il est notamment reproché à Oliver Stone d'avoir fait un film hystérique, surdécoupé – le montage comprend 3700 plans, et la bande-son 125 morceaux ! –, tirant souvent vers des clichés. Certes, *L'Enfer du dimanche* regorge d'énergie, à un point proche de la saturation, mais c'est aussi ce qui fait sa force, ce qui embarque le spectateur. *« Tout ce que l'on reproche à mon cinéma, sa flamboyance, son intensité, sa démesure, vient de mon expérience de la guerre du Viêt Nam »*, confie Oliver Stone. Concernant Pacino, son personnage s'inscrit pleinement dans le registre qu'il laboure depuis le début des années 1990, c'est-à-dire un profil dans la force de l'âge et en proie à de sérieux doutes. L'acteur parvient à en donner de nouvelles nuances, en alternant jeu large et grande simplicité. Oliver Stone avoue avoir été bluffé par son acteur principal. *« Il écoute vraiment les autres acteurs... C'est un explorateur »*, précise-t-il.

Si le capitalisme effréné est le thème affiché haut et fort, la réflexion sur l'âge et l'idée d'un relais entre les générations irriguent le film du début à la fin. *« Est-on encore dans le coup ? »* semblent nous demander conjointement l'acteur et le cinéaste, respectivement âgés de 59 et 55 ans. *« Tu as vieilli »* ou encore *« Merde à ton innocence ! »* lance Christina Pagniacci à Tony d'Amato. Dans une scène assez drôle, ce dernier, pour se rapprocher de Willie Beamen, propose de lui enregistrer *« des cassettes de musique »*. Jamie Foxx lui répond que maintenant, on parle plutôt de CD... La réplique la plus forte, qui entre directement en résonance avec Al Pacino lui-même, Tony d'Amato la formule ainsi : *« Mon instinct, c'est tout ce que j'ai, si je le perds, je ne suis plus rien. »* Avec *Révélations* et *L'Enfer du dimanche*, l'instinct d'Al Pacino ne l'a pas trompé. Il retrouve une filmographie accordée à son statut, et Tony d'Amato en particulier fait partie des grands rôles auxquels l'acteur est identifié. La scène de la « causerie du coach », morceau de bravoure s'il en est, restera dans l'imaginaire du public – *« Ou vous gagnez en tant qu'équipe, ou vous mourrez en tant qu'individus. »* Deux décennies plus tard, elle sera même utilisée par de « vrais » entraîneurs pour motiver leur équipe. Bruno Génésio s'en est inspiré à la mi-temps de la rencontre entre l'Olympique lyonnais et le Chakhtar Donetsk en Ligue des Champions de football. Incidence directe ou non, l'OL s'était alors qualifié à l'arraché pour les huitièmes de finale... Laurent Tillie, coach de l'équipe de France de volley, avait pour sa part diffusé en 2016 l'ensemble de la scène lors d'une causerie. Par-delà les frontières, nombre de sportifs – amateurs ou professionnels – la considèrent comme leur scène de chevet.

Dans *L'Enfer du dimanche* comme dans *Révélations*, les personnages de Pacino sont au bord de tout plaquer. L'acteur envisagerait-il ce cas de figure pour lui-même ? *« J'espère que, si j'arrête un jour, comme l'un de mes amis l'a écrit dans un poème,* "je partirai comme passe l'été." *Je ne sais pas exactement ce que représentent ces mots. Sans doute demeurer tranquille.* »[69] Pour l'heure, Pacino est plus actif que jamais. En contrepartie, les moments contemplatifs dont il a besoin se font de plus en plus rares. Aussi pense-t-il souvent avec envie à Picasso, qui pouvait rester assis douze heures d'affilée devant une toile blanche, avec l'espoir que *« quelque chose se passe »*.

CAFÉ PACINO

C'est un trait caractéristique de son processus créatif, Pacino aime revenir sur les pièces de théâtre qu'il a déjà jouées, avec le recul parfois de plusieurs années (*The Local Stigmatic*, *Richard III*, *Hughie*...). En fait, tant qu'une œuvre continue à l'interpeller, il n'hésite pas à la revisiter, en proposant une nouvelle approche. *Chinese Coffee*, pièce écrite par Ira Lewis au début des années 1980, connaîtra le même sort. Ce huis clos 100 % new-yorkais à deux personnages se déroule l'espace d'une nuit dans un appartement de Greenwich Village, quartier de Manhattan connu pour être un haut lieu de la contre-culture. Harry Levine, romancier désargenté, rend visite à son vieil ami Jake Manheim, photographe raté, pour récupérer une importante somme d'argent. De profondes rancœurs s'expriment lors de la soirée, mettant leur amitié au bord de la rupture. Créée à New York en 1992 au théâtre Circle in the Square, avec pour partenaire Charles Cioffi, le spectacle fut repris l'année suivante à Stamford dans le Connecticut, cette fois avec Ben Gazzara. On aurait d'ailleurs bien aimé se transformer en petite souris pendant ce mois de décembre 1993, pour voir le *mano a mano* entre Al Pacino et l'acteur fétiche de John Cassavetes... Touché par le thème central de Chinese Coffee – la fragilité de l'amitié –, l'acteur y voit également l'occasion de revenir à ses racines. « Chinese Coffee *me fait penser à des types que j'ai connus dans le Village – les bohémiens du Village. Ces personnes ne sont pas vraiment accessibles. Il n'y a pas de photos ou de reportages sur eux et quelque part, la pièce d'Ira Lewis leur rend hommage.* »[70] À la fin des années 1990, Pacino travaille à une adaptation filmée de la pièce, et ne trouvant pas de réalisateur disponible, prend lui-même les rênes du projet. Après *The Local Stigmatic* en version filmée et *Looking for Richard*, Pacino continue de creuser ce sillon très personnel des pièces de théâtre portées à l'écran, le point de jonction idéal entre ses deux passions, la scène et le cinéma.

Pacino finance lui-même le film, via sa petite société Chal Productions. Le tournage s'étale entre 1997 et 1999, au gré de ses disponibilités et de celles de Jerry Orbach, choisi pour le rôle de Jake Manheim. Par rapport à la pièce d'origine, qui réunit les trois unités classiques de l'art dramatique – lieu, temps, action –, la nouveauté dans l'adaptation filmée est de recourir à des flash-back, pour éclairer le passé des personnages et faire sortir le spectateur de l'appartement confiné de Jake. Très à l'aise pour diriger les acteurs, Pacino se considère toujours comme un réalisateur novice. *« Je ne pense pas les choses en termes visuels. J'ai besoin d'un chef opérateur pour me donner des idées. Je suis bon dans le relationnel avec une équipe de tournage. Mais quand je dois prendre du recul et me demander :* "Comment rend la scène visuellement ?", *là j'ai un problème.* » Et le fait d'avoir la double casquette reste pour lui une position inconfortable. *« Jouer et diriger en même temps est quelque chose d'étrange. Comme acteur, on travaille à partir de l'inconscient et comme réalisateur, on doit être au contraire conscient de tout ce qui se passe. On est donc en conflit permanent.* »[71]

Réalisé avec une économie de moyens et privilégiant la spontanéité, le film s'inscrit pleinement dans la tradition « Off-Off-Broadway » revendiquée par Pacino. Le ping-pong verbal entre les deux antihéros donne un rythme soutenu à l'ensemble, et malgré la dureté des échanges, un humour désenchanté se dégage de la relation. Les différents décors du Village (restaurants, rues, cabines téléphoniques, halls d'immeubles...) impriment une certaine nostalgie au film et, au final, Pacino signe avec *Chinese Coffee* un portrait sensible et attachant de ses deux personnages. Au-delà du témoignage sur ces « bohémiens » du Village, le film nous renseigne aussi sur le lien quasi charnel que Pacino entretient avec ce quartier qui l'a vu naître en tant qu'artiste. Et si le rôle d'Harry Levine l'a autant marqué, c'est sans doute parce qu'il aurait pu devenir ce type de personne, s'il n'avait pas rencontré le succès.

Trop arty, trop singulier, *Chinese Coffee* ne va pas connaître d'exploitation commerciale en salles. Il est présenté dans plusieurs festivals en septembre 2000, à Telluride et à Toronto. Il sera également projeté en 2003 au Tribeca Film Festival, dirigé par son comparse Robert de Niro, et l'accueil sera enthousiaste. Le film sortira en DVD en 2007, intégré au coffret *An Actor's Vision*, regroupant les réalisations personnelles de Pacino. Malheureusement, *Chinese Coffee* – important dans sa filmographie – restera inédit en France.[72]
Le titre, intrigant, est tiré d'une réplique d'Harry Levine, fidèle client d'un restaurant asiatique. Le café chinois est selon lui le meilleur des cafés, avec une touche de crème et servi dans des tasses en silex...

SIMONE, INSOMNIA

Au tournant des années 2000, Pacino est attiré par de nouveaux horizons. Aussi quand Andrew Niccol, réalisateur de *Bienvenue à Gattaca* et scénariste de *Truman Show*, lui propose le script malicieux de *S1m0ne* (*Simone*), l'acteur est immédiatement emballé. Fable sur le monde d'Hollywood et réflexion sur l'utilisation de la technologie au cinéma, le scénario démarre par les déboires de Viktor Taransky, lâché par son actrice principale en plein tournage. Un informaticien génial lui propose, grâce à un logiciel de son invention – S1m0ne –, de créer une actrice virtuelle qu'il pourra contrôler à sa guise. Taransky termine son film grâce à ce subterfuge et, contre toute attente, sa sortie est un triomphe. Simone devient une star du jour au lendemain, et journalistes, fans, producteurs, veulent la rencontrer. Seul problème, de taille, Taransky a caché la nature virtuelle de son actrice, ce qui le place dans une situation intenable.
Simone sort aux États-Unis en août 2002, et le mois suivant en Europe, où il rencontre un accueil critique nettement plus favorable que dans son pays d'origine. En France, notamment, la presse se montre sensible au thème de la manipulation de l'image, ainsi qu'à la qualité de la distribution. Les grands quotidiens américains, *New York Times* et *Washington Post*, le considèrent en revanche sans grand intérêt, vain et peu drôle...

Comédie d'anticipation, *Simone* se révèle en effet assez décevant. Si la « bonne idée » à la base du script s'étire de façon poussive, la description du monde d'Hollywood s'avère plus réussie. La scène d'ouverture, où Taransky (Pacino) doit gérer la star caractérielle Nicola Anders (Winona Ryder), est particulièrement réjouissante. Elle fait écho à certaines situations rencontrées par l'acteur au cours de sa carrière. *« Bien sûr, j'ai eu affaire à certains comédiens capricieux, et lorsque cela arrive, vous n'en croyez pas vos yeux. Je me souviens d'un film avec une actrice que je ne nommerai pas qui faisait tant de manières que j'avais envie de l'étrangler. Je me suis tourné vers le réalisateur pour lui dire : mais comment vais-je pouvoir l'aimer et la prendre dans mes bras ? »*[73] En conférence de presse, l'acteur en profite pour balayer devant sa porte : *« Je me suis probablement comporté comme un crétin, mais je ne me souviens pas de caprices précis. Si je me suis mal comporté, si j'ai été impatient, c'est simplement que… je n'étais pas satisfait de mon travail. Sinon, ma loge mobile a une taille décente, et ma seule exigence, c'est qu'elle ait des fenêtres ! »*[74]

Parmi les scènes de valeur du film, notons celles entre Taransky et son ex-femme, Elaine, jouée par l'excellente Catherine Keener, révélée par Tom DiCillo dans *Living in Oblivion* (*Ça tourne à Manhattan*, 1995), autrement plus drôle et inventif que le Simone d'Andrew Niccol. Avec le recul, Pacino estime lui-même qu'avec cette expérience, *« l'éléphant a accouché d'une souris »*[75]. Échec commercial aux États-Unis, le film connaît un petit succès en Europe.

Son projet suivant, en revanche, est d'un tout autre calibre, à l'initiative d'un jeune réalisateur surdoué de 32 ans. Après *Following* (1998) et surtout le film culte *Memento* (2000), monté avec un petit budget, Christopher Nolan se lance dans une production ambitieuse pour son troisième film. Adaptée d'un polar norvégien de 1988, l'intrigue d'*Insomnia* se déroule l'été dans le Grand Nord, une période où le soleil ne se couche jamais. Le policier Will Dormer et son adjoint sont suspectés par la police des polices de Los Angeles d'avoir dérapé lors d'une ancienne affaire. Le temps de cette enquête interne, ils sont envoyés en Alaska pour élucider un crime atroce, commis sur une adolescente. En opération, Will Dormer tue accidentellement son adjoint et maquille aussitôt la scène, pour ne pas risquer d'être incriminé. Seul témoin du drame, l'écrivain Walter Finch, l'assassin de l'adolescente, en profite pour faire chanter le policier : Finch veut bien garder le silence, seulement si Dormer s'engage à saborder son enquête et à trouver un autre coupable… Avec ses trouvailles et rebondissements dans un décor inhabituel, l'intrigue revisite avec intelligence et vista le genre du thriller.
Pour le personnage complexe de Will Dormer, pris en étau entre ses propres intérêts et son sens du devoir, le cinéaste pense immédiatement à Pacino. *« J'ai accepté de le jouer pour Christopher Nolan avant tout car j'avais adoré* Memento. *Et aussi parce que j'aime les personnages tiraillés entre le bien et le mal. »*[76] Aux côtés de Pacino, Hilary Swank interprète Ellie Burr, une jeune inspectrice de la petite ville de Nightmute. Et, totalement à contre-emploi, Robin Williams, joue l'odieux criminel Walter Finch.

Le tournage se déroule du 16 avril au 30 juin 2001, principalement sur l'île de Vancouver, au Canada. Les deux acteurs principaux se sont soigneusement évités avant le début du tournage et, fait inhabituel, aucune répétition n'a eu lieu entre eux ; pour préserver la relation perverse entre Dormer et Finch, précisent les intéressés. *« En plus, Robin est tellement hilarant dans la vie qu'il m'aurait déconcentré ! »*, ajoute Pacino. Aux premières loges pour les voir évoluer ensemble, Nolan est frappé par les différences d'approches. *« Robin s'attarde volontiers sur le plateau et aime faire rire l'équipe, alors qu'Al se tient à l'écart, va se préparer dans son coin et revient fin prêt. Mais ce qui me frappe chez ces*

deux grands acteurs, c'est leur capacité à se renvoyer la balle, à interagir de façon aussi constructive à partir de méthodes de travail radicalement différentes. » En dehors des prises, tous deux s'entendent comme larrons en foire. N'étant pas logés à l'hôtel – il n'y en pas dans ces terres reculées –, ils dorment sur des bateaux, au milieu d'un décor grandiose et à proximité d'animaux de la région, ours et loups...
Un élément important concerne l'état physique de Will Dormer, épuisé par la luminosité permanente sous le « soleil de minuit » en Alaska. Des insomnies qui sont également la traduction de son conflit intérieur. Pour cette donnée particulière, Pacino va « faire avec » les circonstances du moment. Il est en effet l'heureux papa de jumeaux, nés peu avant le tournage. Aussi se rend-il fréquemment à Los Angeles pour rejoindre sa compagne Beverly d'Angelo et ses enfants. Ces déplacements, combinés aux journées sans fin au Canada, perturbent complètement son sommeil, déjà fragile. Cette réalité, certes pénible au quotidien, sert ici pleinement la fiction.

La scène de la course-poursuite sur les rondins de bois dévalant la rivière est l'une des plus impressionnantes du film. Avant de la tourner, Pacino manifeste une certaine appréhension. *« C'était une séquence particulièrement dangereuse, même pour des cascadeurs expérimentés. Ces milliers de rondins qui descendent la rivière à grande vitesse vous écrasent au moindre faux pas »*[77], confirme Robin Williams. Toutefois, fort de l'expérience de *Heat*, où Pacino s'était fait un sérieux claquage en courant après Robert de Niro à 3 heures du matin, il s'est préparé physiquement spécialement pour cette scène. Malgré de grosses frayeurs, les deux acteurs s'en sont sortis sans dommage.

Insomnia sort aux États-Unis en mai 2002, auréolé d'excellentes critiques. La réalisation de Nolan est soignée, précise et, par le traitement de l'image, la « lumière de l'Alaska » devient un personnage à part entière. Le jeu de Pacino est salué pour sa sobriété et sa subtilité. L'acteur a déjà interprété bon nombre de policiers, et pourtant, il parvient à différencier Will Dormer de ses autres rôles. Surtout, il réussit à exprimer pleinement le conflit intérieur du personnage, comme la dimension sensorielle de son état d'insomnie. C'est une interprétation de haut vol, qui rencontre un public nombreux avec un succès au box-office dépassant celui de *L'Enfer du dimanche*. Après leur expérience commune, les deux acteurs principaux continueront à se fréquenter, Pacino appréciant fortement l'humour et la grande sensibilité de Robin Williams.

✣ ✣ ✣

Au début de la soixantaine, Al Pacino peut regarder le chemin parcouru avec un sentiment légitime d'accomplissement. Et pour la suite, tous les voyants sont au vert.
En pleine possession de ses moyens d'acteur, avec une filmographie qui s'étoffe et des projets personnels qu'il parvient à mener à bon port, l'acteur déploie une activité considérable, plus importante finalement qu'à ses débuts. Sur le plan privé, en devenant père à nouveau, il s'engage avec sa compagne Beverly d'Angelo à construire une famille. À l'aube des années 2000, une forme de plénitude est atteinte. Ce qui, pour les grands anxieux, est toujours inquiétant. ✣

PARTIE 5

WHAT HAPPENED TO AL?

2001-2012

CHANGEMENT D'ÈRE

Avant le 11-Septembre, 2001 était associée à *L'Odyssée de l'espace*, le chef-d'œuvre de Stanley Kubrick. Ce jour-là, les attentats de New York et Washington plongent les États-Unis dans le chaos, et le reste du monde dans un profond état de sidération. Al Pacino suit les événements de cette funeste journée depuis Los Angeles, à quelques milliers de kilomètres de New York, cette ville avec laquelle il entretient un lien quasi charnel et qui vient d'être frappée au cœur. Choqué, il entreprend aussitôt des démarches pour prendre le premier avion, mais c'est impossible, l'espace aérien est fermé jusqu'à nouvel ordre. À son retour, il constate que le trauma est palpable dans la rue, et que « son » New York a changé de façon irréversible. Le monde est devenu bien incertain, et pour Pacino, père de deux nourrissons et d'une adolescente, le sentiment dominant est un mélange d'inquiétude et de responsabilité.

Quelques mois plus tard, le 22 mars 2002, l'acteur se réveille en sursaut au beau milieu de la nuit. Un incendie accidentel vient de se déclencher dans sa maison du New Jersey,

PHOTOGRAPHIE DE PLATEAU D'*AMOURS TROUBLES*, DE MARTIN BREST, EN 2003.

dans le quartier de Snedens Landing. Les secours arrivent aussitôt mais devant l'intensité des flammes, Al Pacino et Beverly d'Angelo doivent quitter les lieux précipitamment, leurs deux bébés sous le bras. Ils trouvent refuge à New York, à moins d'une heure de voiture, chez Charlie Laughton, l'ami de toujours. Dans cette nuit glaciale de mars – il fait - 10° –, le couple part à la recherche, non pas de Richard, mais de couches et de lait pour les biberons.

En l'espace d'un peu plus d'une année, Pacino traverse donc trois événements majeurs : une nouvelle paternité (double avec les jumeaux), la bascule sociétale du 11-Septembre, et un drame personnel évité de justesse. Leur portée émotionnelle, évidente, marque l'acteur en profondeur, et certains de ses choix futurs pourront se lire à l'aune de ces bouleversements.

Dans le sillage du 11-Septembre, Al Pacino démarre le tournage de *The Recruit* (*La Recrue*) en décembre 2001. Son rôle est celui de Walter Burke, officier vétéran de la CIA, qui s'occupe maintenant de recruter et former de nouveaux agents. Un jeune informaticien de génie, James Clayton, joué par le prometteur Colin Farrell, retient toute son attention, et passe avec succès les étapes de sélection. Sa première mission est de débusquer une taupe au sein de la CIA, mais les méthodes particulières de Walter Burke vont conduire à un affrontement ouvert entre les deux hommes.

James Foley, au départ pressenti pour diriger le film, a finalement été écarté par le studio Disney au profit de Roger Donaldson, un artisan solide et fréquemment utilisé par le système hollywoodien. La confrontation de style entre Pacino, avec son jeu ancré qui sent la sciure et la sueur, et Colin Farrell, plus détaché et issu de la télévision, génère une attente bien légitime. Farrell vient d'ailleurs de signer une interprétation de haut vol dans l'excellent *Phone Booth*, de Joel Schumacher.

La Recrue s'avère hélas très déceptif. Pacino a déjà joué des hommes de pouvoir, à chaque fois en explorant la complexité de ses personnages. Avec Walter Burke, défini il est vrai à gros traits dans le script, on ne parvient pas entrer dans le conflit interne du rôle. Son apparence physique – manteau noir et barbe bien taillée – convoque l'iconographie de *L'Impasse*, mais c'est bien le seul point commun avec Carlito Brigante, autrement plus subtil, dense et émouvant. Depuis son retour au début des années 1990, Pacino a déjà fait « du Pacino », autrement dit, il lui est arrivé d'en faire beaucoup, voire des tonnes. L'acteur l'admet bien volontiers, mais pour lui, cette forme de cabotinage résulte de sa nouvelle approche du jeu, assez différente de ses débuts. En cherchant le maximum de vérité et de spontanéité dans son expression, il écarte résolument toute forme d'autocensure – ennemi majeur du jeu d'acteur –, et il lui arrive en effet de « déborder » un peu, beaucoup, passionnément. Jusqu'à présent, il l'a toujours fait en partant du rôle, avec un engagement total dans son incarnation. Avec Walter Burke et pour la première fois, Pacino fait « du Pacino », mais à côté du rôle. À sa décharge, la réalisation balourde à souhait de Roger Donaldson ne l'a pas aidé ; la musique d'ambiance omniprésente dans les scènes, par exemple, est d'une terrible platitude, digne d'un mauvais téléfilm. Colin Farrell et Bridget Moynahan parviennent à tirer leur épingle du jeu et, s'agissant de la confrontation de styles évoquée précédemment, elle est plutôt à leur avantage.

Malgré le peu d'intérêt du scénario, un accueil critique tiède et des défauts manifestes, *La Recrue* obtient un gros succès au box-office, cumulant 100 millions de dollars de recettes globales[1] pour un budget de 46 millions. Sans doute le film a-t-il bénéficié d'un « effet 11- Septembre » auprès du public américain, soudé comme jamais autour du drapeau.

Après son incursion ratée dans le registre du film d'action commercial, Pacino revient sur un terrain plus familier en retrouvant son ami Martin Brest. Leur collaboration avait débouché sur *Le Temps d'un week-end*, dix ans auparavant, avec à la clé l'Oscar du « meilleur acteur ». Cette fois, le réalisateur lui propose un second rôle haut en couleur, celui du truand Starkman, dans son prochain film *Gigli* (*Amours troubles*).

Quand un ami cher vous demande un service, le réflexe naturel est de lui venir en aide. Parfois, il peut arriver que cela vous entraîne dans une suite de galères monumentales. À peu de chose près, c'est la configuration que Pacino va rencontrer dans cette expérience.

Larry Gigli est une petite frappe chargée de kidnapper le frère d'un procureur important. Une belle jeune femme, Ricki, a pour mission de s'assurer que Gigli gère bien la situation, sachant que l'otage en question est un adolescent autiste... Si le simple résumé du scénario fait craindre le pire, la qualité des personnes impliquées – Martin Brest, fin directeur d'acteurs, Ben Affleck dans le rôle de Gigli, Al Pacino et Christopher Walken dans des seconds rôles – promet de mettre le film sur de bons rails.

Au départ, *Amours troubles* est une comédie policière, mais le coup de foudre dès le début du tournage entre les deux acteurs principaux, Ben Affleck et Jennifer Lopez, donne une idée aux têtes pensantes du studio : réécrire le scénario pour l'amener vers le genre de la comédie romantique. Ce calcul, fondé sur le buzz des tabloïds autour de cette idylle naissante, s'avère désastreux. Changer le script de fond en comble en plein tournage, cela revient à modifier radicalement les plans de construction d'un immeuble alors que le chantier a déjà démarré... Ni comédie policière ni comédie romantique, *Amours troubles* n'est même pas une comédie, les effets comiques étant ratés à 95 %.

À sa sortie, an août 2003, le film est descendu en flammes ; il récolte neuf nominations aux Razzie Awards[2], et obtient six « victoires », dont celle du « pire acteur » et celle du « pire réalisateur »... Ben Affleck apparaît en effet bien embarrassé à l'image, comme s'il n'était pas à sa place.

Concernant Pacino, son unique scène intervient à la 84e minute, pour les spectateurs qui ont tenu aussi longtemps. Dans cette séquence de sept minutes, le chef mafieux Starkman convoque Gigli et Ricki pour faire le point sur le kidnapping de l'adolescent, prenant des allures de fiasco. Pacino se lance alors dans un monologue, plutôt un cabotinage à bride abattue, qui a le mérite de secouer un film jusque-là bien mollasson. Son énergie et l'autodérision manifeste de son jeu rendent le moment particulièrement savoureux. L'apparence physique du rôle, avec un chignon de samouraï solidement accroché à la nuque, accentue le comique de la scène, qui restera identifiée par ses admirateurs comme le monologue du *« I don't give a shit »* (*« J'en ai rien à foutre »*).

Si la courte intervention de Pacino a pour effet de relancer la dernière demi-heure du film, elle ne sauve toutefois pas l'ensemble du naufrage. Le réalisateur Martin Brest ne s'en remettra pas : *Amours troubles* restera désespérément la dernière ligne de sa filmographie. Accident industriel, le film a au moins l'intérêt de souligner certaines aberrations du secteur. Comment est-il possible d'atteindre le budget pharaonique de 75 millions de dollars, pour un film dont la première heure se déroule uniquement dans un appartement de trois pièces ? À l'occasion de son bide monumental – 7 millions de recettes au total pour une exploitation dans 2 200 salles –, les producteurs d'*Amours troubles* se seront peut-être posé la question.

Loin de cette gabegie, une modeste production sobrement réalisée par Daniel Algrant est également à l'affiche en 2003, *People I Know* (*Influences*). Pacino y incarne l'attaché de presse Eli Wurman, qui, rendant service à son seul client célèbre – l'acteur Cary Launer –, se retrouve mêlé à une affaire criminelle sordide. La distribution comprend également Ryan O'Neal, révélé par *Love Story* (Arthur Hiller, 1970), et Kim Basinger, actrice phare des années 1980. L'action d'*Influences* se déroule l'espace de vingt-quatre heures, dans un Manhattan nocturne et agité. Même si Pacino admettra plus tard que le film aurait mérité plus de travail, il livre un portrait touchant et subtil d'Eli Wurman, attaché de presse au bout du rouleau, insomniaque, coincé entre idéal et compromission. Sans maquillage et les traits tirés, c'est un Pacino hagard qui tente de survivre à cette nuit tragique. Son interprétation à rebours du glamour colle parfaitement à l'atmosphère du film, à la fois fiévreuse et poisseuse, qui rappelle par instants *Avec les compliments de l'auteur* (voir le chapitre *Virage à 180 degrés*) ou, plus récemment, *Chinese Coffee*. Dans certaines scènes, comme celle chez son médecin – *« This is not my life, I can't live like this! »* (*« Ce n'est pas ma vie, je ne peux plus vivre comme ça ! »*) –, Pacino emmène son personnage au bord du gouffre, avec une intensité comparable à celle qu'il déployait dans *Un après-midi de chien*. Malheureusement, seulement huit cinémas aux États-Unis projettent le film à sa sortie. À titre de comparaison, *La Recrue* a été distribuée dans près de 2 400 salles. Pour la première fois, un film avec Al Pacino dans le rôle principal sort dans l'indifférence générale. *Révolution*, son plus grand échec à ce jour, avait au moins fait parler de lui en 1985. Le silence assourdissant entourant Influences est finalement bien plus inquiétant.

Sur le plan privé, l'année 2003 est également bien morose, Pacino et Beverly d'Angelo mettent fin à leur relation après cinq années de vie commune. Cela conduit l'acteur à opérer un changement d'organisation complet. Il partage désormais son temps entre New York et Los Angeles, où son ex-compagne a décidé de s'établir avec leurs deux enfants.

LES PENDULES À L'HEURE

Dans cette période tourmentée, Pacino trouve une bouffée d'oxygène salutaire au théâtre, en reprenant la pièce de Bertolt Brecht, *La Résistible Ascension d'Arturo Ui*, jouée une première fois en 1975, avec son alter ego John Cazale. Dans cette nouvelle production dirigée par Simon McBurney, metteur en scène exigeant, Pacino est entouré d'acteurs de grand talent, notamment John Goodman – son partenaire dans *Sea of Love* –, Steve Buscemi, Chazz Palminteri. À travers l'ascension du truand Arturo Ui dans le monde de la pègre, la pièce de Brecht tisse une métaphore de la montée du nazisme dans les années 1930. Les représentations ont lieu au cœur de Manhattan, au Michael Schimmel Center for the Arts, du 3 octobre au 10 novembre 2002. Le spectacle reçoit des critiques enthousiastes, tout comme l'interprétation de Pacino, *« audacieuse et réjouissante »* selon le *New Nork Times*. Avec malice, le célèbre quotidien relève qu'après Richard III, le roi Hérode de *Salomé*, et maintenant Arturo Ui, l'acteur affectionne tout particulièrement les rôles de tyran absolu.

Pour l'anecdote, le musicien Paul McCartney, présent à New York à cette période, se rend au théâtre, et une fois le rideau baissé, retrouve Pacino dans sa loge pour le féliciter chaleureusement. Ce dernier a peut-être raconté à l'ancien Beatles sa rencontre fortuite avec John Lennon, quelques décennies auparavant, juste après la sortie du *Parrain*. *« Il vivait au Dakota*[3] *et je n'habitais pas très loin à l'époque. Je suis tombé nez à nez avec John Lennon. On était comme deux bateaux dans la nuit en train de se croiser, un moment, il m'a regardé et il m'a souri, je lui ai souri à mon tour, sans un mot. J'étais tellement heureux et flatté qu'il me reconnaisse, c'est un moment que je n'oublierai jamais. »*[4] Al Pacino retrouvera John Lennon quelques années plus tard, sur un mode fictionnel cette fois, avec le superbe *Danny Collins* de Dan Fogelman. Juste un peu de patience...

Comme un poisson a besoin de son élément naturel aquatique pour survivre, un acteur a besoin de textes et de rôles de valeur, sous peine de végéter, puis de s'atrophier. Aussi, quand Michael Radford, réalisateur notamment d'*Il Postino* (*Le Facteur*, 1986), arrive avec un scénario adapté de la pièce de Shakespeare, *The Merchant of Venice* (*Le Marchand de Venise*), Pacino accepte avec enthousiasme le projet, d'un tout autre niveau en comparaison de ses films commerciaux récents. *« On voulait tous les deux rendre Shakespeare le plus vivant possible, précise le cinéaste. Ne pas le traiter comme un texte mort, ni le réciter platement, ne pas le faire en costume pour le folklore, mais plutôt par réalisme, et tenter d'amener cette langue au cinéma en restant le plus accessible possible. »*[5]

L'intrigue de cette comédie se déroule dans la Venise du XVIe siècle. Bassanio a besoin d'argent pour faire la cour à la femme qu'il aime. Son meilleur ami, Antonio, lui présente Shylock, un usurier juif, qui accepte de prêter une somme importante. Mais si elle ne lui est pas remboursée dans les délais convenus, alors Shylock exigera en compensation « une livre de chair » prélevée sur la personne d'Antonio...

Les pièces de Shakespeare ont connu de nombreuses adaptations au cinéma depuis la fin des années 1980. *Le Marchand de Venise* est un peu à part, la dernière version filmée remontant au temps du muet. Sans doute est-ce lié à la controverse persistante entourant cette pièce, sur la question de l'antisémitisme. De multiples études universitaires ont fouillé le sujet, débouchant sur des analyses radicalement différentes. Pour certains, le personnage de Shylock, décrit comme infâme dans la pièce, révèle une forme d'antisémitisme chez Shakespeare. Pour d'autres, dès l'instant où le texte donne les clés pour comprendre le personnage de Shylock, épouvantable il est vrai, l'auteur se place dans une démarche humaniste, et l'accusation d'antisémitisme s'en trouve dès lors disqualifiée. Un point de vue partagé par Michael Radford et Al Pacino. *« Ce serait difficile pour moi de jouer un personnage que je n'aime pas, ou dans lequel je ne trouve rien à aimer. »*[6] Tout son travail va dès lors consister à comprendre comment on peut en arriver à un comportement aussi cruel que celui de Shylock.

Michael Redford part à Venise pour s'immerger dans le contexte de la pièce. C'est là-bas qu'il trouve la forme définitive du scénario. Malgré un casting « cinq étoiles » comprenant, outre Pacino, deux fines lames britanniques dans les rôles de Bassanio et Antonio, respectivement Joseph Fiennes et Jeremy Irons, le réalisateur rencontre de grandes difficultés pour boucler le budget du film. Conséquence directe, le plan de travail est comprimé à sept semaines, ce qui est très serré pour un film en costume ambitieux. Le tournage se déroule en décor naturel et en studio, au Luxembourg et à Venise. La ville des Doges est d'ailleurs un casse-tête pour la production, tout le matériel devant être acheminé via des canaux très étroits.

Pour sa préparation, Pacino utilise ce que les acteurs appellent généralement la *backstory*, c'est-à-dire le fait d'imaginer des aspects de la vie du personnage qui, chronologiquement, sont antérieurs au démarrage du récit. Dans le cas de Shylock, il vient de perdre sa femme qu'il adorait, il a toujours été insulté et maltraité du fait de ses origines, et il a construit une relation très solide avec sa fille. En précisant et en croisant ces différentes circonstances, Pacino propose dès la première scène un Shylock miné par la tristesse, au bord du désespoir.

Pendant le tournage, parce que le texte vient du théâtre, l'acteur à tendance à « projeter » un peu trop, frôlant le surrégime. *« Mais dans un film, il est nécessaire de casser cela, de resserrer les choses, pour que ça fonctionne à l'image. Michael Radford est vraiment un expert dans ce domaine et il est l'artisan principal de nos interprétations, en tout cas de la mienne. »*[7] Jeremy Irons, toujours très intéressé par les différentes façons de travailler de ses collègues, observe l'attitude de Pacino avec attention. Après plusieurs jours harassants consacrés à la grande scène du procès de Shylock, l'équipe du film se retrouve le soir au restaurant. Attablé juste à côté du réalisateur, Pacino lui fait une demande surprenante : *« Je pourrai refaire une prise demain ? »* Décontenancé, Radford lui répond que c'est impossible ; ils sont déjà très en retard sur le plan de travail et la scène est déjà dans la boîte. *« Écoute, Michael, je peux venir tôt le matin, s'il te plaît, laisse-moi juste une prise. »* Le réalisateur finit par céder, et le lendemain, aux aurores, ils refont « juste » une prise, plus simple, plus sobre, très différente de ce qui a été tourné les jours précédents. Au final, c'est bien cette dernière prise qui sera choisie au montage[8]... Il est parfois bon d'insister.

Le Marchand de Venise sort aux États-Unis fin décembre 2004 et reçoit des critiques très positives. *« Pacino est un acteur fascinant,* estime le *Washington Post, il attaque et caresse la langue de Shakespeare en même temps. Il adore ça. Cela lui permet d'atteindre une grande profondeur. Son interprétation ici est incandescente. »*[9] Pour son exploitation en salles, le film rencontre un petit succès, qui ne parvient pas, cela dit, à équilibrer son budget. De façon incompréhensible, *Le Marchand de Venise* n'est pas distribué en France, ce qui est une première pour un film du circuit commercial avec Al Pacino. Une sortie DVD dans l'Hexagone aura lieu deux ans plus tard, dans un silence assourdissant. C'est d'autant plus dommage pour ses admirateurs francophones que ce Shylock-là rejoint le club fermé des grands rôles de l'acteur. Son interprétation démonte scène après scène la mécanique de la haine et constitue, à l'usage d'une nouvelle génération d'acteurs, un modèle d'approche pour des personnages dits « indéfendables ».

ANGES, SOUVENIRS ET RETROUVAILLES

Il est rare qu'une pièce de théâtre fasse l'événement, au point de devenir un phénomène de société. C'est pourtant ce qui s'est produit avec la fresque de Tony Kushner, *Angels in America*, véritable catharsis des années sida. Créée en 1991 à San Francisco, la pièce se divise en deux parties, *Millennium Approaches* et *Perestroika*, représentant au total la durée conséquente de sept heures de spectacle. En suivant de façon chorale différents personnages en pleine épidémie du sida, Tony Kushner dresse, au-delà des souffrances de la communauté gay, un portrait singulier et puissant de l'Amérique des *eighties*, celle des années Reagan. La pièce fut jouée en 1993 à Broadway, et connaîtra par la suite de multiples reprises. Devant un tel succès, le cinéma ne pouvait rester indifférent bien longtemps. Le cinéaste Robert Altman, revenu au premier plan avec *The Player* et *Short Cuts*, commence à travailler à son adaptation. Au milieu des années 1990, il contacta Al Pacino, qui se déclara vivement intéressé. Mais le projet, de par sa lourdeur, finit par être abandonné. Le casse-tête reste intact : comment en effet monter un film de sept heures dans le circuit commercial ?

Le salut vint de la télévision et de HBO, pionnier des chaînes payantes aux États-Unis, et quelque part l'ancêtre lointain de Canal+ en France. Au tournant des années 2000, HBO décide de confier les rênes du projet à Mike Nichols, sous la forme d'une mini-série de six épisodes de soixante minutes. Un choix judicieux, car ce réalisateur expérimenté mène une carrière accomplie à la fois au cinéma depuis *Qui a peur de Virginia Woolf?* (1966) et *Le Lauréat* (1967), et au théâtre, où il a monté récemment *Mort d'un commis voyageur*, d'Arthur Miller. Surtout, il parvient à réunir un casting exceptionnel, Al Pacino, Meryl Streep, Emma Thompson, mais aussi Patrick Wilson, Ben Shenkman et Justin Kirk. Il confie, là aussi de façon judicieuse, les rôles majeurs de Harper et Belize a Mary-Louise Parker et Jeffrey Wright, qui ont déjà joué la pièce à Broadway. Enfin Tony Kushner se charge lui-même de l'adaptation, aboutissant à un scénario très proche de la version théâtrale.

C'est la première fois que Meryl Streep et Al Pacino travaillent ensemble. Pourtant, ils se connaissent depuis longtemps dans le cercle privé par le biais de John Cazale. En 1976, la jeune actrice rencontra, pendant les répétitions d'une pièce de Shakespeare, l'inoubliable interprète de Fredo dans les *Parrain I* et *II*, ils tombèrent aussitôt fous amoureux l'un de l'autre. Pacino a une immense admiration pour le travail de Meryl Streep, notamment sur *Kramer contre Kramer* et *Out of Africa*, mais ce qu'il retient d'elle avant tout, c'est son amour inconditionnel pour John Cazale, qui décède prématurément d'un cancer généralisé en 1978, et qu'elle accompagna avec courage dans ses derniers instants. Dans le documentaire *I knew it was you: Rediscovering John Cazale*[10], réalisé par Richard Shepard en 2009, Pacino et Meryl Streep reviennent sur la relation qui les liait à cet acteur génial à la filmographie trop courte, soulignant à quel point il fut pour eux une inspiration constante. *« Sur le jeu d'acteur, personne ne m'a autant appris que John »*, confie Pacino, très ému, à l'évocation de son ami disparu.

Avant le tournage, Mike Nichols met en place une batterie de répétitions, qui commencent par des lectures à la table. Une étape essentielle pour le réalisateur et qui sert à « nommer » les choses. *« Que se passe-t-il dans la scène ? Que fait-il ? Comment réagit-elle à ce qu'il vient de faire ? Être autour de la table, se poser des questions, tenter d'y répondre, puis reprendre la scène avec une nouvelle idée sur ce qui se passe vraiment à ce moment-là, c'est le socle sur lequel le film s'est entièrement construit. »*[11]

Al Pacino interprète le rôle de Roy Cohn, qui a réellement existé et dont la réputation était pour le moins sulfureuse. Avocat farouchement anticommuniste, soutien de la droite ultraconservatrice et raciste, il était proche du sénateur McCarthy et pesa de tout son poids pour envoyer les époux Rosenberg, prétendument à la solde de Moscou, sur la chaise électrique. Pacino retrouve donc un personnage bien peu recommandable, voire un « parfait salopard » pour ceux qui ont eu à souffrir de son pouvoir. Après avoir condamné publiquement l'homosexualité, alors que lui-même entretenait des liaisons avec les hommes, il meurt du sida en 1986. Même si Tony Kushner a gardé dans le scénario les éléments centraux de sa biographie, il n'hésite pas à s'écarter de la réalité. *« Je ne connaissais par Roy Cohn et Tony non plus, j'en suis sûr. En fait, il utilise Roy Cohn comme un symbole et il est même dit dans la pièce qu'il n'y a pas de ressemblance avec la personne réelle. Je me rends compte, en faisant des biopics de temps en temps, que plus on fait appel à la fiction, meilleur est le film. »*[12]

Le tournage s'étend sur plus de neuf mois, entre mars 2002 et janvier 2003, avec évidemment un planning calibré au mieux pour chaque acteur et actrice. Pacino fonce tête baissée dans l'aventure, absorbant un texte volumineux. Physiquement, l'aspect dur et anguleux de son visage est accentué par une coupe de cheveux très courte. À partir du troisième épisode, ses scènes se déroulent en majorité dans une chambre d'hôpital, avec pour partenaires réguliers Jeffrey Wright, dans le rôle de l'infirmier Belize, et Meryl Streep, qui joue le fantôme d'Ethel Rosenberg. *« Il y a tout de suite une grande complicité avec Meryl, simplement parce qu'elle dégage cette "chose" particulière. Et aussi, elle fait vraiment attention à vous, alors même qu'elle joue son propre rôle. Ça m'a beaucoup aidé. »*[13] La chambre d'hôpital étant un petit espace, l'équipe du film se trouvait juste à côté dans une autre pièce, autour du combo permettant de voir les scènes. Pacino et Meryl Streep étaient donc la plupart du temps tous les deux dans leur bulle, entourés par le souvenir de John Cazale.

La série est diffusée aux États-Unis sur HBO à partir du 7 décembre 2003 et récolte immédiatement un immense succès public et critique. Tous les compartiments du « film », jeu, réalisation, écriture, montage, relèvent le défi initial – transposer une pièce de théâtre hors norme à l'image – avec audace et talent. Et surtout, l'essentiel, cette série parvient à un point souvent recherché et rarement atteint, celui où le spectateur peut passer du rire aux larmes en l'espace d'une scène de cinq minutes. Concernant le personnage de Roy Cohn, Pacino arrive à le rendre touchant, ce qui n'était franchement pas gagné, tant ses sorties sur à peu près tous les sujets révèlent une haine viscérale chez lui. Par son jeu, l'acteur laisse voir que les dénis intimes de Roy Cohn et son incroyable méchanceté s'apparentent plutôt à un mode de défense, et même de survie. Ainsi, comme spectateur, on comprend mieux ce qui l'amène à être aussi odieux. Il en devient même bouleversant quand, sous morphine et agonisant, il aimerait que sa mère lui chante une chanson. Mike Nichols, dont la carrière est particulièrement prolifique, confiera des années plus tard que la série *Angels in America* reste, de façon indiscutable, ce qu'il a fait de mieux. Elle fait toutefois un malheureux : *« C'est vraiment la mauvaise blague. Je me retrouve dans un film avec Al Pacino et je n'ai aucune scène avec lui... »*[14], déclare avec humour l'excellent Justin Kirk, l'interprète de Prior Walter.

Au-delà de la réussite artistique de l'entreprise, il est intéressant pour Pacino de se retrouver en phase avec les mutations majeures de l'industrie du film. En effet, le format de la série trouve un véritable engouement auprès du public depuis le milieu des années 1990, comme en attestent les énormes succès de *Friends*, des *Soprano*, ou encore de *The Wire*. La télévision a donc un eldorado devant elle, et le fait qu'elle attire dorénavant des grands noms du cinéma constitue à l'évidence une nouvelle donne. Si l'on met de côté son apparition en 1968 dans la série *NYPD*, *Angels in America* constitue sa première expérience notable à la télévision et c'est un coup de maître. Il est assez singulier de noter qu'après les récents errements de Pacino au cinéma – *La Recrue*, *Gigli*... –, c'est bien cette même télévision qui le remet en selle.

RETOUR À LA CASE NANAR

Dans la roue d'*Angels in America*, le scénario de Dan Gilroy, *Two for the Money*, retient toute l'attention de Pacino. Walter Abrams, le patron d'une entreprise de paris sportifs, remarque qu'un joueur de football américain, dont la carrière vient de s'interrompre à la suite d'une grave blessure, a un don pour prévoir les scores des matchs. Tous deux décident de s'associer... Tel est le point de départ du script, qui repose sur le duo entre un homme d'expérience en bout de course et un jeune talent qui cherche sa voie. Certes, le réalisateur, D.J. Caruso, n'a pas réalisé de grands films jusqu'ici, mais la distribution comprenant Al Pacino, l'excellent Matthew McConaughey, révélé par Richard Linklater dans *Dazed and Confused* (*Génération rebelle*, 1993), et Rene Russo, affiche de belles promesses. Pendant le tournage, durant l'automne 2004, les deux acteurs principaux s'entendent particulièrement bien. *« C'est comme danser avec un partenaire fantastique. C'est drôle, libre, inattendu à chaque fois. Il prend la vague et il surfe dessus tout du long, parfois elle finit à un endroit juste parfait, ce n'est pas toujours le cas, mais il surfe dessus à chaque fois. C'est une des choses que j'ai adoré voir en travaillant avec lui »*[15], confie McConaughey, admiratif. Le film sort en octobre 2005 aux États-Unis et en juillet 2006 en France, de façon plutôt discrète dans les deux cas. Après visionnage, il est évident que les deux acteurs principaux font leur maximum pour dynamiser les scènes, mais ils ne sont vraiment pas aidés par le script, alambiqué et peu intéressant, ni par la réalisation paresseuse de D.J. Caruso. La photographie, délavée et triste, est d'ailleurs un choix incompréhensible. Autre élément qui ne plaide pas en faveur du film, depuis le *Parrain III*, Pacino a joué, à de multiples reprises, des rôles en plein dans le thème de la transmission, en étant le mentor d'Andy Garcia, Chris O'Donnell, John Cusack, Johnny Depp, Keanu Reeves, Jamie Foxx, Colin Farrell... *Two for the Money*, déjà bien inférieur à ses prédécesseurs, apparaît en queue de peloton et ne peut éviter l'impression de « déjà-vu et revu ». *« Bavard à l'extrême,* Two for the Money *répand alors les considérations psy (*"Tu quoque mi fili..."*) à la louche, et laisse Al Pacino gober tout cru ses partenaires »*[16], estime le quotidien *Libération*.

Cet accident de parcours devrait être rapidement oublié, puisque Pacino rejoint l'équipe de Steven Soderbergh pour son nouvel opus, *Ocean's Thirteen*. Les deux premiers volets ont été des succès planétaires, grâce à l'excellence du casting, composé notamment de George Clooney, Brad Pitt, Matt Damon et Elliott Gould, et au style alerte et pop imprimé par le cinéaste Steven Soderbergh, révélé par le splendide *Sexe, mensonges et vidéo*, en 1989. Dans cette nouvelle aventure, la fine équipe menée par Danny Ocean cherche à venger son vieux complice Reuben Tishkoff, que le directeur tyrannique du casino Bank a volontairement blessé gravement. Ce personnage sans scrupule, Willy Bank, échoit donc à Al Pacino. *« C'est une sorte de type complètement mégalo. Tout est centré autour de son travail, de son hôtel, et rien d'autre n'existe à ses yeux. Ce qui d'ailleurs peut être son point faible. Ces personnages avec des œillères, j'aime beaucoup les jouer. »*[17] Le tournage démarre en juin 2006 principalement à Las Vegas, dans les hôtels Belagio et Mandalay Bay, et également dans des décors reconstitués en studio, à Hollywood. Les scènes avec Pacino sont tournées en trois semaines, dans une entente parfaite avec Soderbergh. Fin cinéphile, le cinéaste distille quelques références, en glissant quelques noms de personnages très proches de ceux du *Parrain*. La présence d'Andy Garcia (*Le Parrain III*) et d'Ellen Barkin (*Mélodie pour un meurtre*) font également écho au parcours de l'acteur.

« Avec les films de divertissement, si on ne met pas toute sa passion, s'il n'y a pas d'engagement, cela ne fonctionne pas. De mon point de vue, les trois Ocean's ont été plus difficiles à mettre en scène que certains de mes films dits "sérieux". Ils sont extrêmement subtils, très complexes à réaliser »[18], précise le réalisateur lors de la présentation du film au Festival de Cannes, en 2007. En conférence de presse, Soderbergh est visiblement content de lui, les acteurs – sauf Pacino, absent – sont également très contents, tant mieux sauf que... le film est très décevant ! La coolitude de Clooney, qui dégageait tant de charme dans les deux premiers opus, se transforme curieusement en ennui profond, et pour lui et pour nous. La caméra de Soderbergh est également moins alerte. Comme souvent, quand on ne sait pas exactement où est le problème, c'est qu'il se trouve dans les fondations. En l'occurrence, le scénario écrit par quatre scénaristes chevronnés – soit à huit mains ! – se révèle très faiblard. Le rôle de Willy Bank, unidimensionnel et manichéen, propose une caricature de « méchant » et, de fait, il s'agit d'un contresens absolu par rapport à tout ce que Pacino représente au cinéma, c'est-à-dire une expression vraie, authentique, à laquelle les spectateurs sont sensibles.

Capitalisant sur l'immense succès de ses prédécesseurs, *Ocean's Thirteen* engrange de grosses recettes – plus de 300 millions de dollars ! –, malgré une presse qui égratigne le film, vu comme le plus faible des trois volets. Pour Pacino, connaître le succès dans un rôle qui ne lui ressemble pas, est-ce vraiment une bonne nouvelle ?

En 2007, l'acteur est également à l'affiche du thriller *88 minutes*, réalisé par Jon Avnet. Il y campe Jack Gramm, un expert en criminologie. Alors qu'il s'apprête à donner un cours à l'université, il reçoit un appel annonçant qu'il lui reste 88 minutes à vivre. Les soupçons se tournent vers John Forster, serial killer envoyé en prison il y a quelques années suite aux recommandations de Jack Gramm. Coïncidence, John Forster, condamné à mort, doit recevoir une injection létale le jour même... L'anagramme du nom du réalisateur – Avnet... vous voyez l'idée ?[19] – annonce hélas la couleur. Le scénario est émaillé d'incohérences majeures ; comment Forster, condamné à mort dans quelques heures, peut-il donner une interview à une chaîne de télévision nationale depuis sa prison ? Plus gênant, puisque le criminel lui donne un rendez-vous mortel, dans *88 minutes* faut-il le rappeler, il suffirait à Jack Gramm de ne pas s'y rendre... Mais comme le film est organisé autour de la confrontation finale, le scénario cherche désespérément à « forcer » Jack à y aller, ce qui évidemment ne fonctionne pas dramatiquement. La réalisation de Jon Avnet sur le mode « grosses ficelles et pataquès » n'arrange rien, rythmée par une musique incroyablement pénible, soulignant à chaque minute comment le spectateur est censé réagir. La sortie du film, tourné à l'automne 2005, a été retardée à de multiples reprises ; on comprend pourquoi. Il est d'ailleurs lancé en Europe un an avant sa sortie aux États-Unis, en avril 2008, ce qui est assez rare, et passe ensuite rapidement à la trappe. *« Rien à sauver [...] dans ce polar raté aux accents mélos, nanar ennuyeux et vaseux »*[20], estime le *Journal du dimanche*.

88 minutes décroche donc la palme du plus mauvais film avec Pacino au générique depuis ses débuts. Comment expliquer un choix aussi désastreux ? Est-ce l'argent qui l'aurait motivé ? A priori non, l'acteur s'est toujours défendu d'accepter un rôle selon le seul critère financier. Et si tel était le cas, il n'aurait pas refusé la publicité japonaise qu'on vient de lui proposer pour un montant astronomique. Ou alors est-ce pour financer ses projets personnels ? Il a commencé en 2006 le tournage d'un documentaire dans l'esprit de *Looking for Richard*, sur la pièce *Salomé*, d'Oscar Wilde, qu'il a jouée à nouveau au théâtre récemment et qui le passionne. Plus simplement, est-il bien conseillé par ses agents et managers ? Il est également possible que le principal intéressé n'ait pas la réponse.

Le 7 juin 2007, l'American Film Institute (AFI) décerne à Pacino un Lifetime Achievement Award, récompensant l'ensemble de sa carrière. Lors de cette soirée prestigieuse, d'anciens partenaires de jeu et quelques réalisateurs – Robin Williams, Jamie Foxx, Oliver Stone, Ed Harris, Jeffrey Wright, Winona Ryder, Sean Penn... – se succèdent au micro pour lui rendre hommage. L'acteur ainsi fêté entre ensuite sur la scène du Kodak Theater pour un discours improvisé, au cours duquel il commence par remercier ses mentors Lee Strasberg, Martin Bergman, et bien sûr Charlie Laughton, le seul encore vivant. Atteint par une sclérose en plaques très avancée, ce dernier assiste à la soirée en fauteuil roulant en compagnie de son épouse, Penny Allen.

Paradoxe « pacinien », c'est précisément au moment où l'acteur reçoit l'hommage de ses pairs, au moment également où beaucoup le considèrent comme l'héritier de Marlon Brando, décédé en 2005, que sa carrière commence sérieusement à battre de l'aile.

UN COFFRET BIENVENU

La sortie du coffret DVD *An Actor's Vision*[21] en 2007, regroupant ses réalisations personnelles, *The Local Stigmatic*, *Looking for Richard* et *Chinese Coffee*, rappelle que le « vrai » Pacino bouge encore dans son rôle préféré, celui du passeur proposant à un public le plus large possible des œuvres exigeantes qui lui tiennent à cœur.

Est intégré à ce coffret un court documentaire spécialement réalisé pour l'occasion, *Babbleonia*[22], dans lequel il livre ses réflexions sur le jeu d'acteur lors d'un échange dans l'enceinte du mythique Actor's Studio. La manière libre et spontanée avec laquelle il aborde le sujet fait penser à John Cassavetes qui, interrogé sur son processus créatif, répondait invariablement : *« Je ne m'interdis rien. »* Considéré comme le « Strasberg's baby » au début des années 1970, autrement dit comme le pur produit de l'enseignement prodigué à l'Actor's Studio, Pacino a toujours été mal à l'aise avec cette étiquette. Même si cette institution a compté de façon décisive dans son développement d'acteur, il est plutôt devenu au fil du temps un adepte du *« whatever works »*, c'est-à-dire une forme de pragmatisme où tout est à bon à prendre dès l'instant où « ça marche », et peu importe si c'est aligné ou non sur les préceptes de l'Actor's Studio.

Dans *Babbleonia*, il partage une anecdote à ce sujet. Alors qu'il jouait *American Buffalo* en tournée à Londres, dans les années 1980, il a vu au milieu d'une représentation une spectatrice se lever au fond de la salle, puis marcher en titubant dans une travée, pour finir par s'accouder au bord de la scène. Visiblement alcoolisée, la cigarette à la bouche, elle interrompit les acteurs en pleine scène : *« Excuse me, would you have some light? »* (*« Excusez-moi, auriez-vous du feu ? »*). Pacino fouilla dans sa poche, alla la retrouver à l'avant-scène, se baissa et lui alluma sa cigarette. Elle le remercia et retourna à sa place[23]... Ainsi, conclut-il, la notion de « quatrième mur » entre le public et les acteurs – un concept utilisé à l'Actor's Studio – n'a tout simplement pas de sens... Finalement, et c'est un joli message à l'attention de tout acteur, on comprend que le cœur de son processus créatif repose sur le lien intime qu'il établit avec l'auteur et son texte, et non sur l'attachement à telle ou telle technique de jeu, aussi prestigieuse soit-elle.

En retrouvant prochainement Jon Avnet pour une seconde collaboration après le pénible *88 minutes*, jamais l'écart entre sa carrière *mainstream* et sa démarche personnelle « art et essai » n'aura été aussi grand.

LE CALICE JUSQU'À LA LIE

Le titre de cette nouvelle production, *Righteous Kill*, et plus encore son adaptation en français, *La Loi et l'Ordre*, laissent présager que finesse et poésie ne seront sans doute pas au rendez-vous. Le scénario s'articule autour d'un duo de policiers, Turk et Rooster, enquêtant sur une série de meurtres uniquement commis sur des criminels relâchés par la justice. Le serial killer est soupçonné de faire partie de la police et, rapidement, l'étau se resserre autour de Turk... De Niro (Turk) et Pacino (Rooster), l'un et l'autre en plein creux de carrière, cherchent à se relancer et partagent par ailleurs l'envie de retravailler ensemble. Une fois leur accord donné, le film se monte facilement sur une idée simple : reconstituer le tandem mythique de *Heat*. Seulement, le scénario repose sur une vision sociétale pour le moins discutable, légitimant le fait d'éliminer des criminels en outrepassant les décisions de justice, et de nombreuses répliques sonnent assez bas de plafond – *« La plupart des gens respectent l'insigne, tout le monde respecte le flingue. »* Pour éviter les écueils du script, il faudrait que le metteur en scène amène une bonne dose d'humour et de sagacité... Avec Jon Avnet, ce n'est pas vraiment le genre de la maison.

Un montage de deux heures est reçu de façon catastrophique en projection test. Le studio Millennium Films décide alors d'enlever trente minutes, pour aboutir à montage final très cut et des plans dépassant rarement les quatre secondes. Résultat : les scènes sont encore plus hachées, et la connexion entre Pacino et De Niro, l'unique atout du film, s'en trouve saccagée. Avec des acteurs de ce type, inventifs et surprenants, il est souvent plus intéressant de laisser de la durée aux plans, pour que leur jeu s'exprime pleinement ; Brian de Palma a procédé ainsi dans *Scarface* et *L'Impasse*. Mais on parle là d'un autre monde... La seule réussite concernant *La Loi et l'Ordre*, c'est sa campagne de promotion, jouant habilement sur la notoriété de *Heat*. Certaines références directes sont établies dans le film, en particulier la scène finale traitée comme le miroir inversé du classique de Michael Mann.

Comme pour *88 minutes*, les critiques sont désastreuses. *La Loi et l'Ordre* fonctionne cependant correctement en salles, remboursant son budget initial. En France, il rassemble 600 000 spectateurs. Lucides sur son faible niveau, Pacino et De Niro accompagnent à contrecœur le film lors de sa présentation dans différentes capitales européennes, à l'automne 2008. Un soir, n'y tenant plus, De Niro prend Pacino à part :
« Écoute, Al, espérons qu'un jour nous serons ici pour un film dont on sera vraiment fiers.
— Bon sang, ce serait vraiment bien », lui répond un Pacino enthousiaste.
Quoi ? Quand ? Comment ? Personne n'en sait rien, mais la première graine menant à *The Irishman* vient d'être plantée.

Sur le plan privé, il entame en 2007 une relation amoureuse avec Lucila Solá, une actrice argentine âgée de 31 ans rencontrée deux années auparavant lors d'une soirée. Leurs enfants respectifs – Lucila est la maman d'une petite fille de 7 ans – se sont très bien entendus à cette occasion, et les deux adultes ont commencé à se voir régulièrement, au départ de façon amicale. Sa compagne résidant à Los Angeles, Pacino vit également de plus en plus dans la Cité des anges, délaissant son New York natal.

Pour la deuxième fois depuis son entrée dans le monde du cinéma, l'acteur connaît de sérieux problèmes financiers. Cela s'était déjà produit en 1988, après son break volontaire de quatre ans loin des studios. Sa compagne d'alors, Diane Keaton, l'avait vertement sermonné, lui enjoignant de reprendre du service s'il ne voulait pas vivre à ses crochets. Cela avait débouché sur *Mélodie pour un meurtre*, et Pacino ne manqua pas de remercier sa partenaire du *Parrain* pour son bon conseil. Cette fois, deux décennies plus tard, cela n'a rien de volontaire puisqu'il est victime d'une escroquerie de la part de Kenneth Ira Starr, son conseilleur financier au nom prédestiné. Son portefeuille de clients recèle en effet de nombreuses célébrités, Martin Scorsese, Mike Nichols, Uma Thurman, pour n'en citer que quelques-unes. La vie tumultueuse de Kenneth Ira Starr, son ascension irrésistible et sa chute tout aussi vertigineuse, mériteraient à coup sûr une biographie détaillée, ou un film de Martin Scorsese, c'est selon. En 2007, il épouse Diane Passage, qui renonce alors à sa carrière de stripteaseuse. Son caractère particulièrement dépensier conduit cependant Starr à accélérer ses malversations suivant le schéma dit « de Ponzi », qui repose sur l'arrivée de nouveaux entrants dans une boucle financière pour générer des bénéfices. La crise de 2008 intervient au même moment et, dans son sillage, le scandale Madoff fait la une de l'actualité pour des agissements similaires, à une bien plus grande échelle il est vrai. Starr est condamné en 2010 à sept ans de prison – et peut-être de réflexion –, et se trouve incapable de rembourser ses clients ; Pacino perd dans la foulée des millions de dollars.

Même si l'acteur n'a jamais eu des goûts de luxe, il a généré au fils des ans un petit écosystème autour de lui, qui suppose un train de vie élevé. Sa maison du New Jersey, ses bureaux à New York, la location de sa maison à Los Angeles dans le quartier des « flats », ses assistants personnels et managers, le financement de ses films personnels, sa famille et une attention à son entourage proche, représentent des sommes considérables. Soyons clairs, il ne s'agit pas ici de pleurer sur le sort d'Al Pacino, lui-même par décence ne le fera jamais, mais plutôt de comprendre comment ses contraintes ont pu jouer sur ses choix de carrière.

Au pied du mur à l'âge de 70 ans, Pacino met en vente sa maison de Snedens Landing, dans le New Jersey, contracte un prêt à sa banque comme Monsieur Tout-le-Monde, accepte de tourner – c'est une première – dans une publicité pour une marque de café ; *« La plupart de mes scénarios ont des taches de café, c'est comme ça qu'on reconnaît les "scénarios Pacino" »*, telle est la punchline. Ce spot, que l'acteur avouera plus tard cordialement détester, a peut-être inspiré les producteurs du prochain film avec Adam Sandler, figure populaire de la comédie américaine. Toujours est-il qu'ils font à l'interprète de Michael Corleone « une proposition qu'il ne pourra pas refuser », en lui offrant une somme supérieure à cinq millions de dollars, son cachet habituel à cette période. À titre de comparaison, Adam Sandler, certes avec un rôle plus important – deux en fait –, reçoit un salaire de vingt millions de dollars. La cote de Pacino n'est en effet plus celle des années 1990, quand il percevait des cachets de plus de 10 millions par film. Cela tient pour partie à ses mauvais choix récents et, pour l'autre, sur laquelle il n'a aucune marge d'action, aux importants changements de l'industrie du cinéma au cours de la dernière décennie. Les sorties de films ne constituent plus des événements comme ce fut le cas pour *Le Parrain*, *Scarface* ou *Heat*. Aujourd'hui, ce sont d'autres types de productions, souvent des franchises – *Star Wars* en est le parfait exemple –, qui attirent l'attention médiatique. En donnant son accord pour la comédie *Jack and Jill* (*Jack et Julie*), Pacino privilégie pour la première fois l'aspect financier, rompant ainsi avec sa ligne de conduite depuis ses débuts.

Le scénario est centré sur la relation orageuse entre des jumeaux, Jack, publicitaire aguerri et Jill, sa sœur vieille fille qui vient passer quelques jours chez lui à l'occasion du repas de Thanksgiving. De façon fortuite, Jill va rencontrer Al Pacino, qui connaît un véritable coup de foudre à son contact. Jack y voit une occasion inespérée d'approcher l'acteur et de l'engager pour son prochain spot publicitaire... Un peu à la façon d'Eddie Murphy, Adam Sandler interprète les deux personnages principaux, Jack et Jill donc. Al Pacino, quant à lui, joue pour la première fois son propre rôle dans une fiction. Notons la présence de l'acteur et humoriste français Gad Elmaleh dans un petit rôle, celui du cuisinier d'Al Pacino. Le tournage a lieu à l'automne 2010, sous la direction de Dennis Dugan, et à sa sortie, un an plus tard, le film est descendu en flammes par la critique. *« Sandler et Dugan doivent avoir une dent contre Pacino pour l'emmener aussi bas.* "Brûle-le, *dit-il après avoir visionné le spot* [du Dunkaccino], personne ne doit voir cela." *Il en va de même pour ce film »*[24], peut-on lire dans *Rolling Stone*.

Les réactions auraient-elles été aussi virulentes si Pacino n'avait pas figuré au générique ? Ce n'est pas certain. Le film de Dennis Dugan s'inscrit dans le genre de la comédie potache, avec ses situations grotesques et ses séquences rituelles de chutes et de pets ; après tout, aucun genre n'est à blâmer en tant que tel. Adam Sandler démontre un abattage comique certain, difficile en effet de ne pas rire quand il envoie les répliques de Jill de sa voix nasillarde – *« You're a weirdo! »* (*« Tu es vraiment zarbi ! »*). La violence des critiques en dit finalement davantage sur l'Amérique que sur le film lui-même. Avec des répliques du *Parrain*, de *Scarface* ou de *L'Enfer du dimanche* quasiment intégrées au langage courant, Pacino fait partie du patrimoine national, aussi, le voir dans un univers résolument potache est insupportable pour beaucoup. Autre élément déroutant, Pacino a toujours vu le jeu d'acteur comme la possibilité d'explorer de nouveaux territoires. Alors jouer son propre rôle, même dans une version exagérée de lui-même, n'a rien de naturel pour lui. C'est même un cul-de-sac dont il n'arrive pas à se dépêtrer dans *Jack et Julie*. Sa première scène, où il porte une fausse barbe de Babylonien lors d'un match de basket en compagnie de Johnny Depp, est surprenante et réussie. Les suivantes, en revanche, le sont beaucoup moins, lorsqu'il décroche son téléphone, par exemple, en pleine représentation de *Richard III* ; quand on connaît son immense admiration pour Shakespeare, le moment est embarrassant. Cette gêne souvent présente nous empêche d'adhérer pleinement aux scènes et d'en rire, ce qui pour une comédie est problématique.

La séquence finale, la fameuse publicité pour le « Dunkaccino » dans laquelle Pacino danse et chante sur un air de hip-hop, est très bien faite. Le texte est entièrement composé de références à sa carrière – *« Attica! »*, *« Whouah! »*, *« Say hello to my Little friend! »* Bien que décriée, cette fin restera marquante dans l'esprit du public et connaîtra une vie intense sur les réseaux sociaux. En dépit des critiques, *Jack et Julie* remporte un succès incontestable avec 150 millions de dollars de recettes.

Comme cela se produit souvent dans une carrière, certains rôles rencontrent une problématique que l'acteur traverse au même moment dans sa vie personnelle. Ce fut le cas pour Michael Corleone, mis à l'épreuve dans *Le Parrain*, Sonny Wortzik, littéralement coincé par le cirque médiatique, ou encore *Serpico* et sa solitude. En tournant le spot du Dunkaccino et en le reniant la seconde d'après dans la toute dernière séquence, le Al Pacino de *Jack et Julie* est lui aussi un écho direct à sa situation du moment, celle d'un homme écartelé entre son idéal et ses impératifs.

Il tourne ensuite deux thrillers sans grande envergure. Dans *The Son of No One* (*Un flic pour cible*, 2011), réalisé par Dito Montiel, il occupe un second rôle, tout comme Juliette Binoche avec laquelle il ne partage aucune scène. Et dans *Stand Up Guys* (*Les Derniers Affranchis*, 2012), signé Fisher Stevens, Pacino rejoint Christopher Walken au générique. Le premier connaît une sortie aux États-Unis dite « limitée », c'est-à-dire dans un petit nombre de salles – seulement dix ! Le second, diffusé de façon plus large, est un four retentissant, position « gril ». Considérés comme trop faibles, ils ne sont pas distribués en France, sauf au format DVD. Lucide sur leur piètre qualité, Pacino fait contre mauvaise fortune bon cœur, en tentant de bonifier les scènes dans lesquelles il apparaît.

Son bilan cinématographique de la décennie est calamiteux. Avec une production quantitative importante – dix films tournés depuis *Insomnia* –, seul *Le Marchand de Venise*, de Michael Radford, tire son épingle du jeu, et si l'on veut vraiment en sauver un autre des eaux troubles, on peut extraire à la limite *Influences*, de Dan Algrant. Un ratio bien faible et, de façon étonnante, ses rôles les plus forts se trouvent à la télévision, avec *Angels in America* bien sûr, mais aussi *You Don't Know Jack* (*La Vérité sur Jack*, 2010), réalisé par Barry Levinson, dont le fait d'armes principal reste *Rain Man*, avec Tom Cruise et Dustin Hoffman. Dans ce film de télévision, produit à nouveau par HBO, Pacino interprète Jack Kevorkian, un médecin qui livra un combat courageux en faveur de l'euthanasie dans l'Amérique des années 1980. Avec John Goodman et Susan Sarandon complétant la distribution, cette production sur un sujet de société délicat s'avère d'excellente facture et surclasse au passage tout ce qu'il a pu faire au cinéma sur la décennie. Un Emmy Award récompense son interprétation pleine d'humanité.

En 2013, Al Pacino se rend à l'hôpital de Santa Monica, où son complice de toujours, Charlie Laughton, vit ses derniers instants. Tous deux se rappellent les *good old days*, l'époque des galères en tout genre, du manque d'argent, des petits boulots et des chambres mal chauffées, mais aussi celle des premiers spectacles, avec leurs moments inoubliables. Coach, ami, grand frère, confident, conseiller... Charlie Laughton a joué un rôle majeur dans son éclosion puis dans la conduite de sa carrière. C'est également lui qui, en 1975, l'a mis face à son problème d'alcoolisme. Pour Pacino, la perte est immense. Période suspendue, le deuil d'un être cher est parfois l'occasion de s'interroger, de remettre les choses à plat. Peut-être est-il temps pour Pacino de retrouver une partie de lui-même, mise de côté depuis trop longtemps. Pour lui. Et pour Charlie. ✣

PARTIE 6

LE SURVIVANT

2013-2024

CENTIMÈTRE APRÈS CENTIMÈTRE…

Au train où vont les choses, la filmographie de Pacino menace de se décliner uniquement dans le rétroviseur, renvoyant à ses rôles flamboyants des années 1970. Proche de la sortie de route, l'acteur se retrousse les manches et prend à son compte le monologue de Tony d'Amato dans *L'Enfer du dimanche*, en se battant *« inch by inch »*, pouce après pouce, centimètre après centimètre, pour remettre sa carrière sur les rails.

Le 10 août 2013, à Los Angeles, la projection de sa dernière réalisation, *Salomé*, peut être considérée comme un premier jalon. Certes, aucune sortie commerciale n'est prévue pour l'instant et son caractère singulier le destine à une diffusion confidentielle. Mais au moins, il est parfaitement en accord avec lui-même, et pour reprendre les mots de Robert De Niro dans la foulée du sinistre *La Loi et l'Ordre*, il est tout simplement fier de l'avoir fait. Avec *Salomé*, l'acteur cristallise sa passion au long cours pour cette pièce de théâtre méconnue d'Oscar Wilde, écrite en français et publiée en 1893, très différente des comédies pleines d'esprit qui ont fait le succès de l'auteur. Pacino la découvre à Londres, en 1989, dans une mise en scène de Steven Berkoff et est alors subjugué par sa puissance. L'histoire de *Salomé* s'inspire d'un récit biblique. La jeune femme éprouve une attirance pour le prophète Iokanaan, qui la repousse aussitôt. Devant l'insistance très déplacée de son beau-père, le roi Hérode, elle effectue pour lui la danse des sept voiles. En contrepartie, elle demande la tête tranchée de Iokanaan sur un plateau d'argent… Pacino joua la pièce à Broadway sous la direction de Robert Ackerman, en 1992, puis à nouveau en 2003, avec Marisa Tomei dans le rôle de Salomé. Il la reprend enfin en 2006 sous la forme d'une lecture en mouvement, mise en scène par Estelle Parsons, et avec une jeune actrice pleine de talent et alors inconnue, Jessica Chastain.

PHOTOCALL POUR LA SORTIE DU FILM *DANNY COLLINS*, DE DAN FOGELMAN, EN 2015.
© IAN WEST / PA IMAGES / ALAMY BANQUE D'IMAGES

Sa fascination pour cette œuvre obscure suit à peu près le même chemin que *The Local Stigmatic*, de Heathcote Williams, qu'il avait jouée à plusieurs reprises à ses débuts devant un public incrédule, avant d'en faire un film. Concernant *Salomé*, pièce transgressive et censurée à sa création en Angleterre, l'acteur est attiré par son thème principal, celui d'un désir irrépressible menant aux frontières de la folie, mais aussi par la personnalité de son auteur. *« Je voulais en savoir plus sur Oscar Wilde. C'était un génie, mais aussi quelqu'un qui s'est mis à dos son entourage, il a vraiment connu des épreuves dans sa vie. Je ne sais pas pourquoi je m'identifie à Wilde, mais c'est le cas… »*[1] Condamné en 1895 à deux ans de prison pour son homosexualité, vivant dans la misère, la fin de vie d'Oscar Wilde touche tout particulièrement Pacino. Et c'est dans l'esprit de *Looking for Richard* qu'il démarre un tournage autour de *Salomé* et de son auteur, sans véritable scénario et donc sans savoir à l'avance où cela le mènera. *« Je fais en même temps une pièce, un film de la pièce, et un documentaire ! »*[2] Cette aventure débouchera sur deux films distincts, *Wilde Salomé*, sorte de collage filmé où l'on voit Pacino au travail sur tous les fronts, et *Salomé*, la pièce filmée dans son intégralité.

Pour ce faire, il s'est entouré d'une équipe de fidèles, notamment le directeur de la photographie français Benoît Delhomme, rencontré sur le tournage du *Marchand de Venise*. Tous deux s'étaient particulièrement bien entendus et, avant chaque prise, Pacino le touchait physiquement comme un talisman, lui glissant à l'oreille : *« Benoît, tu es là pour capter mon âme. »*[3] L'objectif de Pacino est de créer un pur moment de théâtre au cinéma, en mêlant les deux médiums. Il y parvient en alternant des plans naturalistes – la réception du roi Hérode – et des plans serrés sur scène, dans un décor minimal. Notons que les acteurs portent des costumes contemporains, pour rendre la pièce plus accessible. L'image du film est particulièrement réussie, avec une dominante bleue avant la danse des sept voiles, et une couleur rouge sang par la suite. Pacino livre une interprétation mémorable du roi Hérode, dévoilant les aspects profondément malsains de ce tyran au bord de la folie. À ses côtés, Jessica Chastain se révèle exceptionnelle dans le rôle de Salomé, passant successivement d'une grande douceur à une furie incontrôlable. Finalisé sept ans après son tournage, *Salomé* constitue de fait sa première expérience au cinéma. De façon élégante, Pacino la place en première position au générique. Avec son complément, Wilde Salomé, les deux films seront projetés à plusieurs reprises lors de la décennie, notamment au cinéma Quad de New York, en 2018. Une édition DVD sera commercialisée, malheureusement indisponible en France.

En cette année 2013, Pacino retrouve à deux reprises son auteur favori, David Mamet. Au théâtre, il est à l'affiche de *Glengarry Glen Ross*, à Broadway. Vingt ans auparavant, dans le film du même nom, il jouait le séduisant « tchatcheur » Ricky Roma, et cette fois, en adéquation avec son âge, il tient rôle de l'agent immobilier Shelley Levene. Le défi est de taille, car Jack Lemmon avait signé dans le film de James Foley une interprétation bouleversante, montrant un homme brisé, au bout du rouleau, prêt à tout pour payer les frais d'hospitalisation de sa fille. Pacino a toujours voué une admiration sans bornes à son aîné, décédé en 2011, tant pour son talent que pour ses qualités humaines, celles d'un homme simple, respectueux et attentionné. Cette nouvelle production fait partie des grands succès de la saison à Broadway. Les critiques sont en revanche moins enthousiastes ; de façon concordante il est reproché à Pacino « d'écraser » le reste de la distribution au détriment de la cohérence de l'ensemble.

En mars 2013, la première collaboration entre Mamet et Pacino sur un support film est diffusée sur la chaîne HBO. Il s'en est pourtant fallu de peu que *Phil Spector* ne voie jamais le jour.

Producteur musical flamboyant des années 1960 et 1970, notamment sur les albums *Let It Be* des Beatles et *Imagine* de John Lennon, créateur du fameux *« wall of sound »* – écoutez *River Deep Mountain High*, d'Ike et Tina Turner... –, Phil Spector fut inculpé d'homicide pour avoir mis le canon d'un revolver dans la bouche de l'actrice Lana Clarkson et appuyé sur la détente, lors d'une soirée en tête à tête dans son manoir californien, en 2003. Le scénario de David Mamet a pour sujet non pas son procès en tant que tel, dont le retentissement fut considérable aux États-Unis, mais plutôt les semaines de préparation qui le précédent. La raison d'être du projet tient au documentaire de Vikram Jayanti, *The Agony and the Ecstasy of Phil Spector*[4], que l'agent de David Mamet lui recommande fortement. L'auteur rétorque qu'il n'a aucune envoie de savoir quoi que ce soit sur ce producteur « à moitié cinglé » et criminel. Son agent revient à la charge, et Mamet finit par le visionner. À la dixième seconde du documentaire, son avis n'a pas changé, Spector s'exprime bizarrement, avec des tremblements, il a vraiment l'air dérangé. Trente minutes plus tard, Mamet le trouve au contraire brillant, intéressant. Et à la fin du film, il en vient à s'interroger sur sa culpabilité[5]... L'auteur n'en revient pas d'avoir eu autant de préjugés sur cet homme, et il en sort avec une conviction : il tient là le thème de son prochain film.

Phil Spector n'est pas un biopic à proprement parler. Même si le scénario s'inspire de personnes réelles liées à cette affaire sordide et intègre fidèlement les comptes rendus du procès lors des quelques scènes au tribunal, l'essentiel du film repose sur la relation entre l'accusé et son avocate, pour le coup entièrement imaginée par l'auteur et revendiquée comme telle.

Pour sa préparation, Pacino ne souhaite pas rencontrer le vrai Phil Spector, alors en prison – il a été condamné en 2009 à dix-neuf années de prison –, préférant partir du personnage construit par Mamet. En revanche, il visionne des heures d'images d'archives et lit de nombreux ouvrages sur ce producteur génial et effrayant, capable de tirer avec son arme au plafond pour réveiller ses musiciens en pleine session d'enregistrement. *« J'essaie de saisir ce qu'il y a d'essentiel chez quelqu'un et de me connecter à cela. J'aime laisser les choses entrer dans mon inconscient. Comment, cela reste un mystère pour moi. Mais comme disait Jackson Pollock :* "Quand je commence à regarder le tableau que je suis en train de faire, soit je passe à autre chose soit je le détruis, car je ne suis plus dans un processus inconscient." *J'approche mes personnages de cette façon. »*[6]

L'autre rôle principal, l'avocate Linda Kenney Baden, est incarné par Bette Midler. Malheureusement, d'importants problèmes de dos ne lui permettent plus de se tenir debout ; elle doit abandonner le film après deux semaines de tournage... Ce cas de force majeure plonge la production dans la tourmente. Il est effet impossible de reculer ledit tournage, car d'autres engagements attendent Pacino après son dernier jour de contrat, et les décors construits en studio, notamment l'intérieur rococo du manoir de Spector, devront être détruits. La seule solution est de remplacer en urgence Bette Midler, mais trouver un tel profil, célèbre, talentueux et immédiatement disponible, s'apparente à une mission quasi impossible. Les têtes pensantes de HBO et David Mamet contactent alors Helen Mirren, Oscar de la meilleure actrice pour *The Queen* (Stephen Frears, 2006). Elle peut se libérer mais conditionne sa réponse – comme c'est l'usage – à son appréciation du scénario. Une fois lu, elle appelle David Mamet et lui dit : *« D'accord, je serai là mercredi. »* À notre tour, on peut imaginer l'immense soulagement de l'auteur.

Petite collision entre la vie réelle et la fiction : en reprenant le rôle au débotté, Helen Mirren se retrouve exactement dans les circonstances de l'avocate qu'elle interprète, elle aussi engagée en catastrophe pour la défense de Phil Spector. *« Je l'adore !*, s'enthousiasme Pacino au sujet de sa partenaire. *Vous ne pouvez pas imaginer le privilège de côtoyer chaque jour une personne qui vous intéresse vraiment et avec laquelle vous pouvez échanger. Parfois, je me disais :* "Je lui parle trop, elle va commencer à s'ennuyer." *C'est vraiment quelqu'un de très bien. »*[7]

À sa diffusion, malgré la déception exprimée publiquement par les proches des parties concernées, le film est très bien accueilli. L'écriture spécifique de David Mamet fait mouche ; apparemment anodine, nous amenant presque au bord de l'ennui, subitement elle vous saute à la gorge et fait surgir en une fraction de seconde tout le sens de la scène. Le duo formé par Helen Mirren et Pacino fonctionne à merveille. Au-delà du cas de Phil Spector, le propos du film est que toute personne, même excentrique, marginale et peu sympathique, une personne que tout accuse et qui « mériterait » d'être condamnée, eh bien cette même personne a le droit à un vrai procès. De façon plus anecdotique, l'apparence physique d'Al Pacino est ici stupéfiante, rythmée par un véritable défilé de moumoutes tout au long du film. La palme revenant à la perruque de la scène finale, une immense « afro » grisonnante portée par Spector le jour de son interrogatoire par les avocats de la défense ; *« C'est un hommage à Jimi Hendrix, cet homme a beaucoup souffert »*, explique Spector à son avocate, Linda Kenney Baden, sidérée.

Avec ces deux rôles transgressifs, le roi Hérode et Phil Spector, Pacino s'est confronté à de belles partitions. L'une sera visible en DVD – hélas, pas partout –, l'autre passe à la télévision. On aimerait évidemment qu'il fasse de même au cinéma.

RENAISSANCE

La terrible succession de nanars auxquels Pacino a participé dans les années 2000 rappelle avec dureté une règle du jeu implacable : ce sont les grands rôles qui font les grands acteurs, non l'inverse.

En 2014 et 2015, il est à l'affiche de trois films, *The Humbling* (*En toute humilité*), *Manglehorn* et *Danny Collins*, trois variations sur l'âge avancé de la vie. Le vieillissement au cinéma est un virage délicat pour tout acteur, certainement plus difficile à négocier pour les actrices. Dans le cas de Pacino, toujours identifié à ses rôles de jeunesse dans *Serpico*, les *Parrain I* et *II* ou *Un après-midi de chien*, la question du déclin peut être douloureuse pour son public et lui-même. Plutôt que de prendre la tangente dans une course au rajeunissement sans issue, comme ce pouvait être le cas dans *88 minutes* ou *Jack et Julie*, l'acteur choisit dorénavant d'affronter le sujet de face en assumant son âge, 75 ans, au cinéma. De fait, il n'est pas perdant. De nouveaux territoires s'ouvrent à lui, moins ancrés dans le glamour, c'est vrai, mais riches sur le plan dramatique. La dégradation physique et mentale, les bilans de vie douloureux et la réparation du passé, tels sont les grands combats auxquels sont confrontés pêle-mêle Simon Axler, Manglehorn et Danny Collins. Tous trois portent également, chacun à leur façon, l'espoir d'une réinvention ; après tout, il n'est jamais trop tard.

The Humbling, roman de Philip Roth[8] paru en 2009 sur le thème de la descente aux enfers d'un acteur célèbre, a fait forte impression sur Pacino. Le récit démarre par une représentation théâtrale qui tourne mal : Simon Axler mélange son texte avec celui d'une autre pièce et, en pleine confusion, finit par s'évanouir devant le public. Après un séjour en maison de repos, il entame une thérapie et tente de se reconstruire. Sa rencontre avec une jeune femme semble lui redonner goût à la vie. *« J'aimais bien l'idée qu'un acteur perde complètement les pédales et cherche à ranimer non seulement sa carrière mais surtout sa propre vie. Finalement, il s'aperçoit qu'il est face à un vide immense. Il tente de devenir une vraie personne et découvre qu'il n'a pas les bons outils pour y parvenir. »*[9] Pacino parle d'une adaptation possible à Barry Levinson, avec lequel il vient de tourner *La Vérité sur Jack* et qui s'enthousiasme également pour le projet.

L'idée est de le monter rapidement, dans l'énergie du moment et sans attendre les feux verts de responsables de studio plus ou moins sourds aux sujets décalés. Aussi décident-ils de tourner en équipe réduite, avec un budget limité de deux millions de dollars – soit un trentième du montant de *La Loi et l'Ordre...* –, sur une durée de vingt jours, ce qui pour un long-métrage est vraiment très court. Par souci d'économie, Barry Levinson fournit sa propre maison comme décor. Il y a quelque chose de rafraîchissant à voir ces deux septuagénaires repartir presque de zéro, dans un esprit qui rappelle les tournages de John Cassavetes. Le résultat du film est hélas décevant. La partenaire principale de Pacino, Greta Gerwig, tout juste révélée par Noah Baumbach dans *Frances Ha*, dégage autant de chaleur qu'un glaçon en plein hiver polaire, ce qui affaiblit fortement la relation pivot du film. L'image est d'une tristesse sans nom, sans relief et tire l'ensemble vers le bas. On saisit l'idée d'une photographie en lien avec la dépression du héros, mais à ce point, cela sabote méthodiquement tous les moments de comédie présents dans le script. L'intérêt du film vaut uniquement par l'interprétation de Pacino, plongeant à corps perdu dans son personnage. Et Simon Axler n'est pas un rôle neutre à interpréter, tant il est à lui tout seul le pire cauchemar de tout acteur : trous, confusion de texte sur scène, évanouissement, pensées obsessionnelles sur sa crédibilité dans la vie quotidienne... Les premières scènes sont particulièrement savoureuses, notamment celle où Axler explique en groupe de parole qu'il ne sait plus jouer la comédie... La distorsion entre le personnage et l'acteur qui l'interprète, l'un des meilleurs au monde, crée un effet troublant pour le spectateur, à la fois drôle et gênant. Le film fonctionne alors parfaitement, mais passé les quinze minutes d'ouverture, le rythme s'embourbe et l'intérêt se dilue. Axler est à l'évidence un grand rôle, mais un grand acteur a besoin – et c'est la deuxième condition pour être considéré comme tel – que tous les compartiments du film autour de lui soient au top, partenaires, mise en scène, script, décor, image, son...

En toute humilité en est, on l'aura compris, bien loin. Le film sortira « en toute confidentialité » aux États-Unis en DVD et en France dans un petit parc de 32 salles, en avril 2015.

Avec des conditions de production similaires – 4 millions de dollars de budget – *Manglehorn* s'avère d'une tout autre facture. Le scénario est d'une grande simplicité, centré sur un personnage de vieux célibataire endurci, vivant dans une petite bourgade du Texas avec son chat pour seule compagnie. En dehors de son travail de serrurier, il passe son temps à envoyer des lettres à son premier amour de jeunesse, des courriers qui lui reviennent invariablement avec la mention « destinataire inconnu ». Sa rencontre avec une modeste employée de banque va pourtant bousculer son quotidien. On le voit au résumé du scénario, le sujet est loin d'être spectaculaire. Le jeune réalisateur David Gordon Green va en tirer un fort joli film. Les premiers plans nous font découvrir Manglehorn en train de changer une lampe dans son atelier, puis polir une clé à l'aide d'une meule. Par quelques gestes précis et une attention totale à ce qu'il fait, Pacino nous fait oublier tous ses rôles précédents – miracle du jeu d'acteur – pour nous faire entrer dans le quotidien de ce serrurier du Texas. Le film nous montre dans toute son humanité, et c'est peut-être sa plus grande qualité, un type de personnages peu représentés au cinéma : des hommes et des femmes quasiment invisibles, avec juste de quoi survivre, emmurés dans leur lot de souffrances. À cet égard, l'interprétation de Pacino peut être vue comme un hommage à ces anonymes. Les scènes qu'il partage avec Holly Hunter dans le rôle de Dawn et Chris Messina, qui interprète son fils Jacob, sont d'une grande force. En juin 2015, *Manglehorn* fait l'objet d'une sortie limitée aux États-Unis dans 26 salles seulement. En France, il est distribué dans 75 salles et disparaît de l'affiche rapidement. Un parcours bien mince pour un film qui n'est pas sans rappeler l'atmosphère de *L'Épouvantail* (Jerry Schatzberg, 1973).

Quand le scénariste Dan Fogelman découvre par hasard un article de presse sur le musicien folk Steve Tilston, il sait immédiatement qu'il tient là le sujet de son prochain film. En 1971, ce jeune compositeur prometteur donne une interview au journal musical underground *ZigZag*, questionnant notamment l'impact de l'argent sur la création artistique. John Lennon, qui prépare alors son album *Imagine*, lit cet entretien et lui envoie aussitôt une réponse aux bons soins du journal, indiquant même son numéro de téléphone. Steve Tilston ne reçoit jamais ce courrier, égaré pendant des décennies ; il en apprend l'existence en 2005 par un collectionneur. Si cette histoire vécue constitue le point de départ du récit, la suite est issue de l'imagination de l'auteur. À son 70e anniversaire, quand Danny Collins reçoit en cadeau la lettre de John Lennon des mains de son manager, les mots qu'elle contient – *« Reste fidèle à toi-même et à ta musique »* – font office d'électrochoc. Lui qui a passé ces dernières décennies à sortir des albums de variété insipides, à sniffer de la cocaïne et à accumuler les rencontres d'un soir, se retrouve soudainement face à lui-même. Il décide alors de stopper net ses addictions, de s'isoler dans un hôtel pour composer à nouveau, et surtout de renouer avec le fils qu'il n'a jamais connu.

« Il y a quarante ans, j'étais authentique », constate Danny Collins avec lucidité. Portrait d'un homme qui ne veut plus être la caricature de lui-même, ce personnage de rocker semble envoyer des signaux directs à Pacino sur sa carrière, son intégrité d'artiste et le temps qu'il lui reste. Surtout, *Danny Collins* est l'histoire d'une renaissance, et cela

tombe à point nommé pour l'acteur. *« J'aime l'idée que ce gars est un survivant. C'est vraiment ce qui m'a attiré »*[10], précise-t-il. Le script développe également le thème de la relation entre un père et son fils, traité avec plus d'ampleur que dans *Manglehorn*. Pacino a peu connu son propre père, Salvatore Pacino, décédé en 2005. Il avait repris contact avec lui au moment de la sortie du *Parrain*, et tous deux s'étaient revus par la suite à intervalles plus ou moins réguliers. Comme lui-même le reconnaît, le lien au père reste bien sa « part manquante ». L'avantage de la fiction est de permettre d'investir des territoires en friche et, à cet égard, *Danny Collins* lui offre une belle opportunité.

Pour sa première réalisation, Dan Fogelman dispose d'un petit budget, 10 millions de dollars, aligné sur l'économie des films indépendants. *« Dans les films de Sidney Lumet ou plus généralement dans mes films des années 1970, on avait un temps conséquent pour développer les personnages et les relations avec les autres acteurs. Sur* Danny Collins, *aucune répétition n'était prévue à cause du budget, alors on s'est retrouvés chez moi le week-end pour répéter ensemble »*[11], précise Pacino. Et l'ensemble de la distribution défile donc à son domicile de Los Angeles. C'est lors de ces répétitions, dans une ambiance quasiment familiale, que Dan Fogelman voit naître le film. Pacino retrouve l'excellent Christopher Plummer dans le rôle de Frank, le manager de Danny Collins ; tous deux ont joué ensemble dans *Révélations*, de Michael Mann. *« Chris a toujours été pour moi une idole. Il m'a beaucoup influencé. En fait, je lui ai même écrit une lettre de fan après l'avoir vu sur scène* [dans les années 1960]... »[12]. Sur *Danny Collins*, Pacino rencontre pour la première fois dans le travail l'actrice Annette Bening, marquante dans tous ses rôles, notamment dans *American Beauty* (Sam Mendes, 1999). Et, pour une fois, il tombe sur plus perfectionniste que lui, sa partenaire demandant systématiquement des prises supplémentaires pour tester de nouvelles choses. Cette énergie et cette exigence se révèlent épuisantes pour l'équipe du film, notamment pour Pacino, un peu groggy après leurs scènes en commun. *« Elle est vraiment... On peut dire qu'elle est "possédée" mais c'est un peu péjoratif. Je dirais plutôt étonnante et drôle, j'adore travailler avec elle. J'aimerais renouveler l'expérience car elle tire le meilleur de vous-même. »*[13] Enfin, pour le rôle du fils de Danny Collins, Tom, Pacino insiste auprès de Dan Fogelman pour qu'il revienne à Bobby Cannavale, son partenaire sur scène dans la récente reprise de *Glengarry Glen Ross*.

Pacino incarne un chanteur et c'est une première. N'ayant pas de don particulier en la matière, ce qu'il admet lui-même bien volontiers, il chante dans le film des mélodies simples composées spécialement par Ryan Adams, avec une justesse fluctuante mais en y mettant tout son cœur ! Pour la séquence d'ouverture, la production utilise le décor « naturel » d'un concert du groupe Chicago, au Greek Theatre de Los Angeles. Au milieu du set, le chanteur Robert Lamm prévient le public qu'un acteur va chanter pendant quinze minutes pour les besoins d'un film... Arrive alors Pacino dans le costume de Danny Collins, qui se lance dans le très catchy *Hey Baby Doll* devant 6 000 personnes, accompagné par les membres de Chicago. *« C'était vraiment puissant... Cette énergie du groupe, le contexte... Je vous le dis franchement, si je l'avais fait sans mon personnage, je me serais évanoui direct ! »*[14]

Cette fois, le film fait l'objet d'une vraie sortie aux États-Unis, dans 800 cinémas – bon... à titre de comparaison, *Star Wars Episode VII* est, la même année, projeté dans 4 000 salles... – et obtient un petit succès public et une pluie de critiques enthousiastes.

« Ce film hilarant est un magnifique cadeau. Mais c'est Pacino, dans un savant mélange de charme et de sagesse gagnée de haute lutte, qui le rend irrésistible », se réjouit le magazine *Rolling Stone*[15]. *Danny Collins* est en effet un *feel good movie* particulièrement réussi, très bien écrit, et superbement interprété. Annette Bening a eu bien raison de multiplier les prises, tant leurs scènes sont à la fois simples, pleines de vie et tellement surprenantes. La complicité entre Pacino et Plummer est belle à voir. Enfin, quand Danny Collins tente de renouer les liens avec son fils, Pacino et Cannavale sont tout bonnement bouleversants, en particulier dans leur dernière scène – paquet de mouchoirs à prévoir ! *« J'ai été frappé par la présence de Pacino dans ce film, tout en détente. Quand son personnage se retrouve dans des situations de tension, on se demande quand il va exploser, mais il déjoue les attentes du spectateur à chaque moment »*[16], souligne le réalisateur. Présent dans le script, John Lennon l'est aussi dans la musique du film, avec neuf titres. La scène où Pacino conduit dans la nuit au son de *Working Class Hero* fait partie des petits – ou grands, c'est selon – plaisirs du film.

Avec *Danny Collins*, Pacino tient – enfin ! – un très bon film, son meilleur depuis *Révélations*, en 1999. Sans distributeur en France et non commercialisé en salles, le public francophone passe complètement à côté de ce petit joyau et c'est bien dommage. Dans la filmographie de l'acteur, *Danny Collins* intègre sans peine le top ten de ses meilleurs rôles.

UN PAS EN AVANT...

L'après-*Danny Collins* ressemble à une petite gueule de bois, avec l'enchaînement de trois films sans intérêt. « Petite » seulement, car aucun distributeur n'a souhaité les sortir en salles aux États-Unis. Et passant à ce point sous les radars, ils n'auront finalement aucune incidence sur la carrière de Pacino.

Dans *Misconduct (Manipulations*, 2016), réalisé par Shintaro Shimosawa, l'acteur occupe un second rôle, celui d'un avocat plongé dans un scandale pharmaceutique. Anthony Hopkins l'accompagne au générique ; tous deux n'ont aucune scène en commun, à part une conversation téléphonique. La traduction française littérale du titre – « faute professionnelle » – décrit le film avec justesse. Les rares critiques qui l'ont vu s'interrogent principalement sur les raisons qui ont poussé ces deux grands acteurs à s'embarquer dans une telle purge. La suivante s'intitule *Hangman* (2017), réalisé par Johnny Martin, dont la mise en scène semble s'inspirer des « trous noirs » cinématographiques que furent *88 Minutes* et *La Loi et l'Ordre*. Pacino y joue un flic à la recherche d'un serial killer, il est secondé dans cette tâche par Karl Urban, acteur incroyablement pataud. Enfin, *The Pirates of Somalia* (2017) s'avère un peu moins consternant par son sujet. À partir de faits réels, le film retrace le parcours du journaliste en herbe Jay Bahadur, qui enquête au péril de sa vie sur la piraterie maritime autour de la corne de l'Afrique. Dans un second rôle, Pacino interprète l'écrivain Seymour Tolbin, mentor du journaliste. Mais ce film réalisé par Bryan Buckley est totalement surclassé par le *Captain Phillips* (*Capitaine Phillips*) de Paul Greengrass, distribué en 2013, à la thématique similaire. En 2016 et 2017, ces trois productions sortent de façon confidentielle sur des plateformes de vidéo à la demande, puis en DVD.

En difficulté financière à la fin des années 2000, Pacino a depuis rétabli la situation. Pourquoi, dès lors, s'embarquer dans des projets d'un si faible niveau ? *« Vous savez quoi ? J'ai tendance à prendre de mauvaises habitudes. J'ai l'impression de devenir un peu "pervers". Je fais des films qui ne sont pas très bons et j'essaie de les rendre meilleurs. Et c'est comme un défi [...]. Au fond de soi, on sait très bien que ça va devenir un navet. Mais tout bien considéré, on peut aussi se dire : "Et si je tentais de l'amener à un niveau simplement médiocre ?", et cela en devient excitant. C'est vraiment une habitude dont je dois maintenant me débarrasser. »*[17] Son public ne pourra que lui donner raison.

Durant l'automne 2015, Pacino est au théâtre à Broadway dans la nouvelle pièce de David Mamet, *China Doll*, écrite spécialement pour l'acteur. Cette nouvelle collaboration entre les deux artistes, dans la roue de Phil Spector, génère beaucoup d'attentes. Pas mal d'inquiétudes également, car les previews, démarrées le 21 octobre, se déroulent de façon catastrophique. Revenons un instant sur ce système ingénieux du circuit de Broadway, permettant à une nouvelle production de se roder devant le public avant la première officielle de la pièce – une tradition décrite dans le magnifique *Opening Night*, de John Cassavetes (1977). Pendant cette période dite « des previews », pouvant durer d'une à cinq semaines, les places sont à prix réduit et interdites à la presse. Cette règle d'or de Broadway est évidemment respectée pour *China Doll*, mais, intrigués par les départs de nombreux spectateurs à l'entracte, certains journalistes commencent à mener l'enquête autour du Gerald Schoenfeld Theatre. Le *New York Post* révèle ainsi que des prompteurs sont installés en coulisses et que Pacino utilise les accessoires du rôle, oreillettes et tablettes, pour se faire souffler le texte[18]. Le quotidien donne également quelques éléments sur la pièce, à deux personnages, et construite essentiellement autour des monologues de Mickey Ross – Pacino –, avec quelques interventions de son assistant, Carson – Christopher Denham. La production décide de repousser de deux semaines la date de la première officielle, soit le 4 décembre, pour permettre à Mamet de faire des changements dans son texte et, plus largement, pour remettre le spectacle sur les rails. Apparemment, cela n'aura pas servi à grand-chose car les critiques sont désastreuses. Ben Brantley, chroniqueur pourtant aguerri du *New York Times*, avoue de ne pas avoir compris le sujet de la pièce[19]... De ce qu'il a retenu, le multimilliardaire Mickey Ross tente d'empêcher que son jet privé n'atterrisse sur le sol américain, pour éviter de lourdes taxes, l'essentiel de ses monologues étant constitué de longues conversations téléphoniques confuses avec sa jeune fiancée, les autorités aéroportuaires, des hommes politiques... Les critiques du *Guardian* et de l'*Observer* notent que Pacino bafouille, bégaie, marmonne et qu'il apparaît souvent « distrait » sur le plateau. À sa décharge, ils soulignent également la faiblesse insigne du texte de Mamet. En revanche, le succès commercial est total, la pièce affichant complet jusqu'à la « dernière », le 31 janvier 2016.

Marqué par cette expérience éprouvante, Pacino ne se produira plus à Broadway. C'est donc sur une note amère qu'il quitte ce circuit mythique dont il a contribué à écrire les plus belles pages, depuis sa première apparition, en 1969, dans *Does a Tiger Wear a Necktie?*

IL ÉTAIT UNE FOIS... UNE NOUVELLE ÈRE

Plutôt que de ruminer l'expérience douloureuse de *China Doll*, Pacino remonte sur scène l'année suivante pour jouer le rôle de Tennessee Williams dans la pièce *God Looked Away*[20]. Ce biopic théâtral, écrit par Dotson Rader, se déroule en 1981 dans une chambre d'hôtel de Chicago, où le plus célébré des auteurs américains se retrouve, lors d'un ultime tour de piste, face à ses démons au long cours : addictions, doutes profonds sur la création, attirance pour les relations affectives destructrices.

En février 2017, la pièce est présentée au Pasadena Playhouse, près de Los Angeles, sur une durée de six semaines et sous la forme originale d'un spectacle en développement ou *work in progress*. Ainsi délesté de la pression de Broadway, Pacino aborde cette expérience dans un *« esprit de découverte avec le public »*, permettant d'opérer des changements au fil des représentations[21]. Comme dans le système des previews, la presse n'est pas invitée à ce stade. Les commentaires du public, le plus souvent enthousiastes, laissent à penser que l'acteur a pleinement retrouvé ses sensations sur scène.

Pour sa quatrième collaboration avec la chaîne HBO, Pacino incarne une autre grande figure américaine au crépuscule de sa vie, Joe Paterno, l'entraîneur mythique de l'équipe de football américain des Nittany Lions de Penn State. Diffusé le 7 avril 2018 à la télévision, *Paterno* a pour sujet le scandale retentissant qui éclata en 2011, en Pennsylvanie, concernant des agressions sexuelles sur mineurs perpétrées par l'un des entraîneurs adjoints du club, Jerry Sandusky. De façon subtile, le récit n'est pas centré sur l'accusé mais bien sur Paterno, lequel ferma les yeux sur les agissements de son ancien collaborateur. Après *La Vérité sur Jack* et *En toute humilité*, c'est la troisième fois qu'Al Pacino travaille sous la direction de Barry Levinson au cours de la décennie. Dans *Paterno*, l'acteur livre une interprétation tout en finesse, démontant scène après scène la mécanique du déni – le thème principal du film – et ses différents paliers : le mutisme, l'évitement, la minoration des faits et de leurs conséquences sur les mineurs abusés. À sa diffusion, la presse salue également la mise en scène de Barry Levinson sur un sujet aussi délicat, à la fois sans concession sur le silence de l'institution sportive et pleine de tact à l'égard des victimes. Se déroulant dans le monde du football américain et axé sur une figure très populaire aux États-Unis mais inconnue dans le reste du monde, l'écho de *Paterno*, malgré la force de son sujet, est à l'évidence bien moindre en Europe que dans son pays d'origine.

L'année 2018 constitue surtout le réveil cinématographique de Pacino, puisqu'il met enfin en pratique une résolution bienvenue : ne plus faire de navets. En rejoignant la distribution du prochain opus de Quentin Tarantino, *Once Upon a Time... in Hollywood*, même dans un second rôle, il se met au service du cinéaste le plus marquant de sa génération, par son style affirmé, son audace et bien sûr son succès public. *Reservoir Dogs*, *Pulp Fiction*, *Jackie Brown*, *Kill Bill*, *Inglourious Basterds*, *Django Unchained*... Autant de titres qui ont créé l'événement, générant à leur sortie une attente considérable auprès du public et de la critique. Un phénomène devenu assez rare depuis les bouleversements de l'industrie du cinéma apparus dans les années 2000.

Autre aspect auquel Pacino ne peut rester insensible : Quentin Tarantino est un véritable amoureux des acteurs ainsi qu'un fin connaisseur de leurs besoins particuliers. À cet égard, le parcours du réalisateur mérite que l'on emprunte un chemin de traverse. Pour chacun, du moins dans sa construction professionnelle, il y a ce que l'on veut faire au départ et ce pour quoi on est fait. Pour certaines personnes, ces deux dimensions sont parfaitement alignées ; Pacino en est une splendide illustration. Pour d'autres, elles ne se recoupent pas du tout ou pas complètement. C'est le cas de Quentin Tarantino. Tout jeune homme, il se rêve comme acteur et s'inscrit dans les cours de James Best, puis rejoint le bien nommé Actor's Shelter (le refuge de l'acteur), animé par Allen Garfield, ancien élève de Lee Strasberg. Rapidement, il se heurte à la dureté d'Hollywood et, ne parvenant pas à décrocher le moindre rôle, il se tourne progressivement vers l'écriture et la réalisation, des territoires où il ne tarde pas à exceller. Le cinéma de Tarantino trouve probablement sa source au point de tension de ces deux forces, entre, d'une part, une vocation initiale contrariée – et qui restera toujours une blessure – et, de l'autre, un talent d'auteur hors norme. Toutes deux ont un terrain commun : le jeu d'acteur. C'est à partir de ce socle qu'il construit sa filmographie, en écrivant et en dirigeant avec la vulnérabilité d'un acteur. *« Jouer, cela représente ce qu'il y a de plus important au monde. Le jeu d'acteur m'a appris tout ce que je sais sur l'écriture et la réalisation. Je ne suis pas allé dans une école de cinéma, je suis allé en cours d'art dramatique. »*[22] Le cinéaste ne manque pas une occasion de rappeler un motif de fierté : n'avoir jamais lu un seul livre de mise en scène.

Al Pacino a établi sa résidence principale à Beverly Hills depuis 2006, l'idée étant à l'époque de se rapprocher de ses enfants. La proximité géographique aidant, il côtoie de nombreuses personnalités du monde du cinéma, notamment Quentin Tarantino, né à Los Angeles et vivant à quelques kilomètres, dans le quartier d'Hollywood Hills. À partir de 2017, tous deux se rencontrent fréquemment, échangent sur leurs projets respectifs et finissent par développer une amitié artistique. Tarantino cherche alors à finaliser l'écriture d'un projet dont l'impulsion première remonte dix années en arrière, sur le tournage de *Death Proof* (*Boulevard de la mort*). La relation singulière entre Kurt Russell et sa doublure cascade John Casino, d'une grande complicité, fit une telle impression à Tarantino qu'il commença à écrire un roman sur le sujet. Puis il se lança, quelques années plus tard, dans une pièce de théâtre en un acte autour de deux personnages, l'acteur old school Rick Dalton et son agent Marvin Schwarz. Le cinéaste sollicite alors Pacino pour avoir son avis. Ce dernier se rend chez lui, lit la pièce, lui fait des retours. Finalement, Tarantino revient à la forme qu'il maîtrise le mieux, le scénario, et à partir du matériel accumulé (chapitres du roman en cours, scènes de théâtre, notes), met un point final au script de *Once Upon a Time... in Hollywood*, véritable déclaration d'amour au Los Angeles de son enfance, doublée d'un hommage vibrant à ceux – visibles et invisibles – qui ont fait Hollywood.

L'action du film se déroule en 1969, l'espace de trois jours conçus comme trois actes – les 8, 9 février et 8 août –, au cours desquels des personnages fictifs, notamment l'acteur Rick Dalton et sa doublure Cliff Booth, côtoient des personnages réels de l'époque, tels Sharon Tate, Roman Polanski, ainsi que Charles Manson et ses disciples. Leurs trajectoires individuelles finissent par se croiser lors d'un événement sociétal tragique, l'assassinat odieux de Sharon Tate perpétré par la Manson Family ; un trauma qui marqua la fin brutale de l'idéal des sixties et que le cinéaste revisite à sa façon par la fiction.

Un budget de 90 millions de dollars est réuni pour cette fresque ambitieuse, qui nécessite la reconstitution minutieuse du Los Angeles de 1969. L'aménagement d'une portion conséquente d'Hollywood Boulevard selon l'urbanisme et la mode de l'époque (costumes, véhicules, devantures de commerces...) constitue, à cet égard, un véritable tour de force. Les autres décors, qu'ils soient en intérieur ou en extérieur, sont également réalisés avec un souci du détail exceptionnel. Concernant la distribution, Tarantino confie les rôles principaux – Rick Dalton et Cliff Booth – respectivement à Leonardo DiCaprio et à Brad Pitt, un attelage rappelant le duo formé par Robert Redford et Paul Newman dans leurs plus belles années. Margot Robbie est choisie pour incarner le rôle délicat de Sharon Tate et Al Pacino interprète logiquement Marvin Schwartz, un rôle écrit sur mesure par Tarantino – suite à leurs rencontres mentionnées précédemment.

Le tournage démarre le 18 juin 2018 et s'étale sur près de six mois. Farouchement hostile au format numérique dominant, Tarantino est l'un des rares réalisateurs à tourner en pellicule 35 mm, « à l'ancienne » donc. Sa décision d'interdire les téléphones portables sur le plateau, pour mettre les acteurs en phase avec l'époque traitée, accentue pour les participants l'impression d'effecteur un voyage dans le temps.

Dans la scène d'ouverture du film, l'agent d'acteurs Marvin Schwarz dîne avec son client Rick Dalton et dresse un bilan peu flatteur de la carrière de ce dernier. À force d'enchaîner les rôles de « méchant » dans des séries télévisées, il ne va pas tarder à disparaître progressivement, aussi lui propose-t-il de partir en Italie pour jouer dans des westerns spaghetti. Cette scène est importante, car elle pose la problématique du personnage principal, Rick Dalton, acteur au creux de la vague et en total manque de confiance.

En se rendant sur le décor, le restaurant Musso and Frank Grill, Tarantino gamberge terriblement au sujet d'Al Pacino. Comment se comporte-t-il le premier jour ? Est-il immédiatement dans le coup ? Ou alors a-t-il besoin d'une journée de rodage pour prendre ses marques ? L'assistant réalisateur remarque immédiatement la nervosité inhabituelle de Tarantino dès son arrivée sur le plateau et, pour le rassurer, lui glisse à l'oreille : *« Pacino t'adore »*[23]. Rien n'y fait, le cinéaste est envahi par un trac énorme à l'idée de diriger l'icône du *Parrain*, dont le comportement affable et disponible invite plutôt à la détente. À mesure que la scène se met en place, l'anxiété s'évanouit et Tarantino comprend que Pacino a simplement besoin d'une direction concrète et bienveillante. *« Vous pouvez pousser les blagues un peu plus, et à cet endroit cela pourrait aller un peu plus vite. Là, vous tournez un peu autour du pot, il est nécessaire d'être plus direct. Allez au charbon frontalement. Soyez plus agressif... »*[24], se souvient le réalisateur à propos des indications qu'il donnait à Pacino.

Once Upon a Time... in Hollywood est présenté au Festival de Cannes, en 2019, et même s'il ne récolte aucun prix, la projection est ponctuée par une *standing ovation* de sept minutes. À sa sortie en salles, l'été suivant, il reçoit d'excellentes critiques et obtient un large succès international auprès du public, cumulant plus de 370 millions de dollars de recettes. Tarantino le considère comme son film testament, la plus personnelle de ses neuf réalisations. Dans le rôle d'un acteur en perdition, Leonardo DiCaprio signe à nouveau une interprétation de haut vol, nerveuse et hantée, là où Brad Pitt dégage, par contraste, un mélange de solidité et de grand calme, autrement dit la quintessence de la coolitude. Leur tandem, véritable poutre maîtresse du film, fonctionne à merveille.

Par les nombreux thèmes qu'il aborde – l'amitié, la violence, la création, la fin d'une époque et le début d'une autre, le rôle de la fiction et le rapport au passé –, *Once Upon a Time...* est bien un « film monde », à entrées multiples. L'une d'elles mène tout droit au jeu d'acteur. Avec une infinie tendresse, Tarantino dessine en effet, au fil du récit, une véritable histoire de l'acting et de sa pratique aux États-Unis. Dans la séquence consacrée à la journée de tournage de Rick Dalton sur la série *Lancer*, deux scènes en particulier[25] posent la ligne de fracture entre le cinéma du monde d'avant et celui en train de naître. Verbales et techniques, elles ont pu dérouter certains spectateurs mais, mieux que n'importe quel livre ou documentaire sur le sujet, elles expliquent parfaitement ce tournant majeur dans la culture américaine. Avant donc, le système des studios, dont Rick Dalton est issu, recherchait avant tout des acteurs à forte personnalité – John Wayne ou Robert Mitchum en sont d'illustres exemples –, identifiables, et que l'on retrouvait de film en film dans des rôles similaires. Changement de braquet à la fin des années 1960 où, comme le formule le réalisateur de la série Lancer imaginé par Tarantino, *« It's the character that matters! » – « C'est le personnage qui prime ! »* Dorénavant, le choix d'un acteur ne se fait plus selon sa nature, ce qu'il est, mais plutôt sur sa capacité à interpréter des rôles parfois très différents. Dans le sillage de jeunes réalisateurs et producteurs qui défendent cette approche, de nouveaux visages ne tardent pas à émerger, tels Dustin Hoffman, Robert de Niro et, bien sûr... Al Pacino.

Dans la scène d'ouverture face à DiCaprio, l'agent Marvin Schwarz joué par Pacino est présenté comme celui qui connaît tous les codes des studios d'Hollywood et qui, dans le même temps, pressent les changements à venir. C'est vraiment l'homme qui « sait les choses ». Outre le plaisir de voir ces deux immenses acteurs « jouter » sur du velours pendant dix minutes, Tarantino joue à l'évidence avec la simple présence de Pacino, toujours associé aux yeux du public à ses chefs-d'œuvre – cela tombe très bien – du « Nouvel Hollywood » ; une présence qui, de façon subliminale, pousse un peu plus Rick Dalton sur la touche, au point que ce dernier, à l'issue de la scène, constate amèrement : *« C'est officiel, je suis un has been »*. Avec un peu d'espièglerie, on notera que leurs positions dans la fiction sont à l'inverse de leurs situations réelles. Sur les deux dernières décennies, la carrière de DiCaprio côtoie des sommets, alors que celle de Pacino s'est bien abîmée.
Sur ce point, un peu comme une boussole détraquée qui indiquerait subitement les points cardinaux, sa présence dans *Once Upon a Time... in Hollywood* redonne un cap à sa filmographie.

UN DERNIER VERRE

Dans la foulée de la séquence Tarantino, Al Pacino rejoint un autre cinéaste majeur, peut-être le plus accompli parmi ses contemporains aux États-Unis : Martin Scorsese. De façon surprenante, *The Irishman* constitue leur première collaboration. Les deux artistes se connaissent pourtant de longue date – depuis la sortie du *Parrain* –, et se voient régulièrement en compagnie de leurs amis communs, Coppola, De Palma et De Niro. Au cours des années 1980, un projet consacré au peintre Modigliani était sur le point de les réunir, avec Martin Bregman dans la boucle, mais le film a été abandonné faute de financements.

Ne pouvant rester sur le goût amer laissé par le sinistre *La Loi et l'ordre,* De Niro et Pacino s'étaient juré de remettre le couvert. Nous étions alors en 2008 et, peu après, la biographie[26] d'un ancien tueur à gages, Frank Sheeran, retient toute l'attention de Robert, qui en parle aussitôt à Al et Marty. Après un rapide tour de table, tous trois se déclarent emballés, posant ainsi le trépied fondateur de *The Irishman.* L'écriture du scénario, à partir du livre, est confiée à Steven Zaillian, qui rend une version aboutie en décembre 2010. À travers les souvenirs de Frank Sheeran (Robert De Niro), surnommé « The Irishman » du fait de ses origines, le script dévoile un pan opaque de l'histoire des États-Unis : les liens sulfureux entre la mafia et le puissant syndicat des camionneurs (les « Teamsters »), qui conduiront à l'assassinat de son président, Jimmy Hoffa (Al Pacino), en 1975. Frank Sheeran est engagé dans les années 1950 comme petite main par le mafieux Russell Bufalino (Joe Pesci) ; tous deux ne tardent pas à développer une forte amitié. Bufalino lui demande par la suite d'assurer la protection de Jimmy Hoffa, confronté à de lourdes difficultés dans son syndicat. Sheeran et le patron des Teamsters deviennent également très proches, presque inséparables au quotidien. Jusqu'au jour où Hoffa refuse d'accéder aux demandes de la mafia...

La production du film s'étalera sur plusieurs années, progressant à petite vitesse. Outre l'agenda chargé des trois hommes, il y a une difficulté technique majeure à laquelle Scorsese est confronté. L'action du script se déroule sur cinq décennies, des années 1950 aux années 2000 et, pour le cinéaste, il est hors de question de faire appel à des acteurs différents pour incarner les rôles de Pacino et de De Niro dans leur jeunesse. Le procédé de rajeunissement possible – le *facial motion capture,* avec ses capteurs sur le visage – est une solution à laquelle Scorsese ne souhaite pas recourir. En effet, un tel dispositif ne permet tout simplement pas aux acteurs de jouer vraiment ensemble. Sur le tournage de son film *Silence,* en 2015, une discussion avec le responsable des effets spéciaux, Pablo Helman, fait office de déclic. Ce dernier met alors au point un nouveau procédé de rajeunissement digital, le *de-aging,* nommé Flux. Le dispositif est assez lourd en termes de matériel optique et de traitement de l'image, mais au moins, les acteurs peuvent jouer librement leurs scènes en situation d'écoute. Le vieillissement sera ensuite effectué en postproduction. Seulement, cette innovation technologique a un coût considérable ; le studio Paramount, initialement associé, ainsi que les autres partenaires financiers préfèrent se rétracter. En 2017, la plateforme Netflix, alors en plein essor et à la recherche de grandes signatures pour asseoir sa crédibilité et sa respectabilité, fait à Scorsese « une proposition qu'il ne pouvait pas refuser », en lui garantissant à la fois le financement dantesque de la fresque – 159 millions de dollars, voire plus – et une liberté totale dans sa direction artistique. Passant par-dessus ses réserves de principe, le cinéaste accepte, tout en négociant une sortie en salles limitée pour son opus.

Concernant la distribution, Robert De Niro finit par convaincre Joe Pesci de sortir de sa retraite pour interpréter Russell Bufalino. Harvey Keitel intègre également l'équipe dans le rôle d'Angelo Bruno. Il saute aux yeux que les acteurs principaux, Al Pacino en tête, ont déjà au compteur de nombreux films portant sur la mafia et la pègre. Scorsese, avec les somptueux *Goodfellas* (*Les Affranchis*) et *Casino,* a également bien labouré le terrain.

Dès lors, pourquoi réaliser un film sur le même sujet, aux mêmes époques, avec le risque bien réel de refaire en moins bien ce qui a déjà été accompli ? À côté des innovations en matière d'effets spéciaux – qui interrogent d'ailleurs son cinéma et, au-delà, le cinéma tout court –, le cinéaste a surtout le projet bien précis de repeindre le genre du sol au plafond. Les films sur l'*underworld* de la pègre proposent à leurs héros nombre de gratifications ou d'avantages assez éloignés de la morale – consommation effrénée de drogues, sexe débridé et train de vie fastueux. Nulle trace de tout cela dans *The Irishman,* où les seuls excès sont une pastèque alcoolisée et savourée en cachette – car Jimmy Hoffa ne boit pas une goutte d'alcool et n'en supporte pas la vue – et une partie de bowling en famille dans un coin perdu de Pennsylvanie. Ce que recherchent les trois personnages principaux n'a en effet rien de matériel, il s'agit pour eux de trouver un sens, d'abord dans la relation, l'amitié indéfectible, vue ici comme la possibilité de faire groupe sans toutefois constituer une famille. Sur ce point la leçon des *Parrain* de Coppola a été bien retenue : la famille ne protège pas ses membres, elle les broie et les étouffe. Autre contrepied, le terrain de jeu principal du trio se situe à Philadelphie, et non dans les décors habituels des *mafia movies,* soit New York, Los Angeles, Las Vegas et, dans une moindre mesure, Miami et San Francisco.
Concernant ses acteurs, Scorsese brouille également les cartes en les plaçant systématiquement à contre-emploi. Pesci lâche la batte de baseball et ses crises psychotiques pour camper le parrain de la famille Bufalino, avec un calme et une sobriété dans les clous du Don Corleone créé par Brando. De Niro, qui était le boss assez futé de Pesci dans *Casino,* devient cette fois son employé, Frank Sheeran, assez limité au niveau de la « cafetière » mais très efficace quand il s'agit d'exécuter les basses œuvres. Enfin, Pacino s'éloigne des rôles italo-cubano-américains en interprétant Jimmy Hoffa, aux origines irlandaises et néerlandaises, président charismatique des Teamsters et défenseur acharné de l'Amérique profonde du gasoil.

Pour sa préparation, Pacino se documente sur Jimmy Hoffa, en partant de photographies et d'extraits de films. « *Marty* [Scorsese, ndla] *m'a confié de nombreux livres sur le sujet. Et il m'a beaucoup parlé. Ce qui s'est révélé, je dois dire, de grande valeur.* »[27] L'acteur a également la chance de disposer d'un temps de répétition conséquent avec ses partenaires avant les prises de vues, comme à l'époque de ses premiers films. L'expérience aidant, son approche est à l'évidence très différente de celle de ses débuts, quand il s'obligeait à rester 24 heures sur 24 dans le personnage durant ses tournages. Il en va de même pour son ami et comparse, Robert De Niro. « *Quand j'étais plus jeune, j'étais inquiet concernant certains aspects* [de mon jeu, ndla] *et ce n'est plus le cas aujourd'hui. En fait, j'étais anxieux et je cherchais seulement à me rassurer. Dans ces cas-là, on a tendance à vouloir trop en faire pour se mettre en condition, alors que la seule chose à faire est justement de ne pas s'échauffer inutilement, d'y aller relaxé et de laisser les choses se faire.* [...] *Donc, une fois qu'on a fait son travail personnel de préparation, on est prêt, on y va et ce n'est plus le moment de réfléchir. À mon avis, c'est une bien meilleure façon de s'impliquer, en particulier quand vous êtes avec un réalisateur qui comprend et respecte cela, comme Marty.* »[28] Au-delà du talent de chacun, ce sont surtout les liens d'estime et d'amitié entre les différents protagonistes qui constituent la force indéniable de *The Irishman,* et qui permettent en outre à leurs artisans d'évoluer dans un climat de grande confiance tout au long d'un tournage épique. Il se déroule en effet sur une longue période, six mois – du 1er septembre 2017 au 5 mars 2018 –, au format 35 mm avec 309 scènes à mettre en boîte, nécessitant 117 décors différents, 180 acteurs et 6 500 figurants... Dans une même journée, plusieurs époques peuvent être filmées, impliquant des ajustements physiques constants pour les acteurs principaux. Un coach spécifique est d'ailleurs engagé pour les aider à trouver les postures adéquates, en fonction de leur âge dans les scènes. Par-dessus tout, Pacino apprécie d'avoir des conditions de travail optimums, ce qui est loin d'être toujours le cas. *« On n'avait pas à s'inquiéter de le boucler en trois semaines* [sic]. *C'est tout. C'était comme si nous avions un grand studio derrière nous, et qu'il y avait l'espace pour explorer. Un espace dans lequel on avait l'impression de faire un grand film, sans faire de course contre la montre. Alors que dans la plupart des films d'aujourd'hui, le temps est compté. Il faut terminer à une certaine heure sinon ça coûte trop cher.* »[29] Une fois le tournage terminé, l'étape de la postproduction s'annonce particulièrement complexe, le film réclamant un travail homérique de traitement de l'image. Le montage définitif, d'une durée de 3 h 29, sera terminé seize mois plus tard.

En 2018, la présidence de Donald Trump à mi-mandat a déjà fracturé la société américaine comme jamais. À cet égard, on peut noter les attitudes différentes de De Niro et de Pacino quant à leur façon d'investir le débat public. Là où le premier n'hésite pas à s'exprimer vertement sur le sujet – son « *Fuck Trump* » lors de la remise des Tony Awards du 10 juin 2018 fait grand bruit –, le second, également de sensibilité démocrate, préfère s'en tenir à une grande discrétion. Sur ce point, Pacino part de son expérience de spectateur. Quand il en sait trop sur un acteur, cela l'empêche d'apprécier pleinement son interprétation. S'il s'abstient de livrer ses opinions politiques ou sociétales, c'est avant tout pour ne pas gêner le spectateur éventuel de ses films. Une ligne qu'il a suivie avec constance depuis ses débuts.

À sa diffusion sur Netflix, en novembre 2019, *The Irishman* reçoit d'excellentes critiques, malgré le regret de la communauté cinéphile de ne pouvoir le découvrir en salles. « *Tout monument est complexe. Celui-ci est grand et solide – et, de façon surprenante, incroyablement délicat* », estime le *New York Times*[30]. Toutefois, si les critiques de la presse généraliste et spécialisée sont enthousiastes, les retours des spectateurs s'avèrent plus nuancés. Ils tiennent le plus souvent à l'acceptation ou non du rajeunissement digital des acteurs. Beaucoup, troublés par le procédé, n'arrivent tout simplement pas à entrer dans le film. Il est vrai que, notamment pour le personnage de Robert De Niro, on peut noter une discordance entre la jeunesse de son visage et l'attitude souvent figée de l'acteur – par exemple dans la scène où il roue de coups de pied un épicier devant les yeux de sa fille. C'est moins le cas concernant Pacino, plutôt alerte physiquement. Sur ce point, son parcours continu au théâtre fait sans doute la différence. Là où de nombreux acteurs de cinéma jouent uniquement avec leur visage, Pacino reste définitivement un acteur de la tête aux pieds.

Si l'on arrive donc à dépasser ses réserves par rapport au *de-aging*, il est alors possible de savourer l'opus de Martin Scorsese, à la fois brillant au plan narratif et plein de tendresse pour toute une génération d'acteurs et de cinéastes, piliers du Nouvel Hollywood dans les années 1970 et qui arrivent aujourd'hui au crépuscule de leur carrière. Si le récit fonctionne effectivement à partir d'un trio, avec Robert De Niro jouant le rôle de pivot central entre Joe Pesci et Al Pacino, l'un des attraits majeurs du film tient au duo des ex-Corleone, que Martin Scorsese laisse s'exprimer pleinement et sur une durée inédite. L'équilibre de *Heat* est conservé, basé sur un De Niro sobre et « rentré » face à un Pacino survolté, mais là où Michael Mann jouait sur la rareté et le mythe, Scorsese nous les montre « à la colle » et prosaïques. On les retrouve ainsi dans une chambre d'hôtel anonyme, en pyjama bleu et en train de « taper la discute » avant de ronfler. Comme un « vieux couple », en somme. Ce qui est perceptible dans cette scène se confirme dans les suivantes, par exemple en Floride où Hoffa-Pacino s'insurge : « *Je ne viens pas en short à un rendez-vous, je viens en costume !* », face à un caïd en tenue de plage ; Scorsese nous entraîne résolument dans des séquences de pure comédie, révélant le duo Pacino-De Niro sous un jour bondissant et très drôle. Ce dernier avait déjà pris le virage de la comédie avec *Mafia Blues* (Harold Ramis, 1999) et *Mon beau-père et moi* (Jay Roach, 2000), avec succès. Une marche que Pacino a toujours manquée, la seule franche comédie de sa filmographie étant *Avec les compliments de l'auteur* (Arthur Hiller), qui n'avait pas convaincu à sa sortie, en 1982. Pacino tient finalement sa meilleure comédie avec *The Irishman,* du moins jusqu'à l'assassinat de Jimmy Hoffa par Frank Sheeran.[31]

À travers cette première – et dernière ? – collaboration avec l'acteur de *Scarface, L'Impasse* et les *Parrain,* Scorsese convoque naturellement les filmographies de Coppola et de De Palma. Les références à ses collègues et amis sont nombreuses, comme le plan où Jimmy Hoffa répond au téléphone devant un lac, quasiment identique à celui du *Parrain II* – le lac Tahoe. À mesure que s'enchaînent les scènes, que l'on observe à l'image De Niro, Pesci, Keitel, Pacino, un sentiment d'abord diffus puis de plus en plus évident grandit : peut-être les regarde-t-on jouer ensemble pour la dernière fois. C'est de là que naît l'émotion du film, c'est aussi à cet endroit – le temps qu'il nous reste – que se situe la « nécessité » de Martin Scorsese, celle qui l'a poussé à faire ce film pour nous proposer... un dernier verre avant la fermeture du bar.

AL FOREVER

Signe que les temps ont changé, le succès d'un film ne se mesure plus seulement au nombre de ses entrées en salles, il faut dorénavant compter avec les visionnages engrangés sur les plateformes. Concernant *The Irishman,* ils s'élèvent au chiffre étourdissant de 64 millions pour les quatre premières semaines de diffusion, ce qui le range parmi les plus gros succès de Netflix. Le film de Martin Scorsese empile également dix nominations aux Oscars, sans toutefois emporter la moindre statuette. En dépit de cette petite déception, *The Irishman,* avec toute la symbolique qu'il véhicule, pourrait constituer une belle sortie, presque idéale, pour Al Pacino. Seulement voilà, le jeu toujours chevillé au corps, il continue, à 79 ans, de manifester un appétit presque juvénile pour tout projet stimulant, reculant *ad vitam* l'horizon de la retraite. Et s'il ne joue plus de pièces au théâtre, il a toujours besoin d'en fouler la scène. Son spectacle mémoriel, *An Evening with Al Pacino,* dans lequel il revient avec gourmandise sur sa carrière devant un public conquis, lui en fournit régulièrement l'occasion aux États-Unis ou en Europe, créant d'ailleurs à chaque fois des mini-polémiques concernant le prix – très – élevé des places. En France, il présente son spectacle les 22 et 23 octobre 2018 au théâtre de Paris ; à la toute fin, il joue l'espace d'une dizaine de minutes un extrait du texte d'Oscar Wilde, *De Profundis* – une lettre poignante écrite en prison par l'auteur et destinée à son amant. Lors ce moment suspendu, l'acteur, debout et seul en scène, entre alors en résonance avec le texte. Bien qu'immobile, sa liberté corporelle est frappante ; de multiples impulsions invisibles semblent le parcourir de la tête aux pieds. La présence d'Al Pacino, si difficile à qualifier, se manifeste alors. De façon surprenante, ce n'est pas tant lui qui impressionne, mais plutôt ce qui se passe autour de lui, comme si la composition de l'air avait chimiquement changé.

Sur le plan privé, certains bouleversements sont intervenus au cours de l'année 2018 ; Al Pacino et Lucila Solá ont mis fin à leur relation, démarrée en 2007. La presse people lui attribue par la suite une courte liaison avec l'actrice Meital Dohan, jusqu'en 2020.

En 2019, quinze ans après *Angels in America,* l'acteur retrouve le format de la série avec *Hunters.* Dans ce récit situé en 1977, Pacino interprète Meyer Offerman, le chef d'une organisation clandestine juive dont la mission est de traquer et d'éliminer des criminels nazis venus se réfugier aux États-Unis. Il intègre dans son équipe le jeune Jonah Heidelbaum, qui cherche à venger sa grand-mère, rescapée des camps de la mort et sauvagement assassinée. Au fil de leurs investigations, ils se heurtent à un vaste complot visant à établir le IVe Reich aux États-Unis... Par ses références visuelles et musicales, la série *Hunters,* créée par David Weil, s'inspire ouvertement du cinéma de Tarantino. La tonalité des épisodes, en mêlant humour et violence, rappelle en particulier *Inglourious Basterds* (2009), d'une façon peut-être trop appuyée. Dans le rôle du justicier Offerman, Pacino dégage à la fois une grande détermination et une humanité désarmante ; son interprétation apporte une valeur ajoutée indéniable à l'ensemble. À ses côtés, Logan Lerman est très convaincant dans le personnage troublé de Jonah Heidelbaum, et Lena Olin, à la tête du complot nazi, est aussi inquiétante que vénéneuse. Notons que Pacino retrouve à l'occasion de cette production l'excellente Carol Kane, qui jouait l'employée de banque Jenny dans *Un après-midi de chien.* Cette fois, elle interprète Mindy Markowitz, membre de l'équipe de Meyer Offerman. En proposant un divertissement bien ficelé, avec un montage alerte et un scénario haletant, *Hunters* tient ses promesses de départ. On est, cela dit, très loin de la finesse et de l'émotion d'*Angels in America.*

Son film suivant aborde également le sujet du nazisme, mais cette fois Pacino passe de « l'autre côté » en incarnant James Laughlin, l'avocat de Mildred Gillars, alias Axis Sally, une femme accusée de haute trahison pour avoir joué un rôle actif dans la propagande hitlérienne pendant la Seconde Guerre mondiale. Le film de Michael Polish, *American Traitor: The Trial of Axis Sally,* ne connaîtra quasiment aucune visibilité ; la fermeture des cinémas aux États-Unis en raison du Covid intervient deux jours après sa sortie en salles, le 28 mai 2021. Au générique, Pacino est entouré par Meadow Williams et Thomas Kretschmann, respectivement dans les rôles de Mildred Gillars et de Joseph Goebbels. De façon unanime, le film reçoit des critiques très défavorables. « *En dehors de Pacino, le casting est uniformément épouvantable* », souligne la *UK Film Review*[32]. Non repris sur les plateformes VOD, le film passe totalement à la trappe.

À l'inverse, *House of Gucci* génère une énorme attente à sa sortie, en novembre 2021. Avec Ridley Scott à la baguette et une distribution composée d'Adam Driver, Lady Gaga, Al Pacino et Jeremy Irons, le film possède en effet de sérieux atouts dans sa manche. Dès les années 2000, le réalisateur d'*Alien* et de *Blade Runner* avait pour projet d'adapter le livre éponyme de Sara Gay Forden[33], portant sur les scandales et trahisons multiples qui déchirèrent la famille Gucci durant les *eighties.* Après une longue phase de maturation, la production du film est lancée à l'été 2020 à partir d'un budget de 75 millions de dollars, et son tournage démarre le 28 février 2021 en Italie, sur la terre d'origine de la célèbre marque de luxe. Le scénario suit la relation entre Patrizia Reggiani (Lady Gaga) et Maurizio Gucci (Adam Driver), depuis leur rencontre amoureuse jusqu'à la fin tragique de ce dernier. Mue par une ambition démesurée, Patrizia persuade son mari Maurizio de prendre le contrôle de l'empire Gucci, au détriment des liens familiaux existants, en particulier avec son oncle, Aldo Gucci (Al Pacino). Lassé par les intrigues menées par sa femme, Maurizio demande le divorce. Patrizia n'acceptera jamais leur séparation et le déclassement qu'il implique ; elle finit par commanditer l'assassinat de son ex-mari. Le tournage est bouclé très rapidement, en quarante-trois jours. Initialement, Robert De Niro devait jouer Rodolfo, le frère d'Aldo Gucci, mais son emploi du temps bousculé par le Covid l'a contraint à renoncer. Il est remplacé par Jeremy Irons, qui devient le nouveau partenaire d'Al Pacino. Les deux hommes se connaissent bien pour avoir déjà travaillé ensemble sur *Le Marchand de Venise*.

Le tournage de la première scène entre Aldo Gucci et son fils Paolo (Jared Leto) donne lieu à un moment étonnant. Alors que Pacino est en train de se préparer, il remarque une personne au comportement étrange qui déambule sur le plateau. Un assistant note sa perplexité et lui précise qu'il s'agit en fait de Jared Leto. Ce dernier s'avance alors et, complètement dans son rôle, lance « *Papa* » à Pacino, estomaqué. « *Il était une personne tout à fait différente, je n'avais jamais vu ça ! Quand je vois du génie, je m'incline.* » Sa collaboration harmonieuse avec Ridley Scott réserve également des surprises. « *Il vous aide vraiment. Lors d'une scène, il me dit :* "Pourquoi vous ne feriez pas la scène en commençant par le milieu, et vous la termineriez par le début ?" *Personne ne m'a jamais demandé une chose pareille, je n'ai jamais entendu cela nulle part, du coup, je ne savais pas quoi faire, et surtout, ça me semblait complètement fou. Et puis vous le faites, et ça marche !* »[34]

Par les thèmes qu'il contient – la transmission du pouvoir, les trahisons au sein d'une famille – et son ancrage dans la culture italienne, *House of Gucci* entretient des rapports évidents avec son glorieux aîné, *Le Parrain*. À cet égard, la présence de Pacino dans la distribution fait parfaitement sens. Notons également que le personnage d'Adam Driver n'a au départ aucune envie de reprendre le flambeau à la tête de l'empire Gucci, un point commun avec Michael Corleone qui ne souhaitait surtout pas s'impliquer dans les activités mafieuses de sa famille. L'accueil critique du film n'a en revanche rien à voir avec celui du *Parrain*. Si la qualité du jeu des acteurs est mise en avant, notamment l'implication de Lady Gaga dans son rôle, la direction de Ridley Scott n'est pas épargnée. Elle manque de « *la vision et de l'inspiration nécessaires* », selon le *New York Times*[35]. « *On attendait du souffle, de la flamboyance, on n'en a que le vernis. On voulait de l'excès, de la démesure, on a un gros machin balourd qui ne sort jamais des clous* », estime pour sa part *Libération*[36]. En effet, le film ne trouve jamais son rythme, ce qui pour une durée proche de 2 h 40 s'avère problématique. Concernant Pacino, sa présence est, de façon inhabituelle, plutôt discrète dans la première moitié du film, comme s'il n'était « pas vraiment là ». Il retrouve toute son intensité dans la scène où il vend ses parts à un fonds d'investissement – il se rend alors compte de la trahison de son neveu Maurizio. Dans les scènes avec Paolo, interprété de façon étonnante et risquée par Jared Leto, Pacino se révèle très touchant et plein de compréhension pour ce fils fantasque et fragile. Malgré la froideur de l'accueil critique, *House of Gucci* emporte un solide succès public.

Au début de l'année 2022, Al Pacino reste présent dans l'univers de la mode puisqu'il est choisi par la maison Yves Saint Laurent comme l'égérie de la nouvelle collection printemps. Devant l'objectif du photographe David Sims, l'acteur apparaît légèrement décoiffé, portant des lunettes de soleil et un costume rayé noir avec une touche métallique. Diffusée via une vaste campagne d'affichage dans de nombreuses capitales, cette photographie enrichit l'iconographie de Pacino de façon marquante.

Si son physique est bien celui d'un homme de 82 ans, le temps qui passe semble en revanche ne pas avoir de prise sur son désir de jeu. Il est annoncé dans le prochain film de Taylor Hackford, *Sniff*, un thriller qui réunit notamment Morgan Freeman et Helen Mirren, et dont la sortie est prévue en toute fin d'année 2022. Notons également ses retrouvailles avec Michael Radford, le réalisateur du *Marchand de Venise*, à nouveau autour d'une adaptation filmée d'une pièce de Shakespeare, *Le Roi Lear*. Depuis une dizaine d'années, Pacino formule régulièrement son envie d'incarner cet immense personnage classique, considéré comme l'Everest de tout acteur. Sous le regard du cinéaste britannique, il ne manquerait pour rien au monde son – ultime ? – rendez-vous avec Shakespeare.

RAPPELS

Au printemps 2023, c'est sur scène et à Paris que Pacino fête son 83e anniversaire, le 25 avril. Son spectacle en forme de master class, *An Evening with Al Pacino*, est cette fois présenté dans la prestigieuse salle Pleyel, à des tarifs toujours élevés mais bien loin de ceux, exorbitants, qui avaient créé la polémique cinq ans auparavant lors de sa venue au théâtre de Paris. Toujours alerte physiquement et l'esprit en éveil, l'acteur se livre pendant près de deux heures trente, certes devant un public conquis à l'avance, mais avec générosité, partageant avec lui souvenirs et confidences, souvent sur le ton de l'humour. Concernant le passé proche, Pacino confirme avoir contracté le virus du Covid au tout début de la pandémie. Durement touché, il a même perdu connaissance, avant de se réveiller entouré de médecins... L'acteur confie avoir alors eu la sensation de frôler la mort.

Il va toutefois rapidement trouver du réconfort auprès de Noor Alfallah, une jeune femme d'origine koweïtienne de 27 ans avec laquelle il entame une relation affective pendant le temps suspendu du Covid. La différence d'âge du couple, très marquée, ne tarde pas à faire les choux gras des magazines et sites people de la côte ouest. Début 2023, Pacino apprend, à sa grande surprise, que sa compagne est enceinte et, le 15 juin, son attaché de presse personnel, Stan Rosenfeld, annonce que le couple vient d'accueillir un fils, prénommé Roman, sans donner d'autres détails. Le feuilleton Alfallah-Pacino prend encore de l'épaisseur durant l'été, quand la jeune femme décide de saisir la justice pour statuer sur les droits de garde des parents ainsi que sur les sommes dont l'acteur doit s'acquitter concernant les frais d'éducation, de garde et de santé de l'enfant. Fixé d'un commun accord, le montant n'en est pas moins colossal, avoisinant les 400 000 dollars par an. La presse évoque alors leur rupture, seulement trois mois après la naissance de leur fils. À l'inverse, l'entourage de Pacino soutient que le couple est toujours bel et bien ensemble. La démarche judiciaire initiée par Noor Alfallah, prenant en considération l'âge avancé de l'acteur et leur situation non maritale, aurait pour seul but de donner des garanties financières dans l'intérêt de l'enfant. Où se situe la vérité ? Seuls Pacino et Alfallah la détiennent. Dans les colonnes du *New York Times*, en 1972, l'acteur tout juste sorti du *Parrain* s'imaginait entouré de nombreux enfants dans le futur. Il avait vu juste. Avec Roman, il devient père pour la quatrième fois, après Julie Marie, née en 1989, et les jumeaux Anton et Olivia, nés en 2001.

Depuis les années 2000, la carrière d'Al Pacino se déroule selon un double mouvement : elle avance au fil de ses rôles – avec des fortunes diverses – tout en regardant dans le rétroviseur, le temps d'un focus sur un titre glorieux de sa filmographie. Comme le quarantième anniversaire de la sortie de *Scarface*, célébré en grande pompe le 9 décembre 2023 à l'hôtel Fontainebleau (sic), à Miami, en présence de l'interprète de Tony Montana. Concernant de nouveaux titres, le Covid est passé par-là et nombre de projets ont été décalés. L'acteur a cependant beaucoup tourné depuis *House of Gucci*, en 2021, ce qui promet plusieurs films à l'affiche en 2024. Outre *Sniff*, déjà mentionné, il joue un second rôle dans la deuxième réalisation de Michael Keaton, *Knox Goes Away*, un thriller présenté au festival de Toronto en septembre 2023 et dont la sortie aux États-Unis est prévue début 2024. Basé sur un tueur à gages qui perd progressivement la mémoire, le film reçoit un accueil critique engageant. Ainsi, le magazine *Variety*, sensible à l'humanité des personnages et saluant la mise en scène personnelle de son auteur, le considère bien supérieur au récent opus de David Fincher, *The Killer*, également consacré au portrait d'un tueur à gages. Pacino sera également au générique du premier film d'Alec Griffen Roth, dans le rôle-titre de *Billy Knight*, une figure mystérieuse d'Hollywood que deux étudiants passionnés de cinéma cherchent à retrouver coûte que coûte. Ce récit initiatique, avec l'un des acteurs phares de la série *Stranger Things*, Charlie Heaton, est attendu en salle au cours de l'été 2024.

En décembre 2023, un Pacino toujours actif boucle le tournage de *Killing Castro*, réalisé par Eif Rivera, à partir d'un scénario centré sur le court séjour à New York de Fidel Castro, en 1960, lequel a fait l'objet de plusieurs tentatives d'assassinat fomentées par le FBI, la CIA et la mafia. Mais de tous les films à venir, c'est sans doute celui consacré au peintre Modigliani qui génère le plus d'attentes. Pour Pacino d'abord, qui porte le projet à bout de bras depuis la fin des années 1970. À l'époque, il a eu un véritable coup de cœur pour la pièce de théâtre de Dennis McIntyre, *Modigliani*, au point de demander au scénariste Richard Price d'en faire une adaptation pour le cinéma. Pacino soumet le script à Martin Scorsese, qui se déclare enthousiaste. Seul problème, de taille, aucun producteur n'est convaincu et le projet tombe dans les oubliettes. L'acteur reviendra plusieurs fois à la charge les années suivantes, sans succès. Les choses commencent à se décanter quand Al Pacino et Johnny Depp, qui partagent une admiration commune pour le peintre italien, décident de remettre le projet sur l'établi au mitan des années 2010. Le tandem est complété par Barry Navidi, ami proche de Pacino et producteur, notamment, du *Marchand de Venise* et de *Salomé*. Dans cette configuration, Depp en signerait la réalisation, sa deuxième après *The Brave*, en 1997. Le film, dorénavant intitulé *Modi*, continue à rester maudit : au moment où la production se met en place, Johnny Depp se retrouve au cœur d'une bataille judiciaire contre son ex-épouse, Amber Heard. Accusé de violences conjugales, l'acteur finit par gagner son procès en diffamation en 2022 après de multiples procédures. Cette affaire au retentissement médiatique considérable ne laisse cependant aucune des deux parties indemnes ; leur retour dans la lumière, cette fois dans leurs carrières respectives, étant systématiquement accompagné de polémiques à répétition. Le scénario de *Modi* se concentre sur un épisode marquant de la vie du peintre, survenu en 1916 à Paris. Alors recherché par la police, l'artiste tourmenté s'apprête à quitter la France, avec l'aide de ses amis fantasques, Maurice Utrillo et Chaïm Soutine. Au même moment, il a la possibilité de rencontrer, dans la capitale, le riche collectionneur Maurice Gangnat, un rendez-vous qui pourrait changer sa vie. Dans la distribution, Johnny Depp choisit l'acteur italien Riccardo Scamarcio pour le rôle de Modigliani et Antonia Desplat pour celui de la poétesse et journaliste Beatrice Hastings, qui fut un temps la compagne du peintre. Quant à Pacino, il interprète Maurice Gangnat. L'acteur français Pierre Niney est également retenu pour le rôle de Maurice Utrillo, mais il quitte la distribution juste avant le tournage, officiellement pour des raisons d'emploi du temps – il tourne alors *Le Comte de Monte-Cristo*. Sa participation avait été vivement critiquée du fait des controverses entourant Johnny Depp, et peut-être faut-il y voir la raison principale de son départ. Il est remplacé au pied levé par l'excellent Bruno Gouéry, révélé au grand public par la série Netflix, *Emily in Paris*. Le tournage de *Modi* démarre en septembre 2023, à Budapest, où des rues du Paris de la Première Guerre mondiale ont été reconstituées. Début 2024, le film est en phase de postproduction.

Pacino est donc parvenu à faire aboutir ce projet au long cours qui lui tenait tant à cœur. On souhaite au *Roi Lear* de connaître le même destin.

QUELQUES MOTS POUR SE DIRE AU REVOIR

Dans les dernières secondes de *L'Impasse*, de Brian De Palma, alors que Carlito Brigante vit ses derniers instants sur un brancard, son regard est attiré par une affiche, « Escape to Paradise », qui montre une femme en contrejour devant la mer. Les premières notes au piano de la ballade de Joe Cocker, « You Are So Beautiful », démarrent doucement pendant que le visuel de l'affiche s'anime ; la jeune femme danse maintenant devant le coucher de soleil. Les premiers noms du générique défilent sur l'image en mouvement, et avant que la lumière ne se rallume dans la salle, il reste un peu de temps pour quelques mots en forme d'au revoir.

Courant sur six décennies, dont cinq en pleine lumière, la carrière d'Al Pacino est incroyablement diverse, et dès que l'on cherche à en caractériser les points fixes, elle se cabre ; un rôle ou une expérience surgit aussitôt pour contredire la cohérence que l'on cherchait péniblement à établir. Protéiforme, elle s'étend au cinéma dans le circuit commercial comme sur un terrain personnel et autoproduit avec les moyens du bord. Au théâtre, on retrouve le même grand écart, avec de grosses productions montées à Broadway et des pièces à deux personnages jouées dans de toutes petites salles. Là où certains acteurs côtoient les sommets du box-office avec une impressionnante régularité – Leonardo DiCaprio, Tom Cruise... –, la courbe du succès de Pacino ressemble plutôt aux montagnes russes du plus grand des parcs d'attractions. Les triomphes populaires de ses films mythiques, qui ont marqué des générations de spectateurs, côtoient des échecs patents, dont bien des acteurs auraient eu du mal à se relever. L'image du phénix qui renaît de ses cendres est bien galvaudée, mais la force du cliché a l'avantage de concentrer une part de vérité et, en l'occurrence, celui-ci correspond pleinement au parcours accidenté de l'acteur.

Dans l'esprit du public, Al Pacino reste encore associé aux six films qu'il a tournés entre 1970 et 1975, avec les *Parrain I* et *II* en épicentre. Si critiques et spectateurs se réfèrent souvent à cet âge d'or, ce n'est pas tant pour le plaisir de regarder dans le rétroviseur ou par nostalgie obsessionnelle. À mon sens, cela traduit plutôt la nécessité de se retrouver autour de grands moments de cinéma et d'un jeu d'acteur dont l'authenticité fait toute la force. À un moment où jamais autant d'images n'ont circulé sur tant de supports différents, il est bon en effet de pouvoir compter sur des films qui donnent le « la », comme ceux de Schatzberg, Coppola et Lumet. Les pépites ultérieures, comprenant *Scarface, L'Impasse, Révélations* et, dans une moindre mesure, *Danny Collins,* rejoindront ce club restreint. Et libre à vous d'en retrancher ou d'en ajouter !

Pacino a toujours vu le théâtre comme le cœur de son métier, et même si le public européen n'a pas eu accès à cette dimension, il m'a semblé évident de lui réserver un espace conséquent dans ce livre. Les acteurs de son calibre qui ont démarré au théâtre dans les années 1960 – Robert De Niro, Dustin Hoffman, Gene Hackman... – n'y sont quasiment jamais revenus après avoir rencontré le succès au cinéma. Pacino, lui, a continué à monter inlassablement sur scène, et *Le Parrain* n'y a rien changé ; il est le seul à l'avoir fait avec une telle régularité. Dans la génération suivante, le regretté Philip Seymour Hoffman présentait une trajectoire similaire avant son décès tragique, en 2014. Au-delà des rôles, des films et de leur contexte, des soubresauts d'une carrière qui ressemble à tout sauf à une ligne droite, le simple parcours de vie d'Al Pacino, issu d'un milieu très modeste – à la limite de la pauvreté –, de petite taille et sans diplôme, est à l'évidence une source d'inspiration. C'est d'ailleurs le sens de son discours aux Oscars, en 1994, qu'il adresse et dédie à une petite fille du South Bronx, le quartier difficile où lui-même a grandi. Quand il se retourne sur son propre parcours et ses accomplissements, Pacino éprouve de la gratitude et le voit comme un mélange de « détermination » et de « chance ». Aux jeunes acteurs qui lui demandent des conseils, Pacino en livre deux : lire des grands textes, classiques ou contemporains, et se mettre dans une logique de « *doing* » (« faire »). C'est-à-dire trouver toute opportunité pour se produire devant un public, même restreint – devant sa famille, dans un café ou sur une petite scène... – et ne pas hésiter à utiliser les moyens de la technologie pour se filmer.

Dans la grande galerie des personnages incarnés par Al Pacino, qu'ils soient des symboles de puissance ou bien vulnérables et dans le dénuement, tous s'appuient sur la grande sensibilité, voire l'hypersensibilité de leur interprète. Souvent considérée comme une fragilité dans l'espace social, la grande chance des acteurs est de pouvoir la transformer en force d'expression artistique. Si tant de personnes sont touchées par cet acteur, c'est peut-être parce qu'au fond il nous permet de reconnaître par son jeu la part de fragilité que nous avons tous au fond de nous, que cela nous plaise ou non. Certes, en plongeant corps et âme dans ses rôles, Pacino a parfois payé le prix fort au plan personnel, mais en ouvrant grand sa sensibilité, il nous rappelle au final que l'émotion, même si elle obstrue régulièrement la gorge et pèse bien lourd dans les bagages, c'est elle aussi qui nous fait voyager le plus loin. ✣

FILMOGRAPHIE : CINÉMA

ME, NATALIE

CINEMA CENTER FILMS,
NOB HILL PRODUCTIONS INC. - 1969

RÉALISATION : **FRED COE**
SCÉNARIO : **A. MARTIN ZWEIBACK**
À PARTIR D'UNE IDÉE
DE **STANLEY SHAPIRO**
PRODUCTEUR : **STANLEY SHAPIRO**
PRODUCTEUR ASSOCIÉ : **KURT NEWMAN**
IMAGE : **ARTHUR J. ORNITZ**
DÉCORS : **GEORGE JENKINS**
MONTAGE : **SHEILA BAKERMAN**
MUSIQUE : **HENRY MANCINI**
DURÉE : **111 MN**
INTERPRÈTES :
PATTY DUKE (NATALIE MILLER)
JAMES FARANTINO (DAVID HARRIS)
NANCY MARCHAND (MRS MILLER)
MARTIN BALSAM (ONCLE HAROLD)
ELSA LANCHESTER (MLLE DENNISON)
SALOME JENS (SHIRLEY NORTON)
AL PACINO (TONY)

THE PANIC IN NEEDLE PARK

PANIQUE À NEEDLE PARK
20TH CENTURY FOX,
DIDION-DUNNE INC. - 1971

RÉALISATION : **JERRY SCHATZBERG**
SCÉNARIO : **JOAN DIDION**
ET JOHN GREGORY DUNNE
À PARTIR DU ROMAN DE **JAMES MILLS**
PRODUCTEUR : **DOMINICK DUNNE**
PRODUCTEUR ASSOCIÉ :
ROGER M. ROTHSTEIN
IMAGE : **ADAM HOLENDER**
DÉCORS : **PHILIP SMITH**
MONTAGE : **EVAN LOTTMAN**
DURÉE : **110 MN**
INTERPRÈTES :
AL PACINO (BOBBY)
KITTY WINN (HELEN)
RICHARD BRIGHT (HANK)
ALAN VINT (HOTCH)
WARREN FINNERTY (SAMMY)
KIEL MARTIN (CHICO)
RAUL JULIA (MARCO)

THE GODFATHER

LE PARRAIN
PARAMOUNT, 1972

RÉALISATION : **FRANCIS FORD COPPOLA**
SCÉNARIO : **COPPOLA, MARIO PUZO**
À PARTIR DU ROMAN DE **MARIO PUZO**
PRODUCTEUR : **ALBERT S. RUDDY**
PRODUCTEUR ASSOCIÉ :
GRAY FREDERICKSON
IMAGE : **GORDON WILLIS**
DÉCORS : **DEAN TAVOULARIS**
MONTAGE : **WILLIAM REYNOLDS**
ET PETER ZINNER
MUSIQUE : **NINO ROTA**
DURÉE : **171 MN**
INTERPRÈTES :
MARLON BRANDO (DON CORLEONE)
AL PACINO (MICHAEL CORLEONE)
JAMES CAAN (SONNY CORLEONE)
RICHARD CASTELLANO (CLEMENZA)
ROBERT DUVALL (TOM HAGEN)
STERLING HAYDEN (CAPT. MCCLUSKEY)
JOHN MARLEY (JACK WOLTZ)
RICHARD CONTE (BARZINI)
AL LETTIERI (SOLLOZO)
DIANE KEATON (KAY ADAMS)
ABE VIGODA (TESSIO)
TALIA SHIRE (CONNIE CORLEONE)
GIANNI RUSSO (CARLO)
JOHN CAZALE (FREDO CORLEONE)
RUDY BOND (CUNEO)
AL MARTINO (JOHNNY FONTANE)
MORGANA KING (MARNA CORLEONE)
LENNY MONTANA (LUCA BRASI)
JOHN MARTINO (PAULIE GATTO)

AL PACINO : **NOMINATION**
À L'OSCAR DU MEILLEUR ACTEUR
DANS UN SECOND RÔLE

SCARECROW

L'ÉPOUVANTAIL
WARNER BROTHERS - 1973

RÉALISATION : **JERRY SCHATZBERG**
SCÉNARIO : **GARY MICHAEL WHITE**
PRODUCTEUR : **ROBERT M. SHERMAN**
IMAGE : **VILMOS ZSIGMOND**
DÉCORS : **ALBERT BRENNER**
MONTAGE : **CRAIG MCKAY**
MUSIQUE : **FRED MYROW**
DURÉE : **115 MN**
INTERPRÈTES :
AL PACINO (LION)
GENE HACKMAN (MAX)
DOROTHY TRISTAN (COLEY)
ANN WEDGEWORTH (FRENCHY)
RICHARD LYNCH (RILEY)
PENELOPE ALLEN (ANNIE)
EILEEN BRENNAN (DARLENE)
RICHARD HACKMAN (MICKEY)

SERPICO

PARAMOUNT, UNE PRÉSENTATION DINO
DE LAURENTIIS - 1973

RÉALISATION : **SYDNEY LUMET**
SCÉNARIO : **WALDO SALT**
ET NORMAN WEXLER
À PARTIR DU LIVRE DE **PETER MAAS**
PRODUCTEUR : **MARTIN BREGMAN**
PRODUCTEUR ASSOCIÉ :
ROGER M. ROTHSTEIN
IMAGE : **ARTHUR J. ORNITZ**
DÉCORS : **CHARLES BAILEY**
MONTAGE : **DEDE ALLEN**
ET RICHARD MARKS
MUSIQUE : **MIKIS THEODORAKIS**
DURÉE : **130 MN**
INTERPRÈTES :
AL PACINO (FRANK SERPICO)
TONY ROBERTS (BOB BLAIR)
CORNELIA SHARPE (LESLIE)
BILL MCGUIRE (CAPT. MCCLAIN)
BARBARA EDA YOUNG (LAURIE)
JOHN RANDOLPH (SIDNEY GREEN)
JACK KEHOE (TOM KEOUGH)
NORMAN ORNELLAS (RUBELLO)
ED GROVER (INSP. LOMBARDO)
RICHARD FORONJY (CORSARO)

AL PACINO : **NOMINATION**
À L'OSCAR DU MEILLEUR ACTEUR

THE GODFATHER, PART II

LE PARRAIN II
PARAMOUNT - 1974

RÉALISATION : **FRANCIS FORD COPPOLA**
SCÉNARIO : **COPPOLA ET MARIO PUZO**
À PARTIR DU ROMAN DE **MARIO PUZO**
PRODUCTEUR : **COPPOLA**
CO-PRODUCTEURS :
GRAY FREDERICKSON ET FRED ROOS
PRODUCTEUR ASSOCIÉ : **MONA SKAGER**
IMAGE : **GORDON WILLIS**
DÉCORS : **DEAN TAVOULARIS**
MONTAGE : **PETER ZINNER,**
BARRY MALKIN ET RICHARD MARKS
MUSIQUE : **NINO ROTA**
DURÉE : **200 MN**
INTERPRÈTES :
AL PACINO (MICHAEL CORLEONE)
ROBERT DUVALL (TOM HAGEN)
DIANE KEATON (KAY ADAMS)
ROBERT DE NIRO (VITO CORLEONE)
JOHN CAZALE (FREDO CORLEONE)
TALIA SHIRE (CONNIE CORLEONE)
LEE STRASBERG (HYMAN ROTH)
MICHAEL V. GAZZO (FRANKIE PANTANGELI)
G. D. SPRADLIN (SÉNATEUR PAT GEARY)
RICHARD BRIGHT (AL NERI)
GASTON MOSCHIN (FANUCCI)
BRUNO KIRBY JR. (PETER CLEMENZA)
MORGANA KING (MARNA CORLEONE)
DOMINIC CHIANESE (JOHNNY)
JAMES CAAN (SONNY CORLEONE)
GIANNI RUSSO (CARLO)
ROGER CORMAN (2E SÉNATEUR)

AL PACINO : **NOMINATION À L'OSCAR DU MEILLEUR ACTEUR**

DOG DAY AFTERNOON
UN APRÈS-MIDI DE CHIEN
WARNER BROTHERS - 1975

RÉALISATION : **SYDNEY LUMET**
SCÉNARIO : **FRANK PIERSON**
À PARTIR D'UN ARTICLE
DE **P. F. KLUGE ET THOMAS MOORE**
PRODUCTEURS : **MARTIN BREGMAN ET MARTIN ELFAND**
PRODUCTEUR ASSOCIÉ : **ROBERT GREENHUT**
IMAGE : **VICTOR J. KEMPER**
DÉCORS : **CHARLES BAILEY**
MONTAGE : **DEDE ALLEN**
DURÉE : **130 MN**
INTERPRÈTES :
AL PACINO (SONNY WORTZIK)
JOHN CAZALE (SAL)
SULLY BOYAR (MULVANEY)
PENNY ALLEN (SYLVIA)
CHARLES DURNING (INSP. MORETTI)
JAMES BRODERICK (SHELDON, AGENT DU FBI)
CHRIS SARANDON (LEON)
SUSAN PERETZ (ANGIE)
JUDITH MALINA (MÈRE DE SONNY)
DOMINIC CHIANESE (PÈRE DE SONNY)

AL PACINO : **NOMINATION À L'OSCAR DU MEILLEUR ACTEUR**

BOBBY DEERFIELD
WARNER BROTHERS,
COLUMBIA PICTURES - 1977

RÉALISATION : **SYDNEY POLLACK**
SCÉNARIO : **ALVIN SARGENT**
À PARTIR DU ROMAN
HEAVEN HAS NO FAVORITES
DE **ERICH MARIA REMARQUE**
PRODUCTEUR : **SYDNEY POLLACK**
IMAGE : **HENRI DECAË**
DÉCORS : **STEPHEN B. GRIMES**
MONTAGE : **FRÉDÉRIC STEINKAMP**
MUSIQUE : **DAVE GRUSIN**
DURÉE : **123 MN**
INTERPRÈTES :
AL PACINO (BOBBY DEERFIELD)
MARTHE KELLER (LILLIAN)
WALTER MCGINN (LÉONARD)
STEPHAN MELDEGG (KARL HOLZMAN)
ANNY DUPEREY (LYDIA)
ROMOLO VALLI (ONCLE LUIGI)
GUIDO ALBERTI (PRÊTRE DANS LE JARDIN)

...AND JUSTICE FOR ALL
JUSTICE POUR TOUS
COLUMBIA - 1979

RÉALISATION : **NORMAN JEWISON**
SCÉNARIO : **VALÉRIE CURTIN ET BARRY LEVINSON**
PRODUCTEURS : **NORMAN JEWISON, PATRICK PALMER ET JOE WIZAN**
IMAGE : **VICTOR J. KEMPER**
PHOTOGRAPHIE AÉRIENNE : **FRANK HOLGATE**
DÉCORS : **RICHARD MACDONALD**
MONTAGE : **JOHN F. BURNETT**
MUSIQUE : **DAVE GRUSIN**
DURÉE : **120 MN**
INTERPRÈTES :
AL PACINO (ARTHUR KIRKLAND)
JACK WARDEN (JUGE RAYFORD)
JOHN FORSYTHE (JUGE FLEMING)
LEE STRASBERG (SAM)
JEFFREY TAMBOR (JAY PORTER)
CHRISTINE LAHTI (GAIL PACKER)
DOMINIC CHIANESE (CARI TRAVERS)
THOMAS WAITES (JEFF MCCULLOUGH)
ROBERT CHRISTIAN (RALPH AGEE)
CRAIG T. NELSON (FRANK BOWERS)
LARRY BRYGGMAN (WARREN FRESNELL)

CRUISING
LA CHASSE
LORIMAR - 1980

RÉALISATION : **WILLIAM FRIEDKIN**
SCÉNARIO : **WILLIAM FRIEDKIN**
À PARTIR DU ROMAN
DE **GERALD WALKER**
PRODUCTEUR : **JERRY WEINTRAUB**
IMAGE : **JAMES CONTNER**
DÉCORS : **BRUCE WEINTRAUB**
MONTAGE : **BUD SMITH**
MUSIQUE : **JACK NITZSCHE**
DURÉE : **106 MN**
INTERPRÈTES :
AL PACINO (STEVE BURNS)
PAUL SORVINO (CAPT. EDELSON)
KAREN ALLEN (NANCY)
DON SCARDINO (TED BAILEY)
ALLAN MILLER (INSP. PRINCIPAL)
JAY ACOVONE (SKIP LEE)
RICHARD COX (STUART RICHARDS)
ARNALDO SANTANA (LOREN LUKA)
JAMES REMAR (CREG)
JOE SPINELL (DESIMONE)
EDWARD O'NEIL (INSP. SCHREIBER)

AUTHOR! AUTHOR!
AVEC LES COMPLIMENTS DE L'AUTEUR
20TH CENTURY-FOX - 1982

RÉALISATION : **ARTHUR HILLER**
SCÉNARIO : **ISRAËL HOROVITZ**
PRODUCTEUR : **IRWIN WINKLER**
PRODUCTEUR ASSOCIÉ : **DOROTHY WILDE**
IMAGE : **VICTOR J. KEMPER**
DÉCORS : **GENE RUDOLPH**
MONTAGE : **WILLIAM REYNOLDS**
MUSIQUE : **DAVE GRUSIN**
DURÉE : **110 MN**
INTERPRÈTES :
AL PACINO (IVAN TREVALIAN)
TUESDAY WELD (GLORIA)
DYAN CANNON (ALICE DETROIT)
ALAN KING (KREPLICH)
BOB DISHY (FINESTEIN)
BOB ELLIOTT (PATRICK DICHER)
RAY GOULDING (JACKIE DICHER)
ERIC GURRY (IGOR)
ARIE MEYERS (DEBBIE)
BENJAMIN H. CARLIN (GERALDO)
B. J. BARIE (SPIKE)
FRÉDÉRIC KIMBALL (LARRY KOTZWINKLE)

SCARFACE
UNIVERSAL - 1983

RÉALISATION : **BRIAN DE PALMA**
SCÉNARIO : **OLIVER STONE**
PRODUCTEUR : **MARTIN BREGMAN**
CO-PRODUCTEUR : **PETER SAPHIER**
PRODUCTEUR EXÉCUTIF : **LOUIS A. STROLLER**
IMAGE : **JOHN A. ALONZO**
DÉCORS : **FERDINANDO SCARFIOTTI**
MONTAGE : **GÉRALD B. GREENBERG ET DAVID RAY**
MUSIQUE : **GIORGIO MORODER**
DURÉE : **170 MN**
INTERPRÈTES :
AL PACINO (TONY MONTANA)
STEVEN BAUER (MANNY)
MICHELLE PFEIFFER (ELVIRA)
MARY ELIZABETH MASTRANTONIO (GINA)
ROBERT LOGGIA (FRANK LOPEZ)
PAUL SHENAR (ALEJANDRO SOSA)
ARNALDO SANTANA (ERNIE)
F. MURRAY ABRAHAM (OMAR)
MIRIAM COLON (MARNA MONTANA)
PEPE SERNA (ANGEL)
DENNIS HOLAHAN (BANKER)
HARRIS YULIN (BERNSTEIN)

REVOLUTION
RÉVOLUTION
WARNER BROTHERS,
GOLDCREST AND VIKING - 1985

RÉALISATION : **HUGH HUDSON**
SCÉNARIO : **ROBERT DILLON**

CINÉMA

PRODUCTEUR : **IRWIN WINKLER**
PRODUCTEUR EXÉCUTIF : **CHRIS BURT**
IMAGE : **BERNARD LUTIC**
DÉCORS : **ASSHETON GORDON**
COSTUMES : **JOHN MOLLO**
MONTAGE : **STUART BAIRD**
MUSIQUE : **JOHN CORIGLIANO**
DURÉE : **125 MN**
INTERPRÈTES :
AL PACINO (TOM DOBB)
DONALD SUTHERLAND
(SGT. MAJOR PEASY)
NASTASSJA KINSKI (DAISY)
SID OWEN (NED, ENFANT)
DEXTER FLETCHER (NED)
JOAN PLOWRIGHT (MRS MCCONNAHAY)
DAVE KING (MR MCCONNAHAY)
MALCOLM TERRIS (DR. SLOAN)
ANNIE LENNOX (LIBERTÉ)

THE LOCAL STIGMATIC

FILM NON COMMERCIALISÉ - 1990

SORTIE EN DVD EN 2007
DANS LE COFFRET *AN ACTOR'S VISION*,
DISTRIBUÉ PAR LA 20TH CENTURY FOX

RÉALISATION : **DAVID WHEELER**
SCÉNARIO : **HEATHCOTE WILLIAMS**
D'APRÈS SA PIÈCE DE THÉÂTRE
PRODUCTEUR : **JIM BULLETT**
IMAGE : **ED LACHMAN**
MONTAGE : **JERRY BLUEDOW, NORMAN HOLLYN ET ELIZABETH KLING**
MUSIQUE : **HOWARD SHORE**
DURÉE : **50 MN**
INTERPRÈTES :
AL PACINO (GRAHAM)
PAUL GUILFOYLE (RAY)
JOE MAHER (DAVID)
MIKE HIGGINS (HOMME IVRE)
BRIAN MALLON

SEA OF LOVE

MÉLODIE POUR UN MEURTRE
UNIVERSAL - 1989

RÉALISATION : **HAROLD BECKER**
SCÉNARIO : **RICHARD PRICE**
PRODUCTEUR : **MARTIN BREGMAN ET LOUIS A. STROLLER**
PRODUCTEUR ASSOCIÉ :
MICHAEL SCOTT BREGMAN
IMAGE : **RONNIE TAYLOR**
DÉCORS : **JOHN JAY MOORE**
MONTAGE : **DAVID BRETHERTON**
MUSIQUE : **TREVOR JONES**
DURÉE : **112 MN**
INTERPRÈTES :
AL PACINO (FRANK KELLER)
ELLEN BARKIN (HELEN)
JOHN GOODMAN (SHERMAN)
WILLIAM HICKEY (FRANK SR.)
MICHAEL ROOKER (TERRY)
CHRISTINE ESTABROOK (GINA GALLAGHER)
RICHARD JENKINS (GREBER)

DICK TRACY

TOUCHSTONE,
SILVER SCREEN PARTNERS IV - 1990

RÉALISATION : **WARREN BEATTY**
SCÉNARIO : **JIM CASH ET JACK EPPS**
À PARTIR DES PERSONNAGES
CRÉÉS PAR **CHESTER GOULD**
PRODUCTEUR : **WARREN BEATTY**
PRODUCTEURS EXÉCUTIFS :
BARRIE M. OSBORNE, ART LINSON ET FLOYD MUTRUX
IMAGE : **VITTORIO STORARO**
DÉCORS : **RICHARD SYLBERT**
COSTUMES : **MILENA CANONERO**
MAQUILLAGE : **CAGLIONE ET DREXLER**
MONTAGE : **RICHARD MARKS**
MUSIQUE : **DANNY ELFMAN**
DURÉE : **105 MN**
INTERPRÈTES :
WARREN BEATTY (DICK TRACY)
GLENNE HEADLY (TESS TRUEHEART)
CHARLIE KORSMO (KID)
AL PACINO (BIG BOY CAPRICE)
MADONNA (BREATHLESS MAHONEY)
PAUL SORVINO (LIPS MANLIS)
CHARLES DUMING (CHIEF BRANDON)
WILLIAM FORSYTHE (FLATTOP)
DUSTIN HOFFMAN (MUMBLES)
ED O'ROSS (ITCHY)
R.G. ARMSTRONG (PRUNEFACE)
DICK VAN DYKE (D. A. FLETCHER)
MICHAEL J. POLLARD (BUG BAILEY)
JAMES CAAN (SPALDONI)
MANDY PATINKIN (88 KEYS)

AL PACINO : **NOMINATION À L'OSCAR DU MEILLEUR ACTEUR DANS UN SECOND RÔLE**

THE GODFATHER, PART III

LE PARRAIN III
PARAMOUNT - 1990

RÉALISATION : **FRANCIS FORD COPPOLA**
SCÉNARIO : **MARIO PUZO ET COPPOLA**
PRODUCTEUR : **FRANCIS FORD COPPOLA**
CO-PRODUCTEURS : **FRED ROOS, GRAY FREDERICKSON ET CHARLES MULVEHILL**
PRODUCTEURS EXÉCUTIFS :
FRED FUCHS ET NICHOLAS CAGE
PRODUCTEUR ASSOCIÉ : **MARINA GEFTNER**
IMAGE : **GORDON WILLIS**
DÉCORS : **DEAN TAVOULARIS**
COSTUMES : **MILENA CANONERO**
MONTAGE : **BARRY MALKIN, LISA FRUCHTMAN ET WALTER MURCH**
MUSIQUE : **CARMINE COPPOLA**
MUSIQUE ADDITIONNELLE : **NINO ROTA**
DURÉE : **200 MN**
INTERPRÈTES :
AL PACINO (MICHAEL CORLEONE)
DIANE KEATON (KAY ADAMS)
TALIA SHIRE (CONNIE CORLEONE)
ANDY GARCIA (VINCENT MANCINI)
ELI WALLACH (DON ALTOBELLO)
JOE MANTEGNA (JOEY ZASA)
GEORGE HAMILTON (B. J. HARRISON)
BRIDGET FONDA (GRÂCE HAMILTON)
SOFIA COPPOLA (MARY CORLEONE)
RAF VALLONE (CARDINAL LAMBERTO)
FRANC D'AMBROSIO (ANTHONY CORLEONE)
DONAL DONNELLY (ARCHEVÊQUE GILDAY)
RICHARD BRIGHT (AL NERI)
HELMUT BERGER (FREDERICK KELMZIG)

FRANKIE AND JOHNNY

FRANKIE ET JOHNNY
PARAMOUNT - 1991

RÉALISATION : **GARY MARSHALL**
SCÉNARIO : **TERENCE MCNALLY**
À PARTIR DE SA PIÈCE DE THÉÂTRE
FRANKIE AND JOHNNY IN THE CLAIR DE LUNE
PRODUCTEUR : **GARRY MARSHALL**
CO-PRODUCTEUR : **NICK ABDO**
PRODUCTEURS EXÉCUTIFS : **ALEXANDRA ROSE ET CHARLES MULVEHILL**
IMAGE : **DANTE SPINOTTI**
DÉCORS : **ALBERT BRENNER**
MONTAGE : **BATTLE DAVIS ET JACQUELINE CAMBAS**
MUSIQUE : **MARVIN HAMLISCH**
DURÉE : **118 MN**
INTERPRÈTES :
AL PACINO (JOHNNY)
MICHELLE PFEIFFER (FRANKIE)
HECTOR ELIZONDO (NICK)
NATHAN LANE (TIM)
KATE NELLIGAN (CORA)
JANE MORRIS (NEDDA)
FERNANDO LOPÉZ (JORGE)
GLEN PLUMMER (PETER)
SEAN O'BRYAN (BOBBY)
TIM HOPPER (LESTER)

GLENGARRY GLEN ROSS

GLENGARRY
NEW LINE CINÉMA - 1992

RÉALISATION : **JAMES FOLEY**
SCÉNARIO : **DAVID MAMET**
À PARTIR DE SA PIÈCE DE THÉÂTRE
PRODUCTEUR : **JERRY TOKOFSKY**
ET STANLEY R. ZUPNIK
CO-PRODUCTEURS :
MORRIS RUSKIN ET NAVA LEVIN
PRODUCTEUR EXÉCUTIF :
JOSEPH CARACCIOLO JR.
IMAGE : **JUAN RUIZ ANCHIA**
DÉCORS : **JANE MUSKY**
MONTAGE : **HOWARD E. SMITH**
MUSIQUE : **JAMES NEWTON HOWARD**
DURÉE : **100 MN**
INTERPRÈTES :
AL PACINO (RICKY ROMA)
JACK LEMMON (SHELDON LEVENE)
ALEC BALDWIN (BLAKE)
ED HARRIS (DAVE MOSS)
ALAN ARKIN (GEORGE AORONOW)
KEVIN SPACEY (JOHN WILLIAMSON)
JONATHAN PRYCE (JAMES LINK)

AL PACINO : **NOMINATION À L'OSCAR DU MEILLEUR ACTEUR DANS UN SECOND RÔLE**

SCENT OF A WOMAN

LE TEMPS D'UN WEEK-END
UNIVERSAL - 1992

RÉALISATION : **MARTIN BREST**
SCÉNARIO : **BO GOLDMAN**
D'APRÈS LE ROMAN
DE **GIOVANNI ARPINO**
ET LE SCÉNARIO
DE **RUGGERO MACCARI ET DINO RISI**
PRODUCTEUR : **MARTIN BREST**
PRODUCTEUR EXÉCUTIF :
RONALD L. SCHWARY
IMAGE : **DONALD E. THORIN**
DÉCORS : **ANGELO GRAHAM**
MONTAGE : **WILLIAM STEINKAMP, MICHAEL TRONICK ET HARVEY ROSENSTOCK**
MUSIQUE : **THOMAS NEWMAN**
DURÉE : **137 MN**
INTERPRÈTES :
AL PACINO (FRANK SLADE)
CHRIS O'DONNELL (CHARLIE SIMS)
JAMES REBHORN (TRASK)
PHILIP S. HOFFMAN (GEORGE WILLIS JR.)
NICHOLAS SADLER (HARRY HAVEMEYER)
RICHARD VENTURE (W. R. SLADE)
BRADLEY WHITFORD (RANDY)
MARGARET EGINTON (GAIL)
ROCHELLE OLIVER (GRETCHEN)
GABRIELLE ANWAR (DONNA)
LEONARD GAINES (FREDDIE BISCO)
RON ELDARD (OFFICIER DE POLICE GORE)

AL PACINO :
OSCAR DU MEILLEUR ACTEUR

CARLITO'S WAY

L'IMPASSE
UNIVERSAL,
EPIC PRODUCTIONS - 1993

RÉALISATION : **BRIAN DE PALMA**
SCÉNARIO : **DAVID KOEPP**
À PARTIR DES ROMANS *CARLITO'S WAY* ET *AFTER HOURS* DE **EDWIN TORRES**
PRODUCTEURS : **MARTIN BREGMAN, WILLI BÄR ET MICHAEL S. BREGMAN**
PRODUCTEURS EXÉCUTIFS : **LOUIS A. STROLLER ET ORTWIN FREYERMUTH**
IMAGE : **STEPHEN H. BURUM**
DÉCORS : **RICHARD SYLBERT**
COSTUMES : **AUDE BRONSON-HOWARD**
MONTAGE : **BILL PANKOW ET KRISTINA BODEN**
MUSIQUE : **PATRICK DOYLE**
DURÉE : **145 MN**
INTERPRÈTES :
AL PACINO (CARLITO BRIGANTE)
SEAN PENN (DAVID KLEINFELD)
PENELOPE ANN MILLER (GAIL)
JOHN LEGUIZAMO (BENNY BLANCO)
INGRID ROGERS (STEFFIE)
LUIS GUZMAN (PACHANGA)
JAMES REBHORN (NORWALK)
JOSEPH SIRAVO (VINNIE TAGLIALUCCI)
FRANK MINUCCI (TONY TAGLIALUCCI)
VIGGO MORTENSEN (LALIN)
JORGE PORCEL (SASO)

TWO BITS

INSTANT DE BONHEUR
MIRAMAX - 1995

RÉALISATION : **JAMES FOLEY**
SCÉNARIO : **JOSEPH STEFANO**
PRODUCTEUR : **ARTHUR COHN**
PRODUCTEURS EXÉCUTIFS :
WILLI BÄR, DAVID KORDA ET JOSEPH STEFANO
PRODUCTEUR ASSOCIÉ : **ROLF DEYLE**
IMAGE : **JUAN RUIZ ANCHIA**
DÉCORS : **JANE MUSKY**
COSTUMES : **CLAUDIA BROWN**
MONTAGE : **HOWARD E. SMITH**
MUSIQUE : **CARTER BURWELL**
DURÉE : **85 MN**
INTERPRÈTES :
JERRY BARONE (GENNARO)
MARY ELIZABETH MASTRANTONIO (LUISA)
AI PACINO (GITANO SABATONI)
PATRICK BORIELLO (TULLIO)
ANDY ROMANO (DR. BRUNA)
DONNA MITCHELL (MRS. BRUNA)
MARY LOU ROSATO (TANTE CARMELA)

HEAT

WARNER BROTHERS,
REGENCY ENTERPRISES - 1995

RÉALISATION ET SCÉNARIO : **MICHAEL MANN**
PRODUCTEURS : **ART LINSON ET MICHAEL MANN**
PRODUCTEURS EXÉCUTIFS : **PIETER JAN BRUGGE ET ARMON MILCHAN**
PRODUCTEURS ASSOCIÉS : **GUSMANO CESARETTI ET KATHLEEN M. SHEA**
IMAGE : **DANTE SPINOTTI**
DÉCORS : **NEIL SPISAK**
COSTUMES : **DEBORAH LYNN SCOTT**
MONTAGE : **PASQUALE BUBA, WILLIAM GOLDENBERG, DOV HOENIG ET TOM ROLF**
MUSIQUE : **MICHAEL BROOK, BRIAN ENO, ELLIOTT GOLDENTHAL, KRONOS QUARTET, MOBY ET TERJE RYPDAL**
DURÉE : **164 MN**
INTERPRÈTES :
AL PACINO (VINCENT HANNA)
ROBERT DE NIRO (NEIL MCCAULEY)
VAL KILMER (CHRIS SHIHERLIS)
JOHN VOIGHT (NATE)
TOM SIZEMORE (MICHAEL CHERITTO)
DIANE VENORA (JUSTINE HANNA)
AMY BRENNEMAN (EADY)
ASHLEY JUDD (CHARLENE SHIHERLIS)
MYKELTI WILLIAMSON (INSP. DRUCKER)
WES STUDI (INSP. CASAIS)
TED LEVINE (BOSKO)
DENNIS HAYSBERT (BREEDAN)

CITY HALL

CASTLE ROCK FILMS,
COLUMBIA PICTURES - 1995

RÉALISATION : **HAROLD BECKER**
SCÉNARIO : **KEN LIPPER, PAUL SCHRADER, NICHOLAS PILEGGI ET BO GOLDMAN**
PRODUCTEURS : **HAROLD BECKER, KEN LIPPER, CHARLES MULVEHILL ET EDWARD R. PRESSMAN**
PRODUCTEURS ASSOCIÉS : **ELIZABETH CARROLL ET THOMAS J. MACK**
IMAGE : **MICHAEL SERESIN ET JAMIE SILVERSTEIN**
DÉCORS : **JANE MUSKY**
MONTAGE : **DAVID BRETHERTON ET ROBERT C. JONES**
MUSIQUE : **JERRY GOLDSMITH**
DURÉE : **LLL MN (103 MN** POUR LA VERSION SORTIE EN FRANCE)

CINÉMA

INTERPRÈTES :
AL PACINO (JOHN PAPPAS)
JOHN CUSACK (KEVIN CALHOUN)
BRIDGET FONDA (MARYBETH COGAN)
DANNY AIELLO (FRANK ANSELMO)
MARTIN LANDAU (JUGE WALTER STEM)

LOOKING FOR RICHARD

À LA RECHERCHE DE RICHARD
20TH CENTURY FOX,
CHAL PRODUCTIONS - 1996

RÉALISATION : **AL PACINO**
SCÉNARIO : *RICHARD III* DE **SHAKESPEARE**
NARRATION DE **AL PACINO**
ET FRÉDÉRIC KIMBALL
PRODUCTEURS : **MICHAEL HADGE**
ET AL PACINO
PRODUCTEUR EXÉCUTIF : **WILLIAM TEITLER**
IMAGE : **STEPHEN C. CONFER, JON**
KRANHOUSE ET ROBERT LEACOCK
DÉCORS : **KEVIN RITTER**
COSTUMES : **YVONNE BLAKE,**
AUDE BRONSON-HOWARD
ET DEBORAH LYNN-SCOTT
MONTAGE : **BILL ANDERSON,**
NED BASTILLE, ANDRÉ BETZ
ET PASQUALE BUBA
MUSIQUE : **HOWARD SHORE**
DURÉE : **118 MN**
INTERPRÈTES :
PENELOPE ALLEN (QUEEN ELIZABETH)
GORDON MCDONALD (DORSET)
MADISON ARNOLD (RIVERS)
VINCENT ANGELL (RIVERS)
HARRIS YULIN (KING EDOUARD)
ALEC BALDWIN (CLARENCE)
AL PACINO (RICHARD III)
TIMMY PRAIRIE (PRINCE EDOUARD)
KEVIN CONWAY (HASTINGS)
LARRY BRYGGMAN (LORD STANLEY)
KEVIN SPACEY (BUCKINGHAM)
ESTELLE PARSONS (QUEEN MARGARET)
WINONA RYDER (LADY ANNE)
AIDAN QUINN (RICHMOND)
ET LES INTERVIEWS DE :
KENNETH BRANAGH, KEVIN KLINE,
JAMES EARL JONES, ROSEMARY
HARRIS, EMRYS JONES, PETER BROOK,
BARBARA EVERETT, DEREK JACOBI,
JOHN GIELGUD ET VANESSA REDGRAVE

DONNIE BRASCO

MANDALAY ENTERTAINMENT - 1997

RÉALISATION : **MIKE NEWELL**
SCÉNARIO : **PAUL ATTANASIO**
D'APRÈS LE LIVRE DE **JOSEPH D.**
PISTONE ET RICHARD WOODLEY
PRODUCTEURS : **MARK JOHNSON,**
BARRY LEVINSON, LOUIS DIGIAMO
ET GAIL MUTRUX
PRODUCTEURS DÉLÉGUÉS :
PATRICK MCCORMICK
ET ALAN GREENSPAN
IMAGE : **PETER SOVA**
DÉCORS : **DONALD GRAHAM BURT**
MONTAGE : **JON GREGORY**
COSTUMES : **AUDE BRONSON-HOWARD**
ET DAVID ROBINSON
MUSIQUE : **PATRICK DOYLE**
DURÉE : **125 MN**
INTERPRÈTES :
AL PACINO (LEFTY RUGGIERO)
JOHNNY DEPP (JOE PISTONE,
ALIAS DONNIE BRASCO)
MICHAEL MADSEN (SONNY)
BRUNO KIRBY (NICKY)
JAMES RUSSO (PAULIE)
ANNE HECHE (MAGGIE)
ZELJKO IVANEK (TIM CURLEY)
GERRY BECKER (DEAN BLANDFORD)
ROBERT MIANO (SONNY RED)
BRIAN TARANTINA (BRUNO)

DEVIL'S ADVOCATE

L'ASSOCIÉ DU DIABLE
WARNER BROTHERS - 1998

RÉALISATION : **TAYLOR HACKFORD**
SCÉNARIO : **JONATHAN LEMKIN**
ET TONY GILROY
D'APRÈS LE ROMAN
DE **ANDREW NEIDERMAN**
PRODUCTEURS : **ARNON MILCHAN,**
ARNOLD KOPELSON
ET ANNE KOPELSON
PRODUCTEURS EXÉCUTIFS :
TAYLOR HACKFORD, MICHAEL TADROSS,
ERWIN STOFF, BARRY BERNARDI
ET STEVE WHITE
IMAGE : **ANDRZEJ BARTKOWIAK**
DÉCORS : **BRUNO RUBEO**
MONTAGE : **MARK WARNER**
MUSIQUE : **JAMES NEWTON HOWARD**
DURÉE : **140 MN**
INTERPRÈTES :
KEANU REEVES (KEVIN LOMAX)
AL PACINO (JOHN MILTON)
CHARLIZE THERON (MARY ANN LOMAX)
JEFFREY JONES (EDDIE BARZOON)
JUDITH IVEY (MRS. LOMAX)
CONNIE NIELSEN (CHRISTABELLA)
CRAIG T. NELSON (ALEXANDER CULLEN)
TAMARA TUNIE (JACKIE HEATH)
RUBEN SANTIAGO-HUDSON
(LEAMON HEATH)
DEBRA MONK (PAM GARRETY)
VYTO RUGINIS (WEAVER)
LAURA HARRINGTON (MELISSA BLACK)

THE INSIDER

RÉVÉLATIONS
MANN/ROTH PRODUCTION,
TOUCHSTONE PICTURES,
SPYGLASS ENTERTAINMMENT,
FORWARD PASS - 1999

RÉALISATION : **MICHAEL MANN**
SCÉNARIO : **MICHAEL MANN ET ERIC ROTH**
D'APRÈS L'ARTICLE DE **MARIE BRENNER**
PRODUCTEURS : **PIETER JAN BRUGGE,**
GUSMANO CESARETTI,
AVI KLEINBERGER, MICHAEL MANN,
KATHLEEN M. SHEA, SHLOMO URBACH
ET MICHAEL WAXMAN
IMAGE : **DANTE SPINOTTI**
DURÉE : **157 MN**
INTERPRÈTES :
AL PACINO (LOWELL BERGMAN)
RUSSEL CROWE (JEFFREY WIGAND)
CHRISTOPHER PLUMMER (MIKE WALLACE)
DIANE VENORA (LIANE WIGAND)
PHILIP BAKER HALL (DON HEWITT)
LINDSAY CROUSE (SHARON TILLER)
DEBI MAZAR (DEBBIE DE LUCA)

ANY GIVEN SUNDAY

L'ENFER DU DIMANCHE
WARNER BROS., IXTLAN,
DONNER'S COMPANY - 1999

RÉALISATION : **OLIVER STONE**
SCÉNARIO : **DANIEL PYNE,**
JOHN LOGAN ET OLIVER STONE
PRODUCTEURS : **RICHARD DONNER,**
DAN HALSTED, ERIC HAMBURG
ET OLIVER STONE
IMAGE : **SALVATORE TOTINO**
MUSIQUE : **RICHARD HOROWITZ**
ET PAUL KELLY
DURÉE : **150 MN**
INTERPRÈTES :
AL PACINO (TONY D'AMATO)
CAMERON DIAZ (CHRISTINA PAGNIACCI)
DENNIS QUAID (JACK "CAP" ROONEY)
JAMES WOODS (DR. HARVEY MANDRAKE)
MATTHEW MODINE (DR. OLLIE POWERS)
ELIZABETH BERKLEY (MANDY MURPHY)
JIM BROWN (MONTEZUMA MONROE)
JAMIE FOXX (WILLIE BEAMAN)
CHARLTON HESTON (COMMISSAIRE)
AARON ECKHART (NICK CROZIER)

CHINESE COFFEE

CAFÉ CHINOIS
CHAL PRODUCTIONS - 2000
PAS DE SORTIE COMMERCIALE
EN SALLES DE CINÉMA, FILM ÉDITÉ EN
DVD (COFFRET *AN ACTOR'S VISION*, 2007)

RÉALISATION : **AL PACINO**
SCÉNARIO : **IRA LEWIS**
D'APRÈS SA PIÈCE DE THÉÂTRE
PRODUCTEURS : **MICHAEL HADGE, LARRY MEISTRICH ET ROBERT SALERNO**
PRODUCTEUR EXÉCUTIF : **ANNE DAMATO**
CO-PRODUCTEURS : **JAMES BULLEIT ET C.J. FOLLINI**
IMAGE : **FRANK PRINZI**
MONTAGE : **MICHAEL BERENBAUM, PASQUALE BUBA ET NOAH HERZOG**
DÉCORS : **CAROL SILVERMAN**
MUSIQUE : **ELMER BERNSTEIN**
DURÉE : **99 MN**
INTERPRÈTES :
AL PACINO (HARRY LEVINE)
JERRY ORBACH (JAKE MANHEIM)
SUSAN FLOYD (JOANNA)
ELLEN MCELDUFF (MAVIS)

INSOMNIA

SECTION EIGHT, SUMMIT ENTMT., INSOMNIA PRODUCTIONS, WITT / THOMAS PRODUCTIONS, ALCON ENTERTAINMENT - 2002

RÉALISATION : **CHRISTOPHER NOLAN**
SCÉNARIO : **HILARY SEITZ**
D'APRÈS LE SCÉNARIO DE **NIKOLAJ FROBENIUS ET ERIK SKOLDJBAERG** EN 1997
PRODUCTION : **BEN COSGROVE, BRODERICK JOHNSON ET PAUL JUNGER WITT**
PRODUCTEURS DÉLÉGUÉS :
GEORGE CLOONEY, STEVEN SODERBERGH, TONY THOMAS, CHARLES J.D. SCHLISSEL ET KIM ROTH
IMAGE : **WALLY PFISTER**
DÉCORS : **NATHAN CROWLEY**
MONTAGE : **DODY DORN**
MUSIQUE : **DAVID JULYAN**
DURÉE : **118 MN**
INTERPRÈTES :
AL PALCINO (WILL DORMER)
ROBIN WILLIAMS (WALTER FINCH)
HILARY SWANK (ELLIE BURR)
MAURA TIERNEY (RACHEL CLEMENT)
MARTIN DONOVAN (HAP ECKHART)
PAUL DOOLEY (CHARLIE NYBACK)
NICKY KATT (FRED DUGARR)
LARRY HOLDEN (FARRELL)
KATHARINE ISABELLE (TANYA FRANCKE)
JAY BRAZEAU (FRANCIS)
JONATHAN JACKSON (RANDY SETZ)
LORNE CARDINAL (RICH)
CRYSTAL LOWE (KAY CONNELL)

S1MONE

NEW LINE CINEMA, NICCOL FILMS - 2002

RÉALISATION : **ANDREW NICCOL**
SCÉNARIO : **ANDREW NICCOL**
PRODUCTION : **ANDREW NICCOL**
PRODUCTEURS DÉLÉGUÉS :
BRADLEY CRAMP, MICHAEL DE LUCA ET LYNN HARRIS
CO-PRODUCTEUR : **DANIEL LUPI**
IMAGE : **EDWARD LACHMAN**
DÉCORS : **JAN ROELFS**
MONTAGE : **PAUL RUBELL**
MUSIQUE : **CARTER BURWELL**
DURÉE : **117 MN**
INTERPRÈTES :
AL PACINO (VIKTOR TARANSKY)
RACHEL ROBERTS (SIMONE)
CATHERINE KEENER (ELAINE)
WINONA RYDER (NICOLA ANDERS)
JAY MOHR (HAL SINCLAIR)
EVAN RACHEL WOOD (LAINEY)
PRUITT TAYLOR VINCE (MAX SALYERS)
JASON SCHWARTZMAN (MILTON)
JEFFREY PIERCE (KENT)
DANIEL VON BARGEN (LE CHEF INSPECTEUR)
STANLEY ANDERSON (FRANK BRAND)

PEOPLE I KNOW

INFLUENCES
MIRAMAX FILMS - 2002

RÉALISATION : **DANIEL ALGRANT**
SCÉNARIO : **JON ROBIN BAITZ**
PRODUCTEURS : **MICHAEL NOZIK, KAREN TENKHOFF ET LESLIE URDANG**
PRODUCTEURS EXÉCUTIFS :
KIRK D'AMICO, ROBERT REDFORD ET PHILIP VON ALVENSLEBEN
IMAGE : **PETER DEMING**
DÉCORS : **ANDREW BASEMAN**
MONTAGE : **SUZY ELMIGER**
MUSIQUE : **TERENCE BLANCHARD**
DURÉE : **100 MN**
INTERPRÈTES :
AL PACINO (ELI WURMAN)
KIM BASINGER (VICTORIA GRAY)
RYAN O'NEAL (CARY LAUNER)
TÉA LEONI (JILI HOPPER)
RICHARD SCHIFF (ELLIOT SHARANSKY)
BILL NUNN (RÉVÉREND LYLE BLUNT)
LAURINE TOWLER (JULIA STONE)
ROBERT KLEIN (DR. SANDY NAPIER)
MARK WEBBER (ROSS)
PETER GERETY (NORRIS VOLPE)
LISA EMERY (ELSA NYE)

THE RECRUIT

LA RECRUE
TOUCHSTONE PICTURES, SPYGLASS ENTERTAINMENT - 2003

RÉALISATION : **ROGER DONALDSON**
SCÉNARIO : **ROGER TOWNE, KURT WIMMER ET MITCH GLAZER**
PRODUCTEURS : **JEFF APPLE, GARY BARBER ET ROGER BIRNBAUM**
PRODUCTEURS EXÉCUTIFS :
JONATHAN GLICKMAN ET RIC KIDNEY
IMAGE : **STUART DRYBURGH**
DÉCORS : **PETER P. NICOLAKAKOS**
MONTAGE : **DAVID ROSENBLOOM**
MUSIQUE : **KLAUS BADELT**
MUSIQUE ADDITIONNELLE :
RAMIN DJAWADI ET BLAKE NEELY
DURÉE : **115 MN**
INTERPRÈTES :
AL PACINO (WALTER BURKE)
COLIN FARRELL (JAMES CLAYTON)
BRIDGET MOYNAHAN (LAYLA MOORE)
GABRIEL MACHT (ZACK)
RON LEA (BILL RUDOLPH)
KARL PRUNER (DENNIS SLAYNE)
RICHARD FITZPATRICK (ROB STEVENS)
KENNETH MITCHELL (ALAN)
MIKE REALBA (RONNIE GIBSON)

GIGLI

AMOURS TROUBLES
COLUMBIA STUDIOS, REVOLUTION STUDIOS - 2003

RÉALISATION ET SCÉNARIO : **MARTIN BREST**
SCÉNARIO : **MARTIN BREST**
PRODUCTEURS : **MARTIN BREST ET CASEY SILVER**
IMAGE : **ROBERT ELSWIT**
DÉCORS : **MAGGIE MARTIN**
MONTAGE : **JULIE MONROE ET BILLY WEBER**
MUSIQUE : **JOHN POWELL**
DURÉE : **121 MN**
INTERPRÈTES :
BEN AFFLECK (LARRY GIGLI)
JENNIFER LOPEZ (RICKI)
LENNY VENITO (LOUIS)
AL PACINO (STARKMAN)
JUSTIN BARTHA (BRIAN)
CHRISTOPHER WALKEN (INSPECTEUR STANLEY JACOBELLIS)
LAINIE KAZAN (LA MÈRE DE GIGLI)
MISSY CRIDER (ROBIN)

THE MERCHANT OF VENICE

LE MARCHAND DE VENISE
AVENUE PICTURES, IMMAGINE E CINEMA, FILM FUND LUXEMBOURG, MOVISION, NAVIDI-WILDE, SPICE FACTORY, U.K. FILM COUNCIL - 2004
FILM NON COMMERCIALISÉ EN SALLES EN FRANCE, ÉDITION DVD EN 2006

CINÉMA

RÉALISATION : **MICHAEL RADFORD**
SCÉNARIO : **MICHAEL RADFORD**
D'APRÈS LA PIÈCE DE **SHAKESPEARE**
PRODUCTEURS : **CARY BROKAW, MICHAEL COWAN, JASON PIETTE, BARRY NAVIDI ET LUCIANO MARTINO**
IMAGE : **BENOÎT DELHOMME**
COSTUMES : **SAMMY SHELDON**
DÉCORS : **GILLIE DELAP**
MONTAGE : **LUCIA ZUCCHETTI**
MUSIQUE : **JOCELYN POOK**
DURÉE : **138 MN**
INTERPRÈTES :
AL PACINO (SHYLOCK)
JEREMY IRONS (ANTONIO)
JOSEPH FIENNES (BASSANIO)
TONY SCHIENA (LEONARDO)
CHARLIE COX (LORENZO)
KRIS MARSHALL (GRATIANO)
ZULEIKHA ROBINSON (JESSICA)
MACKENZIE CROOK (LANCELOT GOBBO)
LYNN COLLINS (PORTIA)
HEATHER GOLDENHERSH (NERISSA)
ALLAN CORDUNER (TUBAL)
DAVID HAREWOOD (PRINCE DU MAROC)

TWO FOR THE MONEY

MORGAN CREEK PRODUCTIONS, MORGAN CREEK ENTERTAINMENT, COSMIC ENTERTAINMENT - 2005

RÉALISATION : **D. J. CARUSO**
SCÉNARIO : **DAN GILROY**
PRODUCTEURS : **JAY COHEN, JAMES M. FREITAG, DAN GILROY ET RENE RUSSO**
IMAGE : **CONRAD W. HALL**
DÉCORS : **MARY-LOU STOREY**
MONTAGE : **GLEN SCANTLEBURY**
MUSIQUE : **CHRISTOPHE BECK**
DURÉE : **122 MN**
INTERPRÈTES :
AL PACINO (WALTER ABRAMS)
MATTHEW MCCONAUGHEY (BRANDON LANG, ALIAS JOHN ANTHONY)
RENE RUSSO (TONI MORROW)
ARMAND ASSANTE (NOVIAN)
JEREMY PIVEN (JERRY)
JAIME KING (ALEXANDRIA)
KEVIN CHAPMAN (SOUTHIE)
RALPH GARMAN (REGGIE)
GEDDE WATANABE (MILTON)
CARLY POPE (TAMMY)
CHARLES CARROLL (CHUCK)
GERARD PLUNKETT (HERBIE)

88 MINUTES

MILLENNIUM FILMS - 2007

RÉALISATION : JON AVNET
SCÉNARIO : **GARY SCOTT THOMPSON**
PRODUCTEURS : **JON AVNET, JOHN BALDECCHI, LAWRENCE BENDER ET SAMUEL HADIDA**
IMAGE : **DENIS LENOIR**
COSTUMES : **MARY E. MCLEOD**
DÉCORS : **DOMINIQUE FAUQUE-LEMAITRE**
MONTAGE : **PETER E. BERGER**
MUSIQUE : **EDWARD SHEARMUR**
DURÉE : **108 MN**
INTERPRÈTES :
AL PACINO (JACK GRAMM)
ALICIA WITT (KIM CUMMINGS)
AMY BRENNEMAN (SHELLY BARNES)
LEELEE SOBIESKI (LAUREN DOUGLAS)
DEBORAH KARA UNGER (CAROL)
WILLIAM FORSYTHE (FRANCK PARKS)
NEAL MCDONOUGH (JON FORSTER)
STEPHEN MOYER (GUY LAFORGE)
MICHAEL EKLUND (J.T. RYKER)

OCEAN'S THIRTEEN

JERRY WEINTRAUB PRODUCTIONS ET SECTION EIGHT, AVEC LA PARTICIPATION DE WARNER BROS., EN ASSOCIATION AVEC VILLAGE ROADSHOW PICTURES - 2007

RÉALISATION : **STEVEN SODERBERGH**
SCÉNARIO : **DAVID LEVIEN ET BRIAN KOPPELMAN**
D'APRÈS LES PERSONNAGES DE **GEORGE CLAYTON JOHNSON ET JACK GOLDEN RUSSELL**
PRODUCTEUR : **JERRY WEINTRAUB**
PRODUCTEURS DÉLÉGUÉS : **GREGORY JACOBS, BRUCE BERMAN, FREDERIC W. BROST ET SUSAN EKINS**
PRODUCTEUR ASSOCIÉE : **ROBIN LE CHANU**
IMAGE : **STEVEN SODERBERGH**
DÉCORS : **PHILIP MESSINA**
MONTAGE : **STEPHEN MIRRIONE**
MUSIQUE : **DAVID HOLMES**
DURÉE : **122 MN**
INTERPRÈTES :
GEORGE CLOONEY (DANIEL OCEAN)
BRAD PITT (ROBERT CHARLES RYAN)
MATT DAMON (LINUS CALDWELL)
AL PACINO (WILLY BANK)
ANDY GARCIA (TERRY BENEDICT)
DON CHEADLE (BASHER TARR)
BERNIE MAC (FRANK CATTON)
ELLEN BARKIN (ABIGAIL SPONDER)
ELLIOTT GOULD (REUBEN TISHKOFF)
CARL REINER (SAUL BLOOM)
CASEY AFFLECK (VIRGIL MALLOY)
SCOTT CAAN (TURK MALLOY)
EDDIE JEMISON (LIVINGSTON DELL)
VINCENT CASSEL (FRANÇOIS TOULOUR)
SHAOBO QIN (YEN)
MICHAEL MANTELL (DOCTEUR STAN)
EDDIE IZZARD (ROMAN NAGEL)
OLGA SOSNOVSKA (DEBBIE)
JERRY WEINTRAUB (DENNY SHIELDS)

RIGHTEOUS KILL

LA LOI ET L'ORDRE
MILLENNIUM FILMS, NU IMAGE, EMMETT/FURLA FILMS, INVENTURE ENTERTAINMENT, GROSVENOR PARK MEDIA - 2008

RÉALISATION : **JON AVNET**
SCÉNARIO : **RUSSELL GERWITZ**
PRODUCTEURS : **JON AVNET, RANDALL EMMETT, AVI LERNER, ALEXANDRA MILCHAN ET DANIEL ROSENBERG**
IMAGE : **DENIS LENOIR**
DÉCORS : **TRACEY GALLACHER**
MONTAGE : **PAUL HIRSCH**
MUSIQUE : **ED SHEARMUR**
DURÉE : **101 MN**
INTERPRÈTES :
ROBERT DE NIRO (LT. TOM COWAN)
AL PACINO (LT. DAVID FISK)
CARLA GUGINO (LT. KAREN CORELLI)
CURTIS JACKSON (MARCUS SMITH)
JOHN LEGUIZAMO (INSP. PEREZ)
DONNIE WAHLBERG (INSP. RILEY)
BRIAN DENNEHY (CAPT. HINGUS)
TRILBY GLOVER (JESSICA)
FRANK JOHN HUGHES (CHARLES RANDALL)
STERLING K. BROWN (ROGERS)
MELISSA LEO (CHERYL BROOKS)

JACK AND JILL

JACK ET JULIE
COLUMBIA PICTURES, HAPPY MADISON PRODUCTIONS - 2011

RÉALISATION : **DENNIS DUGAN**
SCÉNARIO : **STEVE KOREN ET ADAM SANDLER**
PRODUCTEURS : **TODD GARNER, JACK GIARRAPUTO ET ADAM SANDLER**
IMAGE : **DEAN CUNDEY**
DÉCORS : **PERRY ANDELIN BLAKE**
MONTAGE : **TOM COSTAIN**
DURÉE : **91 MN**
INTERPRÈTES :
ADAM SANDLER (JACK & JILL SADELSTEIN)
KATIE HOLMES (ERIN SADELSTEIN)
AL PACINO (LUI-MÊME),
EUGENIO DERBEZ (FELIPE)
TIM MEADOWS (TED)
SANTIAGO SEGURA (EDUARDO)
NICK SWARDSON (TODD)
ELODIE TOUGNE (SOFIA SADELSTEIN)
GAD ELMALEH (XAVIER)

THE SON OF NO ONE

UN FLIC POUR CIBLE
HANNIBAL PICTURES, MILLENNIUM FILMS, NU IMAGE FILMS, SONO PROD., SON OF NO ONE PRODUCTION - 2011
FILM NON COMMERCIALISÉ EN SALLES EN FRANCE, ÉDITION DVD EN 2012

RÉALISATION ET SCÉNARIO : **DITO MONTIEL**
PRODUCTEURS : **AVI LERNER, DITO MONTIEL, JOHN THOMPSON ET HOLLY WIERSMA**
IMAGE : **BENOÎT DELHOMME**
DÉCORS : **MICHAEL AHERN**
MONTAGE : **JAKE PUSHINSKY**
MUSIQUE : **JONATHAN ELIAS ET DAVID WITTMAN**
DURÉE : **94 MN**
INTERPRÈTES :
CHANNING TATUM (JONATHAN WHITE)
TRACY MORGAN (VINCENT CARTER)
KATIE HOLMES (KERRY WHITE)
RAY LIOTTA (CAPT. MARION MATHERS)
JULIETTE BINOCHE (LAUREN BRIDGES)
AL PACINO (DET. CHARLES STANFORD)
BRIAN GILBERT (VINNIE, JEUNE)
JAKE CHERRY (MILK)
JAMES RANSONE (OFF. THOMAS PRUDENTI)
URSULA PARKER (CHARLOTTE WHITE)
MICHAEL RIVERA (DOMINIC)
SEAN CREGAN (MARTINEZ)
SIMONE JOY JONES (VICKY, JEUNE)

STAND UP GUYS

LES DERNIERS AFFRANCHIS
LAKESHORE ENTERTAINMENT, SIDNEY KIMMEL ENTERTAINMENT - 2013
FILM NON COMMERCIALISÉ EN SALLES EN FRANCE, ÉDITION DVD EN 2013

RÉALISATION : **FISHER STEVENS**
SCÉNARIO : **NOAH HAIDLE**
PRODUCTEURS : **SIDNEY KIMMEL, GARY LUCCHESI, TOM ROSENBERG ET JIM TAUBER**
PRODUCTEURS DÉLÉGUÉS : **MATT BERENSON, TED GIDLOW ET BINGHAM RAY**
IMAGE : **MICHAEL GRADY**
DÉCORS : **MAHER AHMAD**
MONTAGE : **MARK LIVOLSI**
MUSIQUE : **LYLE WORKMAN**
DURÉE : **95 MN**
INTERPRÈTES :
AL PACINO (VAL)
CHRISTOPHER WALKEN (DOC)
ALAN ARKIN (HIRSCH)
JULIANNA MARGULIES (NINA HIRSCH)
MARK MARGOLIS (CLAPHANDS)
LUCY PUNCH (WENDY)
ADDISON TIMLIN (ALEX)
VANESSA FERLITO (SYLVIA)
KATHERYN WINNICK (OXANA)
RICK GOMEZ (LE PÈRE)
LAURIANE GILLIÉRON (ALLISON)

NO SOMOS ANIMALES

NEW CRIME PROD., PAMPA FILMS - 2013
FILM NON COMMERCIALISÉ EN FRANCE

RÉALISATION : **ALEJANDRO AGRESTI**
SCÉNARIO : **JOHN CUSACK, PAUL HIPP, ALEJANDRO AGRESTI ET KEVIN MORRIS**
PRODUCTION : **AGUSTIN BOSSI, POL BOSSI, JUAN PABLO BUSCARINI ET JOHN CUSACK**
PHOTOGRAPHIE : **ALEJANDRO AGRESTI ET HANS BONATO**
DÉCORS : **JULIAN ROMERA**
MONTAGE : **PABLO BARBIERI CARRERA**
MUSIQUE : **PAUL HIPP**
DURÉE : **90 MN**
INTERPRÈTES :
JOHN CUSACK (TONY LOVECRAFT)
JUANA VIALE (CONCHITA)
LUCILA SOLÁ (AMALIA AGRESTE)
PAUL HIPP (RUDY MARAVILLA)
KEVIN MORRIS (SYD KULIAKY)
AL PACINO (L'AGENT)
CHLOE BELLO (TRADUCTRICE)
ALEJANDRO AGRESTI (PATRICK PESTO)
PABLO BOSSI (CARLO ROSSI)
NORMAN BRISKI (PEREZ VIDAL)
LETICIA BRÉDICE (DALMACIA)
EDDA BUSTAMANTE (ADELINA SARMIENTO)
ROMINA RICCI (ROSITA)
LUCIANA SALAZAR (DIVA SERRANO)

SALOME

STONELOCK PICTURES, BARRY NAVIDI PRODUCTIONS - 2013
FILM NON COMMERCIALISÉ EN FRANCE

RÉALISATION : **AL PACINO**
SCÉNARIO : D'APRÈS LA PIÈCE DE THÉÂTRE D'**OSCAR WILDE**
PRODUCTION : **BARRY NAVIDI ET ROBERT FOX**
PRODUCTEURS EXÉCUTIFS : **BENI ATOORI, AMY NEDERLANDER, REZA RASHIDIAN, DARYL ROTH ET SAKIKO YAMADA**
PRODUCTEUR ASSOCIÉ : **JOYCE SAN PEDRO**
PHOTOGRAPHIE : **BENOÎT DELHOMME**
MONTAGE : **PASQUALE BUBA, DAVID LEONARD ET JEREMY WEISS**
MUSIQUE : **ALDO SHLLAKU**
DURÉE : **81 MN**
INTERPRÈTES :
AL PACINO (ROI HÉRODE)
KEVIN ANDERSON (JEAN LE BAPTISTE)
JESSICA CHASTAIN (SALOMÉ)
PHILLIP RHYS CHAUDHARY (JEUNE SYRIEN)
RALPH GUZZO (NAZARENE)
ROXANNE HART (HERODIAS)

MANGLEHORN

WORLDVIEW ENTERTAINMENT, DREAMBRIDGE FILMS, MUSKAT FILMED PROPERTIES ET ROUGH HOUSE - 2014

RÉALISATION : **DAVID GORDON GREEN**
SCÉNARIO : **PAUL LOGAN**
PRODUCTION : **MOLLY CONNERS, DAVID GORDON GREEN, LISA MUSKAT ET CHRISTOPHER WOODROW**
IMAGE : **TIM ORR**
DÉCORS : **RICHARD A. WRIGHT**
MONTAGE : **COLIN PATTON**
MUSIQUE : **EXPLOSIONS IN THE SKY ET DAVID WINGO**
DURÉE : **97 MN**
INTERPRÈTES :
AL PACINO (A.J. MANGLEHORN)
HOLLY HUNTER (DAWN)
HARMONY KORINE (GARY)
CHRIS MESSINA (JACOB)
MARISA VARELA (PATRICIA)
SKYLAR GASPER (KYLIE)
HERC TREVINO (ROBBIE)

THE HUMBLING

EN TOUTE HUMILITÉ
AMBI PICTURES, HAMMERTON PRODUCTIONS - 2014

RÉALISATION : **BARRY LEVINSON**
SCÉNARIO : **BUCK HENRY ET MICHAL ZEBEDE**
D'APRÈS LE ROMAN *LE RABAISSEMENT* DE **PHILIP ROTH**
PRODUCTEURS : **BARRY LEVINSON, AL PACINO ET JASON SOSNOFF**
IMAGE : **ADAM JANDRUP**
DÉCORS : **STEVEN JOS PHAN**
MONTAGE : **AARON YANES**
MUSIQUE : **MARCELO ZARVOS ET THE AFFAIR**
DURÉE : **112 MN**
INTERPRÈTES :
AL PACINO (SIMON AXLER)
GRETA GERWIG (PEGEEN)
NINA ARIANDA (SYBIL)
CHARLES GRODIN (JERRY)
MARY LOUISE WILSON (MADAME RUTLEDGE)
DAN HEDAYA (ASA)
DIANNE WIEST (CAROL, MÈRE DE PEGEEN)
BILLY PORTER (PRINCE)
LI JUN LI (TRACY)

CINÉMA

KYRA SEDGWICK (LOUISE TRENNER)
DYLAN BAKER (DOCTEUR FARR)

DANNY COLLINS

BIG INDIE PICTURES,
SHIVHANS PICTURES - 2015

RÉALISATION / SCÉNARIO : **DAN FOGELMAN**
PRODUCTION : **NIMITT MANKAD ET JESSIE NELSON**
IMAGE : **STEVE YEDLIN**
DÉCORS : **DAN BISHOP**
MONTAGE : **JULIE MONROE**
MUSIQUE : **RYAN ADAMS, THEODORE SHAPIRO**
ET LES CHANSONS DE **JOHN LENNON**
DURÉE : **106 MN**
INTERPRÈTES :
AL PACINO (DANNY COLLINS)
ANNETTE BENING (MARY SINCLAIR)
JENNIFER GARNER (SAMANTHA DONNELLY)
BOBBY CANNAVALE (TOM DONNELLY)
CHRISTOPHER PLUMMER (FRANK GRUBMAN)
KATARINA CAS (SOPHIE)
GISELLE EISENBERG (HOPE DONNELLY)
NICK OFFERMAN (L'INTERVIEWER EN 1971)
MELISSA BENOIST (JAMIE)
JOSH PECK (NICKY)

MISCONDUCT

MANIPULATIONS
MIKE AND MARTY PRODUCTIONS - 2016
FILM NON COMMERCIALISÉ EN SALLES EN FRANCE

RÉALISATION : **SHINTARO SHIMOSAWA**
SCÉNARIO : **SIMON BOYES ET ADAM MASON**
PRODUCTEUR : **RYAN S. BLACK**
IMAGE : **MICHAEL FILMOGNARI**
DÉCORS : **MONIQUE CHAMPAGNE**
MONTAGE : **GREGERS DOHN ET HENRIK KÄLLBERG**
MUSIQUE : **FEDERICO JUSID**
DURÉE : **106 MN**
INTERPRÈTES :
JOSH DUHAMEL (BEN CAHILL)
AL PACINO (CHARLES ABRAMS)
ANTHONY HOPKINS (ARTHUR DENNING)
ALICE EVE (CHARLOTTE CAHILL)
MALIN ÅKERMAN (EMILY HYNES)
LEE BYUNG-HUN (LE COMPTABLE)
GLEN POWELL (DOUG FIELDS)
LEAH MCKENDRICK (AMY)
JULIA STILES (JANE CLEMENTE)
CHRIS MARQUETTE (GIFFORDS)
SKYE P. MARSHALL (HATTY)
ANTHONY BURZBEE JR. (ANTHON)

THE PIRATES OF SOMALIA

HUNGRY MAN, BCDF PICTURES,
KALAHARI PICTURES - 2017
FILM NON COMMERCIALISÉ EN FRANCE

RÉALISATION : **BRYAN BUCKLEY**
SCÉNARIO : **BRYAN BUCKLEY**
D'APRÈS LE LIVRE *THE PIRATES OF SOMALIA* DE **JAY BAHADUR**
PRODUCTION : **BRYAN BUCKLEY, CLAUDE DAL FARRA ET HILARY DAVIS**
IMAGE : **SCOTT HENRIKSEN**
DÉCORS : **DAVID SKINNER**
MONTAGE : **VICTOR JORY ET JAY NELSON**
MUSIQUE : **ANDREW FELTENSTEIN ET JOHN NAU**
DURÉE : **116 MN**
INTERPRÈTES :
EVAN PETERS (JAY BAHADUR)
AL PACINO (SEYMOUR TOLBIN)
MELANIE GRIFFITH (MARIA BAHADUR)
BARKHAD ABDI (ABDI)
PHILIP ETTINGER (ALEX)
CORAL PEÑA (KATLYN)
RUSSELL POSNER (JARED BAHADUR)
AIDAN WHYTOCK (L'AGENT BRICE)
DARRON MEYER (MITCH KELP)
ROBERT HOBBS (L'AMIRAL)
ALOK TEWARI (KAILASH BAHADUR)
KIANA MADANI (TRACY ZICONNI)
SABRINA HASSAN (MARYAN)
ABDI DELGO (LE COLONEL DELGO)
JOJO GONZALEZ (JOJO)

HANGMAN

PATRIOT PICTURES,
CHEYENNE ENTREPRISES - 2017
FILM NON COMMERCIALISÉ EN SALLES EN FRANCE, DVD/BLU-RAY EN 2018

RÉALISATION : JOHNNY MARTIN
SCÉNARIO : MICHAEL CAISSIE ET CHARLES HUTTINGER
PRODUCTION : ARNOLD RIFKIN ET MICHAEL MENDELSOHN
IMAGE : LARRY BLANFORD
DÉCORS : MATTHEW GROVES ET SHANE CANTRELL
MONTAGE : JEFFREY STEINKAMP
MUSIQUE : FREDERIK WIEDMANN
DURÉE : 98 MN
INTERPRÈTES :
AL PACINO (RAYMOND RCHER)
KARL URBAN (LT. WILLIAM RUINEY)
BRITTANY SNOW (CHRISTI DAVIES)
SARAH SHAHI (CAPT. LISA WATSON)
JOE ANDERSON (JIMMY STEWART)
SLOANE WARREN (DR. ABBY WESTLIN)
CHELLE RAMOS (JOEY TRUMAN)
STEVE COULTER (REV. DAVID GREEN)
MICHAEL ROSE (PETER RORICK)

ONCE UPON A TIME... IN HOLLYWOOD

COLUMBIA PICTURES,
POLYBONA FILMS, HEYDAY FILMS,
VISIONA ROMANTICA - 2019

RÉALISATION : **QUENTIN TARANTINO**
SCÉNARIO : **QUENTIN TARANTINO**
PRODUCTION : **QUENTIN TARANTINO, DAVID HEYMAN ET SHANNON MCINTOSH**
PRODUCTION ASSOCIÉE : **WILLIAM PAUL CLARK ET DAREN METROPOULOS**
IMAGE : **ROBERT RICHARDSON**
DÉCORS : **NANCY HAIGH**
COSTUMES : **ARIANNE PHILLIPS**
MONTAGE : **FRED RASKIN**
MUSIQUE : **MULTI-INTERPRÈTES**
DURÉE : **161 MN** ; V. LONGUE : **171 MN**
INTERPRÈTES :
LEONARDO DICAPRIO (RICK DALTON)
BRAD PITT (CLIFF BOOTH)
MARGOT ROBBIE (SHARON TATE)
EMILE HIRSCH (JAY SEBRING)
MARGARET QUALLEY (PUSSYCAT)
TIMOTHY OLYPHANT (JAMES STACY)
JULIA BUTTERS (TRUDI FRASER)
AUSTIN BUTLER (CHARLES WATSON)
DAKOTA FANNING (LYNETTE FROMME)
BRUCE DERN (GEORGE SPAHN)
MIKE MOH (BRUCE LEE)
LUKE PERRY (WAYNE MAUNDER)
DAMIAN LEWIS (STEVE MCQUEEN)
AL PACINO (MARVIN SCHWARZ)
KURT RUSSELL (RANDY LLOYD)
ZOË BELL (JANET LLOYD)
CLIFTON COLLINS JR. (ERNESTO VAQUERO)
RAUL CARDONA (DELGADO)
MARCO RODRIGUEZ (LE BARMAN)
MICHAEL MADSEN (SHÉRIF HACKETT)
SCOOT MCNAIRY (BOB GILBERT)
MARTIN KOVE (LE SHÉRIF)
JAMES REMAR (UGLY OWL HOOT)
DAMON HERRIMAN (CHARLES MANSON)

THE IRISHMAN

SIKELIA PRODUCTIONS, TRIBECA PRODUCTIONS, WINKLER FILMS - 2019
FILM NON COMMERCIALISÉ EN SALLES EN FRANCE, ÉDITION MONDIALE SUR LA PLATEFORME NETFLIX LE 27 NOVEMBRE 2019

RÉALISATION : **MARTIN SCORSESE**
SCÉNARIO : **STEVEN ZAILLIAN**
D'APRÈS *I HEARD YOU PAINT HOUSES: FRANK 'THE IRISHMAN' SHEERAN AND THE INSIDE STORY OF THE MAFIA, THE TEAMSTERS, AND THE FINAL RIDE BY JIMMY HOFFA* DE **CHARLES BRANDT**
PRODUCTION : **GERALD CHAMALES, RANDALL EMMETT, ROBERT DE NIRO,**

MARTIN SCORSESE, EMMA TILLINGER KOSKOFF ET IRWIN WINKLER
PRODUCTEURS DÉLÉGUÉS : **RICHARD BARATTA ET JAI STEFAN**
IMAGE : **RODRIGO PRIETO**
DÉCORS : **REGINA GRAVES**
COSTUMES : **CHRISTOPHER PETERSON ET SANDY POWELL**
MONTAGE : **THELMA SCHOONMAKER**
MUSIQUE : **SEANN SARA SELLA**
DURÉE : **209 MN**
INTERPRÈTES :
ROBERT DE NIRO (FRANK SHEERAN)
AL PACINO (JAMES RIDDLE HOFFA)
JOE PESCI (RUSSELL BUFALINO)
RAY ROMANO (BILL BUFALINO)
BOBBY CANNAVALE (FELIX DITULLIO)
ANNA PAQUIN (PEGGY SHEERAN)
LUCY GALLINA (PEGGY, ENFANT)
STEPHEN GRAHAM (ANTHONY PROVENZANO)
HARVEY KEITEL (ANGELO BRUNO)
STEPHANIE KURTZUBA (IRENE SHEERAN)
KATHRINE NARDUCCI (CARRIE BUFALINO)
WELKER WHITE (JOSEPHINE HOFFA)
JESSE PLEMONS (CHUCKIE O'BRIEN)

AMERICAN TRAITOR: THE TRIAL OF AXIS SALLY

DIAMOND FILM PRODUCTIONS, EFO, THE PIMIENTA FILM CO. - 2021
SORTIE COURANT 2022 EN FRANCE

RÉALISATION : **MICHAEL POLISH**
SCÉNARIO : **DARRYL HICKS VANCE OWEN ET MICHAEL POLISH**
D'APRÈS L'OUVRAGE *AXIS SALLY CONFIDENTIAL* **DE WILLIAM E. OWEN**
PRODUCTION : **RANDALL EMMETT, GEORGE FURLA ET MEADOW WILLIAMS**
IMAGE : **JAYSON CROTHERS**
DÉCORS : **MAILARA SANTANA**
MONTAGE : **RAÚL MARCHAND SÁNCHEZ**
COSTUMES : **JULIA MICHELLE SANTIAGO**
MUSIQUE : **KUBILAY UNER**
DURÉE : **107 MN**
INTERPRÈTES :
MEADOW WILLIAMS (MILDRED GILLARS)
THOMAS KRETSCHMANN (JOSEPH GOEBBELS)
AL PACINO (JAMES LAUGHLIN)
SWEN TEMMEL (BILLY OWEN)
MITCH PILEGGI (LE PROCUREUR JOHN KELLY)
LALA KENT (ELVA)
CARSTEN NORGAARD (MAX OTTO KOISCHWITZ)
DREW TAYLOR (RANDY)

HOUSE OF GUCCI

METRO-GOLDWYN-MAYER, BRON, SCOTT FREE PRODUCTIONS - 2021

RÉALISATION : **RIDLEY SCOTT**
SCÉNARIO : **BECKY JOHNSTON ET ROBERTO BENTIVEGNA**
D'APRÈS LE LIVRE *THE HOUSE OF GUCCI: A SENSATIONAL STORY OF MURDER, MADNESS, GLAMOUR AND GREED* DE **SARA GAY FORDEN**
PRODUCTION : **GIANNINA SCOTT, RIDLEY SCOTT ET KEVIN J. WALSH**
IMAGE : **DARIUSZ WOLSKI**
DÉCORS : **ARTHUR MAX**
COSTUMES : **STEFANO DE NARDIS**
MONTAGE : **CLAIRE SIMPSON**
MUSIQUE : **HARRY GREGSON-WILLIAMS**
DURÉE : **157 MN**
INTERPRÈTES :
LADY GAGA (PATRIZIA REGGIANI)
ADAM DRIVER (MAURIZIO GUCCI)
JARED LETO (PAOLO GUCCI)
JEREMY IRONS (RODOLFO GUCCI)
SALMA HAYEK (GIUSEPPINA AURIEMMA)
AL PACINO (ALDO GUCCI)
JACK HUSTON (DOMENICO DE SOLE)
REEVE CARNEY (TOM FORD)
CAMILLE COTTIN (PAOLA FRANCHI)
VINCENT RIOTTA (FERNANDO REGGIANI)
ALEXIA MURRAY (SILVANA REGGIANI)
MIA MCGOVERN ZAINI (ALESSANDRA GUCCI)
FLORENCE ANDREWS (JENNY GUCCI)
MADALINA GHENEA (SOPHIA LOREN)

SNIFF

ANVIL FILMS, DICHOTOMY CREATIVE GROUP, DICHOTOMY FILMS - EN DÉVELOPPEMENT

RÉALISATION : **TAYLOR HACKFORD**
SCÉNARIO : **TOM GREY**
PRODUCTION : **ADAM GOODMAN, TAYLOR HACKFORD ET MATT SKIENA**
INTERPRÈTES :
AL PACINO (HARVEY STRIDE)
MORGAN FREEMAN (JOE MULWRAY)
HELEN MIRREN (THE SPIDER)
DANNY DEVITO (WILLIAM KEYS)

KNOW GOES AWAY

BROOKSTREET PICTURES - 2023

RÉALISATION : **MICHAEL KEATON**
SCÉNARIO : **GREGORY POIRIER**
PRODUCTION : **NICK GORDON, TREVOR MATTHEWS**
IMAGE : **MARSHALL ADAMS**
DÉCORS : **WILLIAM ARNOLD**
COSTUMES : **MICHELE MICHEL**
MONTAGE : **JESSICA HERNANDEZ**
MUSIQUE : **ALEX HEFFES**
DURÉE : **114 MN**
INTERPRÈTES :
AL PACINO
MICHAEL KEATON (JOHN KNOX)
JAMES MARSDEN
JOANNA KULIG
MARCIA GAY HARDEN
RAY MCKINNON

TÉLÉVISION

N.Y.P.D

NEW YORK POLICE DEPARTMENT
TALENT ASSOCIATES
EN ASSOCIATION AVEC LE RÉSEAU
DE TÉLÉVISION ABC - 1968

ÉPISODE : ***DEADLY CIRCLE OF VIOLENCE***
DIFFUSÉ LE 12 NOVEMBRE 1968
CRÉATEURS DE LA SÉRIE :
ARNOLD PERL ET DAVID SUSSKIND
SCÉNARIO DE L'ÉPISODE : **LONNE ELDER**
RÉALISATION : **DAVID PRESSMAN**
PRODUCTION : **BOB MARKELL**
PRODUCTEUR EXÉCUTIF : **DAVID SUSSKIND**
MUSIQUE : **CHARLES GROSS**
DURÉE : **30 MN**
DISTRIBUTION :
JACK WARDEN (LT. MIKE HAINES)
ROBERT HOOKS (DET. JEFF WARD)
FRANK CONVERSE (DET. JOHNNY CORSO)
AL PACINO (JOHN JAMES)
JILL CLAYBURGH (THE GIRL)

ANGELS IN AMERICA

SÉRIE DE 6 ÉPISODES
HBO - 2003

CRÉATION ET SCÉNARIO : **TONY KUSHNER**
RÉALISATION : **MIKE NICHOLS**
PRODUCTEURS : **CARY BROKAW, CELIA D. COSTAS, MICHAEL HALEY, MIKE NICHOLS, PAUL A. LEVIN ET MARCO VALERIO PUGINI**
IMAGE : **STEPHEN GOLDBLATT**
DÉCORS : **GEORGE DETITTA JR.**
MONTAGE : **JOHN BLOOM ET ANATONIA VAN DRIMMELEN**
MUSIQUE : **THOMAS NEWMAN**
DURÉE : **60 MN**
INTERPRÈTES :
AL PACINO (ROY COHN)
MERYL STREEP (HANNAH PITT, ETHEL ROSENBERG ET LE RABBIN CHEMELWITZ)
MARY-LOUISE PARKER (HARPER PITT)
PATRICK WILSON (JOE PITT)
JEFFREY WRIGHT (BELIZE ET M. LIES)
BEN SHENKMAN (LOUIS IRONSON)
JUSTIN KIRK (PRIOR WALTER ET L'HOMOSEXUEL DE CENTRAL PARK)
JAMES CROMWELL (HENRY)
EMMA THOMPSON (L'INFIRMIÈRE EMILY, UNE CLOCHARDE ET L'ANGE DE L'AMÉRIQUE)

YOU DON'T KNOW JACK

LA VÉRITÉ SUR JACK
HBO FILMS,
BEE HOLDER PRODUCTIONS - 2010

RÉALISATION : **BARRY LEVINSON**
SCÉNARIO : **ADAM MAZER**
PRODUCTEURS : **SCOTT FERGUSON, LYDIA DEAN ET STEVE LEE JONES**
IMAGE : **EIGIL BRYLD**
DÉCORS : **MARC RICKER**
MONTAGE : **AARON YANES**
DURÉE : **134 MN**
INTERPRÈTES :
AL PACINO (JACK KERVOKIAN)
DANNY HUSTON (GEOFFREY FIEGER)
SUSAN SARANDON (JANET GOOD)
BRENDA VACCARO (MARGO JANUS)
JOHN GOODMAN (NEAL NICOL)
JAMES URBANIAK (JACK LESSENBERRY)
ERIC LANGE (JOHN SKRZYNSKI)
SANDRA SEACAT (JANET ADKINS)
ADAM DRIVER (GLEN STETSON)

PHIL SPECTOR

HBO FILMS - 2013

RÉALISATION / SCÉNARIO : **DAVID MAMET**
PRODUCTION : **MICHAEL HAUSMAN, BARRY LEVINSON ET DAVID MAMET**
IMAGE : **JUAN RUIZ ANCHI**
DÉCORS : **PATRICIA VON BRANDENSTEIN**
COSTUMES : **DEBRA MCGUIRE**
MONTAGE : **BARBARA TULLIVER**
MUSIQUE : **MARCELA ZARVOS**
DURÉE : **92 MN**
INTERPRÈTES :
AL PACINO (PHIL SPECTOR)
HELEN MIRREN (LINDA KENNEY BADEN)
JEFFREY TAMBOR (BRUCE CUTLER)
CHIWETEL EJIOFOR (PROCUREUR MOCK)
REBECCA PIDGEON (DR. FALLON)
MATT MALLOY (DR. SPITZ)
JAMES TOLKAN (JUGE LARRY FIDLER)
NATALIA NOGULICH (GIOVONETTA RICCI)
MATTHEW RAUCH (MIKE)
MEGHAN MARX (LANA CLARKSON)
CLARA MAMET (PAINT GIRL)

PATERNO

LEVINSON/FONTANA, HBO FILMS,
SONY PICTURES TELEVISION - 2018
DIFFUSÉ À LA TÉLÉVISION
AUX ÉTATS-UNIS LE 7 AVRIL 2018,
EN FRANCE LE 9 JUILLET 2018 SUR OCS

RÉALISATION : **BARRY LEVINSON**
SCÉNARIO : **DEBORA CAHN ET JOHN C. RICHARDS**
IMAGE : **MARCELL RÉV**
DÉCORS : **DAVID GROPMAN**
MONTAGE : **RON PATANE ET BRAD TURNER**
MUSIQUE : **EVGUENI ET SACHA GALPERINE**
DURÉE : **105 MN**
INTERPRÈTES :
AL PACINO (JOE PATERNO)
RILEY KEOUGH (SARA GANIM)
KATHY BAKER (SUE PATERNO)
GREG GRUNBERG (SCOTT PATERNO)
ANNIE PARISSE (MARY KAY PATERNO)
BEN TYLER COOK (AARON FISHER)
PETER JACOBSON (DAVID NEWHOUSE)
JIM JOHNSON (JERRY SANDUSKY)
TOM KEMP (GRAHAM SPANIER)
STEVE COULTER (TIM CURLEY)
DARREN GOLDSTEIN (MIKE MCQUEARY)

HUNTERS

MONKEYPAW PRODUCTIONS,
BIG INDIE PICTURES, SONAR ENTMT.,
STILLKING FILMS - 2020
SÉRIE DE 10 ÉPISODES

CRÉATION DE LA SÉRIE : **DAVID WEILL**
RÉALISATION : **NELSON MCCORMICK, PHIL ABRAHAM, MICHAEL UPPENDAHL, WAYNE YIP ET ALFONSO GOMEZ-REJON**
SCÉNARIO : **ZAKIYYAH ALEXANDER ET DAVID WEIL**
PRODUCTION : **DAVID ROSEN, KRIS BAUCOM ET DAVID WEIL**
IMAGE : **WILLIAM REXER ET TIM NORMAN**
DÉCORS : **CATHY T. MARSHALL**
MUSIQUE : **CRISTOBAL TAPIA DE VEER**
DURÉE : **60 MN**
INTERPRÈTES :
AL PACINO (MEYER OFFERMAN)
LOGAN LERMAN (JONAH HEIDELBAUM)
KATE MULVANY (SŒUR HARRIET / REBECCA CROWTSER)
TIFFANY BOONE (ROXY JONES)
CAROL KANE (MINDY MARKOWITZ)
SAUL RUBINEK (MURRAY MARKOWITZ)
JOSH RADNOR (LONNY FLASH / LEONARD FLAGENSTEIN)
LOUIS OZAWA CHANGCHIEN (JOE TORRANCE)
JERRIKA HINTON (MILLIE MORRIS)
GREG AUSTIN (TRAVIS LEICH)
DYLAN BAKER (BIFF SIMPSON)
LENA OLIN (LE COLONEL / EVA BRAUN)

THÉÂTRE

JACK AND THE BEANSTALK
CAFÉ BIZARRE, NEW YORK CITY - 1962

THE ADVENTURES OF HIGH JUMP
THEATRE EAST - 1962
THÉÂTRE POUR ENFANTS

HELLO, OUT THERE
WILLIAM SAROYAN
CAFÉ CINO, NEW YORK CITY - 1963

THE CREDITORS
AUGUST STRINDBERG
THE ACTOR'S GALLERY,
NEW YORK CITY - 1965

WHY IS A CROOKED LETTER
FRED VASSI
THEATER OF ENCOUNTER - 1966

NOMINATION À L'OBIE DU MEILLEUR ACTEUR (PRIX DÉCERNÉ POUR LES SPECTACLES OFF-BROADWAY)

THE INDIAN WANTS THE BRONX
ISRAËL HOROWITZ
EUGENE O'NEILL MEMORIAL THEATER,
CONNECTICUT - 1966

RÔLE DE **MURPH**

THE PEACE CREEPS
JOHN WOLFSON
NEW THEATER WORKSHOP,
NEW YORK CITY - 1966

AWAKE AND SING
CLIFFORD ODETS
CHARLES PLAYHOUSE,
BOSTON, MASSACHUSETTS - 1967

AMERICA HURRAH
JEAN-CLAUDE VAN ITALLIE
CHARLES PLAYHOUSE,
BOSTON, MASSACHUSETTS - 1967

THE INDIAN WANTS THE BRONX
ISRAËL HOROWITZ
ASTOR PLACE THEATER,
NEW YORK CITY - 1968
FESTIVAL DE THÉÂTRE DE SPOLETO, ITALIE

RÔLE DE **MURPH**
OBIE AWARD DU MEILLEUR ACTEUR

DOES A TIGER WEAR A NECKTIE?
DON PETERSEN
BELASCO THEATER
NEW YORK CITY - 1969

RÔLE DE **BICKHAM**
TONY AWARD DU MEILLEUR ACTEUR DANS UN SECOND RÔLE (PRIX DÉCERNÉ AUX SPECTACLES DU CIRCUIT DE BROADWAY)

THE LOCAL STIGMATIC
HEATHCOTE WILLIAMS
ACTORS PLAYHOUSE
NEW YORK CITY - 1969

RÔLE DE **GRAHAM**

CAMINO REAL
TENNESSEE WILLIAMS
LINCOLN CENTER REPERTORY THEATER
NEW YORK CITY - 1970

RÔLE DE **KILROY**

RATS
ISRAËL HOROWITZ
CHARLES PLAYHOUSE
BOSTON, MASSACHUSETTS - 1970

COMPAGNIE THÉÂTRALE DE BOSTON
DIRIGÉE PAR **DAVID WHEELE**
MISE EN SCÈNE DE **AL PACINO**

THE BASIC TRAINING OF PAVLO HUMMEL
DAVID RABE
CHARLES PLAYHOUSE
BOSTON, MASSACHUSETTS - 1972

COMPAGNIE THÉÂTRALE DE BOSTON
DIRIGÉE PAR **DAVID WHEELER**
RÔLE DE **PAVLO HUMMEL**

RICHARD III
WILLIAM SHAKESPEARE
LOEB DRAMA CENTER
BOSTON, MASSACHUSETTS - DEC. 1972
FIRST PRESBYTERIAN CHURCH
BOSTON, MASSACHUSETTS - JAN. 1973

COMPAGNIE THÉÂTRALE DE BOSTON
DIRIGÉE PAR **DAVID WHEELER**
RÔLE DE **RICHARD III**

THE RESISTIBLE RISE OF ARTURO UI
BERTOLT BRECHT
CHARLES PLAYHOUSE
BOSTON, MASSACHUSETTS - 1975

COMPAGNIE THÉÂTRALE DE BOSTON
DIRIGÉE PAR **DAVID WHEELER**

THE LOCAL STIGMATIC
HEATHCOTE WILLIAMS
JOE PAPP'S PUBLIC THEATER
NEW YORK CITY - 1976

RÔLE DE **GRAHAM**

THE BASIC TRAINING OF PAVLO HUMMEL
DAVID RABE
LONGACRE THEATER
NEW YORK CITY - 1977

RÔLE DE **PAVLO HUMMEL**
TONY AWARD DU MEILLEUR ACTEUR

RICHARD III
WILLIAM SHAKESPEARE
CORT THEATER, NEW YORK CITY - 1979

RÔLE DE **RICHARD III**

HAMLET
WILLIAM SHAKESPEARE

OTHELLO
WILLIAM SHAKESPEARE

IN THE JUNGLE OF THE CITIES
BERTOLT BRECHT
TRAVAIL D'ATELIER, LECTURES
ET RÉPÉTITIONS UNIQUEMENT - 1979

THÉÂTRE

AMERICAN BUFFALO
DAVID MAMET
LONG WHARF THEATER COMPANY
NEW HAVEN, CONNECTICUT - 1980
CIRCLE IN THE SQUARE
NEW YORK CITY - 1981

RÔLE DE **TEACH**

THE HAIRY APE
EUGÈNE O'NEILL
CIRCLE IN THE SQUARE
NEW YORK CITY - 1982
TRAVAIL D'ATELIER
ET RÉPÉTIONS UNIQUEMENT

AMERICAN BUFFALO
DAVID MAMET
BOOTH THEATER
NEW YORK CITY - 1983
DUKE OF YORK'S THEATER - 1984

RÔLE DE **TEACH**

JULIUS CAESAR
WILLIAM SHAKESPEARE
SHAKESPEARE FESTIVAL THEATRE
NEW YORK CITY - 1986-87

RÔLE DE **MARC ANTOINE**

CRYSTAL CLEAR
PHIL YOUNG
À PARTIR D'UNE IMPROVISATION
COLLECTIVE
TRAVAIL D'ATELIER - 1986-87

NATIONAL ANTHEM
DENNIS MCLNTYRE
LECTURE DE LA PIÈCE À NEW HAVEN,
CONNECTICUT - 1988

CHINESE COFFEE
IRA LEWIS
CIRCLE IN THE SQUARE
NEW YORK CITY - 1992

RÔLE DE **HARRY LEVINE**

SALOMÉ
OSCAR WILDE
CIRCLE IN THE SQUARE
NEW YORK CITY - 1992

RÔLE DE **HÉRODE**

HUGHIE
EUGÈNE O'NEILL
LONG WHARF THEATER
NEW HAVEN, CONNECTICUT - 1996
CIRCLE IN THE SQUARE
NEW YORK CITY - 1996
REPRISE DU SPECTACLE AU MARK TAPER
FORUM À LOS ANGELES, EN 1999

MISE EN SCÈNE DE **AL PACINO**
RÔLE DE **ERIE SMITH**

THE RESISTIBLE RISE OF ARTURO UI
BERTOLT BRECHT
NATIONAL ACTORS THEATRE,
MICHAEL SCHIMMEL CENTER FOR
THE ARTS, NEW YORK CITY - 2002

RÔLE DE **ARTURO UI**

SALOMÉ
OSCAR WILDE
ETHEL BARRYMORE THEATRE
NEW YORK CITY - 2003

RÔLE DE **HÉRODE**

ORPHANS
LYLE KESSLER
GREENWAY COURT THEATRE - 2005
RÉPÉTITIONS UNIQUEMENT

RÔLE DE **HAROLD**

THE MERCHANT OF VENICE
WILLIAM SHAKESPEARE
BROADHURST THEATER
DELACORTE THEATER
NEW YORK CITY - 2010-2011

RÔLE DE **SHYLOCK**

GLENGARRY GLEN ROSS
DAVID MAMET
GERALD SCHOENFELD THEATRE
NEW YORK CITY - 2012-2013

RÔLE DE **SHELDON "SHELLEY" LEVENE**

CHINA DOLL
DAVID MAMET
GERALD SCHOENFELD THEATRE
NEW YORK CITY - 2015-2016

RÔLE DE **MICKEY ROSS**

GOD LOOKED AWAY
TENNESSEE WILLIAMS
PASADENA PLAYHOUSE
CALIFORNIE - 2017

RÔLE DE **TENNESSEE WILLIAMS**

BIBLIOGRAPHIE

**AL PACINO,
A LIFE ON THE WIRE**
ANDREW YULE
A WARNER BOOK - 1991
UNE BIOGRAPHIE TRÈS COMPLÈTE, AVEC DE NOMBREUX INTERVIEWS DE PROCHES D'AL PACINO (MARTIN BREGMAN, CHARLES LAUGHTON, ETC.)

THE FILMS OF AL PACINO
WILLIAM SCHOELL
A CITADEL PRESS BOOK - 1995
CET OUVRAGE SE DISTINGUE GRÂCE À UNE BELLE COLLECTION DE PHOTOGRAPHIES

**PACINO - DE NIRO,
REGARDS CROISÉS**
MICHEL CIEUTAT ET CHRISTIAN VIVIANI
ÉDITIONS DREAMLAND - 2001

AL PACINO
ENTRETIENS AVEC LAWRENCE GROBEL
ÉDITIONS SONATINE - 2008

**AL PACINO,
LE DERNIER TRAGÉDIEN**
CHRISTOPHE DAMOUR
ÉDITIONS SCOPE - 2009

AL PACINO
KARINA LONGWORTH
ÉDITIONS CAHIERS DU CINÉMA, COLLECTION ANATOMIE D'UN ACTEUR - 2013

COPPOLA
BIOGRAPHIE DE PETER COWIE
MACMILLAN PUBLISHING COMPANY - 1990

THE GODFATHER LEGACY
HARLAN LEBO
A FIRESIDE BOOK,
SIMON AND SCHUSTER - 1997
UN OUVRAGE TRÈS COMPLET SUR LE PREMIER VOLET DU *PARRAIN*, ET PLUS ELLIPTIQUE SUR LES DEUX AUTRES. RICHE EN PHOTOS INÉDITES

PARMI LES OUVRAGES SUR LE TRAVAIL DE L'ACTEUR, ON PEUT CITER :

MA VIE DANS L'ART
CONSTANTIN STANISLAVSKI
ÉDITIONS L'ÂGE D'HOMME - 1999

**LE TRAVAIL
À L'ACTOR'S STUDIO**
LEE STRASBERG
ÉDITIONS GALLIMARD - 1969
POUR LA TRADUCTION FRANÇAISE

**L'ACTOR'S STUDIO ET LA
MÉTHODE LEE STRASBERG**
INTEREDITIONS - 1989
POUR LA TRADUCTION FRANÇAISE

ÉCRITS SUR LE THÉÂTRE
BERTOLT BRECHT
L'ARCHE, PARIS - 1963

**TRUE AND FALSE - HERESY
AND COMMON SENSE
FOR THE ACTOR**
DAVID MAMET
VINTAGE BOOKS, NEW YORK - 1999
LE DRAMATURGE AMÉRICAIN LIVRE ICI UN POINT DE VUE SINGULIER, TRÈS CRITIQUE À L'ÉGARD DE L'ACTOR'S STUDIO ET DE SES DÉRIVÉS

**SANFORD MEISNER
ON ACTING**
SANFORD MEISNER ET DENNIS LONGWELL
PENGUIN RANDOM HOUSE - 1987

**STELLA ADLER,
THE ART OF ACTING**
STELLA ADLER ET HOWARD KISSEL
APPLAUSE BOOKS - 2000

NOTES DE BAS DE PAGE

PARTIE 1

1. Propos recueillis par John Lahr, *New Yorker,* 15 septembre 2014.
2. *An Evening With Al Pacino.* Théâtre de Paris, 22 octobre 2018.
3. *Ciné Revue,* 30 janvier 1986. Interview de Joan Mac Trevor.
4. *Positif,* février 1997. Interview de Michel Ciment.
5. *New York Times,* 7 mai 1972. Interview de Chris Chase.
6. *Al Pacino: A Life on the Wire.* Andrew Yule, 1991.
7. *The Films of Al Pacino,* William Schoell Citadel Press, 1995.
8. *Interview,* février 1991. Pacino interviewé par Julian Schnabel.
9. Conférence de presse du festival de Sundance, 1996.
10. *New York Times,* 7 mai 1972. Pacino interviewé par Chris Chase.
11. *Off Caméra,* Pacino interviewé par Leonard Probst, Stein & Day, 1975.
12. *Studio,* décembre 1989. Interview de Jean-Pierre Lavoignat et Michel Rebichon.
13. *Lee Strasberg: The Imperfect Genius of the Actors Studio,* Cindy Adams.
14. *New York Times,* 7 mai 1972. Interview de Chris Chase.
15. Célèbre immeuble bordant Central Park. John Lennon et Yoko Ono s'y installeront au début des années 1970.
16. *Lee Strasberg: The Imperfect Genius of the Actors Studio,* Cindy Adams.
17. *Off Caméra,* Pacino interviewé par Leonard Probst, Stein & Day, 1975.
18. *Studio,* décembre 1989. Interview de Jean-Pierre Lavoignat et Michel Rebichon.
19. *I Knew It Was You...,* documentaire sur John Cazale réalisé par Richard Shepard, 2009.
20. *New York Times,* 7 mai 1972. Pacino interviewé par Chris Chase.
21. *Le Soleil et les Ombres,* Jean-Pierre Aumont. Robert Laffont, 1976.

PARTIE 2

1. *Cinéma 71,* n° 158. Entretien avec Jerry Schatzberg.
2. *Off Caméra,* Pacino interviewé par Leonard Probst, Stein & Day, 1975.
3. *New York Times,* 14 juillet 1971. Critique de Roger Greenspun.
4. *De la photo au cinéma,* Michel Ciment et Jerry Schatzberg, Chêne/Hachette, 1982.
5. *Positif,* février 1997. Interview de Michel Ciment.
6. Texte de John Boorman dans *Close-ups: The Movie Star Book,* Danny Peary, Workman publishing, 1978.
7. *New York Times,* article de John H. Allan, 16 avril 1972.
8. *The Godfather Papers and Other Confessions,* Mario Puzo, Pan Books, Londres, 1972.
9. *Francis Ford Coppola,* Robert K. Johnson, Twayne Publishers, 1977.
10. *Confessions tome II - Un siècle de cinéma américain par ceux qui l'ont fait,* Eric Leguèbe, Ifrane éditions, 1995.
11. *On the Edge,* biographie de Coppola, Michael Goodwin et Naomi Wise, William Morrow, New York, 1989.
12. *Off Camera,* Pacino interviewé par Leonard Probst, Stein & Day, 1975.
13. Ibid.
14. *New York Times,* 7 mai 1972. Pacino interviewé par Chris Chase.
15. *Ciné Revue,* 30 janvier 1986. Pacino interviewé par Joan Mac Trevor.
16. *Entertainment Weekly,* 21 décembre 1990. Pacino interviewé

par Lawrence Grobel.
17. *Vanity Fair,* octobre 1989. Pacino interviewé par Ron Rosenbaum.
18. *Variety,* 7 février 1972.
19. *The Godfather Papers and Other Confessions,* Mario Puzo, Pan Books, Londres, 1972.
20. *The Chicago Tribune,* 23 juillet 1972. Inteview de Pacino.
21. *Marlon Brando - Les chansons que m'apprenait ma mère.* Conversations avec Robert Lindsey, Belfond, 1994.
22. *Interview,* février 1991. Pacino interviewé par Julian Schnabel.
23. Littéralement « Pavlo Hummel fait ses classes », pièce non traduite en français.
24. *Off Caméra,* Pacino interviewé par Leonard Probst, Stein & Day, 1975.
25. *New York Times,* 7 mai 1972. Pacino interviewé par Chris Chase.
26. *Off Caméra,* Pacino interviewé par Leonard Probst, Stein & Day, 1975.
27. *New York Times,* 7 mai 1972. Pacino interviewé par Chris Chase.
28. *De la photo au cinéma.* Michel Ciment et Jerry Schatzberg, Chêne/Hachette, 1982.
29. *Écran 73,* n° 16, propos recueillis par Guy Braucourt.
30. *Off Caméra,* Pacino interviewé par Leonard Probst, Stein & Day, 1975.
31. *London Evening Standard,* 29 mars 1974.
32. *New York Times,* 20 janvier 1974. Lumet interviewé par Guy Flatley.
33. *Off Caméra,* Pacino interviewé par Leonard Probst, Stein & Day, 1975.
34. *Sidney Lumet,* Stephen E. Bowles, G. K. Hall & Co, 1979.
35. *Playboy,* décembre 1979. Pacino interviewé par Lawrence Grobel.
36. *Off Caméra,* Pacino interviewé par Leonard Probst, Stein & Day, 1975.
37. *New York Times,* 20 janvier 1974. Lumet interviewé par Guy Flatley.
38. *City Magazine,* San Francisco, décembre 1974. Interview avec Coppola.
39. *Lee Strasberg: The Imperfect Genius of the Actors Studio,* Cindy Adams.
40. *On the Edge,* biographie de Coppola, Michael Goodwin et Naomi Wise, William Morrow, New York, 1989.
41. *City Magazine,* San Francisco, décembre 1974. Interview avec Coppola.
42. *Off Caméra,* Pacino interviewé par Leonard Probst, Stein & Day, 1975.
43. *Lee Strasberg: The Imperfect Genius of the Actors Studio,* Cindy Adams.
44. Ibid.
45. *The Godfather Legacy,* Harlan Lebo, Simon et Schuster, 1997.
46. *Off Caméra,* Pacino interviewé par Leonard Probst, Stein & Day, 1975.
47. Ibid.
48. Ibid.
49. *Vanity Fair,* Pacino interviewé par Ron Rosenbaum.
50. *I Knew It Was You...,* documentaire sur John Cazale réalisé par Richard Shepard, 2009.
51. *Making Movies, Sidney Lumet,* Alfred A. Knopf, 1995.
52. *Off Caméra,* Pacino interviewé par Leonard Probst, Stein & Day, 1975.
53. Ibid.
54. « Barbara Walters Special », Pacino interviewé à la télévision, 1992.
55. *GQ,* « Al Alone », Maureen Dowd, septembre 1992.

PARTIE 3

1. *An Evening With Al Pacino,* théâtre de Paris, 22 octobre 2018.
2. *Sydney Pollack,* Michèle Léon, Pygmalion/Gérard Watelet, 1991.
3. *Off Caméra,* Pacino interviewé par Leonard Probst.
4. Lettre de Suzie Peretz (rôle d'Angie dans *Un après-midi de chien*) à Andréas Voutsinas.
5. *Playboy,* décembre 1979. Pacino

interviewé par Lawrence Grobel.
6. *Al Pacino, A life on the Wire,* Andrew Yule, Warner Books, 1991.
7. *Première,* n° ll, 1977.
8. *New York Times,* 18 mai 1977. Marthe Keller, interviewée par Judy Lee Klemesrud.
9. *New York Times,* 10 novembre 1977. Sydney Pollack interviewé par Janet Maslin.
10. *Playboy,* décembre 1979. Pacino interviewé par Lawrence Grobel.
11. *Playboy,* « Looking for Al », décembre 1996. Pacino interviewé par Lawrence Grobel.
12. *Sydney Pollack,* Michèle Léon, Pygmalion, Gérard Watelet, 1991.
13. *Studio,* décembre 1989. Interview de Jean-Pierre Lavoignat et Michel Rebichon.
14. *Chasing the Light,* Oliver Stone, Mariner Books, 2021.
15. *Playboy,* décembre 1979. Pacino interviewé par Lawrence Grobel.
16. *New York Times,* 18 septembre 1979. William Friedkin interviewé par Janet Maslin.
17. *Playboy,* décembre 1979. Pacino interviewé par Lawrence Grobel.
18. *Le Petit Livre de William Friedkin,* Gilles Boulanger, Le Cinéphage, 1997.
19. *Rolling Stone,* 2 février 1984. Pacino interviewé par Lawrence Grobel.
20. *Première* n° 84, mars 1984. Article de Henri Béhar.
21. *Rolling Stone,* 2 février 1984. Pacino interviewé par Lawrence Grobel.
22. Ibid.
23. *Première,* n° 84, mars 1984. Article de Henri Béhar.
24. Ibid.
25. Ibid.
26. *Michelle Pfeiffer,* Douglas Thompson, éditions du Rocher, 1993.
27. *Chasing the Light,* Oliver Stone, Mariner Books, 2021.
28. La traduction française est tirée de la version doublée en français.
29. *Double De Palma,* Susan Dworkin, Newmarket Press, 1994.
30. *Première,* n° 84, mars 1984. Article de Henri Béhar.
31. Ibid.
32. Ibid.
33. *Rolling Stone,* 2 février 1984. Pacino interviewé par Lawrence Grobel.
34. *New York Magazine,* propos recueillis par Mark Jacobson, 16 juin 2010.
35. *Ciné Revue,* 30 janvier 1986. Pacino interviewé par Joan Mac Trevor.
36. Ibid.
37. Ibid.
38. Ibid.
39. Ibid.
40. *Hitchcock Truffaut,* Ramsay, 1983.
41. *Studio,* janvier 1990. Pacino interviewé par Jean-Pierre Lavoignat et Michel Rebichon.
42. Ibid.
43. Ibid.

PARTIE 4

1. *Première,* janvier 1990. Pacino, interviewé par Michèle Halberstadt.
2. *The New York Daily News,* 12 septembre 1989. Pacino, interviewé par Glenn Paskin.
3. *Première,* janvier 1990. Pacino, interviewé par Michèle Halberstadt.
4. *Washington Post,* 15 septembre 1989, Hal Hinson.
5. *Première,* janvier 1990. Pacino interviewé par Michèle Halberstadt.
6. Ibid.
7. Ibid.
8. *Dick Tracy: The Making of the Movie,* Mike Bonifer, Bantam Books, 1990.
9. Ibid.
10. Ibid.
11. *Première,* octobre 1990. Beatty interviewé par Jean-Claude Loiseau.

12. *Confessions tome II - Un siècle de cinéma américain par ceux qui l'on fait,* Éric Leguèbe, Ifrane Éditions, 1995.
13. Article de Glenn Paskin, cité dans *The Films of Al Pacino,* William Shoell, Citadel Press, 1995.
14. *Studio,* mars 1991. Coppola interviewé par Jean-Pierre Lavoignat.
15. Ibid.
16. *Entertainment Weekly,* 21 décembre 1990. Pacino interviewé par Lawrence Grobel.
17. *Confessions tome II - Un siècle de cinéma américain par ceux qui l'on fait,* Éric Leguèbe, Ifrane Éditions, 1995.
18. *Michelle Pfeiffer,* Douglas Thompson, Rocher, 1993.
19. Ibid.
20. *GQ,* « Al Alone », Maureen Dowd, septembre 1992.
21. *Première,* mars 1996. Pacino interviewé par François Guérif.
22. Ibid.
23. *Première,* février 1993, n° 191. Pacino interviewé par Jean-Paul Chaillet.
24. *Studio,* mars 1993, n° 71, Propos de Pacino recueillis par Laurent Tirard.
25. Ibid.
26. Interview de Chris O'Donnell, 11 octobre 1996, site de Mr Showbizz.
27. *Studio,* mars 1993, n° 71. Propos de Pacino recueillis par Laurent Tirard.
28. *New York Times,* 23 décembre 1992. Janet Maslin.
29. Conférence de presse du 3 mars 1997 pour la sortie de *Donnie Brasco.*
30. *Cahiers du cinéma,* mars 1994, n° 477. Brian De Palma interviewé par Isabelle Huppert.
31. *L'Impasse, le film de Brian De Palma,* Edwin Torres, Pocket, 1994.
32. Ibid.
33. *Confessions tome II - Un siècle de cinéma américain par ceux qui l'on fait,* Éric Leguèbe, Ifrane Éditions, 1995.
34. *Cahiers du cinéma,* mars 1994, n° 477. Brian De Palma interviewé par Isabelle Huppert.
35. *Première,* mars 1994.
36. Ibid.
37. *Cahiers du Cinéma,* mars 1994, n° 477. Brian De Palma interviewé par Isabelle Huppert.
38. Ibid.
39. Ibid.
40. Ibid.
41. *À part ça... Al Pacino,* documentaire diffusé sur Canal+ le 8 janvier 1998.
42. *Première,* mars 1994.
43. *Studio,* février 1996, propos de Michael Mann, article de Christophe d'Yvoire.
44. *Première,* mars 1996, n° 228. Michael Mann interviewé par François Guérif.
45. *Studio,* février 1996, propos de Pacino, article de Christophe d'Yvoire.
46. *Studio,* février 1996, propos de Michael Mann, article de Christophe d'Yvoire.
47. Studio, février 1996, propos de Pacino, article de Christophe d'Yvoire.
48. *Washington Post,* 15 décembre 1995, critique de Hal Hinson.
49. *À part ça... Al Pacino,* interview de Michel Denisot diffusée sur Canal+ le 8 janvier 1998.
50. Dossier de presse américain de *City Hall.*
51. Dossier de presse de *Donnie Brasco.* Propos de Mike Newell.
52. Ibid.
53 *À part ça... Al Pacino,* propos de Johnny Depp, diffusée sur Canal + le 8 janvier 1998.
54. *Première,* avril 1997. Mike Newell interviewé par Jacques-André Bondy.
55. Ibid.
56. *Entertainment Weekly,* 16 septembre 1996.
57. Ibid.
58. *Le Parisien,* 14 janvier 1998. Propos de Pacino recueillis par Alain Grasset.
59. *Première,* février 1998, n° 251.

Reeves interviewé par Gérard Delorme.

60. *Première,* février 1998, n° 251. Pacino interviewé par Éric Libiot.
61. *Télérama,* 15 mars 2000. Propos de Michael Mann recueillis par Jean-Claude Loiseau.
62. Dossier de presse *The Insider,* Touchstone Pictures, 1999.
63. *Le Nouveau Cinéma,* avril 2000. Propos recueillis par François Forestier.
64. *Premiere,* décembre 1999. « Three Angry Men », Sean M. Smith
65. *Ciné Live,* mars 2000. Propos recueillis par Philippe Paumier.
66. Dossier de presse, *The Insider,* Touchstone Pictures.
67. *Télérama,* 15 mars 2000. Propos de Michael Mann recueillis par Jean-Claude Loiseau.
68. *Winnipeg Sun,* 22 décembre 1999. Propos recueillis par Darryl Sterdan.
69. *Us Magazine,* 1999. Pacino interviewé par Josh Rottenberg.
70. Coffret DVD *An Actor's Vision,* commentaire audio d'Al Pacino.
71. Conférence de presse du 12 septembre 2000, festival de Toronto.
72. La pièce sera adaptée en France en 2003 sous le titre *Café chinois,* interprétée par Richard Berry et François Berléand.
73. *Journal du dimanche,* 2 septembre 2002. Propos recueillis par Karine Weinberger.
74. *Studio Magazine,* septembre 2002. Propos recueillis par Juliette Michaud.
75. *Al Pacino, entretiens avec Lawrence Grobel,* Sonatine, 2008.
76. Dossier de presse d'*Insomnia,* Warner Brothers.
77. Ibid.

PARTIE 5

1. Recettes aux États-Unis et dans le reste du monde.
2. Cérémonie parodique des Oscars, qui récompense les pires prestations au cinéma.
3. Célèbre immeuble bordant Central Park.
4. *Liverpool Echo,* 23 mai 2015.
5. Groucho Reviews, 11 décembre 2004. Interview de Michael Radford.
6. BBC, 3 décembre 2004. Propos recueillis par Stephen Applebaum.
7. Ibid.
8. IGN, 23 décembre 2004. Jeremy Irons interviewé par Jeff Otto.
9. *Washington Post,* 20 janvier 2005, Roger Ebert.
10. Référence à la célèbre réplique de Michael Corleone dans le *Parrain II :* « *I know it was you, Fredo* ».
11. SFgate, awed by artistry, 30 novembre 2003. Mike Nichols interviewé par Hugh Hart.
12. *Entertainment Weekly,* 28 novembre 2003. Pacino interviewé par Jeff Jensen.
13. Ibid.
14. *Newsweek,* 16 novembre 2003. Propos recueillis par David Ansen et Marc Peyser.
15. Movie Web, 7 octobre 2005. Interview de Matthew McConaughey par Evan Jacobs.
16. *Libération,* 26 juillet 2006, Gilles Renault.
17. Dossier de presse de Warner Bros.
18. Conférence de presse au Festival de Cannes, 24 mai 2007.
19. « Avnet » par anagramme donne... navet !
20. *Journal du dimanche,* juin 2007, Barbara Théate.
21. Coffret non commercialisé en France, sorti en 2007 aux États-Unis par la Twentieth Century Fox. Traduction du titre : « Un regard d'acteur ».
22. Jeu de mots entre « *babble* », « papoter » en français, et Babylone, métaphore d'un *work in progress* perpétuel.

23. Documentaire *Babbleonia,* réalisé en 2005 et intégré au coffret *An Actor's Vision,* 2007.
24. *Rolling Stone,* 10 novembre 2011. Critique de *Jack and Jill* par Peter Travers.

PARTIE 6

1. *Albuquerque Journal,* 22 juin 2015, Jackie Jadrnak.
2. *Wilde Salomé,* Chal Productions, 2011.
3. *Lettre AFC* n° 299, 29 juin 2019, Ariane Damain-Vergallo.
4. *The Agony and the Ecstasy of Phil Spector,* DVD, 2009.
5. Assignment X, Abbie Bernstein, 24 mars 2013.
6. *Associated Press,* 25 mars 2013. Propos recueillis par Frazier Moore.
7. Ibid.
8. *Le Rabaissement,* Gallimard, 2011.
9. *New Yorker,* 15 septembre 2014. Propos recueillis par John Lahr.
10. Collider, 17 mars 2015. Propos recueillis par Sheila Roberts.
11. « Full interview with Charlie Rose », entretien télévisé, 19 mars 2015
12. *Gulf News,* 2 mai 2015. Propos de Pacino.
13. Collider, 17 mars 2015. Propos recueillis par Sheila Roberts.
14. Ibid.
15. *Rolling Stone,* mars 2015, Peter Travers.
16. Rogerebert.com, 16 mars 2015. Propos de Dan Fogelman recueillis par Matt Fagerholm.
17. *GQ,* 20 novembre 2019. Pacino interviewé par Zach Baron.
18. *New York Post,* 20 octobre 2015, Michael Riedel.
19. *New York Times,* 3 décembre 2015, Ben Brantley.
20. Que l'on peut traduire littéralement par « Dieu regardait ailleurs ». Pièce non publiée aux États-Unis et par conséquent non traduite en français.
21. *Los Angeles Times,* 7 février 2017, Deborah Vankin.
22. *The Quentin Tarantino Interviews,* Gerald Peary, University Press of Mississippi, 1998.
23. *Entertainment Weekly,* 26 juillet 2019, Clark Collis.
24. *Entertainment Weekly,* 26 juillet 2019. Tarantino interviewé par Clark Collis.
25. La rencontre de Rick Dalton avec le réalisateur (Winemaker) de la série *Lancer,* puis sa conversation avec une actrice encore enfant (Maribella).
26. *I Heard You Paint Houses,* Charles Brandt, Steerforth, 2004.
27. *Empire,* 7 novembre 2019. Propos recueillis par Nick de Semlyen.
28. *GQ,* 20 novembre 2019. Propos recueillis par Zach Baron.
29. *Empire,* 7 novembre 2019. Propos recueillis par Nick de Semlyen.
30. *New York Times,* 31 janvier 2020. Critique d'Anthony Oliver Scott.
31. Certains éléments de ce chapitre sont tirés d'un article de l'auteur portant sur *The Irishman,* paru dans le magazine *Sofilm,* en novembre 2019.
32. *UK Film Review,* Hope Madden, 27 mai 2021.
33. *La saga Gucci. Du luxe au meurtre, de la création à la guerre boursière,* 2001, J.-C. Lattès pour l'édition française.
34. Interview promotionnelle, MGM, novembre 2021.
35. *New York Times,* 30 novembre 2021. Critique d'Anthony Oliver Scott.
36. *Libération,* 23 novembre 2021. Critique de Lelo Jimmy Batista.

PAGE SUIVANTE :
PHOTO DE PLATEAU DU *PARRAIN II*, AVEC JOHN CAZALE, DE FRANCIS FORD COPPOLA, EN 1974.

L'AUTEUR

LUDOVIC GIRARD

Passionné de cinéma depuis l'enfance, Ludovic Girard s'est formé à différentes approches du jeu d'acteur, en France et aux États-Unis, notamment celle de Sanford Meisner. Lauréat de la fondation Beaumarchais-SACD comme scénariste, réalisateur, membre de la Cinémathèque française, il écrit aussi dans la presse cinéma sur les acteurs du *Nouvel Hollywood*, mouvement artistique majeur des années 1970.

REMERCIEMENTS

À mes trois enfants merveilleux, Louise, Paul, Arsène et son œil de lynx sur la filmographie, à Constance Joly et aux moments partagés, aux familles Talec et Girard, avec une pensée particulière pour ma mère, Agnès Talec†, à mes potes en or massif du lycée Buffon, à mon ami David Durand-Guédy, toujours là *« after all these years »*, à Youyou et Saint-Gilles-Croix-de-Vie.

À mes professeurs d'art dramatique, Françoise Kanel†, Bruno Wacrenier, Marc Adjadj, Larry Silverberg, mes amis et compagnons de route du théâtre et du cinéma pour leur inspiration constante, Véra Peltékian, Julien Naveau, Julien Ribot, le Meisner Group, la Cinémathèque française, le personnel de la Bibliothèque du film, clin d'œil à mes amis américains de Willamette, Oregon, et à mon *« dear roommate Jeff »*.

À Stephan Meldegg et Andréas Voutsinas† pour leurs souvenirs.

À Eric Karnbauer, Jean-Vic Chapus, Fernando Ganzo.

À toute l'équipe de GM Éditions (Vito, Apolline, Léna), Guy Messina pour sa confiance et sa patience, Stéphane Chaumet et Charlie Chofflet pour leur regard.

CRÉDITS

ÉDITORIAUX

Auteur : **Ludovic Girard**
Direction éditoriale : **GM Éditions**
Direction Artistique : **Charlie Chofflet**
Correction-Révision : **Stéphane Chaumet**
Coordination technique : **Vito Messina**

103, rue de vaugirard - 75006 paris

Imprimé par :
Just Colour Graphic / Barcelone
Dépôt légal / Date d'achèvement du tirage :
Mai 2024
Date de parution : **2024**

PHOTOGRAPHIQUES

Couverture : **Steve Schapiro / Corbis via Getty Images**
P.2 : **Diltz / Bridgeman Images**
P.4 : **Bridgeman Images**
P.6 : **Universal Pictures / Diltz / Bridgeman Images**
P.24 : **Picturelux / The Hollywood Archive / Alamy Banque d'Images**
P.68 : **United Archives GMBH / Bridgeman Images**
P.98 : **Universal Pictures / Diltz / Bridgeman Images**
P.144 : **RGR Collection / Alamy Banque d'Images**
P.162 : **Ian West / PA Images / Alamy Banque d'Images**
P.208 : **KPA Publicity Stills United Archives GmbH / Alamy Banque D'Images**